工程项目管理

ENGINEERING PROJECT MANAGEMENT

杨青◎主编

机械工业出版社
CHINA MACHINE PRESS

本书融合了现代项目管理和系统工程的核心内容，全面系统地阐述了基于价值交付和系统工程的工程项目管理理论与方法。主要内容包括：项目价值交付系统和组织系统、基于系统工程的工程项目管理、项目管理原则、项目整合管理、项目范围管理、项目进度管理、项目成本管理、项目质量管理、项目风险管理和工程项目管理信息化。本书融合了《项目管理知识体系指南（PMBOK®指南）》（第七版）中的最新知识和方法，面向更广泛的工程项目领域，并强调基于系统工程的工程项目管理思想。此外，各章均嵌入中国优秀项目管理案例，以更好地阐释对应章节的项目管理原理和方法。本书既可作为高校工程管理、工业工程、工商管理专业研究生、本科生的核心教材和参考书，也可作为工程管理、项目管理等领域专业人士的培训用书。

图书在版编目（CIP）数据

工程项目管理/杨青主编. —北京：机械工业出版社，2024.1
ISBN 978-7-111-75020-8

Ⅰ.①工⋯　Ⅱ.①杨⋯　Ⅲ.①工程项目管理　Ⅳ.①F284

中国国家版本馆 CIP 数据核字（2024）第 016315 号

机械工业出版社（北京市百万庄大街 22 号　邮政编码 100037）
策划编辑：张星明　　　　　　责任编辑：张星明　陈　倩
责任校对：张勤思　陈　越　　责任印制：李　昂
河北宝昌佳彩印刷有限公司印刷
2024 年 4 月第 1 版第 1 次印刷
184mm×260mm・27.75 印张・519 千字
标准书号：ISBN 978-7-111-75020-8
定价：89.00 元

电话服务　　　　　　　　　　网络服务
客服电话：010-88361066　　　机　工　官　网：www.cmpbook.com
　　　　　010-88379833　　　机　工　官　博：weibo.com/cmp1952
　　　　　010-68326294　　　金　书　　　网：www.golden-book.com
封底无防伪标均为盗版　　　　机工教育服务网：www.cmpedu.com

《工程项目管理》

编委会

主　编

杨　青

参　编

王志如　　金海峰　　田平野

序 一

在当今这个充满快速变革和不确定性的时代，工程项目管理已经成为推动创新、高质量发展和供给侧结构性改革的关键力量。自党的十八大以来，我国政府提出了新发展理念，强调实施创新驱动，推动构建新发展格局，以适应不断演变的经济和社会需求。在这一进程中，工程项目扮演了不可或缺的角色，既是经济社会稳定的"压舱石"，又是高质量发展的"抓手"。

《工程项目管理》一书的作者杨青是北京科技大学经济管理学院的教授和博士生导师，该书是继他的专著《复杂研发项目管理——基于结构化方法的视角》面世后的又一部佳作，我对他撰写了这样一部高质量的工程项目管理书籍表示祝贺！

作为一本面向项目管理、工程管理相关专业学生的教材和重要参考书，该书对项目的价值交付、进度、成本、范围和风险等多个知识领域进行了详细的阐述。无论是项目管理专业的本科生、研究生，还是项目管理领域有一定经验的从业者，都能从中汲取宝贵的知识和经验。

该书的主要特点是：

第一，融合了《项目管理知识体系指南（PMBOK®指南）》（第七版）中的最新理念，强调了价值交付，凸显了项目管理的前沿发展。该书清晰地解释了为什么项目管理需要从基于过程方法转向基于价值交付系统，以更好地适应项目管理环境的迅速变化。这一新思维有助于项目管理者实现更加成功和持续的价值交付。

第二，引入了系统工程的原理和方法，为复杂和重大工程项目提供了重要的理论支持。系统工程理论方法在我国载人航天、探月工程、大飞机研制等重大工程项目中得到了成功应用，为处理项目复杂性和管理挑战提供了强大的工具。该书不仅介绍了系统工程的概念，还详细解释了如何在项目管理中应用这一方法论，以确保项目的成功交付。

第三，深入挖掘了我国自古至今的卓越工程项目管理实践。我国拥有悠久的历史和文化，该书通过精彩的案例展示了具有中国特色的项目管理智慧。这些案例不仅为我国读者提供了宝贵的经验，也为国际读者提供了新的视角，启发了他们在自己的项目中运用这些智慧。

总的来说，该书不仅是一本可供项目管理、工程管理相关专业本科生、研究生学习的好教材，更是一个为工程项目管理从业者和学生提供启发、指导和灵感的知识宝库。这本书是杨青和他的团队在工程项目管理领域贡献的又一份重要成果，期望更多的专家学者不断勇攀高峰、笃定前行，将研究成果书写在祖国的大地上，为建设具有中国特色的项目管理学科体系而不懈奋斗！

钱福培

知名项目管理专家、中国项目管理领域的开拓者

中国（双法）项目管理研究委员会（PMRC）名誉主任委员

国际项目管理协会（IPMA）前任副主席

西北工业大学管理学院教授

序 二

《工程项目管理》一书的作者杨青教授是我的老朋友,他曾经在 2019 年访问了我所在的奥地利维也纳经济大学。杨青教授长期致力于项目管理的教学与科研,治学严谨,在国际重要学术期刊上发表了大量高水平文章。他目前担任 Project Leadership & Society 的副主编和 International Journal of Project Management 的国际编委会成员,为中国项目管理学术的发展和繁荣做出了杰出的贡献。因此,我衷心祝贺他出版这部令人耳目一新的工程项目管理教材!

项目(尤其是大型工程项目)对社会和经济的可持续发展起到了巨大的推动作用。当前,随着科技的发展,工程项目变得越来越复杂,同时大数据、数字化技术、人工智能等也驱动着工程项目管理领域的创新。该书体现了项目管理所面临的这些环境,可以帮助读者(尤其是项目管理专业的学生)全面理解工程项目管理的核心概念和方法,为解决有关问题和迎接相关挑战提供重要的参考和启示。

该书的特色之处在于:

第一,除了现有的基于过程的项目管理方法,深入探讨了新的项目管理原则与方法,如项目价值交付系统和项目组织系统,为项目管理人员提供了全面的系统视角。该书适用于更广泛的工程项目,包括大型复杂工程项目、软件研发项目等不同类型的工程项目,将使更多的项目管理从业者和相关专业的学生受益。

第二,深入探讨了系统工程原理和方法,为管理复杂大型项目、重大工程项目提供了宝贵的理论指导。该书详细阐述了工程项目固有的复杂性、系统工程活动在项目管理中的整合,以及系统工程的方法论框架。

第三,展示了中国的最佳项目管理实践。在中国五千年的文明历史中,拥有跨越时代的丰富的项目管理智慧。该书加入了多个中国项目管理案例,说明和阐释了相应的项目管理概念。这些案例作为生动的范例,有助于促进对项目管理知识更深入的理解、吸收和应用。

总之，该书不仅展示了项目管理的最新理念，还展示了国际最佳实践和中国智慧的整合。我衷心推荐这本书作为项目管理从业者、学者和相关专业学生的权威指南。

Martina Huemann
英国伦敦大学学院（UCL）和奥地利维也纳经济大学教授
国际期刊 *International Journal of Project Management* 主编
国际期刊 *Project Leadership and Society* 创刊主编

Preface II

The author of this book, Prof. Yang Qing, is an old friend of mine, who once visited my University of Economics in Vienna, Austria, in 2019. Prof. Yang Qing has long been committed to teaching and research in project management, and has been rigorous in his studies and published a large number of high-level articles in important international academic journals. He is currently the associate editor of *Project Leadership & Society* and a member of the international editorial board of *International Journal of Project Management* and has made outstanding contributions to the development and prosperity of project management academia in China. Therefore, I sincerely congratulate him on the publication of this refreshing engineering project management textbook!

Projects (especially megaprojects) play a huge role in driving social and economic sustainable development. Today, projects have become more and more complex, meanwhile, big data, digital technology, and artificial intelligence drive innovation in the field of major project management. Reflecting these environments facing project management, this book can help readers (especially young students) to understand the core concepts and methods of engineering project management, and provide important references and insights for solving related problems and challenges.

The book is characterized by the following:

First, apart from existing process-based project management approaches, this book also emphasizes some new project management concepts and methods, such as value delivery systems and organizational ecosystems, which provides a comprehensive perspective for project managers. This book is adapted to a wider range of engineering projects, including large complex engineering projects, software development projects and other different types of engineering projects, which will benefit more project management practitioners and students of related majors.

Second, another distinguishing feature of the book is its in-depth discussion of systems engineering principles and methods, which provides valuable the oretical guidance for dealing with complex and major engineering projects. The book elaborates on the inherent complexity of engineering projects, the integration of systems engineering activities in project management, and the methodological framework of systems engineering.

Third, the book showcases the best project management practices in China. With five thousand years of civilized history, China possesses a wealth of project management wisdom that spans the ages. The book includes several Chinese cases to illustrate the corresponding project management theory and method. These cases can help readers to understand the project management knowledge.

In short, this book demonstrates not only the latest theories in project management, but also the best practices in China. I heartily recommend this book as an authoritative guide for students, practitioners, scholars of project management related disciplines.

Martina Huemann

Professor of University College London (UCL) and Vienna University of Economics & Business

Editor-in-Chief of *International Journal of Project Management*

Founding Editor-in-Chief of *Project Leadership and Society*

序 三

工程项目对社会的可持续发展产生了重要的推动作用，项目化正在重塑一个公司、地区和国家的发展。在许多国家，超过 1/3 的国内生产总值（GDP）是通过项目、项目集和项目组合实现的。同时，随着科技的发展，工程项目与工程项目管理也变得越来越复杂，驾驭系统的复杂性是项目管理面临的重要挑战之一，而系统工程提供了解决这个挑战的方案。

此外，受人工智能、数字技术和全球供应链重塑等影响，项目管理的环境发生了巨大的变化，新的项目管理方法和工具不断涌现。例如，项目管理从传统的关注交付物转向了更加关注价值交付，也更加强调采用敏捷开发、多项目治理等方法，以提升应对不确定环境的能力等。

《工程项目管理》一书反映了现代项目管理所面临的这些挑战和新变化。该书的作者杨青教授深耕工程项目管理领域 30 余年，拥有丰富的实践经验和研究成果，2019 年获得由中国科技部中国国际人才交流基金会颁发的"中国项目管理发展二十年（1999—2019）杰出教育贡献奖"。他积极参与国际项目管理协会（IPMA）的活动，如担任第十一届 IPMA 研究大会的学术主席，作为编辑团队成员参与 IPMA 标准 *Research Evaluation Baseline*（*REB*）的撰写等，为推动中国项目管理的国际化做出了贡献。

该书是杨青教授多年教学和研究成果的结晶。它为工程项目管理领域提供了独特的见解。

该书的特色突出表现在以下几个方面：

1）最新的项目管理知识。书中系统阐述了基于价值交付系统和管理原则的项目管理理论体系，强调了价值驱动的项目管理范式，反映了项目管理领域的最新发展。这有助于读者从更高的视角理解和把握项目管理知识与方法。

2）基于系统工程的项目管理。书中系统阐述了基于系统工程的项目管理原理和方法，可为复杂、大型工程项目提供理论指导。这有助于降低项目系统和管理的复杂性，特别适用于大型研发工程项目等领域。

3）中国特色项目管理智慧。书中包含中国优秀的工程项目管理实践案例，以反映具有中国特色的项目管理智慧。这不仅有助于学生和专业人士更好地理解中国在工程项目管理方面的成就，还可以帮助学生深刻地掌握项目管理知识。

我相信，该书有助于相关专业的学生和专业人士掌握项目管理的核心原理和方法，为工程项目管理领域注入新的活力和智慧。希望这本书能成为读者在工程项目管理领域的重要参考资料，激发更多人在这个领域取得成功。愿我们一同探索、学习、创新，为项目管理的未来发展贡献自己的力量！

Reinhard Wagner

博士/教授

国际项目管理协会（IPMA）前任主席和理事长

Preface III

Engineering projects play a crucial role in driving societal sustainability, and projectification is reshaping the development of companies, regions, and nations. In many countries, over one-third of the Gross Domestic Product (GDP) is achieved through projects, programs and portfolios. With the advancement of technology, engineering projects are growing more and more complex and complicated. Navigating the complexity of systems is one of the significant challenges in project management, and systems engineering provides solutions to address this challenge.

Additionally, influenced by artificial intelligence, digital technologies, and the reshaping of global supply chains, the environment of project management has changed dramatically, new project management approaches, methods and tools are emerging. For instance, project management has shifted from the traditional focus on deliverables to more focus on value delivery, and more emphasis on adopting agile approaches as well as other methods to improve the ability to cope with uncertain environments.

This book reflects these challenges and new changes faced by modern project management. The author, Professor Qing Yang, has dedicated over 30 years to the field of engineering project management. He has rich theoretical and practical experience in project management. In 2019, he was awarded the "Outstanding Educational Contribution Award for 20 Years (1999—2019) of Project Management Development in China" from the Ministry of Science and Technology of China. He participated in a series of events organized by the International Project Management Association (IPMA), was an editorial team member for the development of the IPMA Research Evaluation Baseline (REB) and chaired the Scientific Committee of the 11th IPMA Research Conference. Professor Qing Yang is instrumental in promoting the internationalization of project management in China.

This book is the result of Professor Qing Yang's many years of teaching and research work. It offers unique insights into the field of Engineering Project Management.

The distinctive features of this book can be highlighted as follows:

1) State-of-the-Art Project Management Knowledge. The book establishes a theoretical framework for project management based on value delivery system and management principles, highlighting the value-driven project management paradigm that reflects the latest developments of project management. This can help readers to comprehend and apply project management knowledge and methods from a higher perspective.

2) System Engineering-Based Project Management. The book thoroughly explains the principles and methods of project management based on systems engineering, offering theoretical guidance for complex engineering projects. This is particularly useful to deal with the complexity of large engineering project.

3) Chinese Project Management Wisdom. The book includes exemplary Chinese engineering project management practice cases, showcasing the unique project management wisdom of Chinese. This will help readers not only to understand the essence of China's achievements in project management, but also to further develop their project management knowledge.

I trust that this textbook will help students and professionals in the relevant fields to understand the core principles and practices of project management and bring new vitality and wisdom to the field of engineering project management. It is my sincere hope that this book can inspire more people to be successful in this field. Let's explore, learn, innovate, and contribute to the future development of project management!

Reinhard Wagner

Doctor/Professor

Former President and Chairman of the Council, International Project Management Associate (IPMA)

前 言

当前，我国正处于从制造大国向创新型国家转变的关键期，党的二十大报告中强调了"加快实施创新驱动发展战略，加快实现高水平科技自立自强"的新发展理念。工程项目（如重大基础设施建设、航空航天工程、大型复杂科学装置、新产品开发、IT 开发等）在推进高质量发展、实现创新驱动和供给侧结构性改革等方面发挥着重要的作用。重大项目是经济社会稳中有进的"稳定器"和"压舱石"，是推动经济社会高质量发展的有力抓手。良好的项目管理有助于实现项目目标、使利益相关方满意、实现价值交付。

在当前快速变革的时代，工程项目管理实践面临着许多新的挑战。在大数据、数字化技术、人工智能的驱动下，以及后疫情时代和全球经济不确定性增加的环境下，项目管理的环境发生了显著的变化，项目管理的组织和流程变革中蕴藏着巨大的机遇与挑战。在新的环境下，项目管理实践过程中不断涌现新的管理问题、新的应用场景、新的方法与工具等。因此，迫切需要一本顺应时代潮流的工程项目管理专业书籍。

本书旨在帮助读者全面理解工程项目管理的核心概念和方法。本书不仅对传统的基于"过程方法"的项目管理及其关键组成部分做了详细阐述，还对《项目管理知识体系指南（PMBOK®指南）》（第七版）基于"系统视角"的项目管理关键组成部分做了详细论述，介绍了项目管理的主要知识领域和绩效域。此外，本书还强调了基于系统工程思想的工程项目管理理论和方法。通过实际案例、讨论题和思考题，读者能够将理论知识与实践相结合，培养对项目管理的洞察力和创新能力。

本书兼顾理论性和实践性，致力于提供一种综合的方法，使读者能够理解项目管理的多个维度，包括：基于系统工程的工程项目管理、项目管理原则、项目整合管理、范围管理、进度管理、成本管理、质量管理、风险管理和信息化管理等。同时，本书也强调实践的重要性，通过案例分析培养读者的实践能力。

与同类其他书籍相比，本书具有以下三点特色。

1. 以《项目管理知识体系指南（PMBOK®指南）》（第七版）为参照，系统阐述了基于价值交付系统的项目管理理论体系，体现了项目管理的最新发展

在过去的10年间，各类产品、服务和解决方案中采用的软件呈指数增长，数字化技术和数字化产品的大量出现，特别是大数据、人工智能、基于云的能力和新的商业模式驱动了新工作方式的发展创新，软件能够促使这种增长继续变化。因此，软件开发项目管理备受关注，与传统的工程建设项目和大型装备研发项目不同，软件开发项目呈现需求不确定性、易变性等特点。因此，项目管理知识理论与实践呈现新的变化，这种变化不仅对软件、IT项目管理产生重要的影响，而且对不同行业的项目管理都产生了重要、深远的影响。在这样的大背景下，《项目管理知识体系指南（PMBOK®指南）》（第七版）应运而生。

本书融合了《项目管理知识体系指南（PMBOK®指南）》（第七版）中的最新理念和方法。以往的版本是一种基于过程的项目管理标准，是规定性的。然而，随着项目管理环境的快速发展，基于过程导向的体系无法准确反映价值交付的整个大环境。因此，本书阐述了基于价值交付系统和管理原则的项目管理知识体系，使项目管理者可以从更高的视角理解、把握项目管理的基本原则与方法。此外，本书以更广泛的工程项目为对象（如装备制造、大型研发工程项目等），构建了一套全面化、多领域、多层次的工程项目管理知识系统，以弥补现有教材主要针对建设项目的不足。本书适用于更多领域、更多行业、不同背景的项目管理从业者和学生。

2. 系统阐述了基于系统工程的项目管理原理和方法，为建设复杂、重大工程项目提供理论指导

系统工程（Systems Engineering，SE）是人们在大型工程或经济活动的组织、规划、生产、管理及复杂产品系统的设计与研制过程中形成的一套理论方法。在我国，钱学森先生首先提出了系统工程的理论与方法，并成功应用于航空航天工程项目。系统工程有助于对系统复杂性问题认知、指导复杂系统管理实践。本书阐述了工程项目的系统复杂性、工程项目管理中的系统工程活动和系统工程方法论。此外，针对复杂工程项目，本书阐述了项目生命周期的系统工程过程集，包括全生命周期技术过程集、全生命周期管理过程集（绩效域）和项目群使能过程集。基于系统工程的工程项目管理理论和方法是在综合考虑项目系统完整性、涌现性、层次性等特性的基础上，通过采取有效的管理措施，达到降低系统复杂性和管理复杂性的目的，对于指导复杂、重大工程项目的研制和建设具有重要价值。

3. 挖掘了我国自古至今的优秀工程项目管理实践案例，反映了具有中国特色的项目管理智慧

在中华上下五千年的文明史中，蕴藏着无数丰富、经典、充满中国智慧的工程项目管理案例。本书嵌入了多个中国项目管理优秀实践案例，用以诠释、说明对应章节的项目管理知识，帮助读者更好地理解、吸收和转化。例如，在第 4 章项目管理原则中，引入了案例"从梁思成和林徽因的选择，看中国古建筑的独特价值"，诠释了如何"聚焦于价值"这一项目管理的原则；在第 5 章项目整合管理中，引入了案例"华为的项目'铁三角'"，用中国领先企业的实践诠释了项目整合管理的内涵和精髓。

用源自中国的案例阐释工程项目管理理论与方法，从中国案例中提炼工程项目管理智慧，可以使学生更好地了解新时代中国在工程项目和工程项目管理方面取得的成就，提升学生对中国道路和文化的自信，对推动中国工程项目管理学科学术体系的建设和提升国际影响力具有重要意义。

我要感谢所有为编写本书做出贡献的人员，尤其是参与第 10 章、第 11 章编写工作的北京科技大学经济管理学院王志如、金海峰，是他们的努力和支持使得本书得以面世。另外，在本书初稿的形成过程中，研究生田平野、李依航、韩瑛、尹弘毅、冯阳、庞佳怡、乔越洋、高杰、鲁丹也为本书做出了无私的奉献，在此对他们表达诚挚的谢意。我还要感谢我的家人幸静梅、杨悦莹对本书的支持，感谢本书策划编辑张星明先生、责任编辑陈倩女士为本书出版进行的专业指导。

借此机会，我还要诚挚地感谢为本书提出宝贵建议的各位专家、教授，感谢所有参考书的作者、项目管理同行，我的老师、朋友和学生，以及为本书提出意见的外国专家，我从他们那里学到了很多东西，他们给我的帮助始终是满溢的，他们一直是且将永远是我的老师。

书是教育的基础，是人类思想、文化、智慧与实践的结晶。我相信，本书将为读者提供丰富的知识和实践经验，帮助他们更好地掌握工程项目管理的理论和实践。不言而喻，书中仍然可能存在错误和不当之处，敬请读者指正。

祝大家读书愉快！

杨青

2023 年 11 月于北京

目 录

序一

序二

Preface II

序三

Preface III

前言

第1章 概论 ··· 1

1.1 概念与范畴 ·· 1

1.1.1 工程与工程管理的基本含义 ··· 1

1.1.2 项目与工程项目管理的基本含义 ··· 3

1.1.3 工程管理与项目管理的关系 ··· 4

1.2 工程项目管理的主要内容与三维结构 ·· 5

1.2.1 工程项目管理的主要内容 ·· 5

1.2.2 工程项目管理的三维结构 ·· 9

1.2.3 工程项目管理的环境 ·· 12

1.3 基于系统工程的复杂工程项目管理 ··· 14

1.3.1 复杂工程项目与系统工程 ·· 14

1.3.2 工程项目管理中的系统工程原则及方法 ······························· 15

1.4 项目管理的历史回顾与主要学术组织 ·· 17

1.4.1 中国项目管理的历史回顾 ·· 17

1.4.2 项目管理主要学术组织 ··· 19

1.5 中国工程项目管理的学术研究与实践 ·· 21

第 2 章　项目价值交付系统与组织系统 ························· 28

2.1　概述 ···················· 28
2.1.1　项目管理概述 ············ 28
2.1.2　核心概念与术语 ·········· 29

2.2　项目管理的要素 ············ 30
2.2.1　项目的概念与特性 ········ 30
2.2.2　项目管理的概念与目的 ···· 32
2.2.3　基于过程方法的项目管理关键组成部分 ···· 36
2.2.4　基于系统视角的项目管理关键组成部分 ···· 39

2.3　项目价值交付系统 ·········· 43
2.3.1　价值交付系统的组件与信息流 ······· 43
2.3.2　项目、项目集、项目组合、运营管理之间的关系 ······ 45
2.3.3　项目与产品管理 ·········· 48

2.4　项目组织系统 ·············· 50
2.4.1　组织治理系统和框架 ······ 50
2.4.2　组织结构类型 ············ 52
2.4.3　项目经理的胜任力——PMI 人才三角模型 ······· 58

案例 1：沣东华侨城的价值交付——项目组合管理助力文旅营城 ········· 60
案例 2：Meta 的项目组织架构变革——重组 AI 部门，意欲发展元宇宙？ ········ 65

第 3 章　基于系统工程的工程项目管理 ···················· 69

3.1　概述 ···················· 69
3.1.1　工程系统的主要特征 ······ 69
3.1.2　系统工程的定义 ·········· 70
3.1.3　系统科学 ················ 71

3.2　工程项目管理的系统工程活动与系统思考 ······· 73
3.2.1　工程项目管理中的系统工程活动 ······· 73
3.2.2　工程项目管理中的系统思考 ··········· 74
3.2.3　工程项目的系统复杂性 ·············· 75

3.3　工程项目管理中的系统工程方法论 ············· 79

- 3.3.1 系统之系统工程 ……………………………………………………… 79
- 3.3.2 产品开发系统工程 ……………………………………………………… 80
- 3.3.3 敏捷系统工程：适应快速变化环境的工程项目管理方法 …………… 83
- 3.3.4 基于模型的系统工程：数字化驱动的工程项目管理方法 …………… 84

3.4 复杂工程项目的生命周期 ………………………………………………………… 86
- 3.4.1 工程项目的预测型生命周期模型 ……………………………………… 86
- 3.4.2 复杂工程项目的生命周期阶段划分 …………………………………… 89

3.5 项目生命周期的系统工程过程集 ………………………………………………… 91
- 3.5.1 概述 ……………………………………………………………………… 91
- 3.5.2 全生命周期技术过程集 ………………………………………………… 93
- 3.5.3 全生命周期管理过程集（绩效域） …………………………………… 96
- 3.5.4 项目群使能过程集 ……………………………………………………… 97

案例1：产品原型系统——中国超高速列车 …………………………………… 99
案例2：项目系统思维——丁谓巧修皇宫 ……………………………………… 100

第4章 项目管理原则 ……………………………………………………………… 103

4.1 概述 ………………………………………………………………………………… 103
4.2 项目管理12项原则 ……………………………………………………………… 104
- 4.2.1 原则1：成为勤勉、尊重和关心他人的管家 ………………………… 104
- 4.2.2 原则2：营造协作的项目团队环境 …………………………………… 106
- 4.2.3 原则3：有效的利益相关方参与 ……………………………………… 109
- 4.2.4 原则4：聚焦于价值 …………………………………………………… 111
- 4.2.5 原则5：识别、评估和响应系统交互 ………………………………… 114
- 4.2.6 原则6：展现领导力行为 ……………………………………………… 117
- 4.2.7 原则7：根据环境进行裁剪 …………………………………………… 120
- 4.2.8 原则8：将质量融入过程和可交付物中 ……………………………… 123
- 4.2.9 原则9：驾驭复杂性 …………………………………………………… 125
- 4.2.10 原则10：优化风险应对 ……………………………………………… 128
- 4.2.11 原则11：拥抱适应性和韧性 ………………………………………… 131
- 4.2.12 原则12：为实现预期的未来状态而驱动变革 ……………………… 134

案例：聚焦于价值——从梁思成和林徽因的选择，看中国古建筑的独特价值 …… 136

第5章 项目整合管理 …… 142

5.1 概述 …… 142
5.1.1 项目整合管理的目的与基本流程 …… 142
5.1.2 核心概念与术语 …… 145

5.2 启动项目——制定项目章程 …… 146

5.3 规划项目——制订项目管理计划 …… 149

5.4 执行项目 …… 152
5.4.1 指导与管理项目工作 …… 152
5.4.2 管理项目知识 …… 155

5.5 监控项目 …… 157
5.5.1 监控项目工作 …… 157
5.5.2 实施整体变更控制 …… 158

5.6 项目收尾——结束项目或阶段 …… 160
5.6.1 合同收尾 …… 160
5.6.2 管理收尾 …… 162

案例：项目整合管理——华为的项目"铁三角" …… 165

第6章 项目范围管理 …… 171

6.1 概述 …… 171
6.1.1 项目范围管理的目的与基本过程 …… 171
6.1.2 核心概念与术语 …… 172

6.2 创建WBS前的准备——收集需求与定义范围 …… 175
6.2.1 收集需求 …… 175
6.2.2 定义范围 …… 177

6.3 创建WBS的原则与方法 …… 178
6.3.1 创建WBS的原则、层次和类型 …… 178
6.3.2 创建WBS的方法 …… 180
6.3.3 WBS编号与样式 …… 183
6.3.4 WBS示例 …… 187

6.4 采用项目生命周期创建WBS …… 192

        6.4.1　不同项目生命周期或开发方法对范围管理的影响 ⋯⋯⋯⋯⋯⋯⋯⋯ 192

        6.4.2　在预测型（瀑布型）生命周期中使用 WBS ⋯⋯⋯⋯⋯⋯⋯⋯⋯⋯⋯ 193

        6.4.3　在迭代型生命周期中使用 WBS ⋯⋯⋯⋯⋯⋯⋯⋯⋯⋯⋯⋯⋯⋯⋯⋯ 195

        6.4.4　在增量型生命周期中使用 WBS ⋯⋯⋯⋯⋯⋯⋯⋯⋯⋯⋯⋯⋯⋯⋯⋯ 196

        6.4.5　在敏捷型生命周期中使用 WBS ⋯⋯⋯⋯⋯⋯⋯⋯⋯⋯⋯⋯⋯⋯⋯⋯ 197

    6.5　监控范围过程——确认范围与控制范围 ⋯⋯⋯⋯⋯⋯⋯⋯⋯⋯⋯⋯⋯⋯⋯⋯ 199

        6.5.1　确认范围 ⋯⋯⋯⋯⋯⋯⋯⋯⋯⋯⋯⋯⋯⋯⋯⋯⋯⋯⋯⋯⋯⋯⋯⋯⋯⋯ 199

        6.5.2　控制范围 ⋯⋯⋯⋯⋯⋯⋯⋯⋯⋯⋯⋯⋯⋯⋯⋯⋯⋯⋯⋯⋯⋯⋯⋯⋯⋯ 201

    案例1：地铁线路项目集 WBS ⋯⋯⋯⋯⋯⋯⋯⋯⋯⋯⋯⋯⋯⋯⋯⋯⋯⋯⋯⋯⋯⋯ 202

    案例2：鱼池项目范围权衡 ⋯⋯⋯⋯⋯⋯⋯⋯⋯⋯⋯⋯⋯⋯⋯⋯⋯⋯⋯⋯⋯⋯⋯ 206

第7章　项目进度管理 ⋯⋯⋯⋯⋯⋯⋯⋯⋯⋯⋯⋯⋯⋯⋯⋯⋯⋯⋯⋯⋯⋯⋯⋯⋯⋯⋯ 208

    7.1　概述 ⋯⋯⋯⋯⋯⋯⋯⋯⋯⋯⋯⋯⋯⋯⋯⋯⋯⋯⋯⋯⋯⋯⋯⋯⋯⋯⋯⋯⋯⋯⋯ 208

        7.1.1　项目进度管理目的与基本流程 ⋯⋯⋯⋯⋯⋯⋯⋯⋯⋯⋯⋯⋯⋯⋯⋯ 208

        7.1.2　核心概念与术语 ⋯⋯⋯⋯⋯⋯⋯⋯⋯⋯⋯⋯⋯⋯⋯⋯⋯⋯⋯⋯⋯⋯ 210

    7.2　制订项目进度计划的准备过程 ⋯⋯⋯⋯⋯⋯⋯⋯⋯⋯⋯⋯⋯⋯⋯⋯⋯⋯⋯⋯ 213

        7.2.1　定义活动 ⋯⋯⋯⋯⋯⋯⋯⋯⋯⋯⋯⋯⋯⋯⋯⋯⋯⋯⋯⋯⋯⋯⋯⋯⋯⋯ 213

        7.2.2　估算活动持续时间 ⋯⋯⋯⋯⋯⋯⋯⋯⋯⋯⋯⋯⋯⋯⋯⋯⋯⋯⋯⋯⋯ 215

        7.2.3　排列活动顺序 ⋯⋯⋯⋯⋯⋯⋯⋯⋯⋯⋯⋯⋯⋯⋯⋯⋯⋯⋯⋯⋯⋯⋯ 219

    7.3　采用网络计划技术制订项目进度计划 ⋯⋯⋯⋯⋯⋯⋯⋯⋯⋯⋯⋯⋯⋯⋯⋯ 222

        7.3.1　网络计划技术的起源与沿革 ⋯⋯⋯⋯⋯⋯⋯⋯⋯⋯⋯⋯⋯⋯⋯⋯⋯ 222

        7.3.2　网络计划表现形式与绘制 ⋯⋯⋯⋯⋯⋯⋯⋯⋯⋯⋯⋯⋯⋯⋯⋯⋯⋯ 224

        7.3.3　关键路径 CPM 法的时间参数计算 ⋯⋯⋯⋯⋯⋯⋯⋯⋯⋯⋯⋯⋯⋯ 227

        7.3.4　PERT 技术 ⋯⋯⋯⋯⋯⋯⋯⋯⋯⋯⋯⋯⋯⋯⋯⋯⋯⋯⋯⋯⋯⋯⋯⋯⋯ 238

    7.4　项目进度计划优化 ⋯⋯⋯⋯⋯⋯⋯⋯⋯⋯⋯⋯⋯⋯⋯⋯⋯⋯⋯⋯⋯⋯⋯⋯⋯ 242

        7.4.1　进度压缩技术 ⋯⋯⋯⋯⋯⋯⋯⋯⋯⋯⋯⋯⋯⋯⋯⋯⋯⋯⋯⋯⋯⋯⋯ 242

        7.4.2　考虑资源的进度优化 ⋯⋯⋯⋯⋯⋯⋯⋯⋯⋯⋯⋯⋯⋯⋯⋯⋯⋯⋯⋯ 245

    7.5　项目进度控制 ⋯⋯⋯⋯⋯⋯⋯⋯⋯⋯⋯⋯⋯⋯⋯⋯⋯⋯⋯⋯⋯⋯⋯⋯⋯⋯⋯ 249

        7.5.1　进度偏差分析方法 ⋯⋯⋯⋯⋯⋯⋯⋯⋯⋯⋯⋯⋯⋯⋯⋯⋯⋯⋯⋯⋯ 250

        7.5.2　进度计划的更新 ⋯⋯⋯⋯⋯⋯⋯⋯⋯⋯⋯⋯⋯⋯⋯⋯⋯⋯⋯⋯⋯⋯ 252

    案例：船舶 C 集团如何突破项目管理的困境 ⋯⋯⋯⋯⋯⋯⋯⋯⋯⋯⋯⋯⋯⋯⋯ 254

第8章 项目成本管理 ... 263

8.1 概述 ... 263
8.1.1 项目成本管理的目的与基本流程 ... 263
8.1.2 核心概念与术语 ... 264

8.2 项目资源计划 ... 266
8.2.1 项目资源说明书 ... 266
8.2.2 资源说明书的编制 ... 268

8.3 估算成本与制定预算 ... 270
8.3.1 确定资源总成本 ... 270
8.3.2 估算成本 ... 270
8.3.3 制定预算 ... 273

8.4 挣值分析法 ... 276
8.4.1 挣值分析法的产生背景 ... 276
8.4.2 挣值分析法的原理与偏差分析 ... 278
8.4.3 趋势分析 ... 285
8.4.4 异常管理 ... 291

8.5 控制成本 ... 294

案例：挣值管理在商用航空发动机项目管理中的应用 ... 296

第9章 项目质量管理 ... 303

9.1 概述 ... 303
9.1.1 项目质量管理的目的与基本过程 ... 303
9.1.2 核心概念与术语 ... 304

9.2 规划质量管理 ... 306
9.2.1 规划质量管理的输入 ... 306
9.2.2 规划质量管理的工具与技术 ... 307
9.2.3 规划质量管理的输出 ... 317

9.3 管理质量 ... 317
9.3.1 管理质量的输入 ... 318
9.3.2 管理质量的工具与技术 ... 319

9.3.3　管理质量的输出 …… 320

9.4　控制质量 …… 320

9.4.1　控制质量的输入 …… 321

9.4.2　控制质量的工具与技术 …… 322

9.4.3　控制质量的输出 …… 330

案例1：福特公司"金牛座"型号车的质量策划 …… 330

案例2：某高架桥工程的钻孔灌注桩施工质量控制 …… 333

第10章　项目风险管理 …… 338

10.1　概述 …… 338

10.1.1　项目风险管理的目的与基本流程 …… 338

10.1.2　核心概念与术语 …… 340

10.2　规划风险管理 …… 343

10.2.1　本过程的输入 …… 343

10.2.2　本过程的工具与技术 …… 344

10.2.3　本过程的输出 …… 344

10.3　识别风险 …… 346

10.3.1　本过程的输入和输出 …… 347

10.3.2　本过程的工具与技术 …… 349

10.4　实施定性风险分析 …… 351

10.4.1　本过程的输入和输出 …… 351

10.4.2　本过程的工具与技术 …… 352

10.5　实施定量风险分析 …… 358

10.5.1　本过程的输入和输出 …… 358

10.5.2　本过程的工具与技术 …… 359

10.6　规划风险应对 …… 367

10.6.1　威胁应对策略 …… 367

10.6.2　机会应对策略 …… 370

10.7　实施风险应对与监督风险 …… 371

10.7.1　实验风险应对 …… 371

10.7.2　监督风险 …… 372

案例：澳大利亚新南方铁路项目风险管理 ⋯⋯⋯⋯⋯⋯⋯⋯⋯⋯⋯⋯⋯⋯ 375

第 11 章　工程项目管理信息化 ⋯⋯⋯⋯⋯⋯⋯⋯⋯⋯⋯⋯⋯⋯⋯⋯⋯ 382

11.1　概述 ⋯⋯⋯⋯⋯⋯⋯⋯⋯⋯⋯⋯⋯⋯⋯⋯⋯⋯⋯⋯⋯⋯⋯⋯⋯⋯⋯ 382
11.2　工程项目信息管理 ⋯⋯⋯⋯⋯⋯⋯⋯⋯⋯⋯⋯⋯⋯⋯⋯⋯⋯⋯⋯⋯ 383
11.2.1　工程项目信息管理的任务 ⋯⋯⋯⋯⋯⋯⋯⋯⋯⋯⋯⋯⋯⋯⋯⋯ 383
11.2.2　工程项目信息的分类与信息结构 ⋯⋯⋯⋯⋯⋯⋯⋯⋯⋯⋯⋯⋯ 384
11.2.3　工程项目信息编码 ⋯⋯⋯⋯⋯⋯⋯⋯⋯⋯⋯⋯⋯⋯⋯⋯⋯⋯⋯ 388
11.3　工程项目管理信息化技术 ⋯⋯⋯⋯⋯⋯⋯⋯⋯⋯⋯⋯⋯⋯⋯⋯⋯⋯ 390
11.4　设计相关的数字化应用技术 ⋯⋯⋯⋯⋯⋯⋯⋯⋯⋯⋯⋯⋯⋯⋯⋯⋯ 391
11.4.1　建筑信息模型（BIM）技术 ⋯⋯⋯⋯⋯⋯⋯⋯⋯⋯⋯⋯⋯⋯⋯ 391
11.4.2　数字孪生技术 ⋯⋯⋯⋯⋯⋯⋯⋯⋯⋯⋯⋯⋯⋯⋯⋯⋯⋯⋯⋯⋯ 406
11.4.3　增强现实技术 ⋯⋯⋯⋯⋯⋯⋯⋯⋯⋯⋯⋯⋯⋯⋯⋯⋯⋯⋯⋯⋯ 407
11.5　施工相关的现场与非现场数字化技术 ⋯⋯⋯⋯⋯⋯⋯⋯⋯⋯⋯⋯⋯ 407
11.5.1　机器人技术 ⋯⋯⋯⋯⋯⋯⋯⋯⋯⋯⋯⋯⋯⋯⋯⋯⋯⋯⋯⋯⋯⋯ 407
11.5.2　3D 打印技术 ⋯⋯⋯⋯⋯⋯⋯⋯⋯⋯⋯⋯⋯⋯⋯⋯⋯⋯⋯⋯⋯⋯ 408
11.5.3　无人机 ⋯⋯⋯⋯⋯⋯⋯⋯⋯⋯⋯⋯⋯⋯⋯⋯⋯⋯⋯⋯⋯⋯⋯⋯ 408
11.5.4　传感器与无线技术 ⋯⋯⋯⋯⋯⋯⋯⋯⋯⋯⋯⋯⋯⋯⋯⋯⋯⋯⋯ 409
11.5.5　可穿戴设备 ⋯⋯⋯⋯⋯⋯⋯⋯⋯⋯⋯⋯⋯⋯⋯⋯⋯⋯⋯⋯⋯⋯ 409
11.6　数字化施工管理 ⋯⋯⋯⋯⋯⋯⋯⋯⋯⋯⋯⋯⋯⋯⋯⋯⋯⋯⋯⋯⋯⋯ 409
案例：上海中心大厦 BIM 应用案例 ⋯⋯⋯⋯⋯⋯⋯⋯⋯⋯⋯⋯⋯⋯⋯⋯ 410

参考文献 ⋯⋯⋯⋯⋯⋯⋯⋯⋯⋯⋯⋯⋯⋯⋯⋯⋯⋯⋯⋯⋯⋯⋯⋯⋯⋯⋯⋯⋯⋯ 415

第1章 概 论

1.1 概念与范畴

1.1.1 工程与工程管理的基本含义

1. 工程的基本含义

工程是人类文明的重要组成部分，从埃及的金字塔到中国的万里长城都是人类历史上伟大的工程奇迹。"工程"一词在《辞海》（第七版）中有三层含义：①将自然科学的原理应用到实际中去而形成的各学科的总称。如土木建筑工程、水利工程、冶金工程、机电工程、化学工程、海洋工程、生物工程等。这些学科是应用数学、物理学、化学、生物学等基础科学的原理，结合在科学实验及生产实践中所积累的技术经验而发展出来的。主要内容有：对于工程基地的勘测、设计、施工，原材料的选择研究，设备和产品的设计制造，工艺和施工方法的研究等。②具体的基本建设项目。如南京长江大桥工程、三峡工程、青藏铁路工程、京沪京广高铁工程、"嫦娥"探月工程、"神舟"飞船发射工程等。③涉及面广、需各方合作、投入人力物力的工作。如"希望工程""菜篮子工程"等。

《辞海》（第七版）并没有从一门学科的角度对"工程"的概念给出确切的诠释。《大不列颠百科全书》（https://www.britannica.com/）对"工程"进行了精练的定义：工程，是应用科学知识使自然资源最佳地转化为人类之使用的专门技术（engineering, the application of science to the optimum conversion of the resources of nature to the uses of humankind）。美国工程师职业发展协会（Engineers Council for Professional Development，ECPD）对"工程"的科学内涵进行了较为全面的阐述：工程是一种创造性地将科学原理应用于设计或开发结构（Structures）、设备（Machines）、装置（Apparatus）、制造过程（Manufacturing processes），以及单独或整合利用它们的工作（Works）；或者建造、运营所设计的以上所有对象；或者预测它们在特定运营条件下的行为。以上所有都要考虑预期的功能、运营的经济性，以及生命与财产的安全性。

由上述定义可见，只要是应用科学知识将自然资源转化为人类所使用的任何事物，就可以认为是工程；工程关注如何最优地使用自然资源；工程的范畴可大可小，可以大到大型装置或者大型装置与制造过程等的集合，也可以小到一个结构或设备。所以，工程包括的对象是广泛的，可以是一架飞机的研制，也可以是其中一个关键零部件的研制、维修等。

2. 工程管理的基本含义

在国际上，现代工程管理理论与方法出现于20世纪50年代。第二次世界大战后，人类在科学技术和经济建设方面突飞猛进，尤其是核能、计算机、新材料、空间技术、生物工程等得到重视和开发。同时，系统学为人们提供了认识工程内在复杂性及内外环境相关性的可能，运筹学使人们能够进行多方案的优化、为人们提供科学决策的工具，而上述工程规模的大型化、工程技术的复杂化迫切需要一个专业化的组织或群体完成这些任务，所有这些共同催生了工程管理技术及其相应教育的发展。工程管理是科学技术发展的产物，也是社会需要的结果。全球最早的工程管理作为一门新兴的专业，于1967年诞生于美国密苏里科技大学（Missouri University of Science and Technology）。当时，西方国家对工业工程教育进行评估后发现，传统的工业工程教育只注重车间层次的效率和数学方法的运用，其毕业生和工程师大多缺乏必要的沟通技巧和管理知识。由此，便将传统的工业工程教育进行了调整，产生了"工程管理"这样一个新的学科领域。

我国工程管理专业可追溯到20世纪60年代初期，由一批20世纪50年代留学苏联的工程经济专家和20世纪50年代前留学英美的工程经济专家在我国开设的技术经济学科。该阶段主要研究项目和技术活动的经济分析，包括项目评价与可行性分析等。工程管理专业是1998年国家教育委员会对高等教育专业进行调整时成立的专业，代替了原来的建筑经济与管理、房地产开发与经营等专业。

对于"工程管理"，也有不同的定义与阐释。中国工程院咨询项目《我国工程管理科学发展现状研究》报告中对"工程管理"进行了界定：工程管理是指为实现预期目标，有效地利用资源，对工程所进行的决策、计划、组织、指挥、协调与控制。美国工程管理协会（American Society of Engineering Management，ASEM）对"工程管理"的定义是：工程管理是对具有技术成分的活动进行计划、组织、资源分配及指导和控制的科学和艺术。美国电气和电子工程师协会（Institute of Electrical and Electronics Engineers，IEEE）工程管理学会对"工程管理"的解释为：工程管理是关于各种技术及其相互关系的战略和战术决策的制定及实施的学科。《维基百科》对"工程管理"的定义是：工程管理作为一种职业，它将工程中解决技术问题的能力与管理中的组织（Organizational）、行政（Administrative）、计划（Planning）能力整合在一起，以期管理整个企业从某一概念产生到结束的整个过程。由以上定义可见，工程管理关注解决技术问题过程中所开展的管理活动。

中国工程院于2000年明确了工程管理的范畴，包括：①工程建设实施中的管理（包括规划、论证、设计、施工、运行过程中的管理）；②复杂的新型产品、设备、装备的开发、制造、生产过程中的管理；③重大的技术革新、技术改造、转型、转轨及国际接轨中的管理；④涉及产业、工程、科技的重大布局，以及战略发展研究的管理。

1.1.2　项目与工程项目管理的基本含义

项目是指为创造独特的产品、服务或结果而进行的临时性工作。项目的临时性表明项目工作或项目工作的某一阶段会有开始，也会有结束。项目可以独立运作，也可以是项目集或项目组合的一部分。

工程可以从两个层面来理解。广义上讲，工程可以指工程技术；狭义上讲，工程也可指某一项任务。以航天工程为例，广义上讲，卫星工程是研制和管理人造地球卫星的工程技术，包括卫星有效载荷技术、卫星服务系统技术和卫星系统工程；狭义上讲，卫星工程也可以指某一项卫星型号的研制任务。本书主要是指狭义的工程，即工程项目。

工程项目管理是指为实现工程项目（如卫星型号研制项目）的预期目标，有效地利用资源，对工程项目所进行的决策、计划、组织、指挥、协调与控制。工程项目管理是动态的创造性活动过程，它运用系统工程的理论、思想及技术方法，对工程项目实施全系统、全生命周期的系统管理，不断用科学的决策进行资源的合理配置、综合权衡和系统性能优化。

工程项目管理的主要任务是：在满足可支配资源等约束条件下，确定系统的性能要求，并验证用户的技术需求。工程项目管理与系统工程和密切相关，系统工程的思想是工程项目管理的核心。

系统工程兴起于20世纪60年代中期的航天工业，在我国著名科学家钱学森先生的倡导和推动下，系统工程极大地推动了航天工业和复杂系统的研制。系统工程包含技术过程和管理过程两个方面，它强调从专业技术的角度出发，将用户对项目的总体性能需求转化为一组系统性能参数，并强调所有物理、功能和程序接口的兼容性及整个系统的优化。

正如钱学森先生所描述的，研制一个复杂系统所面临的问题是"怎样把比较笼统的初始研制要求逐步地变为成千上万个研制任务参加者的具体工作，以及怎样把这些工作最终综合成为一个技术上合理、经济上合算、研制周期短、能协调运转的实际系统，并使这个系统成为它所从属的更大系统的有效组成部分"。以航天工程为例，复杂工程项目包括：前期论证；分解用户提供的研制总要求（用户需求）；将比较笼统的总要求转为具体的设备、部件级的技术性能指标；在综合考虑性能、成本、进度和风险因素的前提下，从设备级设计、制造到分系统、系统级的综合集成、测试和试验，建造成符合用户要求的航天产品；与发射场、测控和应用等其他系统协调，发射入轨完成航天器生命周期正常运行。

工程项目管理的任务是高效率和高效益地实现项目的所有目标。项目管理过程就是为了满足甚至超越项目利益相关方对项目的需求和期望，而将理论知识、技能、工具和技巧应用到项目活动中。现代项目管理的主要方法论仍是采用系统工程的思想，强调项目三要素——性能（质量）、时间和成本之间的协调和平衡。现代项目管理知识体系在原有"硬"的系统工程工具和方法的基础上又有了新的发展，增加了项目风险管理、项目人力资源管理、项目团队建设和冲突管理、项目信息和沟通管理等"软"的内容，这些对于工程项目的成功同样是至关重要的。

本书将系统工程与项目管理相结合，从系统工程的角度阐述复杂工程项目管理方法。以系统工程的理论和方法为主线，将工程项目管理的主要内容展开为相关的管理领域，即整合管理（又称为综合管理或集成管理）、范围管理、进度管理、成本管理、质量管理、风险管理、信息管理、人力资源管理、采购管理、利益相关方管理。

1.1.3　工程管理与项目管理的关系

工程管理与项目管理范畴存在交叉与重叠。以航天工程为例，航天工程管理的工程实践经验决定其对航天工程各类型号项目的普遍适用性。它必须遵循技术发展战略方针、政策，运用系统工程、职能管理手段，配置各种管理要素的资源，以期实现航天工程整体上台阶、出效益、出人才。项目管理则是以项目为对象的系统管理模式，通过一个临时性的柔性组织，对项目进行高效率的计划、组织、指挥和控制，以实现项目目标的综合协调与优化。

当工程管理的对象是一个特定项目（如一个特定的卫星型号项目），或者当工程管理的企业主体或组织机构就是为这一特定项目（如三峡工程）而设定时，工程管理的对象也就是项目管理的对象，两者的管理原则也就融会贯通了。

工程项目管理是面对工程项目全过程、全生命周期的管理，工程项目管理强调项目管理理论、管理技术必须与工程对象相结合。工程项目的任务目标实现与否，是检验工程项目管理是否有效的重要标准。大型、复杂工程项目管理的复杂性、综合性、不确定性，既区别于其他对象的项目管理，也区别于常规的企业管理。

综合以上观点，本书认为工程项目管理具有如下主要特点：

1) 工程项目管理关注从概念到结束的全生命周期过程。工程是研究如何将客户的需要和要求转化为一种工程解决方案，因此，工程项目管理关注在产品与服务从概念到结束的整个生命周期内，将功能需求转化为技术方案，进而转化为产品和服务的全过程。

2) 工程项目管理是一种特殊形式的管理，它是将工程原则应用于业务实践，关注业务实践中技术问题的解决，主要作用是致力于有价值的产品或服务的设计与开发。因此，与一般项目不同的是，工程项目是指与技术问题解决相关的项目，或者更特殊的项目，即以技术问题驱动并关注解决其技术问题的项目。典型的工程项目包括：新产品开发、建设、设计过程、技术改造等。

3) 工程项目管理强调系统优化。工程项目管理关注如何将有限的资源（人员、设备、资金、场地等）以最经济合理的方式转化为部件、系统、产品和服务，因此，系统优化是工程管理的基本原则，系统工程的原理与方法应贯穿于工程项目管理的始终。

1.2 工程项目管理的主要内容与三维结构

1.2.1 工程项目管理的主要内容

工程项目管理者应注重管理的科学性和艺术性。管理的科学性在于善于运用工程项目管理的客观规律和业内公认的项目管理良好实践（主要体现为项目管理知识体系）指导管理实践；管理的艺术性是必须将项目管理知识体系与本组织的实际情况相结合，反复探索，积极发挥管理的灵活性、主动性和创新性，不断丰富、优化本组织的项目管理方法论。

工程项目管理要解决的关键核心问题是："做什么"（做正确的事）和"怎么做"（正确地做事）。通常，工程项目管理包括以下10项主要内容。

1. 项目整合管理

项目整合管理是对项目管理过程组的各种过程和项目管理活动进行识别、定义、组合、统一和协调的各个过程。在项目管理中，整合兼具统一、合并、沟通和建立联系的性质，这些行动应贯穿项目始终。整合是项目经理的一项关键技能。项目管理的实质是整合，项目经理需要在不同层面对项目管理的要素进行整合，以实现项目的目标和价值交付。项目整合与项目的复杂性密切相关，项目越复杂，利益相关方的期望越多样化，就越需要全面的整合方法。项目经理需要在不同的层面对项目进行整合，包括对项目的各目标、项目管理各领域、各绩效域等进行整合。有关项目整合管理的内容详见第 5 章。

2. 项目范围管理

项目范围管理的目的是解决"做什么"（做正确的事）的问题，即确保项目"做且只做"所需的全部工作（应该做的事），以成功完成项目。项目范围管理规定或控制哪些方面是项目应该做的，哪些是不该做的，确保应该做的工作没有漏项、不应该做的工作没有"画蛇添足"。项目范围管理是项目管理过程中的一个关键领域，涉及定义、确认和控制项目的范围。范围管理是时间、成本管理、任务安排等的基础，范围定义的主要工具为工作分解结构（Work Breakdown Structure，WBS）。有关项目范围管理的内容详见第 6 章。

3. 项目进度管理

项目进度管理又称为时间管理，目的是解决"何时可以完成整个项目"的问题，以确保进度不拖期。项目进度管理通过编制科学合理的进度计划，并在项目实施过程中对计划的执行情况进行追踪和控制，以保证按期完成项目。项目进度管理的主要作用有：①确保项目按期完工，以便能够获得项目预期的收益；②建立时间基线，它是开展其他各项工作的基础，如协调项目各种资源、安排经费开支、安排质量管理工作等。可以说，项目进度管理是工程项目管理各项工作的龙头，工程进度对完成工程所需要的成本预算和资源配置有重要的影响。进度计划是在 WBS 的基础上，对工程项目进展的时间进行计划安排。项目进度管理的主要工具有里程碑法、甘特图法、网络计划法、依赖结构矩阵、进度压缩、资源平衡和项目管理软件等。有关项目进度管理的内容详见第 7 章。

4. 项目成本管理

项目成本管理的目的是解决"以多少成本（投资）完成项目"的问题，以确保项目不超支。成本始终是复杂工程项目最基本的制约因素。工程项目一旦建立时间进度基准，就必须同时制定相应的成本基准，对如何用和何时用资金做出预算或计划，建立成本控制机制，在考虑工程进展情况的同时进行监督和控制，以确保资金使用在预算控制范围之内。项目成本管理的主要工具有成本分解结构法、累计成本基线、挣值分析法、偏差分析法、趋势分析法、合同承包法和价格审计法等。有关项目成本管理的内容详见第 8 章。

5. 项目质量管理

项目质量管理的目的是解决"如何满足项目质量要求（如何让客户满足）"的问题。复杂工程项目质量管理是通过编制和实施质量保证大纲，策划并实施相应的质量保证、质量控制等措施和方法，以保证产品在研制各阶段的硬件、软件及相关文件的质量要求是明确的、受控的。工程项目管理者和技术人员都必须用设定的各种规章、标准、规范、程序、放行准则等严格约束自己，以确保项目质量目标的实现。项目质量管理的常用工具有分层法、排列图、因果分析图、控制图、归零法等。有关项目质量管理的内容详见第 9 章。

6. 项目风险管理

项目风险管理的目的是"预知项目可能会遇到的各种麻烦，并采取有效的措施应对和监控"。项目的风险是由项目的独特性和不确定性导致的，任何项目都存在风险。风险是指在不确定性的环境中，可能导致潜在损失、问题或不良后果的事件、情况或因素。风险通常涉及未来发展的不确定性，可能对项目的目标（质量、进度、成本等方面）产生负面影响。

近年来，人们对项目风险管理的观念发生了转变，由于威胁与机会常常并存，"危"与"机"常常相互转化，因此，项目经理在关注降低威胁影响的同时，还应关注对机会的把握。项目风险管理的目的是：提高正面风险的概率和（或）影响，降低负面风险的概率和（或）影响，从而提高项目成功的概率。项目风险管理包括规划风险管理、识别风险、开展风险分析、规划风险应对、实施风险应对和监督风险的各个过程。项目风险管理是一个主动的过程，可帮助项目团队预测、评估和应对不确定性，确保项目按时、在预算范围内以所需的质量水平交付产品/服务。项目风险管理的有效性直接关乎项目成功与否。有关项目风险管理的内容详见第 10 章。

7. 项目信息与沟通管理

在项目的决策、招投标、设计、实施、运营维护等各个阶段会形成大量信息，项目信息管理是对信息传输过程的合理组织与有效控制。工程项目中的信息按照管理目标、生产要素、管理工作流程、信息来源、信息稳定程度、信息性质、信息的层次可分为多种类型，不同的信息共同组成了公共信息和个体信息等不同的信息结构，通过项目的信息化技术能够使分散、孤立的信息整合与集成，成为具有价值的重要资源。

工程项目信息化技术包括与工程设计相关的应用技术、与施工相关的现场和非现场数字化技术及数字化施工管理方法，涉及建筑信息模型技术、数字孪生技术、增强现实技术、机器人技术、3D 打印技术等不同技术手段。合理应用数字化技术可使项目各参与方协同配合，能够有效控制项目的进度和质量并降低项目成本，从而提升项目整体的管理效率，促进企业的数字化转型。有关项目信息管理的内容详见第 11 章。

8. 项目人力资源管理

人是工程项目管理中最重要、最具关键因素的资源，项目人力资源管理包括项目团队组建、项目团队建设和项目团队管理等过程。在工程项目管理中，项目团队组建工作包括组建队伍，成立项目管理办公室（Project Management Office，PMO），任命项目经理、技术经理及各管理领域经理并规定其管理职责；项目团队建设是指建立及时、准确的激励政策，营造一种以人为本、积极向上的工作氛围；项目团队管理是指跟踪团队成员绩效，提供反馈，管理冲突以提高项目绩效。有关项目人力资源管理的内容见第 2 章。

9. 项目采购管理

"兵马未动，粮草先行"，项目采购管理是工程项目管理中的重要环节。项目采购是指从项目团队外部（组织外部）采购或获取所需产品、服务或成果。采购管理是根据工程任务的工作量、工作复杂性、物资采购能力、供应链等方面能力决定的，涉及自制与外购分析、明确采购方法、招投标管理、合同管理等内容。为了保证外购原材料、元器件在工程使用过程中的质量与可靠性，应实行"五统一"管理，即统一选用、统一采购、统一鉴别验收、统一筛选复验、统一失效分析。项目采购管理是工程项目全生命周期管理的重要内容之一。

10. 项目利益相关方管理

利益相关方又称为干系人，项目利益相关方管理的目的是：积极主动地让利益相关方参与进来，使他们的参与达到促使项目成功和客户满意所需的程度。项目利益相关方管理的内容包括：识别能够影响项目或会受项目影响的人员、团体或组织，分析利益相关方对项目的期望和影响，制定合适的管理策略有效调动利益相关方参与项目决策和执行。在整个项目进行期间，项目团队会积极让其他利益相关方参与，以最小化潜在消极影响并最大化积极影响。除了能够提高利益相关方满意度，让利益相关方参与还能使项目团队有机会取得更出色的项目绩效和成果，以及找到更能为更广泛的相关方接受的解决方案。有关项目利益相关方管理的内容见第 2 章。

1.2.2 工程项目管理的三维结构

1969年,美国著名的系统工程专家霍尔(A. D. Hall)提出了系统工程的"三维结构体系"模型,其三维结构由时间维、逻辑维和知识维构成。其中,时间维表示系统工程的7个阶段:①规划阶段:根据总体方针和发展战略制订规划;②计划阶段:根据规划提出具体的计划方案;③系统开发阶段:实现系统的研制方案,并编制详细而具体的生产计划;④制造阶段:生产系统所需要的全部零部件,并提出详细而具体的安装计划;⑤安装阶段:把系统安装好,编制具体的运行计划;⑥运行阶段:系统投入运行,为预期用途服务;⑦更新阶段:改进或取消旧系统,建立新系统。逻辑维又称为思考过程,是指实施系统工程每一阶段所要经历的7个步骤:①明确问题;②设计评价指标体系;③系统综合;④系统分析;⑤最优化;⑥决策;⑦实施计划。知识维是指为完成各阶段、各步骤的工作所需要的各种专业知识、技能和技术素养。

参照霍尔的三维结构,结合大型复杂工程项目管理实践,可以构建适用于工程项目管理的三维结构模式(图1-1)。这里,把时间维改进为程序维,把知识维改进为领域维,把逻辑维改进为过程维。其中,程序维指大型项目研制策略的决策、研制程序阶段的划分和研制流程的编制等工作;领域维涵盖工程项目管理的各种管理知识领域;

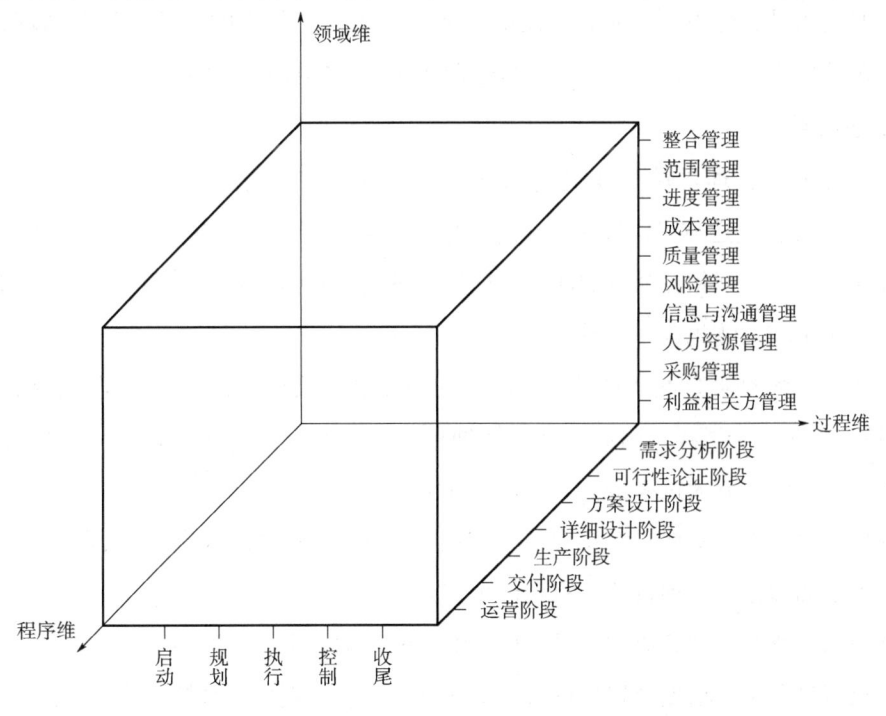

图1-1 系统工程视角的工程项目管理三维结构

过程维指各阶段进行管理所需的过程，包括启动、规划、执行、控制和收尾过程，过程管理的基础是规划阶段形成的各种基准计划，如进度基准、成本基准、技术状态基准、质量基准等，它们构成了过程控制的基准。本书也正是以此三维结构为主线介绍工程项目管理的体系和主要内容。

1. 程序维

程序维即工程项目需求分析、可行性论证、方案设计、详细设计、生产、交付、运营等各个阶段。不同行业对不同类型项目的生命周期阶段划分及各阶段的工作内容有明确和详细的规定。有关项目生命周期管理的内容详见第3章。

2. 领域维

工程项目管理的领域维是指为保证工程项目目标的实现所需开展的主要管理领域，包括整合管理、范围管理、进度管理、成本管理、质量管理、风险管理、信息与沟通管理、人力资源管理、采购管理和利益相关方管理十大知识领域。上述主要领域的工作内容见1.2.1节。

项目绩效域中的工作以项目管理原则为指导。如《项目管理标准》中所述，原则是基本规范、事实或价值。项目管理原则为参与项目的人员提供了行为指导，因为它们会影响和形成绩效域以产生预期成果。虽然原则和绩效域之间在概念上存在重叠，但这些原则指导着行为，而绩效域提供了将会展示这些行为的广泛的焦点领域，所以项目管理的原则高于绩效域。有关项目管理原则的内容详见第4章。

3. 过程维

上述各项目管理领域是通过一系列项目管理活动进行的，即项目管理"过程"（Process）。过程就是为完成事先指定的产品、成果或服务，将输入（资源）转化为输出而需执行的一系列相互联系的活动。项目管理过程通过合适的项目管理工具和技术，将一个或多个输入转化成一个或多个输出。

在项目生命周期的各个阶段，项目管理各领域一般要经过启动、规划、执行、控制/监控和收尾5个过程，因此，项目管理各领域在5个过程中都包含一系列的过程，构成五大过程组。五大过程组及其主要目的为：

- 启动过程组。确保只有符合组织战略目标的项目才能立项，以及在项目开始时就认真考虑商业论证、项目效益和利益相关方。
- 规划过程组。确定成功完成项目或阶段的行动方案。
- 执行过程组。根据计划执行为满足项目要求、实现项目目标所需的项目工作。
- 控制/监控过程组。按既定时间间隔，在特定事件发生或在异常情况出现时，对项目绩效进行测量和分析,以识别和纠正当前绩效与项目管理计划的偏差。

● 收尾过程组。确保恰当地关闭阶段、项目和合同。

各过程组的主要工作内容如下。

(1) 启动过程组

启动过程组一般由一组有助于正式授权开始一个项目(或一个阶段)的过程组成。

(2) 规划过程组

项目规划的主要工作是制订项目的各项基准计划,以及为了实施项目所需的各种规划,它们是项目成功的基本保证。在工程项目的主要阶段均应产生各种基准计划,包括范围基准计划、进度基准计划、成本基准计划和技术基准计划等。

工作分解结构 WBS 确定了项目范围,构成了范围基准计划。对于工程项目,还应包括技术基准计划,技术基准计划与范围基准计划密切相关。

进度基准计划是根据用户对项目总进度的要求,分解制定各阶段各项工作应当完成的时间。编制进度基准计划可以采取自上而下和自下而上相结合的方法,可以采用的工具包括网络图、甘特图和里程碑图等。进度基准计划是项目团队应当严格遵循的基准计划,关键路径上的任何延误都可能牵一发而动全身。

成本基准计划是指根据成本估算进行成本预算,确定每项工作可以使用的经费及在什么时候使用这些经费。成本基准计划通常会在各级合同中有所反映。项目总的经费预算应进一步分解为各阶段的经费、每项设备和分系统所需的经费、每年度所需的经费、各项目管理活动所需的经费。成本基准计划也是项目队伍应当严格遵循的基准计划,是项目成功与否的度量标准之一。

在上述基准计划的基础上,需要制订项目的综合管理计划、范围管理计划、进度管理计划、成本管理计划、风险管理计划、产品保证计划、人力资源计划、物资采购计划、文件管理计划、信息管理计划等。这些计划还可划分为阶段计划、年度计划、专题计划、分系统级计划、系统级计划等。

(3) 执行过程组

项目管理计划编制完后,需要执行该计划,指导与管理项目工作,并做好项目的知识管理等工作。在项目执行过程中,需要开展偏差分析和趋势分析,并进行预测和计划的更新。

(4) 控制/监控过程组

控制/监控过程组通过定期测量项目的执行绩效,以便识别计划在执行过程中的偏差,识别潜在的问题,并在必要时采取纠偏措施。当出现偏差时,需要对产生偏差的原因进行分析,分析的结果可能会引发某一变更请求,一旦批准这一变更请求,就需要更新项目计划,甚至建立新的基准计划。控制/监控过程组还包括控制变更,并在可能发生问题之前预先建议预防措施。

(5) 收尾过程组

收尾过程组是指正式结束型号或型号研制阶段的所有活动,将完成的成果交付他人或结束已取消的项目的各个过程。这一过程组一旦完成,就表明所有过程组中为结束某一项目或项目阶段而确定的各个必要过程均已完成,项目或项目阶段也已完成。

图 1-2 所示为五大过程组在项目全生命周期内资源投入和相互重叠的水平。

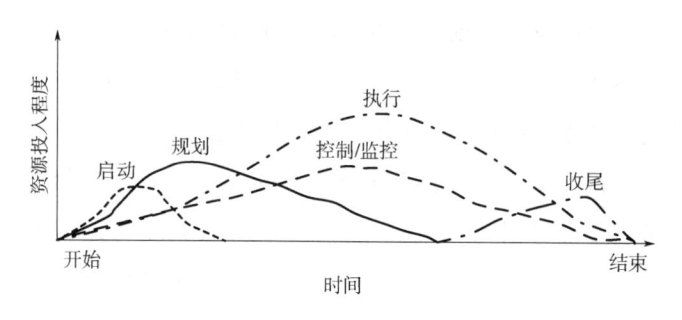

图 1-2 五大过程组之间的相互作用

工程项目管理各过程之间是以它们所产生的成果相互联系的,一个过程的成果(输出)一般是另一个过程的依据(输入),如成本估算的结果(输出)是成本预算的依据(输入)。本书第 5~10 章将围绕项目管理各主要领域在五大过程组中的相关过程展开详细论述。

1.2.3 工程项目管理的环境

几乎所有的工程项目都是在某种社会、经济、军事和科技的环境条件下进行规划与付诸实施的,因此,工程项目的环境会对项目的研制产生积极或消极的影响。作为工程项目管理者,不仅要尽快适应现实的管理环境,还要不断优化工程项目的管理环境,将工程项目置于其所处的文化、社会、国际、政治和自然环境中加以考虑。大型复杂工程作为综合国力的象征,受国际与政治环境影响强烈,相应的国家政策对工程项目的发展也有至关重要的作用。例如,近年来我国交通运输、航空航天等大型工程项目的快速发展,主要得益于政府的大力支持。

项目的内部环境和外部环境可能会对项目产生有利、不利或中性的影响。

1. 内部环境

组织的内部因素可能来自组织自身、项目组合、项目集、其他项目或这些来源的组合，包括工件、实践或内部知识。内部知识包括从先前项目吸取的经验教训和已完成的工件。示例包括但不限于：

1）组织过程资产。包括来自项目执行组织的，可用于执行或治理项目的任何工件、实践或知识，还包括来自组织以往项目的经验教训和历史信息，如工具、方法论、方法、模板、框架、模式或PMO资源等。

2）组织文化、结构和治理。包括愿景、使命、价值观、信念、文化规范、领导力风格、等级制度和职权关系、组织风格、道德和行为规范。

3）数据资产。包括以往项目的数据库、文件库、度量指标、数据和工件。

4）知识资产。包括项目团队成员、主题专家和其他员工的隐性知识。

5）安保和安全措施。包括针对设施访问、数据保护、保密级别和专有秘密的程序和实践。

6）设施和资源的地理分布。包括工作地点、虚拟项目团队和共享系统。

7）基础设施。包括现有设施、设备、组织和电信通道、信息技术硬件、可用性和功能。

8）信息技术软件。包括进度计划软件、配置管理系统、在线自动化系统的网络接口、协作工具和工作授权系统等。

9）员工能力。员工能力包括通用和特定的专业知识、技能、能力、技术和知识等。

2. 外部环境

组织的外部因素可能会增强、限制项目成果或对项目成果产生影响。示例包括但不限于：

- 国家的宏观经济政策、产业政策、行业发展规划。
- 市场条件。包括竞争对手、市场份额、品牌认知度、技术趋势和商标。
- 社会、文化和价值观。包括政治气候、地域风俗和传统、道德和观念、价值观。
- 财务因素。包括汇率、利率、通货膨胀、税收和关税。
- 学术研究。包括行业研究、出版物和标杆对照结果。
- 行业标准。这些标准与产品、生产、环境、质量和工艺有关。
- 物理环境。物理环境与工作条件和天气有关。
- 监管环境。包括与安全性、数据保护、商业行为、雇佣、许可和采购相关的全国性和地区性法律法规。

1.3 基于系统工程的复杂工程项目管理

1.3.1 复杂工程项目与系统工程

复杂工程项目可以视为一个系统。所谓系统是由互相作用和互相依赖的若干组成部分合成的、具有特定功能的有机整体。系统结构具备清晰的层次性，一个系统往往又是另一个更大系统的子系统，这个系统本身也可以由许多更小的子系统组成。以航天工程项目为例，运载火箭由控制、推进、热控、电源和测控等子系统组成；这些子系统又由设备级、部件级等更小的子系统构成；运载火箭本身又属于更大一级工程大总体的一个子系统，包括卫星、运载、测控网、发射场及应用系统；航天工程大总体也可能只是国家层面规划中的一个项目。系统论作为一种思想方法，要求在研究和解决管理问题时，必须具有整体观点、从量变到质变的观点、从无序到有序、层层分解和反复迭代递进的观点。

系统工程（Systems Engineering）与一般的工程技术有两点不同：①一般的工程技术是以特定的自然科学学科为理论基础，系统工程则是以系统论作为理论基础；②一般工程技术是纯粹的技术过程，系统工程则是把一般工程技术和现代管理技术结合成一体。系统工程理论奠基人钱学森先生指出："系统工程，也就是处理系统的工程技术，用定量化的系统方法处理大型复杂系统的问题，无论是系统的组织建立，还是系统的经营管理，都可以统一地看成是系统工程。"因此，系统工程可以说是传统工程技术和现代管理技术的产物，它既是一个技术过程，也是一个管理过程。

所谓系统工程，就是组织管理"系统"的规划研究、设计、制造、试验使用的科学方法。美国航空宇航局 NASA 对系统工程的定义为：系统工程是对系统的设计、建造和运行的全面研究和探索。这种研究和探索包括：系统目标的确认、分解和量化，系统设计备选方案的产生，设计性能的权衡，最佳设计选择和实现，设计的验证，正确地制造和正确地组装，以及卫星工程满足目标程度的事后评估等。这种研究通常需要反复迭代递进进行。美国军用标准（MIL-STD-49913）中对系统工程的定义是：系统工程是一个跨学科的研究领域，它从综合的和全生命周期的角度研究系统产品和过程求解的发展和验证过程。这些过程包括：①包含与系统产品和过程的研究、制造、验证、部署、使用、维护和弃置有关的科学与工程尝试；②提供用户培训需要的设备、程序与资料；

③建立和保持系统技术状态管理；④研究 WBS 和工作报告；⑤为管理决策提供信息。

复杂工程项目研制中的系统分解与集成过程可用 V 形图进行描述（图 1-3）。图中，从左上方的"用户需求分析"开始到右上方的"试运行、用户确认"结束，代表项目全生命周期管理过程。图的左侧是"分解与定义"过程，由上而下进行，从用户的需求和上层系统的要求出发，综合多种专业技术，权衡确定系统的功能和性能，然后将它们分解为分系统，再将分系统分解为部件。图的右侧是"验证与集成"过程，由下而上进行，从优化的角度协调部件级与分系统、分系统与总体、分系统与分系统之间的接口关系，设计并组织部件和分系统乃至整个系统的试验和验证，进而开发出一个满足系统全生命周期使用要求、总体优化的产品，最后进行试运行和用户确认。图的正上方表示该项目需要与其他系统之间不断进行的协调管理过程，这些协调同样是至关重要的。

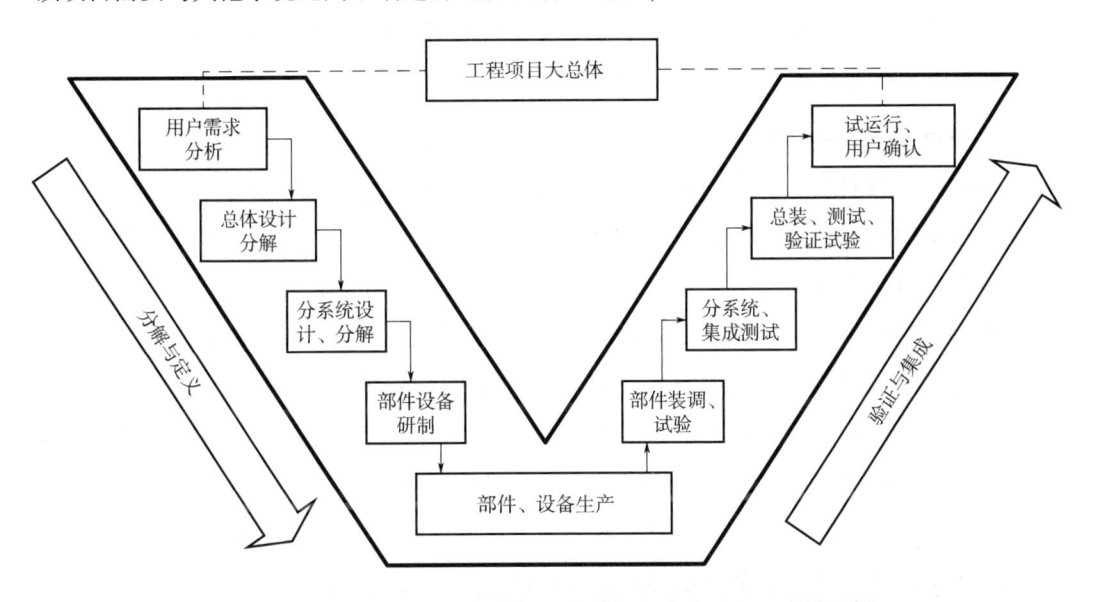

图 1-3 复杂工程项目研制中的系统分解与集成过程 V 形图示例

可以认为，分解与集成是系统论的核心思想，系统开发是一个认识反复深化、工作循序渐进的过程。系统工程本身不能替代任何一种专业技术，它的真正价值在于，能够用系统思想及方法在自然科学、工程技术与社会科学之间构架一座桥梁，运用系统思想及方法对各类资源进行有效整合，进行科学的综合利用和组织管理。基于系统工程的工程项目管理详见第 3 章。

1.3.2 工程项目管理中的系统工程原则及方法

复杂工程项目管理的本质是在特定的资源、技术和环境条件下，着力于工程项目各系统整体的分析和管理，坚持从系统的目标和系统的整体性出发，充分考虑系统和分系统组成部分的相互影响和协调关系，并把技术因素和资源因素结合起来，解决工程实际过程中的一切问题。这就是复杂工程项目管理的系统思想及方法，其特点包括但不限于以下6个方面。

1. 将工程项目视为有机的整体加以协调和控制

对工程项目每个系统的技术要求都应首先服从于整个系统的技术协调和工作协调，复杂工程项目管理要解决的基本问题是：怎样把比较笼统的初步研制要求逐步变成成千上万个研制任务参加者的具体工作；怎样把这些工作最终综合成一个技术上合理、经济上合算、研制周期短、能协调运转的实际系统，并使这个系统成为它所从属的更大系统的有效组成部分。例如，在进行总体设计和总体分析时，应把该项目作为它所从属的更大系统（如航天工程大总体所包含的卫星、运载、发射场、测控网、应用系统）的组成部分，而该运载火箭研制项目的全部技术指标要求，也都要从实现这个更大系统的技术协调和兼容性的角度进行综合考虑。

2. 将复杂工程项目划分为可管理、可控制的单元

系统方法论指出，一切系统都是按照严格的层次或等级组织起来的，把系统分解成有层次的结构体系不仅是工程项目的技术过程，也是工程项目的管理过程。工作分解结构WBS层次体系不仅可以作为范围管理和技术状态管理的依据，还可以作为质量控制、进度和经费预算和结算的依据。编制WBS是确定工程系统配置和层次结构、任务责任的系统过程，其中系统配置、层次和约束条件由可行性方案论证所决定。工程实施阶段对工作分解结构WBS进一步加以改进和完善，并开始基准型的系统设计和分系统设计，这样就可以将系统功能分解并分配到各分系统，各分系统也依次分解并分配到设备级、部件的子系统中去，分系统、子系统可按分解的功能确定自身的功能技术指标。

3. 将工程项目的全生命周期视为一个连续的动态体系进行管理

在该体系内，一方面，从任务目标分解、质量和性能控制、进度和费用跟踪入手，将项目全生命周期过程紧密联结成一个整体；另一方面，通过研制过程中的技术流程、计划流程的编制，在各个不同研制阶段内设立若干里程碑节点。每一个里程碑节点都可以看作上一个阶段的终点和下一个阶段的起点，每个节点范围内的研制活动过程又可以看作对上一个节点内容的重新询问。上述工程活动可以概括为任务需求分析、功能分析与分配、设计综合与验证及相对应的管理活动。工程项目研制过程需多次、反复进行上述工程活动，使研制工作渐趋合理、可靠，最终将其演化为一个整体性能优化的系统，这些充分体现了系统工程所强调的反复迭代、逐渐改进的原则。

4. 并行工程

并行工程强调产品和设计的质量不能仅靠检验来保证，而应将质量设计贯穿产品

的设计、制造和集成的全过程,其中最重要的一环就是在设计过程中认真开展系统、分系统、部件及设备级的适用性设计、可制造性设计、可装配性设计,以避免由于考虑不周造成不必要反复甚至推倒重来。

并行工程的目标是,以最低成本、在最短时间内获得高质量的设计和研制高质量的产品。为实现上述目标,并行工程可采取如下具体措施:①对工程项目阶段或某一产品设计、生产过程及其保障进行综合考虑,并组织多功能小组;②多项工作和管理职能的综合过程必须提供过程设计的有效迭代和结合;③必要时,系统需识别那些有矛盾的要求,并能在定量或定性比较权衡方案的基础上做出客观的选择;④并行工程必须包括工程设计和产品设计的优化。

5. 集同工作法

集同工作法是工程项目管理常用的系统工程方法,主要采用集同工作组(Integrated Product Teams,IPTs)的形式。IPTs 是随着研制程序、工作重点转移而组建和解散的临时性组织,通常由各方面专业人员组成,共同研究讨论、计算仿真、权衡和优选;也可以组成若干不同专业的各集同工作组,分别从分系统、系统中的相应急待解决的问题入手,用系统方法有序地、整体性地推进工程项目研制进程。

6. 零缺陷质量管理

20 世纪 60 年代初,美国质量管理大师克劳士比(Philip B. Crosby)首次提出了零缺陷的质量目标,其核心思想是"第一次就把事情做对"(Do it right the first time)。克劳士比认为:"任何人只要决意小心谨慎、避免错误,便已向零缺陷的目标迈进了一大步",增强质量意识是确保项目质量的关键。工程项目管理者要通过追求零缺陷的工作,即各项技术工作和管理工作第一次就要做好,在工程研制、生产和服务中各环节、各零部件、各项操作全面优质、准确无误。在工程项目中,实现零缺陷质量管理要强调三个关键环节:一是要强调从源头抓起;二是要吃透技术;三是要强调严细慎实。

1.4 项目管理的历史回顾与主要学术组织

1.4.1 中国项目管理的历史回顾

1. 钱学森先生与"系统工程"

1978 年,钱学森先生在《文汇报》上发表文章《组织管理的技术——系统工程》,

这是中国第一篇全面阐述系统工程的功能、理论基础和研究方法的文章，被誉为系统科学发展的一个重要里程碑。文中提到，古代的木匠、泥瓦匠往往是一个人独揽设计、配料、施工等全部工作，如何管理各项要素都在他们的脑子里。在现代工厂中，这一系统和组织管理工作更加复杂。要提高组织管理水平，一方面，必须在上层建筑上进行必要的改革；另一方面，要使用一套组织管理的科学方法。

钱学森先生在文章中还提到，总体设计部的实践体现了一种科学方法，这种科学方法就是"系统工程"。系统工程是组织管理"系统"的规划、研究、设计、制造、试验和使用的科学方法，是一种对所有"系统"都具有普遍意义的科学方法。

2. 华罗庚先生与"优选法和统筹法"

钱学森先生在《组织管理的技术——系统工程》这篇文章中还提到，我国在科学的组织管理工作中的先行者是华罗庚先生，他在19世纪60年代初期就对"统筹方法"进行了系统的研究，并在大庆油田、太原铁路局等单位推广应用，取得了良好成效，得到毛主席和周总理的赞许和鼓励。

华罗庚先生作为我国著名的数学家、数学教育家，他在诸多纯数学领域的杰出贡献闻名中外，同时他以极大的热情关注祖国的社会主义建设事业，致力于让数学为国民经济服务。在生命的最后20年，华罗庚先生几乎把全部精力投身于推广应用数学方法的工作，而优选法和统筹法（简称"双法"）的推广应用便是其中心内容。通过调研，他了解了生产的整体层面的一些管理问题，如生产的安排、进度、工期等。1964年，他以网络计划技术——关键路径法（Critical Path Method，CPM）和计划评审技术（Program Evaluation and Review Technique，PERT）方法为核心，进行提炼加工、通俗形象化，提出了中国式的统筹方法。他于1965年出版了一本小册子——《统筹方法平话》（后于1971出版了修订本《统筹方法平话及补充》，增加了实际应用案例）。

提到华罗庚先生的统筹方法研究，不得不提到他所举的"烧水泡茶"典型示例，如图1-4所示。

> ▶ 甲：先做好一些准备工作，洗开水壶、洗茶壶、洗茶杯、拿茶叶，一切就绪，灌水烧水，等水开了泡茶喝。
> ▶ 乙：洗好开水壶，灌上凉水，放在火上，等水开后，洗茶壶、洗茶杯、拿茶叶，泡茶喝。
> ▶ 丙：洗好开水壶，灌上凉水，放在火上，在等待水开的时候，洗茶壶、洗茶杯、拿茶叶，等水开了泡茶喝。
> 以上三种安排哪种好？为什么？

图1-4 华罗庚先生所举的"烧水泡茶"典型示例

正是在《统筹方法平话》这本书中，华罗庚先生引用了"烧水泡茶"这一浅显的例子，讲述了统筹法的思想和方法。这样，即便是文化程度不高的人也能懂，联系实际问题也能用。这一则深入浅出的例子还被收录在初中语文教材中，为世人所熟知。华罗庚先生提到："这好像是废话，卑之无甚高论。有如走路要用两条腿走，吃饭要一口一口吃，这些道理谁都懂得。但稍有变化，临事而迷的情况，常常是存在的。在近代工业的错综复杂的工艺过程中，往往就不是像泡茶喝这么简单了。任务多了，几百几千，甚至有好几万个任务。关系多了，错综复杂，千头万绪，往往出现'万事俱备、只欠东风'的情况。由于一两个零件没完成，耽误了一台复杂机器的出厂时间。或往往因为抓的不是关键，连夜三班，急急忙忙，完成这一环节之后，还得等待其他环节才能装配。""看来这是'小题大做'，但在工作环节太多的时候，这样做就非常有必要。"因此，利用统筹方法考虑问题是不无裨益的。

华罗庚先生除了开展优选学、统筹学、经济数学的理论研究，还组织小分队先后到23个省、自治区、直辖市结合我国的实际情况推广"双法"工作，并成功地应用于化工、电子、冶金、煤炭、石油、电力、机械制造、交通运输、粮油加工、建材、医药卫生、环境保护、农林牧畜、国防工业和科学研究等多个领域，取得了很多重大成就。

1.4.2 项目管理主要学术组织

1. 国际项目管理协会 IPMA

国际项目管理协会（International Project Management Association，IPMA）是成立于1965年、总部设在瑞士洛桑的国际项目管理组织。IPMA的成员主要是各个国家和地区的项目管理协会，截至2023年6月，共有71个会员协会（Member Associations，MAs），各MAs组织自己的研究和交流活动，以满足其成员在各自背景下的需求。作为IPMA的成员，其价值在于推进共同交流，就如何推进学科发展和相互学习交流意见。

IPMA在全球推出了若干个极具影响力的专业产品，如推出了项目管理个人的项目管理能力标准——IPMA ICB®（IPMA Individual Competence Baseline®），最新版本为ICB® 4.0，并在此基础上提供针对个人项目管理能力的专业资质认证、针对项目管理成果的国际卓越项目管理大奖和项目管理研究大奖等。

具体来说，IPMA定义了项目、项目集（Program）和项目组合（Portfolio）管理领域的全球能力标准：

- IPMA ICB®——针对个人，即针对个人项目管理能力的四级专业资质认证。
- IPMA PEB®——针对项目。

- IPMA OCB®——针对组织。
- ICB4CCT®——针对咨询师和培训师。

从2002年开始，IPMA每年举办IPMA卓越项目管理大奖评选活动，共设三个等级：卓越奖（Award）、优胜奖（Price）和提名奖（Finalist）。这一大奖是为了鼓励和表彰那些通过专业的项目管理而取得卓越绩效的项目团队而设立的。为保证奖项的权威性，IPMA制定了一套规范的评估准则——卓越项目模型，通过分模块打分的形式使项目的评估量化。

2. 中国项目管理研究委员会PMRC

20世纪90年代初，在中国项目管理领域的开拓者——西北工业大学管理学院钱福培教授、北京航空航天大学邱菀华教授等知名教授的积极推动下，于1991年6月成立了中国项目管理研究委员会（Project Management Research Committee，China，PMRC）。PMRC挂靠在西北工业大学，是我国唯一的、跨行业的、全国性的、非营利性的项目管理专业组织，其上级组织是由华罗庚先生组建的中国优选法统筹法与经济数学研究会（Chinese Society of Optimization，Overall Planning and Economic Mathematics，简称中国"双法"研究会）。

PMRC自成立至今，始终致力于国际化发展。1996年，PMRC作为唯一代表中国的项目管理专业组织，正式申请并被IPMA接纳为成员。项目管理研究委员会做了大量开创性工作，为推进我国项目管理事业的发展、促进我国项目管理与国际项目管理专业领域的沟通与交流起到了十分积极的作用，特别是在推进我国项目管理专业化方面起着越来越重要的作用。

PMRC立足于我国项目管理学科的基础建设，建立了与国际接轨的《中国项目管理知识体系（C-PMBOK）》。2001年7月，PMRC引进并正式启动IPMA的四级项目管理专业资质认证体系，在我国简称为国际项目经理资质认证（International Project Manager Professional，IPMP）。IPMP是对项目管理人员知识、经验和能力水平的综合评估证明，根据IPMP认证等级划分获得各级证书的人员。基于国际项目管理协会推出的认证标准（IPMA Competence Baseline，ICB）建立了既能适合我国的国情又能得到国际认可的中国项目管理能力基准（C-NCB）。

3. 项目管理协会PMI

项目管理协会（Project Management Institute，PMI），又称为美国项目管理协会有限公司，成立于1969年，是全球最大的非营利性项目管理专业国际权威机构，致力于全球范围内的项目管理研究、标准制定和出版、价值倡导、职业认证和学位课程认证，提供有价值的信息、资源和专业人士交流平台。其中，PMI制定的《PMBOK®指南》

（PMBOK® Guide）是具有广泛影响力的项目管理标准。PMBOK 是 Project Management Body Of Knowledge 的缩写，指项目管理知识体系。在此基础上，PMI 提供的项目管理专业人士资格认证（Project Management Professional，PMP）具有广泛的国际影响力，是项目管理领域全球通用的权威认证。

2021 年，《项目管理知识体系指南（PMBOK®指南）》（第七版）与以往版本相比发生了显著的变化。以往版本的《项目管理知识体系指南（PMBOK®指南）》一直代表基于过程的项目管理标准，这些业务过程支持以下持续且可预测的实践：

- 可被记录。
- 通过这些实践可对过程的绩效做出评估。
- 通过这些实践可对过程做出改进，从而最大化效率并最小化威胁。

在支持良好实践方面，虽然这些做法是有效的，但从本质上看，基于过程的项目管理标准是规定性的。随着项目管理在按比以往更快的速度发展，基于过程导向的旧版本难以为继，无法反映价值交付的整个大环境。因此，2021 年，《项目管理知识体系指南（PMBOK®指南）》（第七版）转而采用基于原则的标准，为有效的项目管理提供支持，并更多地关注价值交付而非可交付物。

与原先各版《项目管理标准》和《PMBOK®指南》一样，《项目管理知识体系指南（PMBOK®指南）》（第七版）也认识到项目管理的大环境在不断发展变化。另外，来自世界任何地方的个人贡献者均可加入项目团队，担任更广泛的角色，并采用新的思考和协作方式。这些变化及更多的因素使我们有机会重新考虑各种观点，为《项目管理标准》和《PMBOK®指南》的继续演进提供支持。

4. 项目管理协会 APM

项目管理协会（Association for Project Management，APM）是英国项目管理专业机构。APM 是一家教育慈善机构，致力于发展和提升项目管理价值，以便为社会提供更好的项目成果。APM 成立于 1972 年，于 2017 年获得英国皇家特许。APM 拥有自己的项目管理知识体系，并与其他项目管理方法论互为补充。

1.5 中国工程项目管理的学术研究与实践

1. 推动中国特色的项目学研究

"项目学"由 PMRC 发起人、IPMA 前副主席、西北工业大学钱福培教授提出，具有前瞻性和系统性，将项目管理学科提至一个新的高度，对建立具有中国特色的项目管理学科体系、学术体系和话语体系具有重要意义。

1995年，PMRC名誉主任、西北工业大学钱福培教授首先提出了"项目学"的概念，并在这一年的首届国际项目管理学术会议上作了题为"时代的呼唤——论'项目学'的创建"的大会报告。1998年，钱福培教授有关项目学的研究成果被收录进由原中国科学技术协会主席、中国科学院院长周光召主编的《科技进步与学科发展》一书。2016年11月，钱福培教授在2016中国项目管理大会暨中国特色与跨文化项目管理国际论坛上作了题为"时代的呼唤——再论'项目学'的创建"的大会报告，在项目管理领域引起了较大反响。2017年6月，PMRC在广州召开2017第十届中国项目管理应用与实践大会，特设立了"项目学"专题论坛。

2017年9月，由西北工业大学和PMRC联合主办、西北工业大学管理学院和学科建设办公室承办的首届"项目学"学科发展高端论坛在西北工业大学举行，与"项目学"相关的理论界和实践界专家学者代表近100人齐聚西安，共同探讨"项目学"学科发展的路径和内涵，共谋建立特色学科的愿景与思路。此外，在钱福培教授的推动下，来自国内政、企、学、研、用等各领域的20多位专家先后参加了《项目学》专著的研究课题组。在2018年、2019年的中国项目管理大会暨中国特色与跨文化项目管理国际论坛上，钱福培教授连续作"项目学的发展""项目学的研究与发展方向"主题演讲，为日后"项目学"的研究和建设奠定了重要的基础。

2. 工程哲学理论体系框架形成

工程管理与哲学密切相关，工程哲学可以从更高的视角审视所有的工程活动，提高工程管理人员、工程技术人员的哲学觉悟，为工程项目管理提供指南和方向。

在工程哲学的开创过程中，中国、美国、英国的工程院都及时关注了工程哲学在本国兴起的趋势，并且给予了支持。中国工程院工程管理学部组织、推动中国工程师和哲学家合作研究工程哲学，极大地推动了工程哲学在中国的发展。中国工程院自2004年起连续立项研究工程哲学，先后出版了《工程哲学》《工程演化论》《工程方法论》《工程知识论》。通过持续研究，我国工程师和哲学家提出并阐释了一个包括"五论"（工程技术科学三元论、工程本体论、工程方法论、工程知识论、工程演化论）且以工程本体论为核心的工程哲学理论体系框架。

工程哲学中国学派卓有成效的研究，向世界发出了中国声音，对中国工程管理改革有着重大的指导意义，也为工程项目管理的理论发展奠定了坚实的理论基础。

3. 重大工程项目助力高质量发展

当前，如何实现包含经济稳定增长、创新驱动发展和环境可持续发展在内的高质量发展目标，受到各国政府、学术界和工业界的普遍关注。重大工程项目（如基础设施建设、航空航天工程、大型复杂科学装置）在提升公共服务质量和促进社会经济增长方面发挥着重要作用。尤其是在面临全球供应链断裂和数字化转型升级的挑战下，重大项目（Megaproject）是经济社会发展的"稳定器"和"压舱石"，是推动经济社会高质量发展的有力抓手。

伴随着新基建的推进，信息技术更新加快，人工智能技术在工程项目管理中的应用也将日趋多元化，有助于大大提高工程项目管理的质量和效率。由于经济发展水平的提高，重大工程和复杂项目不断涌现，对工程项目管理提出了巨大挑战，更需要采用创新的管理模式及数字化、智能化手段对工程项目进行全面管理。随着人工智能技术在计算机领域内研究的深入及其社会影响力的提高，数字孪生、ChatGPT等新技术如何与工程项目管理实践有效结合已成为工程项目管理界的讨论热点。

近年来，我国的重大工程项目取得显著进展，包括：

1）交通基础设施与运输。港珠澳大桥、北京大兴国际机场、川藏高铁、青藏铁路等重要交通设施已经建成运营。同时，复兴号动车组实现时速350km商业运营，首艘国产航母"山东舰"和"雪龙2号"极地破冰船也已经投入使用。

2）航空航天工程。我国成功发射了"嫦娥五号"和"长征五号B"新一代重型运载火箭，并自主研制了"北斗三号"全球卫星导航系统、C919大型客机、ARJ21飞机等。

3）基础研究和关键核心技术攻关。我国在量子信息等领域取得了重大原创成果，并在"嫦娥"月球探测任务、500米口径射球面电望远镜（FAST），以及"蛟龙""潜龙"等深海科研设备研制等方面取得了突破。

4）战略性新兴产业。在大数据和云计算技术、5G网络、新型核电技术、新能源汽车及其充电设施网络等领域处于国际领先地位。

目前，我国电力、交通、建筑等行业的碳排放仍然比较大，在大力倡导可持续发展的背景下，工程项目管理领域也十分关注工程项目全生命周期环境保护及资源节约，实施和发展绿色工程项目管理成为必然。未来，在重大工程项目管理领域，具有重要理论价值和现实意义的研究主题有：

• 重大工程项目对经济社会高质量发展的影响，包括重大项目对经济增长、科技创新、环境可持续和生态服务等方面的影响。

• 不同行业的重大工程项目管理，包括基础设施建设项目、复杂产品研发项目、新能源项目、农业和水利项目管理等。

• 数字化驱动的重大工程项目管理，包括科技创新和数字化转型对重大项目的影响，数字化技术在重大项目管理中的应用及其对高质量发展的影响。

● 重大工程项目的风险、韧性和复杂性管理，包括重大项目风险识别、评估和控制，韧性提升，尤其是重大项目供应链管理。

● 政府和社会资本合作（Public-Private-Partnership，PPP）项目管理，包括考虑高质量发展的 PPP 项目融资模式分析、合同管理、风险分担、支付机制、绩效管理等。

● 重大工程项目高质量生命周期管理，包括重大项目治理、组织协同管理、信任和领导力分析等。

● 重大工程项目的利益相关方管理，包括跨组织、跨国界和跨文化环境下的重大项目利益相关方参与和沟通管理。

● 重大工程项目的 ESG（环境、社会和治理）和包容性，包括重大项目的环境影响、社会责任和经济可持续性之间的相互作用，以及可持续发展与大型项目管理之间的关系。

● 重大工程项目的创新管理，包括将创新从项目转移到行业层面，以及超越单个项目的创新管理。

4. 数字化驱动的项目管理

当前，在大数据、云计算、5G 和人工智能等数字化技术的驱动下，工程项目环境发生了显著的变化，项目的流程和组织变革中蕴藏着巨大的机遇与挑战。正如阿里研究院与毕马威的联合报告《从工业革命到决策革命——通向智能制造的转型之路》中指出的，智能经济是在"数据+算力+算法"定义的世界中，以数据流动的自动化，化解复杂系统的不确定性，实现资源优化配置，支撑经济高质量发展的经济新形态。"数据+算力+算法"把人从繁重的、重复性的工作中解放出来。从工业时代到数字时代，组织管理经历了从职能驱动到流程驱动再到数据驱动的不断迭代升级，决策方式经历了由经验决策向"数据+算法"决策的转变。以新产品开发项目/复杂研发项目为例，在数字化驱动下，新产品开发呈现海量品种、小批量、快反应的特点；时间正在变"快"，研发流程从串行向并行转变；研发组织管理对象从经济人向知识人转变，传统的科层组织正在被瓦解，组织形式呈现数据驱动的网络结构，以及基于网络的多角色、实时互动的自组织形式。

伴随着数字化驱动的项目管理实践变革，相关的理论研究热点也发生了转变。以 2021—2022 年 SCIE 和 SSCI 数据库中与"Project Management"相关的文献为样本进行统计分析，结果显示研究热度较高的关键词主要有：Innovation，Digitalization。

1）Innovation（创新）。工程项目管理场景下的创新是多维度的，包括技术创新、产品创新、服务创新和组织创新等，在科技迅猛发展的时代开展工程项目管理创新研究是前沿的理论课题。

2）Digitalization（数字化）。ChatGPT、BIM、Digital Twin 等数字化技术可以在项目实施的各个过程中提供智能决策、可视化分析等支持，提高项目管理的效能。因此，系统研究如何提升数字化驱动下的项目管理能力（尤其是复杂研发项目），以更好地为企业数字化转型赋能，具有重要的现实意义。

5. 基于模型的系统工程应用于大型复杂研发项目

在我国，钱学森先生提出的系统工程最初应用于航空航天领域，此后在各行各业都有广泛的应用，对提升复杂工程项目管理能力产生了巨大影响。载人航天工程、卫星、飞机研制等领域积极探索了基于系统工程原理和方法的复杂工程项目管理模式，构建了具有中国特色的大型复杂工程项目管理理论体系，为加快工程进度、提高建造质量提供了可靠保证。例如，C919 大型客机的研发是一项极其复杂、多学科交叉的系统工程，其设计、制造、客服、试飞等环节参与单位众多，传统的项目管理方法难以有效应对如此复杂的场景，而系统工程思想提供了一种结构化的方法来处理项目的复杂性和不确定性。在 C919 大型客机研发项目中，研发团队在需求分析与定义、系统建模与仿真、生命周期管理、接口管理和风险管理等方面都基于系统工程思想进行了全面的规划、协调和管理，以确保飞机的安全性、功能性和可靠性。

近年来，中国航空工业、中国商飞公司，以及波音公司、空客公司、洛克希德·马丁等国内外著名航空宇航公司对基于模型的系统工程（Model-Based Systems Engineering，MBSE）进行了深入的探索与应用，MBSE 逐渐成为系统工程和工程项目管理发展的一个主流方向。

传统系统工程是基于文档传递静态信息，文档间的依赖性很难追踪，尤其是当数据量十分庞大时，容易失去对数据的有效管控，还会带来文档版本、版次管理等问题。传统机械、电子、软件等行业的系统工程"V"模型描述了系统工程所关注的从需求、功能架构、逻辑架构到产品架构的整个过程的关键域，通过需求的定义与分解，以及系统的综合与验证，实现真实的环境背景对识别的环境背景的反馈和迭代。

而基于模型的系统工程支持从概念设计阶段开始，持续贯穿于全生命周期的系统需求、设计、分析、验证和确认活动的正规化建模应用。MBSE 依靠软件平台建立大量模型，在产品设计的不同阶段，各专业领域工程人员之间可使用统一的模型语言交流系统设计方案，减少由专业壁垒造成的误解和障碍。在系统工程的"V"模型中，MBSE 的建模工作代替了传统的撰写文档的工作，与专业设计（机械、电路、软件、工艺等）模型对接，共同形成了涵盖产品全过程的数字化模型，是系统数字化模型的主框架。MBSE 的优势有：

- 改善开发系统的利益相关方（客户、项目管理人员、系统工程师、软硬件工程师、测试人员和各专业工程学科的人员）之间的沟通。

●通过系统的同一套数据模型，可以帮助从不同的专业角度进行观察和分析，同时提供变更影响分析的能力，提高管理复杂系统的能力。

●通过提供可评估一致性、正确性、完善性的，无歧义的且精确的系统模型，提升产品质量。

●通过以更加标准化的方式捕获信息，并高效地利用模型驱动方法固有的内置抽象机制，增强知识捕获能力及信息的复用性，有助于缩短开发周期和降低维护成本，改进设计。

基于模型的系统工程整合了多学科环境，覆盖全生命周期，具有标准化的语言。在工程项目管理中，基于模型的系统工程可以帮助项目团队更好地理解项目的需求和目标，从而提高项目的成功率；可以通过帮助企业更好地规划、设计、开发和维护项目，从而提高企业的竞争力。

6. 项目集群和项目组合管理在各领域的应用

随着项目复杂性的增加及组织的变革推动，项目管理的关注重点由单一项目管理向项目集（Program，又称为项目集群）和项目组合（Portfolio）管理转变，同时更加关注企业战略和客户价值交付。与单个项目相比，项目集致力于获取增量收益，可以获得 1+1>2 的效果。项目集管理通过协调不同项目间的依赖关系和冲突，达成组织的整体目标，以便获得分别管理单个项目所无法获得的收益。因此，项目集和项目组合管理需要具备系统思维，协调好项目集内各项目和子项目集之间的关系，促使其相互产生积极的影响，为组织创造更大的收益。

近年来，我国在多个领域进行了项目集群管理方面的实践和探索，包括：

1) 基础设施建设项目集群。例如，北京大兴国际机场建设、京港澳高速公路、广东珠江口港群的建设都采用了项目集管理方式，通过同时推进多个关联项目，实现资源整合和效率提升。

2) 科技创新项目集群。例如，载人航天工程、C919 大型客机研发，以及中关村、深圳湾、苏州国际科技园等高科技园区或创新型企业集聚区域，通过推进大量相关的科技创新项目，提高创新能力和产业竞争力。

3) 区域发展项目集群。例如，广东省的珠三角地区和浙江省的杭州湾地区都经历了区域发展项目集群的实践，通过整合资源和优势产业，提高了区域竞争力。因此，未来的项目管理应重视多项目间的资源协调和管理，基于系统工程视角开展项目集和项目组合管理的实践和研究。

7. 在国际舞台上屡获项目管理殊荣

截至2022年，我国企业共获得IPMA全球卓越项目管理大奖金奖11个、银奖12个、铜奖2个，入围2个，取得了优异的成绩。具体如下：2016年，中国建筑第八工程局有限公司承建的毛里求斯拉姆古兰机场项目获得IPMA全球卓越项目管理大奖。2017年，山东电力工程咨询院有限公司总承包建设的国投湄洲湾第二发电厂（简称"湄洲湾项目"）获得金奖。2018年，中国石油云南石化有限公司1300万吨/年炼油厂项目获得超大型项目银奖，重庆联盛建设项目管理有限公司实施全过程管理的内蒙古少数民族群众文化体育运动中心项目获得大型项目金奖。2019年，国家能源集团宁夏煤业公司400万吨/年煤炭间接液化示范项目、国家电网有限公司直流建设分公司负责建设管理的±1100千伏古泉换流站工程获得银奖。2020年，北京大兴国际机场建设项目获得超大型项目金奖，中国能源建设集团有限公司总承包建设的孟加拉国帕亚拉2×66万千瓦燃煤电厂一期工程、巴基斯坦中电胡布2×66万千瓦燃煤电站项目分别获得超大型项目银奖和铜奖。2022年，西安交通大学中国西部科技创新港科创基地项目获得超大型项目金奖，中国能建东北院设计的中广核兴安盟一期100万千瓦风电项目获得银奖。

总之，进入21世纪以后，我国的工程项目管理在工程实践、学术研究与人才培养方面取得了显著的成效，我国的大型工程项目管理实践已经迈入世界前列。老一辈科学家钱学森先生提出的系统工程和华罗庚先生提出的统筹优化等理论方法，奠定了具有中国特色项目管理的理论基础。继续深入探索中国特色的工程项目管理理论、方法，并将其与业内公认的良好实践相结合，在国际舞台传播中国声音、讲好中国故事，是工程项目管理从业人员和研究者义不容辞的责任。

▶ 思考题

1. 请举例说出几个我国著名的重大工程项目，并阐述这些项目对经济社会发展产生了哪些影响。

2. 请任选一个我国的航空航天工程项目（或其他大型工程项目），说明该项目包含哪些子系统，各子系统之间的依赖关系又是怎样的。

3. 请说明数字化技术为工程项目管理带来了哪些挑战和机遇，并展望未来的实践趋势。

第 2 章 项目价值交付系统与组织系统

2.1 概述

2.1.1 项目管理概述

项目管理并非新概念，从古至今，项目成果的例子数不胜数。这些项目成果是领导者和项目经理在工作中应用项目管理实践、原则、过程、工具和技术的结果，其中项目经理是运用一系列关键技能和知识满足客户和参与项目或受项目影响的其他人的要求。20 世纪中期，项目经理开始致力于将项目管理确立为一种职业，并对项目管理知识体系的内容达成一致意见。这一知识体系后来称为"项目管理知识体系"（Project Management Body Of Knowledge，PMBOK）。

通常认为，PMBOK 反映了项目管理中被"普遍认可"的"良好实践"的那一部分。

- 所谓"普遍认可"，是指这些知识和做法在大多数时候适用于大多数项目，并且其价值和有效性已获得一致认可。
- 所谓"良好实践"，则指人们普遍认为，在项目管理过程中使用这些知识、技能、工具和技术，能够达成预期的商业价值和成果，从而提高项目成功的概率。

项目管理中"普遍认可"的"良好实践"在不断变化，因此，PMBOK 的关键组成部分也在不断演变。在 2021 年《项目管理知识体系指南（PMBOK®指南）》（第七版）出现之前的 20 多年里，以往的 PMBOK 强调基于过程的项目管理方法，以及满足项目的要求和利益相关方的要求，其背景主要是项目管理在建设工程项目和国防项目等大型项目中的成功应用。

近年来，项目管理在 IT 行业的迅速推广和广泛应用，推动了项目管理理论与实践的发展。正如《项目管理知识体系指南（PMBOK®指南）》（第七版）中所述："过去

10 年以来，推动各类产品、服务和解决方案中采用的软件呈指数增长。随着人工智能、基于云的能力和新的商业模式对创新和新的工作方式的驱动，软件能够促使这种增长继续变化。同时组织模式发生了转型，这引发了新的项目工作和团队结构，从而需要采用一系列广泛的方法来进行项目和产品交付，并要更多地关注成果而非可交付物。"因此，《项目管理知识体系指南（PMBOK®指南）》（第七版）强调"价值交付"和"系统视角"，即通过建立价值交付系统，为利益相关方交付价值，而不仅仅是为利益相关方提供交付物。

《项目管理知识体系指南（PMBOK®指南）》（第七版）强调项目管理应实现价值交付，价值指的是具有作用、重要性或实用性的事物。为此，在项目管理过程中，应建立价值交付系统。价值交付系统中的组件创建了用于产出成果的可交付物。成果是某一过程或项目的最终结果或后果。聚焦成果、选择和决策强调了项目的长期绩效。成果可带来收益，收益是组织实现的利益，收益继而可创造价值。同时，价值交付系统离不开项目组织系统，它们协同运作，可实现流畅的工作流程、管理问题并支持决策。

需要注意的是，以往各版《项目管理知识体系指南（PMBOK®指南）》所采用的基于过程的项目管理方法，对实际工作仍然具有重要的指导意义。本书的主要内容仍然是采用基于过程的方法进行论述。

项目管理具有以下重要作用：

1）有效的项目管理能够帮助个人、群体及公共和私人组织达成业务目标，满足利益相关方的期望；有助于在适当的时间交付正确的产品等目的的达成。缺乏项目管理可能会导致超过时限、成本超支、质量低劣、返工等问题。

2）项目是组织创造价值和效益的主要方式。当今商业环境动荡不定，变化越来越快，为了在全球经济中保持竞争力，公司日益广泛地利用项目管理来持续创造商业价值。

3）有效和高效的项目管理应被视为组织的战略能力，它使组织能够将项目成果与业务目标联系起来，以便更有效地展开市场竞争，同时支持组织发展。

为此，本章主要论述项目管理的关键组成部分，以及项目价值交付系统和项目组织系统。

2.1.2 核心概念与术语

本章的关键术语如下，它们为相关内容提供语境。

- 项目。为创造独特的产品、服务或结果而进行的临时性工作。项目的临时性表明项目工作或项目工作的某一阶段会有开始也会有结束。项目可以独立运作，也可以是项目集或项目组合的一部分。

- 项目生命周期。项目从开始到结束所经历的一系列阶段。
- 项目集。相互关联且被协调管理的项目、子项目集和项目集活动，以便获得分别管理所无法获得的收益。
- 项目组合。为实现战略目标而组合在一起管理的项目、项目集、子项目组合和运营工作。
- 利益相关方。能影响项目、项目集或项目组合的决策、活动或成果的个人、群体或组织，以及会受或自认为会受他们的决策、活动或成果影响的个人、群体或组织。
- 产品。可以量化的生产出的工件，既可以是最终制品，也可以是组件制品。
- 产品生命周期。指一个产品从概念、交付、成长、成熟到衰退的整个演变过程的一系列阶段。
- 成果。某一过程或项目的最终结果或后果。成果可以包括输出和工件，但通过聚焦开展项目所交付的收益和价值，使得成果具有更广泛的含义。
- 价值。某种事物的作用、重要性或实用性。不同的利益相关方以不同的方式看待价值。例如，客户关注为使用产品的特定特性或功能的能力；组织关注基于财务度量指标确定的商业价值，如收益减去实现这些收益的成本。社会价值可以包括对群体、社区或环境的贡献。
- 价值交付系统。旨在建立、维持和/或使组织得到发展的一系列战略业务活动。项目组合、项目集、项目、产品和运营都可以成为组织价值交付系统的一部分。
- 项目经理。由执行组织委派，领导项目团队实现项目目标的个人。项目经理履行多种职能，如引导项目团队工作以实现成果，管理流程以交付预期成果。
- 治理。通过既定政策、实践和其他相关文档，指导并赋能组织的框架。

2.2 项目管理的要素

2.2.1 项目的概念与特性

《项目管理知识体系指南（PMBOK®指南）》（第七版）对项目的定义是："项目是为创造独特的产品、服务或成果而进行的临时性工作。"（A project is a temporary endeavor undertaken to create a unique product, service, or result.）

依据该定义，项目具有两个最基本的特性——独特性（Unique）和临时性（Temporary）。由项目的独特性和临时性的特性，进而产生项目的不确定性等其他特性。

1. 独特性

有些项目即使所提供的产品或服务是类似的，但由于它们的地点和时间、内部和外部环境、自然和社会条件有所差别，项目的过程总具有自身的独特性。另外，即使是类似的项目产品或服务也总是在不断地更新和完善，如汽车公司开发的不同型号汽车、苹果开发的不同型号手机等，同类产品既有共同之处，同类产品的不同型号也有独特之处，因此，它们都具有独特性。

开展项目是为了通过一个或多个独特的可交付成果（Deliverables，或译为可交付物）达成目标。目标指的是工作所指向的结果、要达到的战略地位、要达到的目的、要取得的成果、要生产的产品，或者准备提供的服务。

可交付成果指的是在某一过程、阶段或项目完成时，必须产出的独特并可核实的产品、成果或服务能力。可交付成果可能是有形的，也可能是无形的。实现项目目标可能会产生一个或多个可交付成果：

- 一个独特的产品（如建筑物）。
- 一种独特的服务或提供某种服务的能力（如配送的业务职能）。
- 一项独特的成果，如某个结果或文件（如某研究报告）。
- 一个或多个产品、服务或成果的独特组合（如一个软件 App）。

典型项目的例子包括：建造一座大楼，研发一个新产品，合并重组一个企业，勘探一个地区的石油等。

2. 临时性

项目的临时性（又译为一次性）是指项目有明确的起点和终点。临时性是项目与其他重复性操作、运营工作最大的区别。项目是临时性任务，一旦任务完成项目即宣告结束。项目有明确的起始时间和终结时间，起始时间是项目的开始时间，终结时间是实现项目目标的时间。项目的一次性与项目持续时间的长短没有必然联系，但任何项目都是有始有终的，都有自己的生命周期。

在以下一种或多种情况下，项目即宣告结束：

- 达成项目目标。
- 项目需求不复存在（如客户不再要求完成项目，或战略或优先级的变更致使项目终止）。
- 不会或不能达到目标。
- 项目资金缺乏，或没有可分配的资金等。

虽然项目是临时性工作，但其可交付成果可能会在项目终止后依然存在。项目的生命周期与项目产出物的生命周期（产品生命周期）是不同的，多数项目的时间相对而言是短暂的，项目所创造的产品或服务则是长期的。项目可能产生与社会、经济、材料或环境相关的可交付成果。例如，国家纪念碑建设项目就是要创造一个能够流传百世的可交付成果。

3. 不确定性

首先，项目的不确定性是由项目的独特性造成的，因为项目的独特之处，往往需要在不同方面进行不同程度的创新，而创新就包含着各种不确定性；其次，项目的一次性也是造成项目不确定性的原因，因为项目活动的一次性使得人们没有改进的机会，使项目的不确定性增加；最后，项目所处的环境多数是开放的和相对变动较大的，这也是造成项目不确定性的主要原因之一。通常，项目的不确定性随着项目的进展而逐渐降低。

4. 项目组织的临时性和开放性

项目开始时要组建项目班子，项目执行过程中成员和职能在不断变化，甚至项目的某些成员也是借调来的。参与项目的组织少则一两个，多则几十个甚至上百个，他们通过协议、合同等方式组合在一起。项目结束时，项目班子要解散，人员要转移。项目的组织有时没有严格的边界，有时甚至是模糊的和开放的。

5. 成果的不可挽回性

项目不但不能像其他事情那样做坏了可以重来，而且不能试着做。项目结果具有不可逆性。一旦出现失误，很难有纠正机会，项目必须确保成功，一旦失败就永远失去了重新实施原项目的机会。为此，对项目管理中的每个环节都必须进行严格管理。

2.2.2　项目管理的概念与目的

项目管理的目的什么？这是每个项目管理专业人士需要思考的基本问题。项目管理实践界和学术界对此问题进行了不断的探索，并形成了不同的项目定义。回顾这些定义的演变过程，有助于从不同方面了解项目管理的目的。项目管理目的的关注点演变过程如下。

1. 关注"达到或超过利益相关方的需要和对项目的期望"

1996年，《项目管理知识体系指南（PMBOK®指南）》（第一版）将项目管理定义为："将知识、技能、工具和技术应用于项目活动，以便达到或超过利益相关方的需要和对项目的期望。"

利益相关方对项目的期望主要涉及时间、质量、成本与范围等方面，可以用图 2-1 所示的项目管理"铁三角"进行描述，它表示项目管理中的三大目标（或称三大约束条件）——质量、时间、成本及其与范围之间的相互作用关系。项目管理"铁三角"的含义是：三大目标形成一种平衡关系，当项目的任何一个目标发生变化时，其他两个目标中的至少一个也会受影响。通常，项目范围的变化（如客户需求变更、工程项目技术状态变化）会对项目质量、时间、成本产生影响，由此导致项目的整体变更。另外，在有些项目管理实践中，项目质量目标一旦发生变化，也常常会导致项目的范围、成本和进度发生变化。因此，也可以将质量放在项目管理"铁三角"的中心，而将范围作为三角形的一个边。

图 2-1 项目管理"铁三角"

项目的不同阶段可能会涉及不同的利益相关方，随着项目的推进，利益相关方的影响、权力或利益也会发生变化。项目不同的利益相关方对项目有不同的需求和期望，项目团队有必要对项目利益相关方的需求和期望加以识别、进行管理并施加影响，调动其积极性，消除其消极影响，从而确保项目成功。项目利益相关方一般通过合同和协议联系在一起，并共同参与项目管理活动。建设工程项目的主要利益相关方示例如图 2-2 所示。

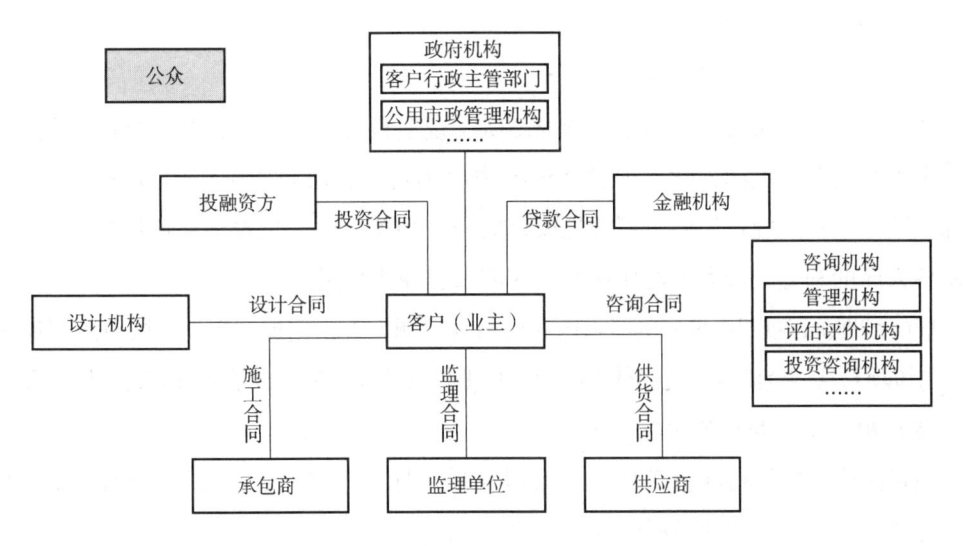

图 2-2 建设工程项目的主要利益相关方示例

通常，项目的主要利益相关方如下。

(1) 项目发起人

项目发起人是为项目、项目集或项目组合提供资源和支持，并负责为项目成功创造条件的个人或团体。

（2）项目投资者

项目投资者可以是政府、组织、个人、银行或股东，其主要责任是做出正确的投资决策，以获得项目成功带来的经济利益。

（3）客户

客户可能是一个人、几个人，也可能是一个组织。一般情况下客户是指项目最终成果的接收者和经营者。客户应对项目负有最大的责任，如审查可行性研究报告、筹集项目资金、组织项目规划和实施、对项目进行验收、与项目的利益相关方进行沟通和协调等。

（4）供应商

供应商是向企业、项目供应各种所需资源的企业和个人，供应商要按时、按质、按量提供项目所需的物质，并获得预期的利润。

（5）承包商

承包商即承接项目满足客户需求的一方。承包商参与从项目启动到结尾的全过程，其能力的高低直接决定了项目目标的实现。

（6）分包商

当项目规模较大、技术复杂，承包商自身无法完成项目中某些子项目或内容时，可能将其进行分包，这有利于缩短项目完成时间、提高质量。承包商对分包商负有总承包管理责任。

（7）项目经理和职能经理

项目经理是由执行组织委派，领导团队实现项目目标的个人，是项目组织的核心，是决定项目成败的关键人物。项目经理必须明确自己在项目管理中的地位和作用、职责和权限。项目经理首先要识别谁是项目的利益相关方，并负责沟通项目的有关方面，协调各方面的利益，最大限度使各方面的需求和期望得到满足。

职能经理确保项目在要求的时限内获得最佳资源，直到完成职责。组织中的其他项目可能与该项目共用资源，职能经理需要为项目提供支持和保障，也是项目的利益相关方。

（8）项目团队和项目管理团队

项目团队是指执行项目工作，以实现项目目标的一组人员。项目管理团队是指直接参与项目管理活动的项目团队成员。

广义的项目团队是两个以上的项目利益相关方通过一定的互动构成的利益共同体；狭义的项目团队是在项目实施期间由一些不同背景、不同技能和不同知识的人员组成的群体。项目团队必须有明确的目标并为之奋斗，团队成员有合理的分工与协作，团队赋予每个成员相应的权力和责任，只有具备这三点的团队才可能是一个有凝聚力的团队，在团队成员的共同努力下实现项目目标。

(9) 其他利益相关方

除上述项目的直接利益相关方，还有一类人或组织与项目有或多或少的利益关系，如政府的相关行政监督部门、项目所在区域公众、金融机构、新闻媒体、行业组织、市场潜在竞争对手等。

2. 关注"满足项目的要求"

2004年，《项目管理知识体系指南（PMBOK®指南)》(第三版)将项目管理定义为："将知识、技能、工具和技术应用于项目活动，以满足项目的要求"。

"满足项目的要求"包括：

- 满足项目已识别的要求和期望。
- 满足项目尚未识别的要求和期望。

已识别的要求和期望是指在项目的各种协议、合同中已明确规定的对项目的要求和期望。例如，项目的工期、成本、质量要求，以及对项目具体工作的要求和期望。尚未识别的要求和期望是指虽然在项目各种文件中没有明确规定，却是项目利益相关方所需要的。例如，潜在的环保要求、残疾人的特殊需要。

3. 关注"价值交付系统"

2021年，《项目管理知识体系指南（PMBOK®指南)》(第七版)强调价值交付和系统视角："提供了整个价值交付环境中有效的项目管理方法：从预测型到适应型，以及中间的各种方法"。

《项目管理知识体系指南（PMBOK®指南)》(第七版)项目管理"价值交付系统"改变了原有视角，从关注项目组合、项目集和项目治理到重点关注将它们与其他业务能力结合在一起的价值链，再进一步推进到组织的战略、价值和商业目标，并强调项目不只是产生输出，更重要的是要促使这些输出推动实现成果，而这些成果最终会将价值交付给组织及其利益相关方。

这种系统视角反映了从以往版本《项目管理知识体系指南（PMBOK®指南)》中的知识领域转变为8个绩效域。总的来说，绩效域所代表的项目管理系统体现了彼此交互、相互关联且相互依赖的管理能力，这些能力只有协调一致才能实现期望的项目成果。随着各个绩效域彼此交互和相互作用，变化也会随之发生。项目团队要有整体系统思维的意识，不断审查、讨论、适应并应对这些变化，而非只是关注发生变化的具体绩效域。遵照《项目管理标准》中的"价值交付系统"这一概念，团队会通过以成果为中心的测量指标，而非按照各个过程或生成的工件、计划等对各绩效域中的有效绩效做出评估。

2.2.3 基于过程方法的项目管理关键组成部分

时至今日，以往版本《项目管理知识体系指南（PMBOK®指南）》中所采用的基于过程的项目管理方法，对实际工作仍然具有重要的指导意义。图 2-3 所示为以过程为基础的项目管理关键组成部分及其之间的关系。

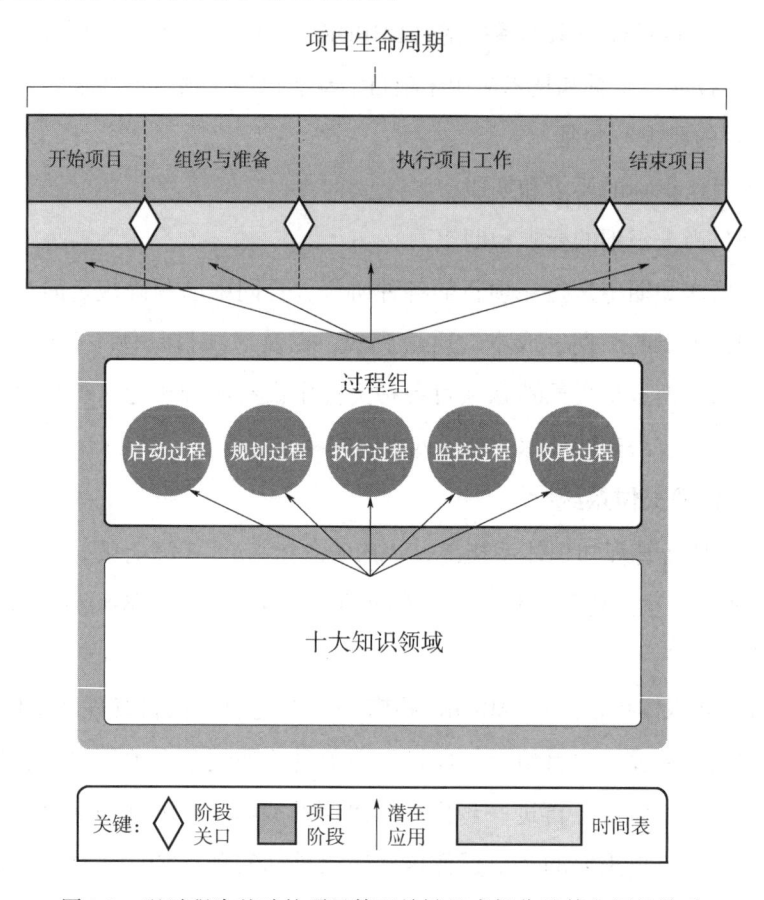

图 2-3 以过程为基础的项目管理关键组成部分及其之间的关系

1. 项目生命周期

项目生命周期指项目从启动到完成所经历的一系列阶段。它为项目管理提供了一个基本框架。不论项目涉及的具体工作是什么，这个基本框架都适用。这些阶段之间的关系可以顺序、迭代或交叠进行。所有项目都呈现如图 2-3 所示的通用的项目生命周期。

项目生命周期可以是预测型或适应型。项目生命周期内通常有一个或多个阶段与产品、服务或成果的开发相关，这些阶段被称为开发生命周期。开发生命周期可以是预测型、迭代型、增量型、适应型或混合型的模式。

研发项目的开发方法与生命周期的阶段划分密切相关，开发方法是在项目生命周期内创建和演变产品、服务或结果的方法，选择与项目交付成果的交付节奏相适应的开发方法与生命周期，将对项目绩效产生重要的影响。

2. 项目阶段

项目阶段是一组具有逻辑关系的项目活动的集合，通常以一个或多个可交付成果的完成为结束标志。

项目可以分解为不同的阶段或子组件，这些阶段或子组件的名称通常说明了该阶段完成的工作类型。阶段通常有：概念开发、可行性研究、客户要求、解决方案开发、设计、原型法、建造、测试、转换、试运行等。

将项目生命周期分为多个阶段的方式有助于更好地掌控项目管理，同时还提供了评估项目绩效并在后续阶段采取必要的纠正或预防措施的机会。

3. 阶段关口

阶段关口在项目阶段结束时进行，将项目的绩效和进度与项目和业务文件比较，这些文件包括：

- 项目商业论证
- 项目章程
- 项目管理计划
- 效益管理计划

根据比较结果做出决定（如继续/终止的决定），以便：

- 进入下一个阶段
- 整改后进入下一个阶段
- 结束项目
- 停留在当前阶段
- 重复阶段或某个要素

在不同的组织、行业或工作类型中，阶段关口还被称为阶段审查、阶段门、关键决策点、阶段入口或阶段出口。

4. 项目管理过程

项目生命周期是通过一系列项目管理活动进行的，即项目管理过程。项目管理过程通过合适的项目管理工具和技术，将一个或多个输入转化成一个或多个输出。输出可以是可交付成果或结果，结果是过程的最终成果。

各项目管理过程通过它们所产生的输出建立逻辑联系，过程可能包含在整个项目期间相互重叠的活动中。一个过程的输出通常成为以下二者之一：

- 另一个过程的输入
- 项目或项目阶段的可交付成果

图 2-4 的示例说明了一个过程的输入、工具与技术和输出的关系，以及与其他过程的关系。

输入	工具与技术	输出
1. 输入 H 2. 输入 J	1. 技术 A 2. 工具 C	1. 项目输出 A 2. 项目输出 B

图 2-4　过程示例：输入、工具与技术和输出

5. 项目管理过程组

项目管理过程组指对项目管理过程进行逻辑分组，以达成项目的特定目标。第 1 章中提到，项目管理过程可分为五大过程组：

- 启动过程组——定义一个新项目或现有项目的一个新阶段，授权开始该项目或阶段的一组过程。
- 规划过程组——明确项目范围，优化目标，为实现目标制定行动方案的一组过程。
- 执行过程组——完成项目管理计划中确定的工作，以满足项目要求的一组过程。
- 控制/监控过程组——跟踪、审查和调整项目进展与绩效，识别必要的计划变更并启动相应变更的一组过程。
- 收尾过程组——正式完成或结束项目、阶段或合同所执行的过程。

需注意，项目管理的过程组与项目生命周期阶段是不同的概念。

6. 项目管理知识领域

除了五大过程组，项目管理过程还可以按知识领域进行分类，项目管理的十大知识领域为：

- 项目整合管理——包括为识别、定义、组合、统一和协调各项目管理过程组的各个过程和活动而开展的过程与活动。
- 项目范围管理——包括确保项目做且只做所需的全部工作以成功完成项目的各个过程。
- 项目进度管理——包括为管理项目按时完成所需的各个过程。
- 项目成本管理——包括为使项目在批准的预算内完成而对成本进行规划、估算、预算、融资、筹资、管理和控制的各个过程。

- 项目质量管理——包括把组织的质量政策应用于规划、管理、控制项目和产品质量要求，以满足利益相关方的期望的各个过程。
- 项目资源管理——包括识别、获取和管理所需资源以成功完成项目的各个过程。
- 项目沟通管理——包括为确保项目信息及时且恰当地规划、收集、生成、发布、存储、检索、管理、控制、监督和最终处置所需的各个过程。
- 项目风险管理——包括规划风险管理、识别风险、开展风险分析、规划风险应对、实施风险应对和监督风险的各个过程。
- 项目采购管理——包括从项目团队外部采购或获取所需产品、服务或成果的各个过程。
- 项目利益相关方管理——包括用于开展下列工作的各个过程：识别影响或受项目影响的人员、团队或组织，分析相关方对项目的期望和影响，制定合适的管理策略有效调动相关方参与项目决策和执行。

某些项目可能还涉及其他知识领域，如建造项目可能涉及安全与健康管理。

2.2.4 基于系统视角的项目管理关键组成部分

与以往版本相比，《项目管理知识体系指南（PMBOK®指南)》（第七版）的一个重要变化是：从系统视角论述项目管理。这一转变始于将系统视角的价值交付作为《项目管理标准》的一部分，并继续呈现《项目管理知识体系指南（PMBOK®指南)》的内容。该"价值交付系统"部分改变了原有的项目管理视角，即项目不只是产生输出，更重要的是促使这些输出推动实现成果，而这些成果最终会将价值交付给组织及其利益相关方。需要注意的是，《项目管理知识体系指南（PMBOK®指南)》（第七版）中的内容并不否定与过去版本中基于过程的方法的一致性，对于指导其项目管理能力、调整其方法论并评估其项目管理能力，基于过程的方法仍然非常有用。

1. 项目管理绩效域与项目管理原则

基于系统视角，《项目管理知识体系指南（PMBOK®指南)》（第七版）将过去版本中的知识领域转变为 8 个绩效域。项目绩效域是一组对有效地交付项目成果至关重要的相关活动。项目绩效域是相互作用、相互关联和相互依赖的焦点领域，它们可以协调一致地实现预期的项目成果。8 个绩效域如下：

- 利益相关方
- 团队

- 开发方法和生命周期
- 规划
- 项目工作
- 交付
- 测量
- 不确定性

这些绩效域共同构成一个统一的整体,并作为一个整合系统运作,每个绩效域与其他绩效域相互依赖,从而促使成功交付项目及其预期成果。

基于系统视角的项目管理如图 2-5 所示,显示了项目管理原则如何为每个绩效域的活动提供指导。

项目管理原则			
成为勤勉、尊重和关心他人的管家	营造协作的团队环境	有效的利益相关方参与	聚焦于价值
识别、评估和响应系统交互	展现领导力行为	根据环境进行裁剪	将质量融入过程和可交付物中
驾驭复杂性	优化风险应对	拥抱适应性和韧性	为实现预期的未来状态而驱动变革

指导行为

8个绩效域:利益相关方、团队、开发方法和生命周期、规划、项目工作、交付、测量、不确定性

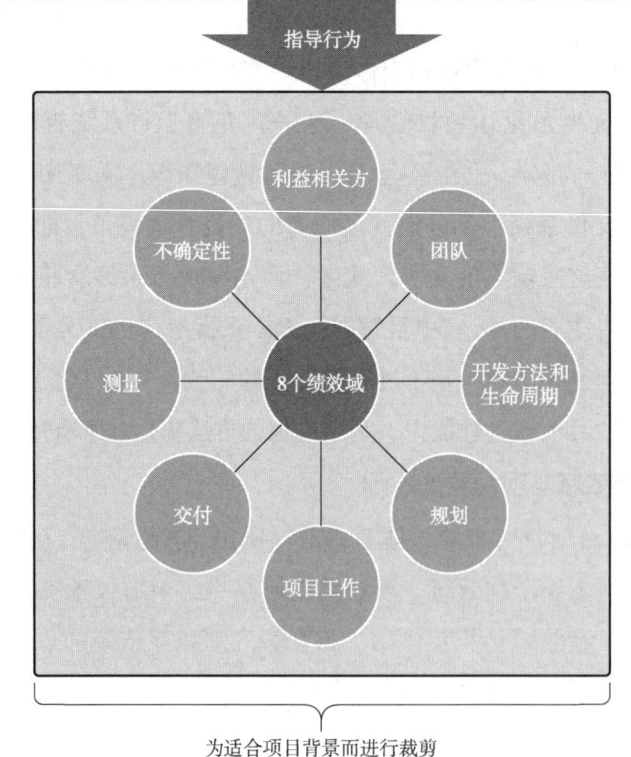

为适合项目背景而进行裁剪

图 2-5　基于系统视角的项目管理——项目管理原则与项目绩效域的关系

2. 开发方式和生命周期

《项目管理知识体系指南（PMBOK®指南）》（第七版）的另外一个重要变化是，提供了整个价值交付环境中有效的项目管理方法：从预测型到适应型及中间的各种方法，并将开发方法和生命周期绩效域作为项目管理8个绩效域之一，可见开发方法对项目绩效的重要性。

项目交付成果的类型对选择何种开发方法有重要影响。交付成果的类型和开发方法会影响项目交付的次数和节奏，交付成果的开发方法和所期望的交付节奏决定了项目生命周期及其阶段。开发方法和生命周期绩效域与交付绩效域紧密相关，交付节奏是确保项目价值交付与组织收益的重要因素。

三类典型的开发方法有：预测型方法、混合型方法和适应型方法。当项目的不确定性低时，通常采用预测型开发方法；当不确定性高时，则采用适应型开发方法。在适应型开发方法中，主要通过迭代和增量的方法，不断为客户交付成果和价值；在预测型方法中，通常在项目或阶段结束时一次性交付所有的功能和价值，很少采用迭代和增量的方法。

如图2-6所示，从传统的预测型开发方法到敏捷环境下的适应型开发方法，迭代性和增量性逐渐增加，介于中间状态的是混合型开发方法。对于软件产品来说，通常采用适应型开发方法；对于传统的以硬件为主的产品来说，通常采用预测型开发方法。实际上，目前即使是传统的硬件产品，也包含各种数字化的功能和软件。例如，现在研发的汽车包含各种智能功能，传统的建筑也包含各种智能家居的功能。因此，绝大多数产品都适合采用混合型开发方法，即一部分功能组件采用预测型开发方法，另一部分组件采用适应型开发方法。

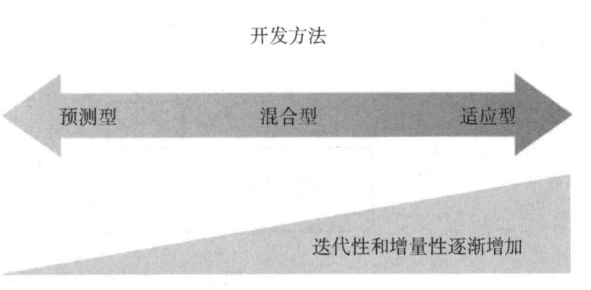

图2-6 三类典型的开发方法

预测型开发方法（瀑布型）适用于在项目开始时就可以定义、收集和分析项目和产品需求的项目。涉及重大投资、对交付成果有严格质量要求的项目可以采用预测型开发方法（如建筑工程项目、卫星研制项目等），在这种情况下，在项目生命周期的早期阶段便已经基本明确相对稳定的范围、进度、成本、资源。

适应型开发方法（迭代型、增量型）适用于需求面临高度的不确定性和易变性，并且在整个项目期间可能会发生变化的情况。适应型开发方法的生命周期如图2-7所示。适应型开发方法在项目开始时确立了明确的愿景和初步的需求，这些初步的需求会根据用户反馈、环境或意外事件不断完善、更新或替换。

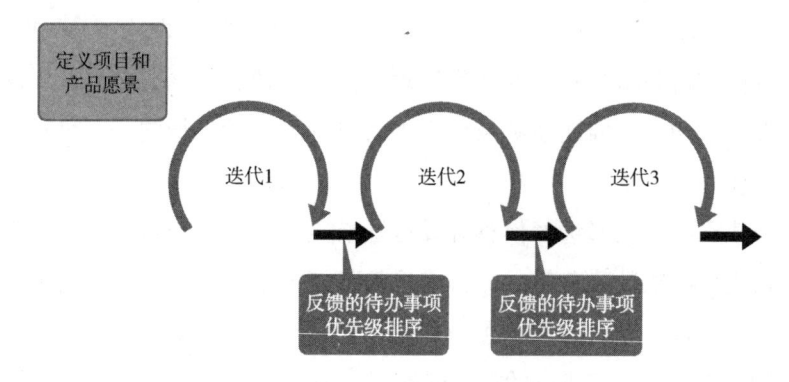

图 2-7 适应型开发方法的生命周期

适应型开发方法具体包括迭代型开发方法和增量型开发方法。迭代型开发方法通过迭代圈快速验证产品，根据用户的反馈进行下一轮迭代开发（图 2-8）。增量型开发方法是用于在一系列迭代过程中生成交付成果，每个迭代都会在预先确定的时间期限（时间盒）内增加功能。该交付成果包含的功能只有在最后一个迭代结束后才被视为已完成（图 2-9）。增量型开发方法强调逐步开发特性和功能。

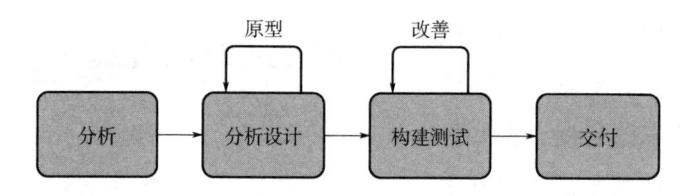

图 2-8 迭代型开发方法的生命周期

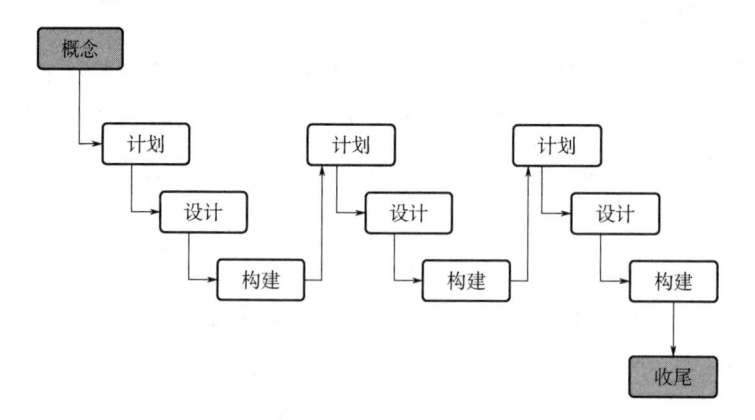

图 2-9 增量型开发方法的生命周期

敏捷软件开发（Agile Software Development），又称为敏捷开发，是一组强调在不确定和混乱的情况下适应软件需求快速变化的、基于迭代式开发的软件开发方法和实践，是一种主流软件开发方法。敏捷开发方法可以被视为具有适应性，某些敏捷开发方法需要持续一至两周的迭代，在每次迭代（冲刺）结束时，客户都会对具有功能性的交付成果进行审查。

2.3 项目价值交付系统

2.3.1 价值交付系统的组件与信息流

项目存在于更大的系统中，如政府机构、企业或合同安排等。为简洁起见，在提及政府机构、企业、合同安排、合资企业和其他安排时，本书使用组织一词。项目为利益相关方创造价值，项目创造价值的示例包括：

- 创造满足客户或最终用户需要的新产品、服务或结果。
- 做出积极的社会或环境贡献。
- 提高效率、生产力、效果或响应能力。
- 推动必要的变革，以促进组织向期望的未来状态过渡等。

1. 价值交付系统的组件/组成

一个符合组织战略的价值交付系统，可以单独或共同使用多种组件（如项目组合、项目集、项目、产品和运营）以创造价值。

图 2-10 所示为价值交付系统示例。该系统有两个项目组合，它们包含多个项目集和项目。该系统还显示了一个包含多个项目的独立项目集，以及与项目组合或项目集无关的多个独立项目。任何项目或项目集都可能包括产品。运营可以直接支持和影响项目组合、项目集和项目及其他业务职能，如工资支付、供应链管理等。项目组合、项目集和项目会相互影响，也会影响运营。

如图 2-10 所示，价值交付系统受组织内部和外部环境的制约。内部环境包括治理结构、文化与价值观、程序、方法论等，存在于更大的外部环境中，包括政治、经济、社会、竞争环境、法律限制等。

价值交付系统中的组件创建了用于产出成果的可交付物。成果是某一过程或项目的最终结果或后果。聚焦成果、选择和决策强调了项目的长期绩效。成果可带来收益，收益是组织实现的利益。收益继而可创造价值，而价值是具有作用、重要性或实用性的事物。

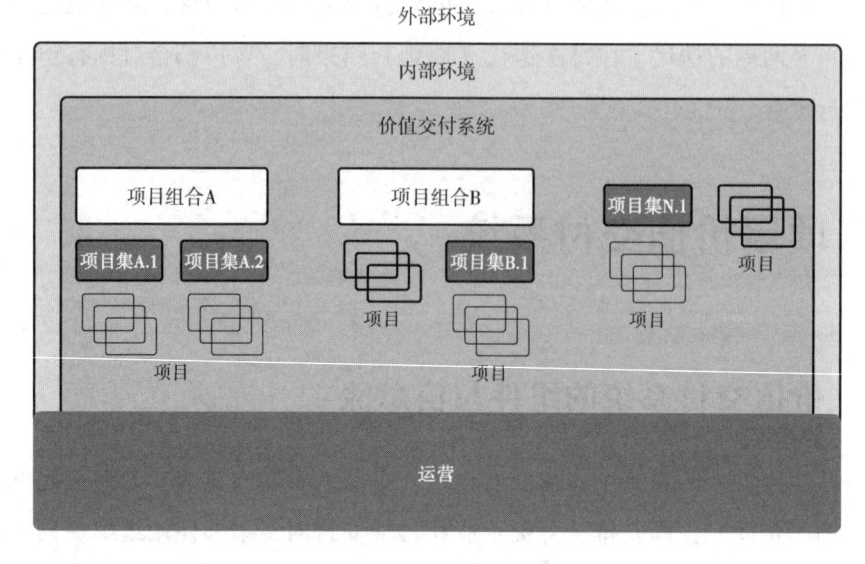

图 2-10 价值交付系统示例

2. 价值交付系统中的信息流

当信息和反馈在所有组件之间以一致的方式共享时，价值交付系统最为有效，使系统与战略保持一致，并与环境保持协调。

图 2-11 显示了一个价值交付系统中的信息流。其中，黑色箭头代表正向的信息流动，即从高层领导到项目组合，再到项目集与项目，最后到运营部门的信息。高层领导会与项目组合分享战略信息。项目组合和项目集与项目分享预期成果、收益和价值。项目集与项目的交付成果及其支持和维护信息一起传递给运营部门。

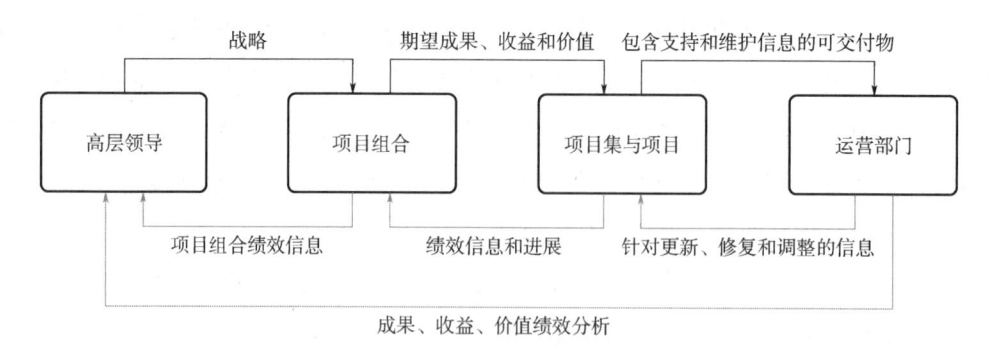

图 2-11 价值交付系统中的信息流示例

图 2-11 中的浅灰色箭头表示信息的反向流动（反馈）。从运营部门到项目集和项目的信息表明对交付成果的调整、修复和更新。项目集和项目为项目组合提供实现预期成果、收益和价值方面的绩效信息和进展，项目组合提供与高层领导一起对项目组合进行的绩效评估。此外，运营部门还提供有关组织战略推进情况的信息。

下面讨论价值交付系统中项目、项目集、项目组合、运营管理之间的关系，以及项目与产品管理的关系。

2.3.2 项目、项目集、项目组合、运营管理之间的关系

1. 概述

项目管理（Project Management）、项目集管理（Program Management）、项目组合管理（Portfolio Management）三者密切相关，因此，项目管理/项目集管理/项目组合管理也常简称为 PP&PM。

依据 PP&PM 之间的关系，一个项目可以采用三种不同的模式进行管理：作为一个独立项目（不包括在项目组合或项目集中），在项目集内，在项目组合内。

由于一个组织常常有多个项目，因此，一个项目通常是在项目组合或项目集内进行管理，项目经理需要与项目集和项目组合经理互动合作。例如，为达成组织的一系列目的和目标，可能需要实施多个项目，在这种情况下，项目可能被归入项目集。项目集是一组相互关联且被协调管理的项目、子项目集和项目集活动，以便获得分别管理所无法获得的利益。需要注意的是，项目集与重大项目是两个不同的概念，重大项目通常是指需要 10 亿美元或以上的成本，可影响上百万人，并且将持续数年的项目。

有些组织可能会采用项目组合，以有效管理同时进行的多个项目集和项目。项目组合是指为实现战略目标而组合在一起管理的项目、项目集、子项目组合和运营工作。

图 2-12 展示了项目、项目集、项目组合和运营在特定情况下是如何关联的。项目集管理和项目组合管理的生命周期、活动、目标、重点和收益都与项目管理不同。但是，项目组合、项目集、项目和运营通常都涉及相同的利益相关方，还可能需要使用同样的资源，而这往往会导致组织内出现冲突。这种情况促使组织增强内部协调，通过项目组合、项目集和项目管理达成组织内部的有效平衡。

将项目组合的组成部分合为一组，能够促进有效治理和管理，从而有助于实现组织战略和相关优先级。在开展项目组合规划时，要基于风险、资金和其他考虑因素对项目组合组件排列优先级。项目组合方法不仅有利于组织了解战略目标在项目组合中的实施情况，还能促进适当项目组合、项目集和项目治理的实施和协调。这种协调治理方式可为实现预期绩效和效益而分配人力、财力和实物资源。

从组织的角度来看，项目、项目集和项目组合管理的侧重点不同：

- 项目集和项目管理的重点在于以"正确"的方式开展项目集和项目。
- 项目组合管理则注重于开展"正确"的项目集和项目。

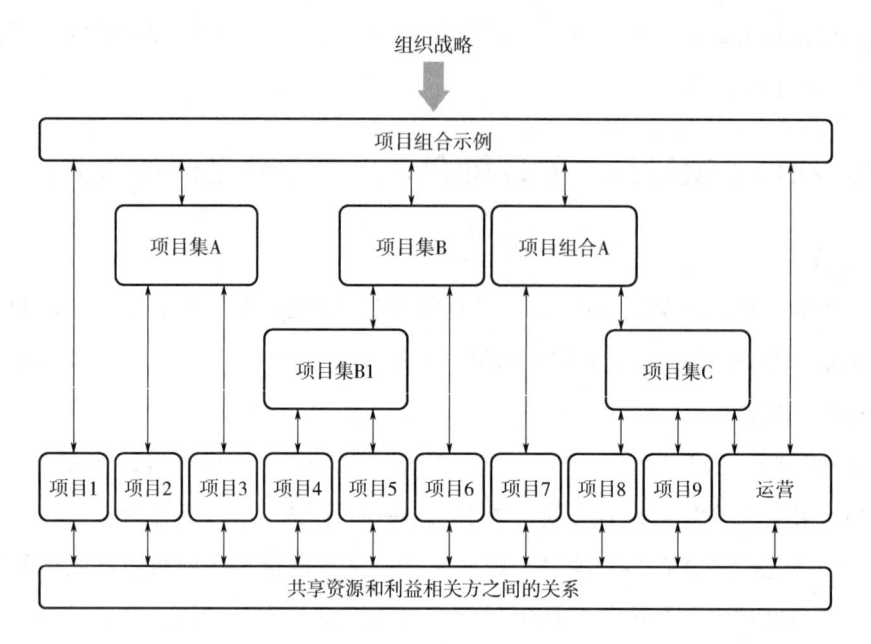

图 2-12　项目、项目集、项目组合和运营

2. 项目集管理

项目集管理指在项目集中应用知识、技能与原则来实现项目集的目标，获得分别管理项目集组成部分所无法实现的利益和控制。项目集管理的主要内容包括：

- 管理项目集组成部分之间的依赖关系，从而以最佳方式实施项目集。
- 确保项目集及其包含的项目能够实现收益。
- 管理可能影响项目集内多个项目的项目集风险。
- 解决影响项目集内多个项目的制约因素和冲突。
- 将预算分配到项目集内的多个项目等。

3. 项目组合管理

项目组合是指为实现战略目标而组合在一起管理的项目、项目集、子项目组合和运营工作。项目组合管理是指为了实现战略目标而对一个或多个项目组合进行的集中管理。项目组合中的项目集或项目不一定彼此依赖或直接相关。

项目组合管理的主要内容包括：

- 确定项目组合是否符合组织战略。
- 指导组织的投资决策。
- 选择项目集与项目的最佳组合方式，以达成战略目标。
- 确定团队和实物资源分配的优先顺序等。

例如，某大型综合企业集团旗下拥有城市广场、酒店公寓、电子商务、连锁百货、旅行社、电影娱乐、院线、舞台演艺等若干业务领域。为追求最大收益和长远利益，该企业可能将其中的城市广场、酒店公寓、电影娱乐、院线、舞台演艺等业务领域中的项目混合组成一个项目组合，这个项目组合又可以包含若干个项目集和项目。例如，企业可能将该项目组合中的城市广场、酒店公寓组成一个被称为"商业地产"的项目集来管理，也可能将该项目组合中的电影娱乐、院线、舞台演艺组成一个被称为"文化娱乐"的项目集来管理。

4. 项目管理与运营管理

一方面，项目管理与运营管理有明显的区别，项目强调一次性的工作，而运营强调周而复始的工作。另一方面，项目管理又与运营管理密切相关，项目的价值只有通过持续运营才能体现出来，项目的成果只有在持续运营过程中才能为组织带来收益。例如，大兴机场的建设作为一个项目，只有通过持续运营才能为旅客和其他利益相关方带来价值。

(1) 项目管理与运营管理的主要区别

运营管理关注产品的持续生产和（或）服务的持续运作，即关注周而复始的过程，通常表现为大批量的生产。例如，汽车生产线周而复始的大批量生产就是运营管理。

而项目是一次性（临时性）的活动，通常表现为小批量或单件（如北斗卫星的研制）。某个项目的目的也许就是提升组织的运营能力，尤其是当项目交付的新产品或新服务将导致业务运营有实质性的改变时。

例如，某品牌汽车公司开发一款新型汽车是一个项目；为了扩展在某国的产能，在当地建一个新的工厂，也是一个项目；新工厂建成之后，提升了原有企业的运营能力，持续生产和销售该款汽车，就属于运营。

(2) 项目管理与运营管理的主要联系

组织运营的改变也许就是某个项目的关注焦点，尤其是当项目交付的新产品或新服务将导致业务运营有实质性改变时。持续运营不属于项目的范畴，但是它们之间存在交叉。

项目管理与运营管理在产品生命周期的不同时点交叉，例如：
- 在开发新产品、升级产品或提高产量时。
- 在改进运营或产品开发流程时。
- 在产品生命周期结束阶段。

在每个交叉点，可交付成果及知识在项目与运营之间转移，以完成工作交接。在这一过程中，将转移项目资源或知识到运营中，或转移运营资源到项目中。

5. 组织级项目管理（OPM）和战略

项目组合、项目集和项目均需符合组织战略，或由组织战略驱动，并以不同的方式服务于战略目标的实现：

- 项目组合管理通过选择适当的项目集或项目，对工作进行优先排序，提供所需资源，以与组织战略保持一致。
- 项目集管理对其组成部分进行协调，对它们之间的依赖关系进行控制，从而实现既定收益。
- 项目管理使组织的目的和目标得以实现。

作为项目组合或项目集的组成部分，项目是实现组织战略和目标的一种手段，常常应用于作为项目投资主要引导因素的战略规划之中。为了使项目符合组织的战略业务目标，对项目组合、项目集和项目进行系统化管理，可以应用组织级项目管理（Organizational Project Management，OPM）。OPM 是指为实现战略目标而整合项目组合、项目集和项目管理与组织驱动因素的框架。

OPM 旨在确保组织开展正确的项目并合适地分配关键资源。OPM 有助于确保组织的各个层级都了解组织的战略愿景、支持愿景的举措、目标及可交付成果。图 2-13 所示为战略、项目组合、项目集与项目和运营相互作用的组织环境。

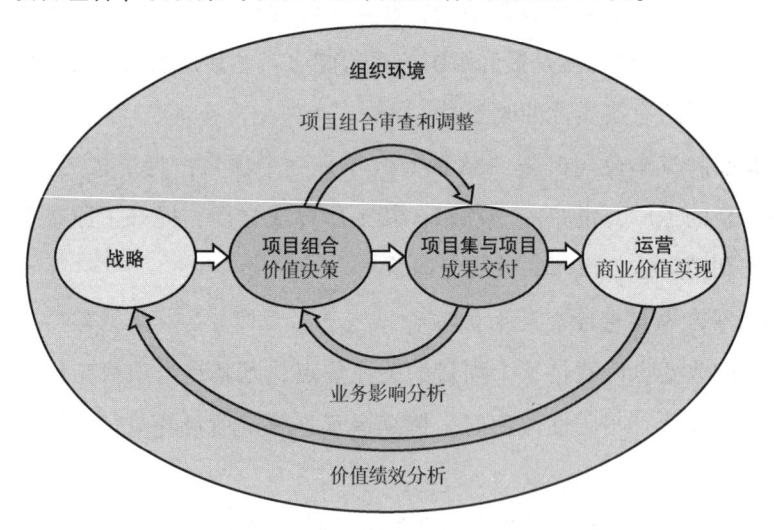

图 2-13　组织级项目管理

2.3.3　项目与产品管理

虽然图 2-10 所示的价值交付系统示例中没有显示出产品与产品管理，但是项目的价值交付与产品管理密切相关。通过了解产品全生命周期，能够使项目团队更关注于项目的价值交付和收益。

产品是指可以量化的生产出的工件，既可以是最终制品，也可以是组件制品。产品管理涉及将人员、数据、过程和业务系统整合，以便在整个产品生命周期中创建、开发和维护产品或服务。如图 2-14 所示，产品生命周期是指一个产品从引入、成长、成熟到衰退的整个演变过程的一系列阶段。

以软件 App 产品为例，产品管理可以在产品生命周期的任何时间点启动项目集或项目，以创建或增强特定组件、职能或功能。在整个产品生命周期中，新的项目集或项目可能会增加或改进为客户和发起组织创造额外价值的特定组件、属性或功能。在某些情况下，项目集可以涵盖产品或服务的整个生命周期，以便更直接地管理收益并为组织创造价值。

在产品引入阶段，通过初始创建的项目或项目集，为客户提供满足基本需求的产品；在产品的成长期，需要通过启动新的项目集或项目，对产品添加新的功能、特性或新的内容，以便为客户和组织创造新的价值；在产品的成熟期，仍然需要通过启动新的项目集或项目，对产品的功能进行修订，以延长产品的生命周期；在产品的衰退期，可能需要通过开展新的项目，使产品退出市场。新产品开发的过程实际上是一个投资的过程，因此，在产品的整个生命周期，组织需要建立项目组合治理的机制，对各阶段的项目和项目集进行整合管理，以更好地管理收益并为组织创造价值。

如图 2-14 所示，产品管理与项目管理的关系可以呈现以下不同的形式：

1）产品生命周期中的项目集管理。这种方法包含相关项目、子项目集和项目集活

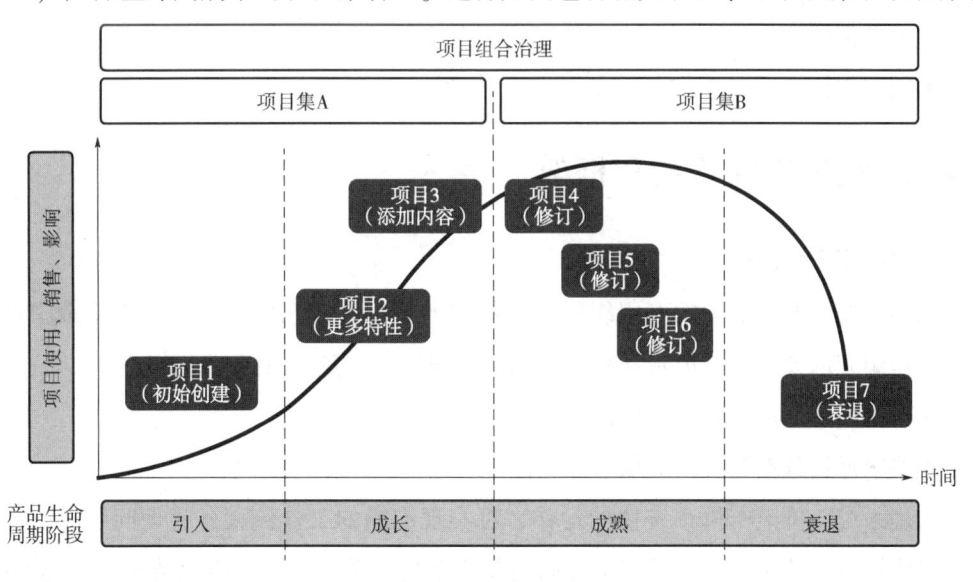

图 2-14　产品生命周期示例

动。对于规模很大或长期运作的产品，一个或多个产品生命周期阶段可能非常复杂，因此，在产品生命周期中，需要一系列协同运作的项目集和项目。

2）产品生命周期中的项目管理。这种方法将产品功能从开发到成熟作为持续的业务活动进行监督。项目组合治理会根据需要特许设立单个项目，以执行对产品的增强和改进，或产生其他独特成果。

3）项目集内的产品管理。这种方法会在给定项目集的范围内应用完整的产品生命周期。为了获得产品的特定收益，将特许设立一系列子项目集或项目。可以通过应用产品管理能力（如竞争分析、客户获取和客户代言）增强这些收益。

2.4 项目组织系统

项目组织是指实施项目的组织，它是由一组个体成员为完成一个具体项目目标而建立起来的协同工作的队伍。项目组织是为一次性独特任务设立的，是一种临时性的组织，在项目结束以后，它的生命就会终结。

一个组织内多种因素的交互影响构成一个独特的系统，会对在该系统内运行的项目产生影响。这种组织系统决定了组织系统内部人员的权力、影响力、利益、能力和政治能力。系统因素包括但不限于：

- 管理要素
- 治理框架
- 组织结构类型

2.4.1 组织治理系统和框架

1. 组织治理系统

治理指组织各个层面的有组织的或有结构的安排，旨在确定和影响组织成员的行为，支持组织的原则、价值观和战略目标。治理是一个多方面概念，并且：

- 包括考虑人员、角色、结构和政策
- 要求通过数据和反馈提供指导和监督

治理系统与价值交付系统协同运作，可实现流畅的工作流程、管理问题并支持决策。组织治理系统是一个涉及多个方面的复杂系统，需要考虑到组织结构、管理制度、人员安排、决策机制等多个方面。组织治理系统提供了在组织内行使职能和流程的框架，不仅包括临时性的系统（项目），还包括长期性的组织系统（如项目组合管理系统、财务系统、行政系统、决策系统和审计系统）。一个良好的治理系统可以为项目提供支持，并影响项目的组织、实施和管理方式，优化投资资源所创造的收益。

一个组织的治理基于组织的特定优先级，涵盖有时相互冲突的利益相关方的利益范围，并且可能受到更广泛的治理环境的影响。组织治理系统内部关系如图 2-15 所示。

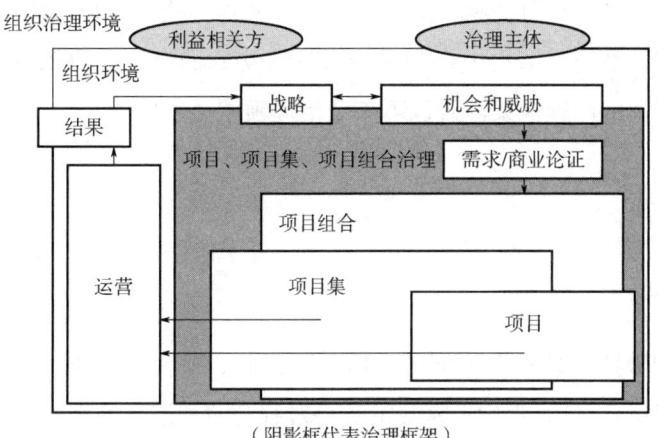

图 2-15　组织治理系统内部关系图

如图 2-15 所示，组织治理系统提供了一个整合结构，用于评估与环境和价值交付系统的任何组件相关的变更、问题和风险。这些组件包括项目组合目标、项目集收益和项目生成的交付成果。在一些组织中，项目管理办公室可能会为项目组合内的项目集和项目提供支持。

2. 组织治理框架

组织治理系统提供了一个框架，组织治理框架通过安排人员、制定政策和确定过程，以结构化的方式实施控制、指导和协调，以实现组织的战略和运营目标。组织治理框架可以包括监督、控制、价值评估、各组件之间的整合及决策能力等要素，为组织的价值观和原则的实施和维护提供所需的规则、政策、程序、规范、关系、系统、过程。

组织治理框架会影响组织目标的设定和实现方式、风险监控和评估方式及绩效优化方式。

3. 项目组合、项目集和项目治理

项目组合、项目集和项目治理是组织治理系统的一个有机组成部分。项目治理是指用于指导项目管理活动的框架、功能和过程，从而创造独特的产品、服务或结果以满足组织、战略和运营目标，还包括用于批准变更和做出与项目相关的其他业务决策

的职权。组织只有根据组织文化、项目类型和组织需求裁剪治理框架，才能发挥其作用。

项目治理与项目集和项目组合的治理保持一致。项目可以在一个项目集或项目组合内运作，也可以作为一个独立的活动进行。如果这个项目是项目集的一部分，就需要使项目与项目集保持一致。

组织级项目管理使项目、项目集和项目组合管理实践与组织战略和目标保持一致，是在组织的背景、情境或结构中定制或拟合这些实践的框架。协调组织级项目管理与项目组合、项目集的治理框架涉及以下4个治理领域：

- 一致性
- 风险
- 绩效
- 沟通

这4个治理领域都具备以下职能：监督、控制、整合与决策。各个职能都可针对独立项目或项目组合/项目集中的项目的支持过程与活动进行治理。

2.4.2 组织结构类型

通常依据项目组织的方针、项目目标、项目所能获得资源的多少、项目的条件和项目所处的环境等确定项目组织结构。项目组织结构包括确定项目机构、岗位、职责和权限。项目组织结构设计应使项目的所有参加者之间都易于沟通和协作。项目经理应确保项目组织结构适合项目范围、项目团队规模、当地条件和项目组织中权限和职责的划分。

项目组织结构可能影响资源的可用性和项目的执行方式。不存在一种结构类型适用于任何特定组织，要考虑各种可变因素，特定组织的最终结构是独特的。

组织结构类型是多种多样的，表2-1所列比较了几种组织结构类型及其对项目的影响。

表2-1 组织结构类型及其对项目的影响

组织结构类型	项目特征					
	工作组安排人	项目经理批准	项目经理的角色	资源可用性	项目预算管理人是谁	项目管理人员
系统型或简单型	灵活；人员并肩工作	极少或无	兼职；工作角色（如协调员）指定与否不限	极少或无	负责人或操作员	极少或无

(续)

组织结构类型	项目特征					
^	工作组安排人	项目经理批准	项目经理的角色	资源可用性	项目预算管理人是谁	项目管理人员
职能（集中式）	正在进行的工作（如设计、制造）	极少或无	兼职；工作角色（如协调员）指定与否不限	极少或无	职能经理	兼职
多部门（职能可复制，各部门几乎不会集中）	其中之一：产品；生产过程；项目组合；项目集；地理区域；客户类型	极少或无	兼职；工作角色（如协调员）指定与否不限	极少或无	职能经理	兼职
矩阵-强	按工作职能，项目经理作为一个职能	中到高	全职指定工作角色	中到高	项目经理	全职
矩阵-弱	工作职能	低	兼职；作为另一项工作的组成部分，并非指定工作角色，如协调员	低	职能经理	兼职
矩阵-均衡	工作职能	低到中	兼职；作为另一项工作的组成部分，并非指定工作角色，如协调员	低到中	混合	兼职
项目导向（复合、混合）	项目	高到几乎全部	全职指定工作角色	高到几乎全部	项目经理	全职
虚拟	网络架构，带有与他人联系的节点	低到中	全职或兼职	低到中	混合	可为全职或兼职
混合型	其他类型的混合	混合	混合	混合	混合	混合
PMO*	其他类型的混合	高到几乎全部	全职指定工作角色	高到几乎全部	项目经理	全职

注：PMO*是指项目组合、项目集或者项目管理办公室或组织。

常见组织结构类型包括：职能型、矩阵型、项目导向型。

1. 职能型组织

如图 2-16 所示，典型的职能型组织是一种层级结构，每名职员都有一位明确的上级。人员按专业分组，如最高层可分为研发、市场营销、工程和会计等。在职能型组织中，各个部门相互独立地开展各自的项目工作。一个项目可能由某一个职能部门完成，也可能由多个职能部门完成。执行项目时，项目由总经理全权负责，没有指定的项目经理，而是由职能部门负责人作为项目协调人。

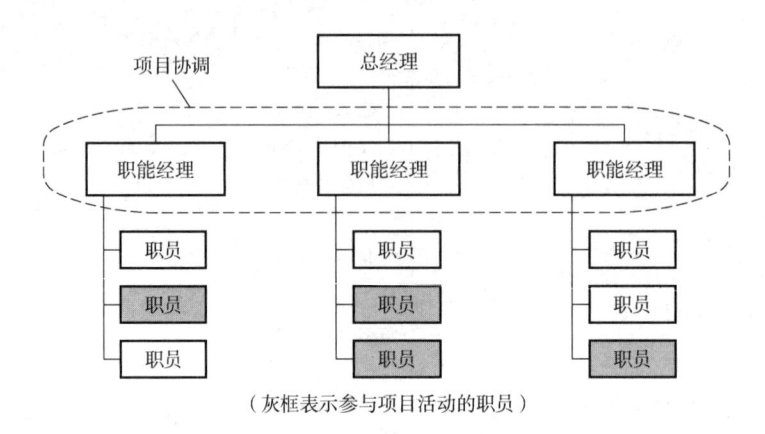

图 2-16 典型的职能型组织

（1）优点

有利于充分发挥资源集中的优势；在人员使用上具有较强的灵活性；技术专家可同时被不同的项目使用；同一部门的专业人员在一起易于交流知识和经验；当有人离开项目时，仍能保持项目的技术连续性；可以为本部门的专业人员提供一条正常的升迁途径。

（2）缺点

职能部门更多的是考虑自己的日常工作，而不是项目和客户的利益；职能部门的工作方式是面向本部门的活动，而项目要成功，必须面向问题；由于责任不明，容易导致协调困难和局面混乱；由于在项目和客户之间存在多个管理层次，容易造成对客户的响应迟缓；不利于调动参与项目人员的积极性；跨部门的交流沟通有时比较困难。

职能型组织比较适用于小型项目的管理。

2. 矩阵型组织

如图 2-17 至图 2-19 所示，矩阵型组织兼具职能型组织和项目型组织的特征。根据职能经理和项目经理之间的权力和影响力的相对程度，矩阵型组织可分为弱矩阵型组织、平衡矩阵型组织和强矩阵型组织。

弱矩阵型组织保留了职能型组织的大部分特征，其项目经理的角色更像协调员或联络员。项目联络员作为工作人员的助理和沟通协调员，不能亲自制定或推行决策。项目协调员有权力做一些决策，有一定的职权，可向较高级别的经理汇报。强矩阵型组织则具有项目型组织的许多特征，拥有掌握较大职权的全职项目经理和全职项目行政人员。平衡矩阵型组织虽然承认全职项目经理的必要性，但未授权其全权管理项目和项目资金。

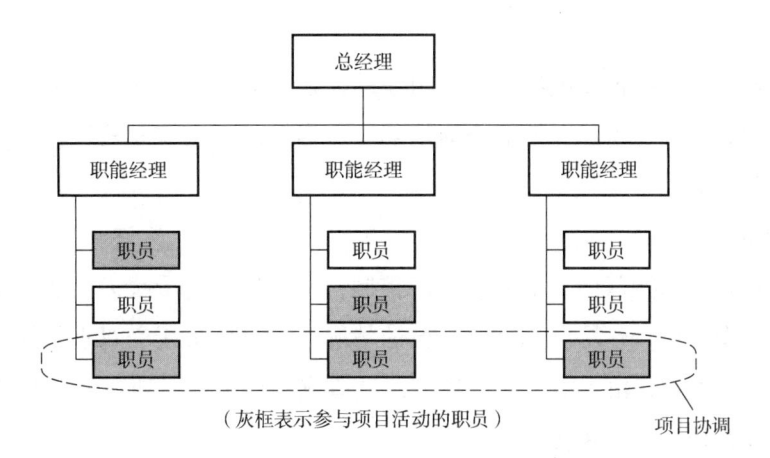

图 2-17　弱矩阵型组织

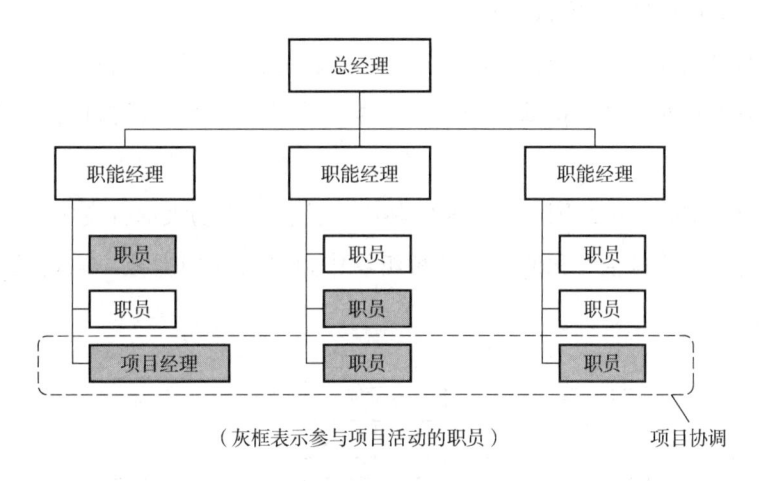

图 2-18　平衡矩阵型组织

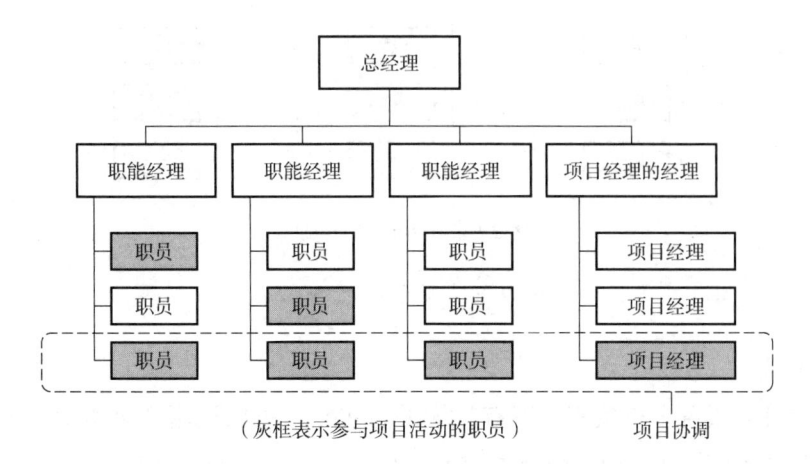

图 2-19　强矩阵型组织

(1) 优点

解决了传统模式中企业组织与项目组织的矛盾；能以尽可能少的人力，实现多个项目的高效率管理；有利于人才的全面培养；对客户的要求响应较快；能集中各部门的技术和管理优势。

(2) 缺点

项目成员来自职能部门，受职能部门控制，影响项目的凝聚力；如果管理人员身兼多职管理多个项目，容易出现顾此失彼的情况；项目成员接受双重领导，容易产生矛盾，使其无所适从；由于组织形式复杂，易造成沟通障碍；项目经理与职能经理职责不清，互相推诿，争功夺利。

矩阵型组织适用于组织同时承担多个项目的情况。

3. 项目导向型组织（项目式）

与职能型组织相对的是项目导向型组织，如图 2-20 所示。项目导向型组织是从公司组织中分离出来的，是一种单目标的垂直组织方式，每个项目都任命了专职的项目经理。

在项目导向型组织中，团队成员通常集中办公，组织的大部分资源用于项目工作，项目经理拥有很大的自主性和职权。这种组织中也经常采用虚拟协同技术来获得集中办公的效果。

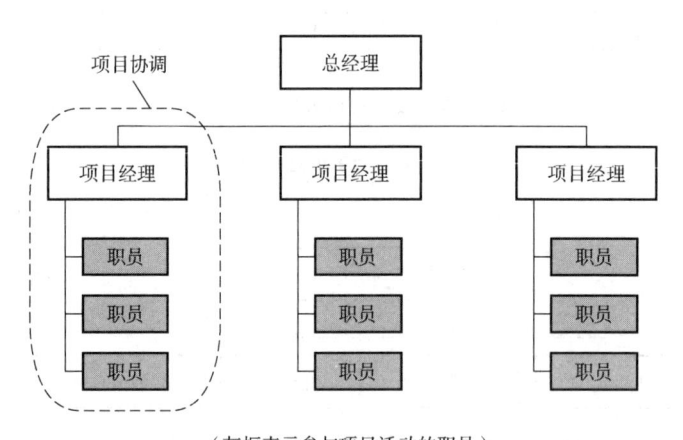

（灰框表示参与项目活动的职员）

图 2-20　项目导向型组织

(1) 优点

项目经理对项目全权负责，享有较大的自主权，可以调用整个组织内外的资源；命令单一，决策速度快；团队精神得以充分发挥；对客户的响应较快；组织结构上简单灵活，易于操作；易于沟通协调。

（2）缺点

每个项目都有自己独立的组织，资源不能共享，会造成一定程度的资源浪费；项目与部门之间联系少，不利于与外界的沟通。项目处于相对封闭的环境中，容易造成不同项目执行组织规章制度不一致；项目一旦结束，项目成员的工作没有保障，不利于职员的职业发展。

项目导向型组织适用于大型、复杂项目。

4. 项目管理办公室

项目管理办公室（Project Management Office，PMO）是对与项目相关的治理过程进行标准化，并促进资源、方法论、工具和技术共享的一个组织结构。PMO 的职责范围可大可小，从提供项目管理支持服务，到直接管理一个或多个项目。PMO 有几种不同类型，它们对项目的控制和影响程度各不相同。

（1）支持型

支持型 PMO 担当顾问的角色，向项目提供模板、最佳实践、培训，以及来自其他项目的信息和经验教训。这种类型的 PMO 其实就是一个项目资源库，对项目的控制程度很低。

（2）控制型

控制型 PMO 不但为项目提供支持，而且通过各种手段要求项目服从，这种类型的 PMO 对项目的控制程度属于中等。服从可能包括：采用项目管理框架或方法论，使用特定的模板、格式和工具，服从治理。

（3）指令型

指令型 PMO 直接管理和控制项目。项目经理由 PMO 指定并向其报告。这种类型的 PMO 对项目的控制程度很高。

PMO 可能会承担整个组织范围的职责，在支持战略调整和创造组织价值方面发挥重要作用。PMO 从组织战略项目中获取数据和信息，进行综合分析，评估如何实现更高级别的战略目标的。PMO 在组织的项目组合、项目集、项目与组织考评体系（如平衡计分卡）之间建立联系。

很多组织在不同的组织层级上用到上述所有的结构，这种组织通常被称为复合型组织。

在确定组织结构时，每个组织需要考虑大量的因素。在最终分析中，每个因素的重要性也各不相同。综合考虑因素及其价值和相对重要性为组织决策者提供了正确的信息，以便进行分析。这些因素包括与组织目标的一致性、专业能力、控制、效率与效果的程度、明确的决策升级渠道、明确的职权线和范围、授权方面的能力、终责分配、职责分配等。

2.4.3　项目经理的胜任力——PMI人才三角模型

项目管理工作对项目经理的能力提出了许多要求，通常仅依靠单一技能或特质是无法实现管理目标的，而是需要一定的技能组合。

项目经理的胜任力是指项目经理所必需的能力和素质，以有效地规划、组织、执行和控制项目，是实现项目目标和交付成果的关键因素。因此，项目管理协会（PMI）提出了人才三角模型（图2-21），用于描述项目管理领域中项目经理所需具备的三个核心能力，也被称为PMI Talent Triangle。为确保项目成功，项目管理和项目集管理人士需要培养多种技能。PMI人才三角模型是不断演化的，本书论述最新的人才三角模型，即：工作方式、商业敏锐度、影响力技能。

图2-21　PMI人才三角模型

1. 工作方式

工作方式可以理解为掌握多样性、创造性的方法来完成任何工作。它取代了2015年PMI人才三角模型的技术项目管理（Technical Project Management）。PMI鼓励每个人理解和采用多种工作方式，包括预测、敏捷、设计思维或其他有待开发的新实践，这样就可以在新挑战出现时迅速改变工作方式。

同时，工作方式与项目管理核心技术结合（如项目规划、进度管理、成本控制、风险管理等），可以在正确的时机制定正确的解决方案，以确保项目顺利开展。研究表明，顶尖的项目经理会持续展现几种关键技能，如：①识别项目成功的关键因素、控制进度、登记问题日志；②花时间制订完整的计划并谨慎排定优先顺序；③管理项目要素，包括进度、成本、资源和风险。

2. 商业敏锐度

商业敏锐度是指在理解影响组织或行业的许多因素的同时，做出良好判断和快速决策的能力。它取代了2015年PMI人才三角模型的战略和商务管理（Strategic and Business Management）。各个层次的项目管理专业人员都应该积极发展商业敏锐度，通过经验、培训、课程、认证或自学等方式，达到最高水平。这将有助于更深入地了解项目如何与更广泛的组织战略和全球趋势相结合，从而实现高效和有效的决策。

同时，项目管理从业者还应掌握足够的战略和商务管理知识和能力，以向其他人解释关于项目的必要商业信息、与项目发起人、团队和主题专家合作制定合适的项目交付策略和项目商业价值最大化的执行策略。战略和商务管理能力可能涉及其他职能部门的工作知识，如财务部、市场部和运营部，还可能包括发展和运用相关的产品和行业专业知识。这种业务知识也被称为领域知识。项目经理应确定这些战略和商务因素会对项目造成的影响，如风险和问题、财务影响、成本效益分析、商业价值及范围、预算、进度和质量等，同时了解项目与组织之间的相互关系。

3. 影响力技能

影响力技能包括协作领导、沟通、创新思维、目标导向和同情心等，它取代了 2015 年 PMI 人才三角模型的领导力（Leadership）。影响力技能包括协作领导能力、沟通能力、创新思维、目标导向和移情能力。掌握这些影响力技能可以让专业人士在组织的不同级别中成为强大、有影响力的利益相关方，推动变革并使想法成为现实。

实际上，影响力和领导力是紧密相关的概念，它们在个人和组织的发展中都扮演着重要的角色。领导力是指一个人在引导、激励和指导他人实现共同目标时所展现的能力，包括决策能力、沟通能力、团队管理能力等。影响力是指一个人能够通过行为、观点和态度改变他人信念、行为和决策的能力。新版 PMI 人才三角模型更强调影响力作为项目管理从业者核心能力和必备技能的重要性。良好的影响力可以帮助个人在组织中获得合作和支持，推动变革和创新。

"管理"和"领导力"这两个词经常被互换使用，但它们之间有明显的差别。"管理"更接近于运用一系列已知的预期行为指示另一个人从一个位置到另一个位置。相反，"领导力"是指通过讨论或辩论与他人合作，带领他们从一个位置到另一个位置。项目经理所选择的方法体现了他们在行为、自我认知和项目角色方面的显著差异。表 2-2 所列从几个重要层面对管理和领导力进行了比较。

表 2-2　管理与领导力的比较

管理	领导力
直接利用职位权力	利用关系的力量指导、影响与合作
维护	建设
管理	创新
关注系统和架构	关注人际关系
依赖控制	激发信任
关注近期目标	关注长期愿景
了解方式和时间	了解情况和原因
关注赢利	关注范围

(续)

管理	领导力
接受现状	挑战现状
做正确的事	做正确的事
关注可操作的问题和问题的解决	关注愿景、一致性、动力和激励

为获得成功，项目经理必须同时采用影响力、领导力和管理等多种方式，技巧在于如何针对各种情况找到恰当的平衡点。

案例1：沣东华侨城的价值交付——项目组合管理助力文旅营城[一]

0 背景

2021年4月18日，古都西安，天朗气清。以"爱情"为主题、高131.4m的OCT1314摩天轮在西咸新区沣东新城中顺利合圆，如图1所示。西安沣东华侨城总经理在现场全程关注着OCT1314摩天轮合圆的全过程，仰望着这座高度国内排名第六、西北地区排名第一的浪漫"城市坐标"，回想起三年多来沣东华侨城文旅融合示范区的规划建设之路，不禁感慨万千。

图1 OCT1314摩天轮效果图

1 寻路：沣东华侨城的困惑与思考

2015年，华侨城紧跟国家新型城镇化战略，集团领导提出了"文化+旅游+城镇

[一] 案例源自中国管理案例共享中心（案例网址：http：//www.cmccdlut.cn/Cases/Detail/5615），由西北工业大学管理学院的舒湘沅、欧立雄，西安沣东华侨城发展有限公司的袁博、王慧，西北工业大学管理学院的陈成、承路瑶共同撰写。

化"的创新发展模式。华侨城由此开始在全国范围内布局。特别是对旅游资源较为丰富、有市场竞争空间的省市进行重点布局，西安就是其中之一。

2018年2月，总投资670亿元、整体规划面积约3511亩（1亩≈667m^2）的沣东华侨城大型文旅综合项目正式启动。华侨城已然准备好在西安大展宏图，3511亩地的项目开发可谓"再造一座城"！沣东华侨城急需解决宏图如何落实到项目实现的问题。

华侨城一直深耕文旅融合，助力城市高质量发展。2019年2月，公司将沣东华侨城大型文旅综合项目的发展战略定位为打造沣东华侨城文旅融合示范区（以下简称"示范区"），如图2所示。

图2 示范区鸟瞰图

"如何进行示范区规划？文旅项目又从哪里来？"总经理面对地图沉思着。从区位上看，示范区处于西咸新区核心位置，拥有镐京、沣京遗址的历史文化资源，紧邻沣水的自然生态资源，西咸新区发展新中轴的城市资源，以及大西安市场极具潜力的旅游资源。

"顺德欢乐海岸Plus、安仁小镇都是文旅融合的成功典范，是否借鉴这些模式？很多城市的中国一流艺术中心OCAT馆很成功，能不能引入沣东？欢乐谷一直是华侨城的拳头产品，是否建欢乐谷项目？"这些问题一致困扰着他。

总经理想起上周参加的项目管理讲座。讲座中，项目组合管理的方法让他受益匪浅。项目组合管理是一座战略与项目之间的桥梁，采用自上而下和自下而上相结合的方式，通过对战略目标的分解寻找项目组合和项目。办法可行！他一锤定音，决定用项目组合管理进行示范区项目规划！

2 分解：打造示范区的战略目标体系

总经理带领规划团队首先对示范区的发展战略进行剖析，经过多轮论证和讨论，最终确定了以文化立势、旅游兴业、品质聚人，打造大西安"文旅居"共荣的活力城区为发展使命，形成了示范区战略目标体系，如图3所示。

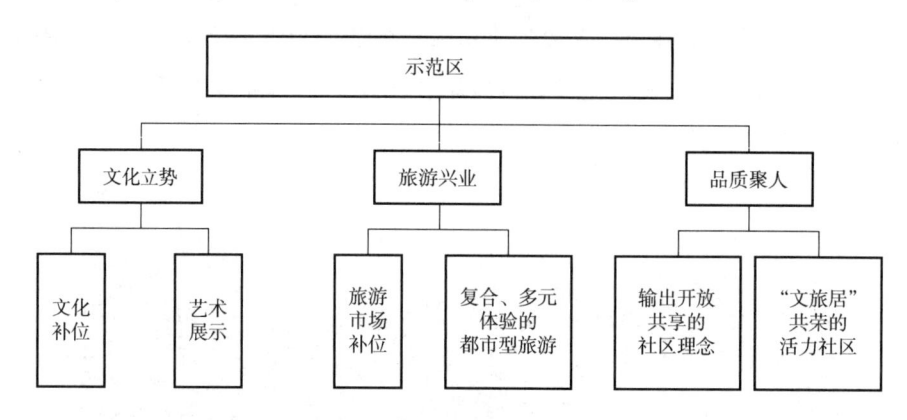

图3 示范区战略目标体系

2.1 文化立势

梳理西安周秦汉唐的四大文化脉络，唐文化有大雁塔和华清池，汉文化有未央宫和昆明池，秦文化有兵马俑和阿房宫，但西周作为华夏起源，历史地位并未得到彰显。西安需要一个西周文化品鉴、中华文明溯源、华夏民族寻根之地，沣东需要一个中国当代艺术与世界当代艺术展示、交流、研究与当代艺术国际合作的平台。

2.2 旅游兴业

西安旅游资源丰富，包括：东线和中线的文化历史游、南线的自然游和北线的文化游。然而针对市民的都市型旅游项目发展相对滞后，且分布离旅游主线较远。大西安环城区域已布局一些相似主题的都市型旅游项目，但旅游目的地相对单一。示范区可以对西安旅游市场进行补位，形成更具文化性、体验性、创意性、品质化、个性化的多元体验都市型旅游发展新范式。

2.3 品质聚人

示范区是大西安新中轴线中央商务带的"南门户"，依托自身浓厚的历史人文与自然生态资源，示范区将成为沣东新城"文旅居"共荣的活力城区，输出开放共享社区的理念。

3 策划和配置：文旅项目如何融合营城

3.1 策划：打造示范区项目

在形成示范区发展战略目标体系后，总经理牵头的规划团队展开了一系列调研和规划设计，团队还经常在一起进行"头脑风暴"。

"文化立势要有实际的支点和载体！"

"打造博物馆、图书馆、书城，可以形成对文化的补位。"

"在沣东引入OCAT，作为艺术展示的平台。"

"考虑'文化+休闲体验'的形式，多媒体剧场项目、文博艺术街区项目都是不错的选择。"

"建设欢乐谷项目，可以对西安旅游市场进行补位。"

"欢乐谷并不足以支撑多元体现都市型旅游的目标。考虑在欢乐谷旁边进行配套，开发商业街、酒店、购物中心等项目。"

"可以依托欢乐谷，做一个摩天轮项目，打造一个西安的浪漫'城市坐标'。"

"2018年城市设计国际咨询时，深圳规划设计院中标方案中的串联文旅新地标的'活力环'项目、北城和南苑居住项目都可以考虑。"

"从'文旅居'共荣社区的目标出发，需要开发居住配套项目，比如学校和医院等基本公共服务项目、社区超市项目、商业办公项目。"

"另外，可以打造文创街区项目、慢生活工作坊项目。"

……

这样的讨论成为团队的日常工作，依托示范区的战略目标体系，激情碰撞之下，示范区的项目规划越来越明晰了。

通过对项目的可行性分析，沣东华侨城初步形成了示范区的项目规划方案。其中"活力环"项目由于涉及农林用地、建设造价过高无法落地实施，书城项目由于对文化补位战略目标的支持度不高暂缓考虑。

3.2 配置：示范区的项目组合形成

正当大家欢呼雀跃之际，总经理抛出了问题："如何撬动资源，把670亿元用好，价值最大化，真正实现大西安'文旅居'共荣的活力城区这一发展使命？"大家又一次沉默了，认真思考起来。为此，总经理主持召开了一次部门分管领导会议，会上大家集思广益，畅所欲言。

Z副总首先发言："可以将欢乐谷的配套项目进行组合开发，有利于降低运行风险、价值最大化。"

"的确如此。"总经理很赞同这一观点，"考虑将欢乐谷及其配套项目整合为一个项目组合，整体规划、协调管理！"他接着说道："可以借鉴顺德欢乐海岸Plus的做法，把欢乐谷配套项目打造成沣东欢乐海岸，将旅游项目、地产开发与文化体验等融为一体！"

总经理的一番话打开了众人的思路,大家纷纷提出了富有建设性的建议:

"整合博物馆和图书馆项目,打造文化中心项目组合。"

"能否协调文博艺术街区、文创街区、慢生活工作坊等项目,形成一个项目组合?"

"摩天轮项目是否可以打造为摩天轮公园项目,作为欢乐海岸中的旅游项目,利用旅游串联产业?"

"将OCAT与图书馆项目结合,资源共享,优势互补,降低运行成本。"

"博物馆中增加多媒体剧场体验项目,以文促旅!"

"将北城&南苑居住项目和公共服务、社区超市等配套项目整合为一个项目组合。商务办公项目是否协调到街区项目组合或者欢乐海岸项目中?"

……

经过多次讨论、反复推敲,通过对项目进行战略一致性、资源共享性、任务类型相似性、管理方式相似性等关联性分析,综合考虑成本、风险、价值最大化等因素后,沣东华侨城形成了一套文旅融合与城市发展同频共振的整体规划方案,打造沣东文化中心、欢乐谷&欢乐海岸、华侨城创想中心、北城&南苑居住片区4个项目组合(图4)。

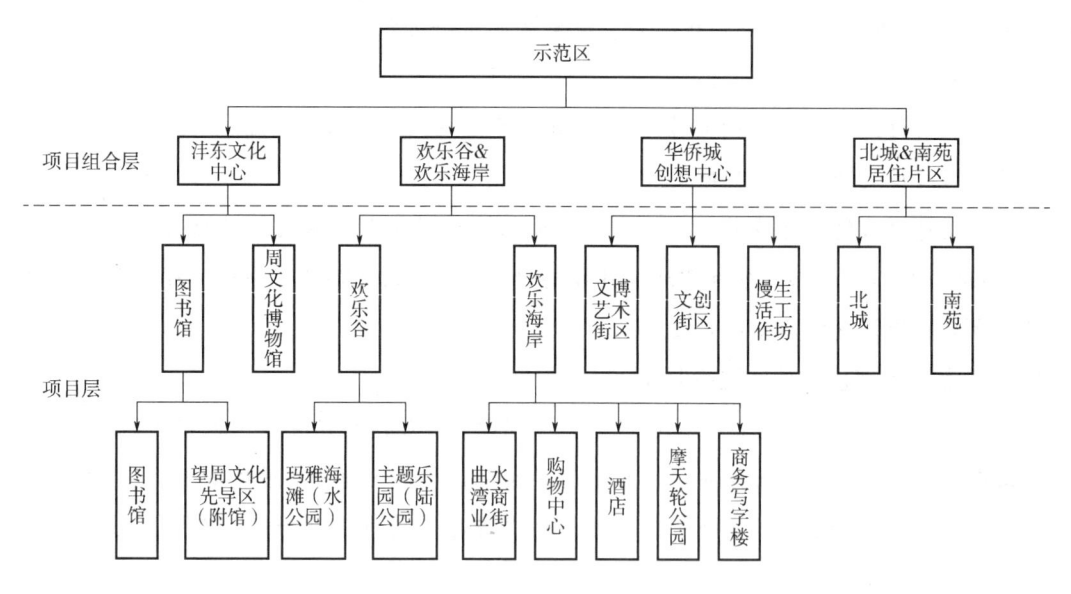

图4 示范区项目组合体系

1)沣东文化中心项目组合。文旅融合的文化产业平台,由周文化博物馆、图书馆及其望周文化先导区(附馆)等项目组成。

2)欢乐谷&欢乐海岸项目组合。"文化+欢乐共享"的项目组合,聚集西安欢乐谷主题乐园(陆公园)、玛雅海滩水公园、摩天轮公园、曲水湾商业街区、购物中心、酒店、商务写字楼等项目。

3）华侨城创想中心项目组合。文旅创意产业项目组合，包括文博艺术街区项目、文创街区项目、慢生活工作坊项目等。

4）北城&南苑居住片区项目组合。打造新轴线区域高品质社区的项目组合，包括北城和南苑居住片区项目，以及相应的配套项目。

4 拥抱变化：示范区项目组合调整

2020年1月，春节临近，公司里气氛却有些压抑，因为示范区的规划建设遇到了瓶颈。西咸新区住建局提出北城&南苑居住片区的规划必须满足对整个片区品质的把控，同时满足《西咸新区规划建设品质标准》和《十五分钟生活圈》等要求。为满足这一要求，2020年4月，沣东华侨城召开整体片区规划及设计会议，经过讨论，将"形象示范"加入示范区的发展使命中。

相应地，沣东华侨城对北城&南苑居住片区项目组合进行了调整，增加精品设施配套项目，打造高品质社区标杆。同时，在欢乐谷&欢乐海岸项目组合中增加文旅大环线项目，串联文化中心、创想中心、欢乐谷等文旅新地标。

随着望周文化先导区的开放、OCT华侨城·创想中心一号楼的封顶，以及OCT1314摩天轮的合圆，示范区正在成势成型……

▶ **讨论题**

1. 通读案例，分析沣东华侨城的价值体现在哪些方面？如何实现价值交付？
2. 分析沣东华侨城的项目组合管理有什么特点？有何优势？
3. 结合示范区规划建设情况，分析沣东华侨城项目组合管理的流程。
4. 根据案例，分析沣东华侨城文旅融合示范区是如何开展项目组合配置的？
5. 分析沣东华侨城未来将如何加强项目组合管理？

案例2：Meta的项目组织架构变革——重组AI部门，意欲发展元宇宙？

2021年10月，Facebook的创始人Mark Elliot Zuckerberg将母公司更名为Meta（元），并希望人们将其视为"元宇宙公司"，暗示了Facebook对元宇宙的雄心，并于此后进行了一系列的组织架构调整。2022年6月，Meta高层仍动荡不停，整个AI部门曝出重组。就在二号人物Sheryl Sandberg宣布辞职后的第二天，现任AI副总裁Jerome Pesenti也宣布将在6月晚些时候离开公司。同时，组织架构层面的一系列变动也浮出水面，其中最重磅的是原Facebook AI研究院FAIR将并入元宇宙核心部门Reality Labs。

同时，支持旗下各大App的AI算法团队转移进各产品开发团队，AI4AR团队加入XR硬件团队，"负责人工智能组织"并入社会影响团队。一言以蔽之，打散。

有意思的是，整个计划正是由即将离任的Jerome Pesenti亲自操刀。他认为过去集中的AI组织给Meta带来了大量外部影响力，但在技术与应用的深度整合上遇到阻碍。新架构会把人工智能系统的所有权分配给各产品组，加速新技术在整个公司范围内的落地应用。而AI副总裁这个位置也被他自己给改没了，过渡期完成后他就会离开Meta，下一步去向还未透露。

而一系列震荡里，大家最关心的还是FAIR。对于FAIR的命运，其负责人——Meta首席科学家LeCun也发表了一系列回应。

首先，他确认了FAIR将成为Reality Labs研究部门（RLR）下属组织，受Michael Abrash领导，而AI只是RLR研究范围中的一部分。其次，FAIR内部组织架构不变，仍由LeCun把握战略方向，与两位管理者Joelle Pineau和Antoine Bordes共同领导。最后，FAIR这个名字现在有了新的含义，F不再代表Facebook，而是Fundamental，合起来就是"基础AI研究院"。那么，如今并入主攻AR/VR的实验室，研究方向会有所改变吗？LeCun给出的回应是："并不尽然"。Reality Labs现在已不仅限于VR，用一套公关辞藻来说："致力于连接人们与数字世界的新技术，可以理解为包括元宇宙在内的下一代计算平台，而AI是其中的关键要素"。实际上，别看Reality Labs这个名字听起来不太厉害，只是一个"实验室"，但其实已经成为Meta的元宇宙核心。Reality Labs最早由Oculus VR设备业务发展而来，后来又增加了智能眼镜、混合现实头盔等硬件产品及企业解决方案，现在更是负责实现扎克伯格元宇宙愿景的重要部门。

据The Verge报道，Reality Labs在短短一年时间里增长了约7000名员工，总员工已超过17,000人，人数上已占整个公司的20%。铁了心走元宇宙路线的Meta并非一帆风顺。自2022年2月Meta的单日市值一夜蒸发2510亿美元以来，直到现在股价也没有恢复。Reality Labs年度亏损高达100亿美元，2022年Q2财报显示，其成本同比又增长了55%，高于收入的增长速度，意味着今年的亏损还将扩大。Meta现任首席技术官Andrew Bosworth透露，一些Reality Labs的项目正在缩减或推迟，并停止招聘某些职位。进入2022年以来，Meta的AI人才也在流失，包括带领过强化学习研究的Edward Grefenstette、AI研究工程经理Heinrich Kuttler等至少4名知名AI研究者离职，甚至位于伦敦的AI实验室也失去了大部分顶级研究者。当时外界对这波离职潮的原因并不太了解，如今看来，可能正是这次组织架构调整的影响。今后，FAIR将成为Reality Labs旗下的一个部门，实际会受到怎样的待遇，还是一个未知数。

事实上，FAIR这一系列变动还只是整个Meta震荡的"冰山一角"。自Mark Elliot

Zuckerberg 宣称要 All in 元宇宙以来，Meta 已经有 20 多名核心高管和顶尖 AI 科学家离职。在这些"出走"的高管中，从 CTO 到各部门负责人，有不少都是在 Meta 干了 5 年多甚至 10 年以上的。据新浪科技统计，仅在官宣改名 Meta 的 2021 年，离职的核心高管就有 18 名。

不少领域的技术高管都已经先后离职。变动最大的是 Mike Schroepfer，离职前曾经担任了近 9 年的公司 CTO。他在任期间，曾经领导 Facebook 解决平台虚假和黄赌毒等内容的泛滥，期间 Facebook 也曾发展过一个称为虚拟助手 Facebook M 的产品（类似 Siri），但后来这一项目却因为各种原因被砍掉。相对地，之前负责元宇宙相关项目的部门主管 Andrew Bosworth 则取代他成为新任 CTO。但其实，不少虚拟现实、AR/VR 相关项目的负责人也并未久留，包括 Reality Labs 商务合作副总裁 Hugo Barra、AR/VR 内容副总裁 Mike Verdu、Facebook AI 产品主管 Ragavan Srinivasan 等人，都已经于 2021 年辞职。

2022 年也同样如此。1 月，不少 Meta AI 科学家纷纷离职。3 月，Meta AR 眼镜负责人 Nikhil Chandhok 宣布离职。4 月，CNBC 消息称 Meta AI 又有至少 4 名核心 AI 技术骨干离开，其中有不少是在顶级期刊上发表过数十篇论文的大牛。

此外，还有广告等核心业务的高管变动。例如主要负责公司广告业务、监督销售和营销部门的首席营收官（CRO）David Fischer，以及全球广告销售副总裁 Carolyn Everson，都已经于 2021 年离职。此外，Facebook App 负责人 Fidji Simo、商务副总裁 Deborah Liu、Facebook 数字钱包负责人 David Marcus、副总裁 Kevin Weil 和产品副总裁 Asha Sharma 等人也已经离开。2022 年 6 月，Meta 二号人物 Sheryl Sandberg 官宣辞去 COO 职位，无疑将这一波"离职浪潮"推向了顶峰。此前，Sandberg 在公司的地位举重若轻，甚至有人形容她是"影子 CEO"。Sheryl Sandberg 在任期间，一举带领 Meta 旗下的广告业务从 0 增长至如今的 1150 亿美元年收入，而这也是 Meta 的主要收入来源之一。如今广告收入仍然占 Meta 总收入的 97%，但这一业务增长情况正逐年下滑。值得一提的是，在 Sheryl Sandberg 的那篇"千字告别信"中，只字未提对元宇宙的展望或看法，只是回顾了自己过去十几年来在 Meta 的工作感受。至于这一波变化浪潮过去后，Meta 究竟能否在元宇宙的概念中生存下来，还得交由时间判断。

事实上，FAIR 也曾经是一个产出了大量前沿研究和一批大牛的"明星 AI 实验室"。自 2013 年 LeCun 组建以来，FAIR 不仅在 Meta 内部有极大影响力，而且开发了大量基础研究成果、代码和数据集并对外分享，成为业界的一个传奇组织。研究人才上，除了领头人三巨头之一的 LeCun，还有田渊栋、何恺明等业界专家都曾在这里做出不少顶会级研究成果。深度学习框架上，从最早的 Torch 到 PyTorch，已成为整个生态内特别是学术界的主导。工业算法上，Mask R-CNN 及其后续改进变体一度成为业界实例分割的主流方案。开源工具上，目标检测平台 Detectron、序列建模工具集 Fairseq 都是 GitHub 上最受欢迎的项目之一。前沿研究上，自监督学习一直是 FAIR 最重视的研究方向，从 MaskFeat 到最近的 MAE，为 CV 领域的自监督学习铺开了新的道路。四年前，在 LeCun 卸掉 FAIR 管理层、就任首席 AI 科学家时，还在 FAIR 的田渊栋、吴育昕等研究员都曾表示，在这一部门工作没有产品的压力。

如今，虽然 LeCun 首席 AI 科学家的身份没变，但当时成立的 FAIR 已经尽数转移，挪到了另一个部门下面。不仅如此，从 LeCun 的透露来看，Meta AI 也要开始"产品导向"的研究了。

如果说，之前这批 AI 科学家是在"没有产品压力"的情况下做出这么多基础科研成就，如今 Meta AI 面临组织架构变革，目标转变成面向做产品，这些科学家还能愉快、无压力地做基础科研吗？又或者说，这些科学家还能稳定不变吗？

▶讨论题

1. Meta 宣称要 All in 元宇宙，请从项目组合、项目集与项目的关系谈谈你的想法。

2. Meta AI 部门的组织架构发生了怎样的变革？为什么会发生这种变革？不同组织架构的优缺点是什么？

3. Meta 有 20 多名核心高管和顶尖 AI 科学家离职，对于 Meta 高管持续流失你有怎样的看法？什么样的团队是有凝聚力的高效团队？

▶思考题

1. 请说明项目生命周期与产品生命周期之间的区别和联系，可以任选一个项目进行举例解释。

2. 请说明预测型开发方法、混合型开发方法和适应型开发方法之间的异同点，并分别给出三种开发方法的适用场景。

3. 现实中，如何保证项目交付的价值与组织战略的目标和利益相关方的期望是相契合的？

4. 请结合现实案例，谈谈如何培养项目经理的胜任力和相关技能。

5. 什么是基于过程的项目管理方法？

6. 请结合现实案例，谈谈如何理解项目的价值交付系统。

第3章 基于系统工程的工程项目管理

3.1 概述

系统是由相互联系、相互作用的要素（部分）组成的具有一定结构和功能的有机整体。英文中系统（System）一词来源于古代希腊文，意为部分组成的整体。

系统可以分为自然系统、社会系统和工程系统。自然系统是完全由自然组成的系统（如太阳系）；社会系统是完全由人作为组件组成的系统（如政府体系）；工程系统是为满足人的某些需要而创造的系统，可能包括物理实体、信息、人、自然和其他社会组件（如航天工程），工程系统通常是开放系统，与外界环境存在交互作用。

3.1.1 工程系统的主要特征

工程系统的主要特征如下：

1）复杂性（Complexity）。复杂性是一个用于度量系统或问题理解困难程度的指标，包括静态结构关系复杂性、动态状态复杂性、人和群体的复杂性。同时，系统复杂性综合考虑了系统达到目标的复杂性、系统动态演变的复杂性、系统生命周期过程中人的组织与活动的复杂性等因素。系统工程本质上是一门解决系统复杂性的应用科学。

2）具有系统边界（System boundary）。系统处于某个环境（Context）中，需要和环境产生联系，所以应充分理解系统所处的环境。

3）完整性（Wholeness），又称为系统性。人们在认识、创造和改造系统时，必须从整体出发，从组成系统的各元素间相互关系中探求系统整体的本质和规律，把握系统的整体效应。

4）涌现性（Emergence）。所谓涌现性，通常是指多个元素组成系统后，系统中出现了系统组成前单个元素所不具备的性质，这个性质并不存在于任意单个元素当中，而是系统在低层次构成高层次时才表现出来,所以人们形象地称其为"涌现"。系统功能之所以往往表现为"整体大于部分之和",就是系统涌现出新特征的缘故,其中"大于部分"就是涌现性,涌现性是系统作为一个整体所表现的特性,而这些特性无法在系统下一层级组件中表现。

5)目的性(Purpose)。无论是工程系统(由人创造),还是社会系统(由人形成),都具有目的性。尤其是工程系统,其被创造的意义是为了满足一定的目标或解决一些问题,在创建过程的前期应当充分理解系统目标、要解决的问题和创造动机。

6)时限性(Time-limited)。每个工程系统都有一个从酝酿、诞生、成长到消亡的过程,即任何系统都有生命周期(Lifecycle)。

7)层次性(Hierarchy)。任意复杂系统都有一定的层次结构,低一级元素的有机组合构成了高一级系统。系统与系统组件、系统与环境是相对的,系统的层次性对于管理的有效执行与实现有重要意义。

8)熵变性(Entropy)。随着时间的推移,工程系统和非工程系统普遍会逐渐无序、老化进而衰退,需要进行支持、维护和更新等维持过程。

各类系统可以组合(Grouping)形成更加复杂的系统,如系统之系统(System of Systems, SoS)。组合系统的内部关系比多系统的累加更加复杂,同时整体对外也表现出了超出多系统累加所能提供的系统之系统的能力。

系统工程理论是一个在综合考虑系统完整性、涌现性、层次性等特性基础上,用于简化系统复杂性、解决系统复杂性问题认知和实践的理论,该理论可用于指导复杂系统活动的具体实践。

3.1.2 系统工程的定义

系统工程(Systems Engineering, SE)作为一门学科,是人们在社会实践中,尤其是在大型工程或经济活动的组织、规划、生产、管理及复杂产品系统的设计与研制过程中,针对系统实施所面临的共性问题,综合考虑各方面因素,总结实践经验,统筹兼顾,借鉴和吸收一些基础和邻近学科逐步形成的理论方法。

国际上系统工程相关的组织、机构和国内外著名的系统工程专家对系统工程的概念有着不同的解释,下面主要引述一些比较有代表性的定义。

1)在钱学森先生的《论系统工程》一书中,相关的阐述为:把极其复杂的研制对象称为系统,即由相互作用和相互依赖的若干组成部分结合成具有特定功能的有机整体,而且这个系统本身又是它所从属的一个更大系统的组成部分……系统工程则是组织管理这种系统的规划、研究、设计、制造、试验和使用的科学方法，是一种对所有系统都具有普遍意义的科学方法。

2）在国际标准 ISO/IEC/IEEE 15288：2015 中，将系统工程定义为：一种使系统得以成功实现的跨学科的方法和手段。

3）在美国军用标准 MIL-STD-499B 中，将其表述为：一种用于逐步形成并验证某个产品集的跨学科方法，该产品集由满足客户需要的系统产品和过程方案构成，具备集成特性并经产品生命周期权衡。

4）在《NASA 系统工程手册》中，将系统工程定义为：系统工程是一种面向产品系统的设计、实现、技术管理、运营和报废全过程的跨学科的方法学。

5）波音 777 研制项目。在波音 777 研制项目中，系统工程被理解为：定义飞机级顶层需求、综合系统架构、分配需求、确认需求、定义系统元素、实现系统元素、验证和确认系统级设计、交付飞机的全过程。

综合上述典型系统工程定义，系统工程有如下特点：

1）目的在于满足最初的客户需求。
2）是一种跨学科的方法。
3）是一种产品的集成与过程的集成。
4）强调对生命周期中各组成元素的权衡分析，实现全局最优。

系统工程是一个视角、一个流程、一门专业。系统工程是自上而下的综合、开发与运行真实系统的迭代过程，用接近于最优的方式满足系统的全部需求。

综上，系统工程以技术为基础，用科学的方法规划和组织人力、物力和财力，选择最有效的途径，使项目参与者在一定期限内获得最合理、最经济、最有效的结果。所谓科学的方法，就是从整体出发，通盘筹划，合理安排整体中的每一个局部，让每一个局部都服从一个整体目标，做到人尽其才、物尽其用，进而使整体实现最优规划、最优管理和最优控制，进一步发挥整体优势，提高资源利用效率。

3.1.3 系统科学

系统科学是研究系统的结构与功能的关系、演化和调控规律的科学，是一门综合性、交叉性的学科。它以不同领域的复杂系统为研究对象，从系统和整体的角度，探讨复杂系统的性质和演化规律，目的是揭示各种系统的共性及演化过程中所遵循的共同规律，发展优化和调控系统的方法，进而为系统科学在科学技术、社会、经济、军事、生物等领域的应用提供理论依据。

系统科学研究主要采用系统论的原理和方法，并紧密结合近现代数学物理方法与信息科学技术等现代研究工具（科学计算、模拟、仿真等）。由于对复杂问题的求解需要一种将系统科学、系统思考和系统工程结合起来的方法，而系统科学为系统工程提供通用语言和理论依据，因此，系统科学可以作为其他传统科学专业的学科基础。

现代系统科学发端于20世纪20年代，奥地利生物学家L. von倡导的机体论就是一般系统论的萌芽。与此同时，英国军事部门的科学家在研究和解决雷达系统的应用问题时提出了运筹学，这就是系统工程的萌芽。20世纪40年代，美国贝尔电话公司在发展通信技术时使用了系统工程的方法。美国研制原子弹的曼哈顿计划是系统工程的成功实践。此后，美国国防部设立了系统分析部，在军事决策方面运用系统方法。目前，系统科学广泛应用于经济、政治、军事、外交、文化教育、生态环境、医疗保健、行政管理等各领域，并取得了令人满意的结果。

事实上，关于系统、组织和复杂性的本质属性问题并非现代特有，在中国等古代文明的历史文献中都能找到系统思维的成功案例。

图3-1所示为系统科学的应用环境。

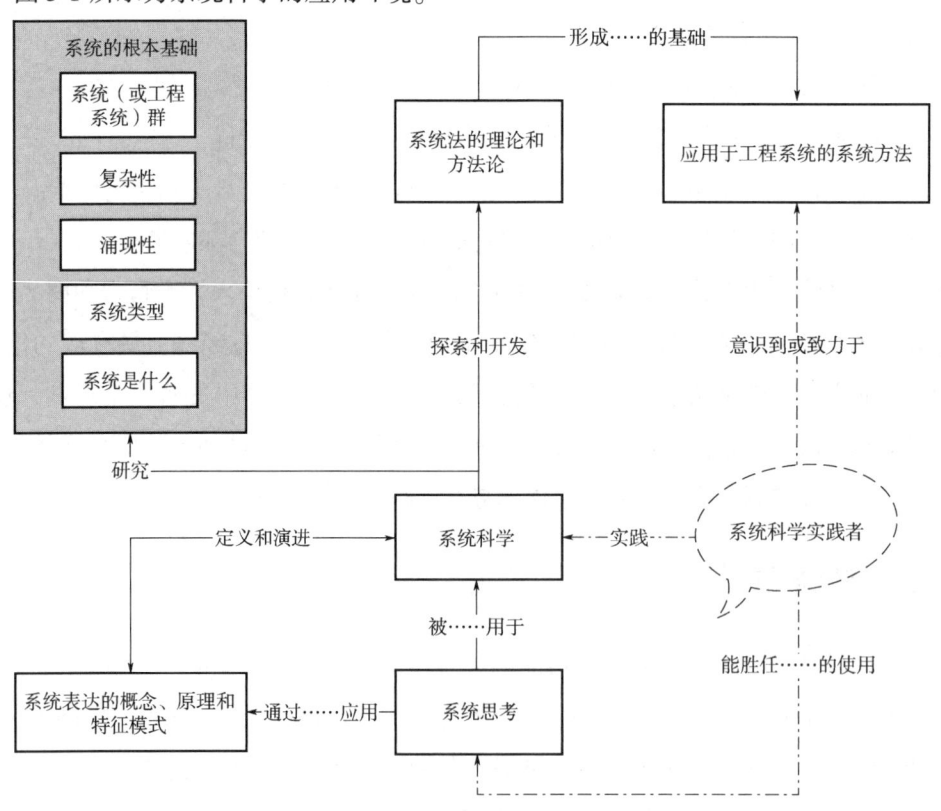

图3-1 系统科学的应用环境

系统科学既是"系统的科学",又是"系统到科学的途径",是一种与其他科学(通常本质上是简化法)截然不同的理论和方法。简化法是利用分割与隔离的方法解决问题,但对于复杂场景,则需要利用系统科学建立关联,并将其置于背景环境之中去识别组织的复杂性。系统科学与实践紧密结合、相互借鉴。

系统科学的理论与方法论包括:控制论、开放系统及一般系统理论、运筹学、硬与软系统思考、组织控制论、批判性系统思考、系统动力学、系统工程、系统分析、服务科学与服务系统工程等。

3.2 工程项目管理的系统工程活动与系统思考

3.2.1 工程项目管理中的系统工程活动

1. 系统工程与传统工程的研究范围对比

传统工程技术(如机械工程、电子工程、土木工程等)中"工程"的概念是指应用某一专业领域的自然科学原理和方法,设计生产出如机床、电机、仪表和建筑物等有形产品的技术过程。

系统工程则侧重于与上述"工程"中紧密相关的技术管理和综合集成等活动的过程,即系统工程像"胶水"一样将传统工程项目中包含的多个子项目、子系统或子过程衔接起来。

系统工程一方面包含复杂系统的通用生命周期活动,如需求分析、验证与确认、产品维护等活动;另一方面包含特性工程(Specialty engineering)活动,即包含-ility 的专业词。

在系统工程领域,特性工程被定义为非传统主流意义的系统工程活动,即偏向于专业技术本身的、通用的工程活动,如安全性、可靠性、测试性、维修性、支持性、生产性、人为因素、价值工程、承受性和环境工程等。这些活动不局限于哪一类系统,而是普遍适用于各类复杂系统的应用要求及需求定义、设计分析、权衡决策和实施验证等研制过程,将传统工程中的活动和专业技术能力的应用进行关联。

2. 工程项目管理的系统工程活动要点

工程项目管理中的系统工程活动包括以下要点:

1) 应在系统环境下从不同视角分析并定位问题,以识别、确定并分析问题与机遇，探索问题与机遇。

2）由于系统的复杂性和层次性，应逐层分解。

3）应考虑系统的全生命周期，包括后期的部署、使用支持、维护到最终报废，应囊括针对生命周期的系统工程活动与产品的支持和管理类工作。

4）应理解系统环境并定义利益相关方需要，通过实施技术活动选择价值最大化的最优方案。

5）应针对问题及其所处环境，确定系统边界、功能、划分内部组件、确认关联关系，进而设计初步方案。

6）应利用多种分析方法进行综合权衡分析，进行多方案比选，确定最优方案，进行有效决策。

7）应对方案的全过程进行有效验证与确认，以证明方案的有效性与完整性。

3.2.2 工程项目管理中的系统思考

1. 系统的层级结构

通常，一个工程项目系统可以被进一步分解。进行系统分解前，需要明确各子系统之间的组织、技术、沟通等交互作用方式。通过分析子系统之间的交互及相互关系，有助于系统划分。在层次划分时，在任意给定层级上，某系统可以被分为从属于更高层级系统的系统子集，如图3-2所示。

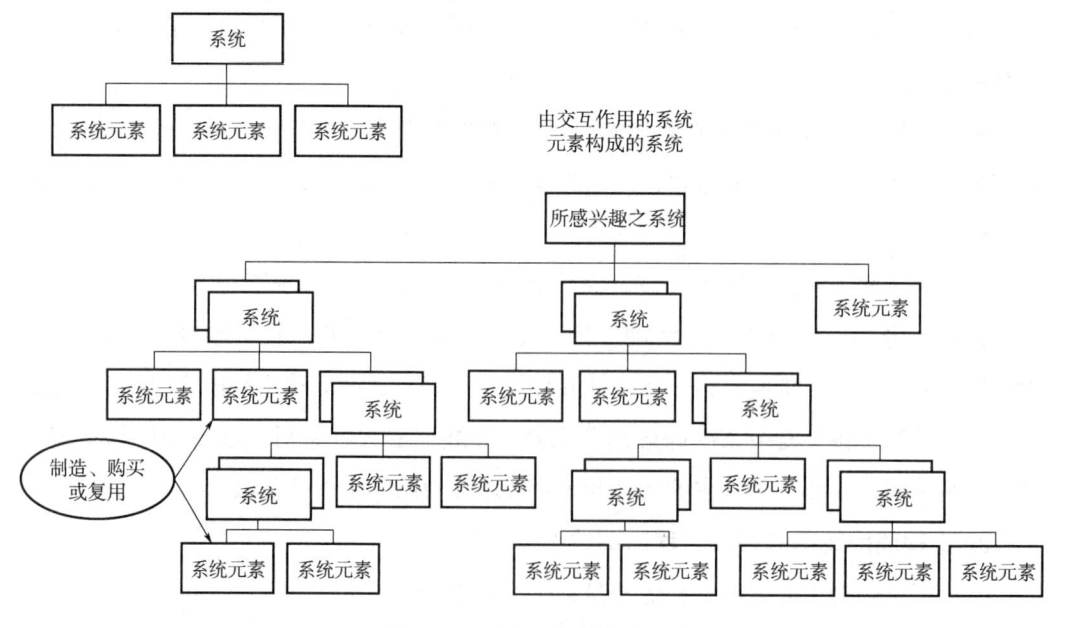

图3-2 系统的层级结构划分

在国际标准 ISO/IEC/IEEE 15288——Systems and software engineering—System life cycle processes 中，有关系统层级结构的阐述为："它描述了与系统有关的系统生命周期流程……该系统由交互作用的系统元素集组成，每个系统元素可被实现以满足其各自的特定要求。"

研究发现，对于系统层级结构中的每一层级，隶属于该层级的元素数量应该在 7 ± 2 个。在项目管理中，这种面向交付成果的层级划分被称为工作分解结构（WBS），详见本书项目范围管理的相关内容。

2. 系统思考

管理者应具备系统思考的能力，就是要具备对问题或需求做出系统响应、深度分析机会态势的知识与技能。如前所述，系统科学已经对这些知识的开发做出了贡献。

大型工程项目管理者应具备系统思考的能力，系统思考者的基本特性包括但不限于：

- 寻求理解"大图像"，从全局而非局部思考问题。
- 观察系统内元素如何随时间推移发生变化，洞察实物发展的本质与变化趋势。
- 识别系统的架构，洞察构成系统的元素及其交互作用。
- 利用对系统结构的理解来识别可能的行动。
- 多视角思考，多方案优选。
- 全面考虑问题，抵制快速结论的冲动。
- 综合考虑行动的短期后果和长期后果。
- 寻找非预期后果出现的地方。
- 意识到时间延迟对因果关系的影响。
- "逐步逼近"地检查结果并按需要调整行动。
- 考虑心智模型对当前现实及未来的影响。

系统思考对于工程项目成功至关重要，系统思考应贯穿于工程项目的全生命周期的管理活动。

3.2.3 工程项目的系统复杂性

系统工程理论方法是在综合考虑系统完整性、涌现性、层次性等特性基础上，通过采取有效的管理措施，达到降低系统复杂性，进而降低管理复杂性的目的。因此，为了降低系统复杂性，应首先探究系统复杂性的含义及驱动因素。

1. 系统复杂性的主要思想流派

关于工程项目的复杂系统研究，有三个主要的思想流派，分别是 PMI 视角、系统之系统（System of Systems，SoS）视角和复杂性理论视角。

(1) PMI 视角

Baccarini 在 1996 年首次尝试采用两种方法系统定义复杂性。第一种方法强调项目要素间的差异性（Differentiation）和相互依赖性（Interdependence），其中，差异性指项目存在不同的元素，如任务、专家、组件；相互依赖性指元素之间的相互关联程度。第二种方法是将复杂性作为一个主观概念引入，侧重于理解项目的难度。Turner 等于 1993 年将项目复杂性归结为两类，即：目标不确定性和实现项目目标方法的不确定性。

上述两项研究是 PMI 进一步探索和实践的基础。基于前述定义，可将元素个数和元素间的相互依赖性统称为结构复杂性，并在其基础上扩展了一个新的维度——不确定性，包括：目标不确定和方法不确定。此后，PMI 视角主要关注结构复杂性、不确定性和社会政治因素，而不是其他复杂性维度。《项目管理知识体系指南（PMBOK®指南）》（第七版）指出，复杂性反映的是局部与整体之间的混沌、非线性关系，它源于人类行为、系统行为和模糊性。

(2) 系统之系统（SoS）视角

20 世纪 90 年代，伴随着信息技术的高速发展和广泛应用，现代战争、交通等逐步演化为"多个系统组合而成的大规模复杂系统"，复杂的技术集成和系统管理问题愈发突出，系统体系的研究应运而生。SoS 是一组异构、分布式和独立管理的系统，它是在已有系统基础上，以任务为导向，整合所有相关资源，构筑一个新的、更为复杂的大系统。该系统能够呈现超越单个已有系统所能提供的全新功能和性能，并通过内部子系统的交互实现任务目标。

SoS 的复杂性可以从组件系统的运行独立性、管理独立性、地理分布、涌现行为 (emergent behavior) 和进化发展等特征方面来解释。SoS 中的每个子系统都可以独立运行，各子系统为实现共同目标而协作，组成规模庞大、结构复杂的综合体系。SoS 的复杂性特征也可以理解为自主性、归属性、连通性、多样性和涌现性。

SoS 往往涉及多重的、混合的和分布式系统，是典型的大规模跨学科问题，为系统体系的开发和管理增加了显著的不确定性和复杂性。

(3) 复杂性理论视角

复杂性理论源于气象学家、物理学家、生物学家等自然科学家试图建立自然界系统的数学模型，该理论有三个核心概念，即混沌与秩序的本质、混乱的边缘和秩序生成规则（Burnes，2004）。Manson（2001）将复杂性分为三类：算法复杂性、确定性复杂性和聚合复杂性，其中聚合复杂性涉及各元素如何协同工作以创建具有复杂行为的系统。在此基础上，Burnes 将组织描绘成复杂、动态、非线性的自组织系统。复杂关系响应过程体现出的涌现性和不可预测性也是复杂理论研究的重要内容。项目环境中的管理复杂性不仅来自单个结构元素（分类为外部利益相关方，任务特征和组织复杂性）及其相互作用，还来自每个变化的动态效应，然后随着它们的变化而相互作用，导致系统其他部分的进一步变化。在复杂性理论的基础上，又发展出了许多其他理论，如共同进化理论、组织理论，权变理论、系统理论、网络理论、非线性和混沌理论及自适应自组织理论等。

2. 工程项目复杂性的驱动因素

由于工程项目复杂性程度的增加，传统的项目管理理论与方法在某种程度上不再适用，识别导致或增加项目复杂性的因素对于项目经理来说至关重要。以下因素是项目复杂性的必要但非充分条件：项目的规模、多样性、相互依赖性，以及对环境的依赖性。Geraldi（2011）将复杂性划分为结构复杂性、不确定性、动态性、社会政治复杂性和速度5个维度，其中结构复杂性包括规模、相互依赖性和多样性。

本书归纳工程项目复杂性的驱动因素见表3-1。

表3-1 工程项目复杂性的驱动因素

驱动因素	表现
环境（context）	组织内部环境、组织创新程度、文化、政策法律、竞争情况
规模（size）	项目持续时间、范围、活动数量、组件数量、涉及的部门数量或应用的方法和工具
不确定性（uncertainty）	未知或模糊需求、项目技术新颖性、范围不确定性、目标和方法的不确定性
依赖性（dependency）	部件之间的依赖关系、任务中的互联性和反馈回路、组织之间的依赖关系、产品、流程和组织之间的相互依赖、对环境的依赖性
多样性（diversity）	文化多样性、技术或技能多样性、组织相互依赖多样性、地理位置多样性、语言多样性

1）环境。包括内部环境和外部环境，前者指的是组织本身，后者指的是项目所在的社会环境。项目的环境与满足项目需求的特性、范围有关。一个项目越是复杂，就越需要通过与外部环境的频繁交互来提高其适应性和鲁棒性。复杂性与项目环境密切相关，所以管理者必须考虑到这一点，时刻注意保持项目的复杂性与周围环境的动态均衡。项目的环境包括政治、经济和文化环境等。

2）规模。包括项目范围、持续时间以及所含元素的数量。规模被认为是项目复杂性的重要因素之一。项目涉及的元素越多，持续时间越长，项目复杂程度越高。

3）不确定性。指缺乏对问题、事件、要遵循的路径或追求的解决方案的理解和认识。工程项目所采用技术的新颖性，组织、项目经理、团队或利益相关方在同类项目中的经验，决策所需的信息是否可用及其模糊程度都会增加项目的不确定性。

4）依赖性。指项目中元素之间的相互关联程度。它在项目元素之间创建了不同类型的连接或影响，使得整个系统内一个元素的变动会对其他元素造成完全未知的影响。

5）多样性。指项目中组成部分（元素或部件）有不同的特点，项目不同的利益相关方也存在社会和文化背景的差异。

3. 工程项目的复杂性分类

依据系统的复杂程度与特性，系统结构层次可以分为简单的（Simple）、繁杂的（Complicated）、复杂的（Complex）和混沌的（Chaotic）4类。

1）简单的项目通常是指具有明确因果关系的产品或服务，创建这些产品或服务的活动是有限的，且它们之间的关系是明确的。这意味着项目的每个参与者都可以通过获取必要的信息适当地应对不同的情况，这些信息通常是已知领域的知识（known-knowns），其结果是可预测、可重复的。

2）繁杂的系统是指尽管系统存在大量的组成元素（或组成部分），但元素间彼此独立，元素间关系已知且清晰。繁杂的系统是一个有序的系统，可以通过观察系统各个部分及其之间的关系来完全理解它，其结果是可知且可控的。通常，繁杂的项目可以分解为大量简单的项目。在繁杂的项目中，任务和元素之间存在因果关系，知识和专业技能对于理解复杂的项目至关重要。例如，将载人航天项目、研发飞机以及大多数大型建设项目都很复杂，一旦完成少数几次并掌握其规律，它们就变得繁杂而不复杂（Complicated rather than complex），我们可以相对准确地估计这些项目管理的成本、进度和性能等输出。

3）复杂的（Complex）的词根是plex，意思是编织在一起，复杂的系统是指系统不仅存在大量的组成元素（或组成部分），且元素间具有复杂的相互关联和相互作用关系。因此，复杂的系统是指相互关联的系统。复杂性的事物以一种无法完全理解的方式连接在一起，相互之间难以分离。由于很难预知复杂的系统的因果关系，管理者需要创造一个有利于探索的环境，鼓励创意和创新，快速进行试验，通过迭代、反馈与响应探索问题解决路径。复杂的系统特性包括：模糊性与不确定性、相互依赖性、非线性、独特的局部条件、自主性、紧急行为和不固定的边界。

4）混沌的项目涉及大量未知的因素，传统的项目管理理论和方法难以适用，因此无法对项目进行预测。

3.3 工程项目管理中的系统工程方法论

3.3.1 系统之系统工程

系统之系统工程（system of SE，SoSE）是一种系统化、结构化的系统工程过程，用于构建和定义某 SoS 及其预期的作用或能力，并将这种作用或能力分配到各组成部分（包括系统、子系统），制定用于 SoS 全生命周期过程的协同策略。

SoSE 实际上是产品系统工程概念的拓展和延伸，这里的 SoSE 不仅是一个过程和一套方法论，更是一个运用系统工程思想与方法的更大范围、更高层级的体系，所以 SoSE 也被称为"体系工程"。航空运输系统与陆地运输系统、航海运输系统一起组成的运输系统都是较为典型的系统之系统，如图 3-3 所示。

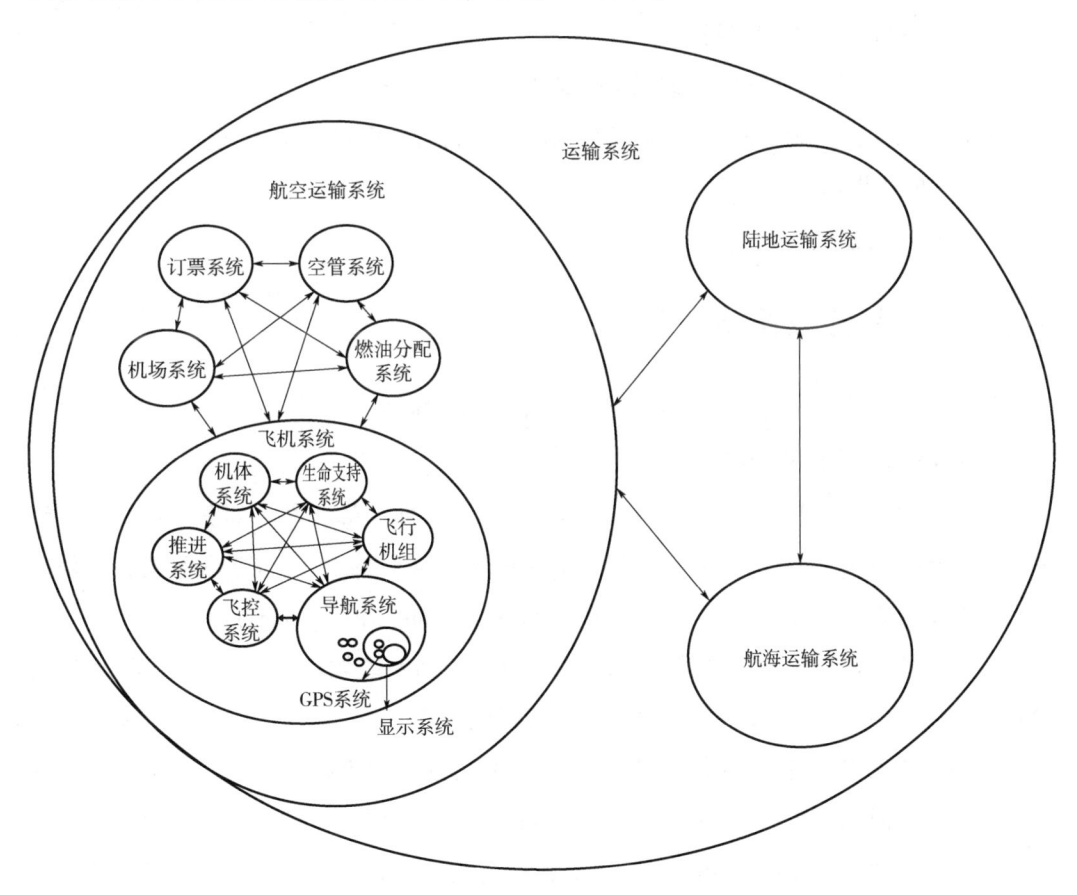

图 3-3 典型的系统之系统——以航空运输系统为例

1. **系统之系统（SoS）的要点**

SoS 包含以下内容要点：

- SoS 以目标或任务为导向（Mission-oriented）。
- 每一个构成 SoS 的系统彼此独立且有交互，能单独运转，且依据一定的策略进行协同。
- SoS 是跨企业的，由一系列的企业系统、服务系统和产品系统动态组合在一起，形成超越任意个体企业所能提供的系统能力。
- 在协同运行环境中，构建 SoS 的框架体系需要在模型方法的基础上，以架构为中心（Architecture-centric）。

2. **系统之系统（SoS）的特点**

相比于传统系统，系统之系统（SoS）的活动面临更大挑战，具有如下特点：

- SoS 的组件都是可以自主独立运行的系统。
- 各系统组件有着不同的生命周期。
- SoS 的初始需求更加模糊。
- SoS 的复杂性大于各子系统累加复杂性。
- SoS 的各子系统由不同的组织开发管理，项目管理模式更加复杂。
- SoS 的边界不确定。
- SoS 会持续迭代演化。

3.3.2 产品开发系统工程

通常，工程项目的目的是开发、创建一个产品系统。

1. **产品系统工程的组成**

产品系统就是需要开发并交付给内部或外部客户使用的产品。如图 3-4 所示，产品系统（Product systems）属于工程系统（Engineered systems），除了产品系统，工程系统还包括服务系统（Service systems）和企业系统（Enterprise systems）。

产品系统工程是指：将系统工程理论运用到产品系统领域，把系统工程的定义、分析、实现、控制和持续改进等工程方法用于产品系统生命周期活动的系统工程。

产品系统工程的核心是创造价值，其核心驱动力是为组织、客户等利益相关方提供最大价值。因此，在产品系统工程前期，可以结合产品集成研制中的产品策划过程，实现价值创造和价值交付。产品策划主要进行企业战略分析、市场需求调研、新技术风险和投资回报分析等工作。产品系统工程应从创造价值出发，分析不同产品战略的投资回报率、机遇与风险，最终形成与客户需要匹配、市场定位明晰、与企业核心竞争力一致的产品战略，并进一步开展产品战略的商业利润分析，从而确定应启动研制的产品，再进行系统工程活动。

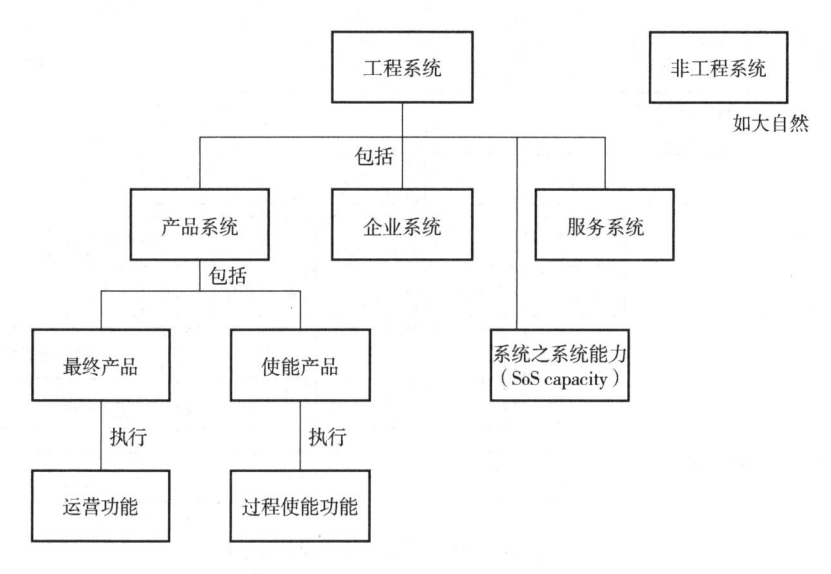

图 3-4　产品系统的定位和组成

根据电子工业协会（Electronic Industries Alliance，EIA）在 EIA/IS632 标准中的定义，如图 3-4 所示，产品系统由最终产品（End products）和使能产品（Enabling products）组成。最终产品实现预期功能，即满足客户等利益相关方的需要；而使能产品负责支持系统在某一过程中的功能实现，不直接实现系统的运行功能，包括以下 3 项：

1）产品实现类使能产品，包括概念使能产品、研制使能产品、测试使能产品、制造使能产品等。

2）产品支持类使能产品，包括培训使能产品、维修使能产品、运营支持使能产品等。

3）其他类使能产品，包括报废使能产品等。

使能产品是为最终产品的研制、生产、使用维护和报废而产生的，最终产品如果没有使能产品为其提供支持服务，则可能无法开展活动，因此，使能产品的开发和使用需要与最终产品紧密结合。系统工程应从开始就考虑生命周期过程活动、系统运行环境和产品系统对使能产品的需求，并考虑是否需要提前开始使能系统的配套研制工作，使各使能系统能够按照预定计划在对应阶段提供相应服务，支持最终产品系统的全生命周期活动。使能系统与最终产品系统的关系如图 3-5 所示。

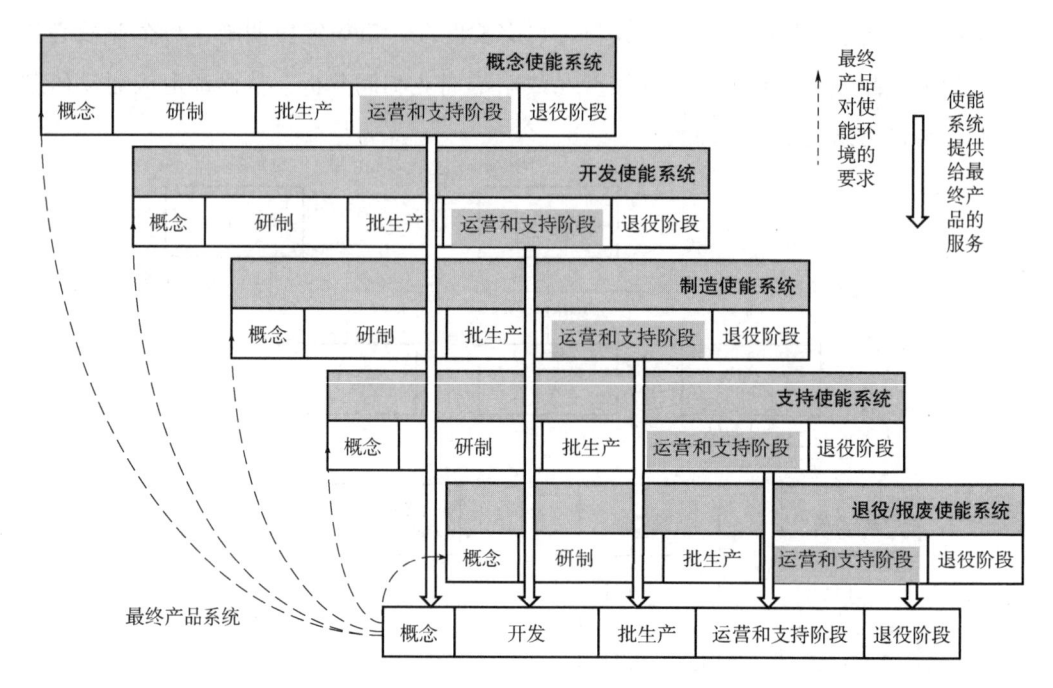

图 3-5 使能系统与最终产品系统的关系

2. 产品开发系统工程的特点

产品开发系统工程的特点如下：

1）**产品体系规划**。单个型号产品一般属于某条产品线，应同时考虑产品系列、衍生品、改进产品等，做好产品规划。

2）**客户导向**。新研制和改型产品应以客户和市场为导向，对经济、技术、市场与客户需要的变动做出快速反应，要求产品在具有灵活性和适配性的同时，在费用、研发周期、性能和质量上也具有竞争优势，新研制产品需与公司的商业目标、市场定位、财务目标、内部能力和企业核心竞争力紧密相关。

3）**需求变化**。大型复杂产品系统需要一个漫长且不断迭代的开发、集成和测试过程，在这一过程中需求可能会发生变更，进而带来管理挑战。

4）**跨领域合作**。产品本身具备多学科综合特性，各学科领域之间应紧密合作，包括工程内部团队间（如机械、电气、结构、材料等）、工程与各专业领域（如市场、销售、制造、分销、客户支持、法律等）间的合作。

5）**生命周期**。产品系统工程应考虑产品系统生命周期，包括最终产品和使能产品的使用环境。

6）**供应链**。复杂产品通常由多层级的部件、组件、设备、子系统和系统组成，其中很多部分由供应商提供，因此，供应链的构建与紧密合作是确保产品成功的关键。

7）外部认证。鉴于公众安全、环境保护和兼容性等要求，产品通常需要官方组织进行外部认证。

8）销售。通过一套复杂的分销网络把产品交到客户手中，由于产品客户和制造商的地理位置不同，使产品交付、维护和支持具有一定的挑战性。

3.3.3 敏捷系统工程：适应快速变化环境的工程项目管理方法

"敏捷"（Agility）是指"在一个不确定的市场环境中，能快速响应新产生的、变化的客户需求"。敏捷方法最初应用于软件工程。软件工程是对需求进行从需求分析到软件系统架构设计，再到编写代码实现的过程，在这个过程中一旦需求发生变化，很容易引起返工和交付延迟等。因此，软件工程中的敏捷主要体现在缩短开发流程上，即依据客户需求短期内先开发出一个能满足需求基本功能的初步版本，后续再伴随需求的完善而进一步迭代更新。

新产品开发项目中的典型敏捷流程如图 3-6 所示。首先，按照利益相关方需求的迫切程度对产品特征（用户需要）排序，形成产品特征（用户需要）优先级。然后，将这些产品特征分配到不同的工作包（Sprint，或译为"冲刺"），并分配给相应的项目团队，形成待办任务列表（Backlog），由此开始一个为期大约 30 天的工作周期（冲刺周期）。项目组成员在每日例会（每天早上 15 分钟左右时间）上报告工作进展、目前工作障碍以及未来工作计划。最后，在冲刺周期后形成可交付的增量产品包。

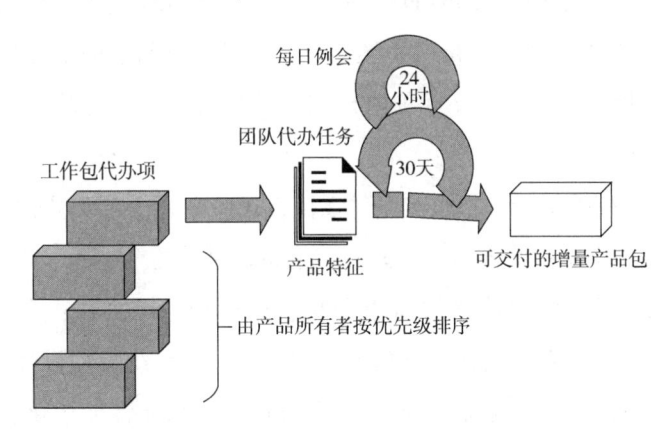

图 3-6 新产品开发项目中的典型敏捷流程

敏捷系统工程（Agile SE，ASE）实际上是将"敏捷"思想引入了系统工程，是"轻量化"的系统工程，通过加速产品技术研制和交付过程，优先满足客户最为迫切的需求，以快速适应需求变化、赢得市场竞争。

例如，新产品开发项目面临着快速变化的市场需求，这种变化来自利益相关需求的不断变化，以及各种新技术的不断发展与涌现，必须不断引入和应用这些新技术以保证其具备竞争优势。因此，新产品开发项目必须具备能够快速响应这些变化的能力。

在工程项目中采用敏捷方法的关键点如下：

- 优先满足客户最迫切的需求，不断精简、改进现有产品开发流程，以缩短产品研发周期。
- 采用迭代开发方法，快速改进或升级已有系统，以提高系统的整体性能，如利用最新的软件升级现有的系统。
- 采用增量开发方法，快速开发一个新模块、新系统，以满足客户新需求，如在现有系统上新增功能单元或设施以满足客户需要。
- 项目团队成员都理解、接受并遵循敏捷的方法。

3.3.4　基于模型的系统工程：数字化驱动的工程项目管理方法

美国学者 A. Wayne Wymore 教授在 1993 年最早提出了"基于模型的系统工程"（Model Based Systems Engineering，MBSE）一词，提倡用数学的方法描述系统工程中各元素及其之间的关系。随后，大量学者、工程师和研究组织对 MBSE 进行了探索与实践，形成了一系列标准规范和建模语言。

2007 年，国际系统工程协会 INCOSE 在《系统工程 2020 愿景》中第一次正式定义了 MBSE："基于模型的系统工程是对系统需求、设计、分析、验证与确认等活动的建模行为的形式化与标准化的应用，这种建模应用从系统概念设计阶段开始并贯穿系统开发及之后的生命周期。"

MBSE 通过大型软件平台，将此前通过文档方式传递的各层级需求、设计与相应的系统方案元素进行集中统一的模型化，并贯穿于系统研制的全过程，如图 3-7 所示。在需求定义阶段，MBSE 采用结构化的需求分析、分解和追踪方法；在功能分析阶段，MBSE 采用基于 SysML 等建模语言进行功能架构设计；在系统架构设计阶段，MBSE 基于 Modelica 等仿真软件进行多物理域建模、联合仿真、功能性能优化、需求验证与优化，在未形成实物的项目前期快速形成原型，进而开展基于模型仿真的验证和确认活动，即采用数字化手段，实现无纸化"功能样机"。

与传统系统工程相比，MBSE 有很多优势。传统系统工程是基于文档传递静态信息，文档间的依赖性很难追踪，尤其是当数据量庞大时，容易失去对数据的有效管控，还会带来文档版本、版次管理等问题。MBSE 依靠软件平台建立大量"模型"，在产品设计的不同阶段，各专业领域工程人员之间可使用统一的"模型"语言交流系统设计方案，减少由专业壁垒造成的误解和障碍，使得系统模型与需求之间的关系变得更加明确、需求变更造成的影响更加透明。另外，由于不同专业部门都在统一的平台架构下进行子系统开发，因此，来自不同部门的子系统模型将更易于集成和实施验证。

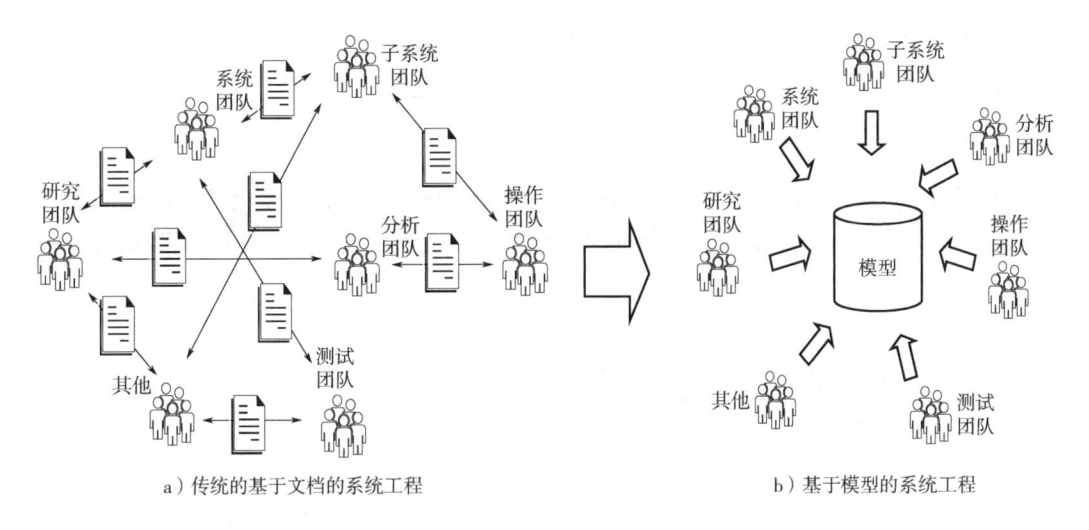

a）传统的基于文档的系统工程　　　　b）基于模型的系统工程

图 3-7　MBSE 与传统系统工程的区别

例如，民航业内不断涌现新技术、新需求和新规章，市场对商用飞机研制提出了更高的要求，采用 MBSE 可以应对这些新的机遇和挑战。此外，更复杂的生态圈，如全球化和国际标准，也促使民航制造业积极拥抱 MBSE。其中，全球化泛指涉及全世界范围的研发、采购、制造和运营活动；国际标准特指政府法规、环保要求、行业标准和企业规范等。飞机全球化研制给分布在世界各地的研发部门和供应商的集成工作带来了挑战，尤其是在产品设计初期，一个棘手的问题就是该如何将飞机系统内部不同组成部分进行高度集成和协调，以保证飞机设计的成熟度。此外，新材料和技术的应用使飞机系统日趋复杂，不同子系统之间的交互与连接程度急剧上升，使得传统系统工程在飞机研发中的应用愈发复杂。以上情况对航空产品研制的周期和成本都有巨大影响。

目前，波音公司、空客公司、洛克希德·马丁以及中国航空工业、中国商飞公司等航空制造类企业已在实践中对 MBSE 进行了不同程度的探索与应用，MBSE 逐渐成为系统工程发展的一个主流方向。

例如，波音公司早在研制波音 777-200 时就开始运用电源负载分析模型、实时飞行仿真模型等手段。在波音 787 飞机研制过程中，波音公司组织了约 1300 名工程师共同搭建了总计 14GB 的飞机架构模型帮助提升设计质量和效率，架构模型内约有 2300 个功能、10,000 条数据流和近百万项数据属性。同时，波音公司进一步将 MBSE 理念上升为基于模型的企业（MBE），将传统系统工程的"V"模型进化为"钻石"模型。

MBSE作为一种不断发展的新技术，其技术成熟度和能力范围还在不断拓展，如图3-8所示，MBSE标准初现于2010年前后，随着标准的不断完善，逐步形成了相对成熟的、与对应系统研制模型相结合的MBSE方法与工具。随后，结构化系统研制模型进一步与系统仿真分析、可视化方法耦合。INCOSE于2020年正式建立了MBSE成熟完整的理论体系，其中包括相关术语、概念和形式化方法。未来，MBSE将朝着跨学科分布式模型和模型数据库的方向发展。

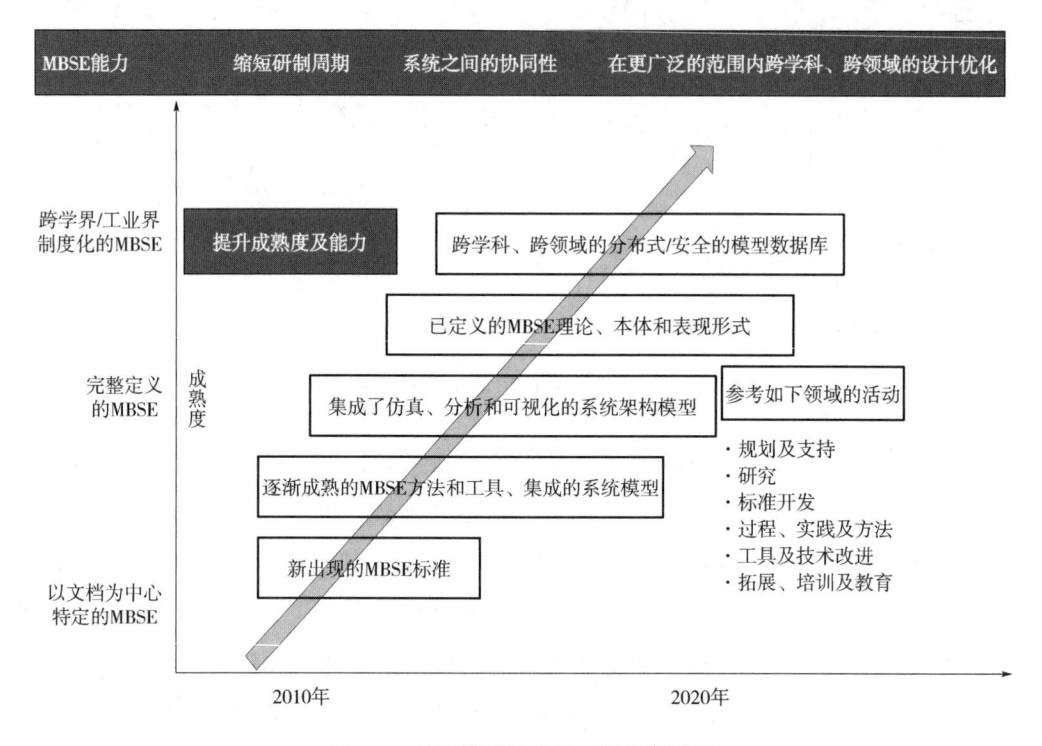

图3-8 基于模型的系统工程发展路线

3.4 复杂工程项目的生命周期

3.4.1 工程项目的预测型生命周期模型

生命周期模型（Life cycle model）是企业为了产品/项目的生命周期管理建立的一系列过程的集成，用于指导与产品相关的全部周期活动。复杂工程项目通常采用预测型生命周期模型。

1. 生命周期的阶段划分

按照时间顺序，研发项目/产品的生命周期主要包括以下过程：

1）从市场分析开始，获取客户和其他相关方的需求，并进行需求的优先级排序。

2）将利益相关方需求逐步转化为产品的功能、产品规格以及架构，开展各个层级的设计。

3）为了保证需求的正确性和完整性，开展需求的确认工作，同时为了保证系统架构的合理性，开展设计的验证工作。

4）在层层分解形成详细设计方案后，接下来进行设备、子系统、系统的制造、组装、集成、试验工作，对应前期确认后的需求，进行对应产品的实现验证工作。

5）在整机验证工作结束后进行系统确认，确保满足用户需要，后续进入产品的批生产、运营支持等工作，最后考虑产品/项目的处置和退役。

在生命周期模型中，具体活动可分为技术和管理两个方面。一般复杂产品通过分层级进行描述：产品系统级、系统级、设备级。如表3-2所示，国际标准 ISO/IEC TR 24748-1：2010 Systems and software engineering—Life cycle management—Part 1：Guide for life cycle management 描述了一般产品生命周期阶段、目的和决策门。概念阶段也常常被称为方案阶段。

表 3-2　一般产品研发项目的主要生命周期阶段与目的

生命周期阶段	目的	决策门
概念阶段/方案阶段	定义问题 识别利益相关方的需要 探索构想和技术 细化利益相关方的需要 探索可行的概念 提出切实可行的解决方案	决策选项 继续进行下一阶段 继续并响应某些行动项 延续本阶段工作 返回前一阶段 暂停项目活动 终止项目
开发阶段	定义/细化系统需求 创建解决方案的描述——架构和设计实施最初的系统 综合、验证并确认系统	
生产阶段	生产系统 检验和验证	
使用与维护阶段	运行系统以满足用户的需要 提供持续的系统能力	
退出阶段	系统的封存或处置	

2. 生命周期的阶段关口

在生命周期的阶段性工作关键时间节点上，一般是通过阶段关口（gate，或称为控制点、控制关口、门禁、决策门）实现对上一阶段工作的回顾/评审（Review），以实现是否进入下一阶段的控制。根据产品生命周期活动的阶段性特点，一般是完成了本阶段的主要工作，其工作成果将作为下一步工作的输入，其正确性和完整性对后续工作有重要影响，而这些关键的工作结果内容将会纳入转阶段的评审中，通过评审是否满足一定准则的条件，判断是否可以顺利开展后续工作。

阶段关口是项目中一种正式的、可记录的、系统化的和可控的工作检查方式，是在整个产品研制实施过程中对研制阶段的成熟度进行控制。在生命周期阶段性工作的关键时间节点上，一般会设置控制点。控制点主要是通过评审的方式，对阶段性工作结果进行确认，并实现对下一阶段工作是否转入的控制。其中，对关键的工作内容进行评审，在满足项目目标的前提下，确保所有活动和提交物已经执行并且满足项目阶段性的成熟度和需求，具备开展后续阶段工作的"准出"条件。

阶段关口的设置主要是根据产品演化的时间阶段特点和工作内容，定义产品在该时间点应该具备的阶段特征，包含需完成的任务和任务的成熟度等，为管理活动提供依据。

阶段关口确保了系统按照预期的阶段成熟度演进，避免项目冒进可能带来的问题，同时控制正确科学的工作步骤，确保相关前置工作达到标准后才能开始后续工作，最终实现项目严控风险的目标。

除了技术内容，项目的市场需要、可承受性、费用成本和进度安排等要在所有决策点上更新并确认，确保整个项目和产品的风险可控。

每个控制点都应该进行决策。通常，决策包括如下3项：

- 继续（Go）。"闸门打开"，同意进入下一阶段，可能还包括待行动项进入。
- 打回（No-go）。"闸门关闭"，不同意进入下一阶段，需要重新进行或补充本阶段的工作，即需要返工。
- 终止。如果通过评审，发现项目的风险、问题已超出其预期范围和阈值，并且无法通过有效方式进行缓解，为了避免后续更大损失，需对项目进行终止。

每个控制点的详细内容一般包括控制点目标、会议安排、主持和参与人员、准入准出准则、待评审证据、行动项和决策项等。

业务和使命任务需要连同利益相关方的需求被细化为系统需求。这些需求用于创建一个系统架构和设计。对前一阶段中的概念进行细化以确保系统和利益相关方的所有需求得以满足。定义、生产、培训和维持保障设施的需求。考虑使能系统的需求和约束，并将它们纳入设计。进行系统分析，以达成系统平衡并优化关键参数的设计。

通过一系列技术评审和决策门从外部和内部利益相关方获取反馈。

3.4.2 复杂工程项目的生命周期阶段划分

通常，工程项目生命周期包括以下阶段。不同类型的工程项目，阶段划分也不尽相同。依据项目的规模、继承性或紧急程度等情况，一些阶段可以合并，例如，商业论证子阶段与立项论证子阶段。

1. 商业论证与概念定义阶段

商业论证与概念定义阶段包括商业论证、立项论证和可行性论证三个子阶段。

(1) 商业论证子阶段

商业论证是项目第一个子阶段，在该阶段之前应进行机会识别，机会识别所需开展的主要工作有4项：

- 进行市场分析与预测。
- 进行竞争对手的产品分析。
- 进行竞争威胁分析。
- 形成潜在的项目机会论证报告。

通过机会识别控制点后，进一步开展"商业论证"子阶段，主要工作包括7项：

- 识别潜在的项目机会的利益相关方。
- 针对潜在的项目机会，详细分析细分市场、竞争产品、技术发展情况，做出市场分析报告。
- 根据市场分析情况，提出产品概念方案及系列化发展方案。
- 提出项目前期论证需开展的关键技术。
- 进行工业能力调研，提出条件保障建设方案。
- 进行潜在的国内外合作对象和供应商分析。
- 初步测算项目研制周期和人力资源需求等。

(2) 立项论证子阶段

退出项目第一个子阶段商业论证阶段，进入立项论证子阶段，主要工作包括6项：

- 确定产品系统的研制目标和主要技术指标。
- 提出满足产品系统商业需求和目标的多个概念方案，并开展权衡论证。
- 进行技术成熟度评估，开展关键技术前期研究，确定项目关键技术及解决途径。
- 编制初步的工作分解结构（WBS）和项目里程碑计划，完成项目立项建议书。
- 提出项目研制总概算及阶段投资强度，设定单机成本目标。

- 分解项目可行性论证阶段经费。

（3）可行性论证子阶段

退出项目第二个子阶段，进入第三个子阶段——可行性论证阶段，主要工作包括6项：

- 形成项目的研制目标和要求，其中包含设计（应包含可制造性、可维修性、可测试性等DFX方面要求）、制造、服务、项目管理等方面的要求。

- 拟定多个候选方案并进行分析比较，对方案的技术可行性和经济可行性进行权衡分析，确定唯一的产品系统方案。

- 确定项目的关键技术，并完成技术成熟度评估。

- 确定国内外供应商选择原则，与潜在供应商建立技术沟通。

- 确定初步的成本分解结构（Cost Breakdown Structure，CBS）、组织分解结构（Organizational Breakdown Structure，OBS）。

- 编制项目管理计划、分解项目预发展阶段经费等。

2. 产品与服务定义阶段（开发阶段）

产品与服务定义阶段也称为开发阶段或工程研制阶段。该开发阶段的主要目的是确定产品技术方案的合理性，进一步优化设计方案，规范、分析、构架和设计系统以便对系统元素及其接口进行理解和规范。

该阶段通常包括初步设计和详细设计两个子阶段。

（1）初步设计子阶段

初步设计子阶段有两个控制点：总体技术方案评审控制点和初步设计评审控制点。

在初步设计阶段完成总体技术方案后，需要进入总体技术方案评审控制点，达到此节点所需完成的主要工作有6项：

- 确立工程项目/产品的需求（应包含可制造性、可维修性、可测试性等DFX方面的要求）、通用技术规范及功能接口控制文件（Functional Interface Control Document，FICD），并完成系统级的需求确认工作。

- 完成产品功能的定义和分析。

- 初步定义子系统级的需求和功能。

- 确定系统总体技术方案。

- 初步定义系统架构。

- 编制制造总方案等。

（2）详细设计子阶段

在详细设计阶段的关键控制点是关键设计评审，该控制点是对详细设计方案的详细审查，主要工作包括6项：

- 完成产品规范，完成设备需求确认工作。
- 对各相关专业开展详细设计。
- 完成系统集成验证计划。
- 完成系统安全性评估工作（SSA）。
- 完成系统可靠性、维修性和测试性评估。
- 完成主要工艺工装设计等。

（3）制造与验证阶段（生产阶段）

完成详细设计阶段工作后，即进入"V"形研制过程的底端，后续将转入试制、集成试验工作。制造与验证阶段主要分为全面试制和定型试验两个子阶段。全面研制的主要目的是验证产品的生产工艺稳定性、产品对各种环境的适应性、产品的可靠性等。

该阶段所需完成的主要工作有 4 项：

- 完成各系统等相关专业必要的试验，如静力试验、风动试验、环境试验等。
- 准备整机试验条件保障。
- 完成产品总装，达到试车要求。
- 建立项目制造标准成本等。

（4）产业化阶段（使用与维护阶段）

产业化阶段包括产品与服务验收和持续运营/退役两个子阶段。在已经进行一段时间的工作，并确保项目的产品和服务已达到预期目标的时候，需要进入项目关闭评审控制点，即项目本身作为阶段性工作可以关闭，后续进入稳定的批生产和持续运营工作。产品与服务验收阶段所需完成的主要工作有 4 项：

- 完成项目/产品系统的确认，证明满足商业需求和目标的要求。
- 收集和研究启动用户的实际运营数据，改进产品和服务以满足启动用户的要求。
- 达到稳定批产状态。
- 达到项目设定目标，满足项目关闭条件等。

3.5 项目生命周期的系统工程过程集

3.5.1 概述

为了对复杂工程项目进行有效的管理，可将相关的系统工程过程划分为三类：全生命周期技术过程集、全生命周期管理过程集（绩效域）和使能过程集。具体如下：

1）全生命周期技术过程集指的是针对复杂系统全生命周期的产品研制技术类活动的集合，主要包括：机会识别过程、产品规划、需求分析过程、功能分析过程、概念设计过程、产品开发过程、产品集成过程、实施验证过程、验收过程、交付过程、运行支持过程和批量生产过程等子过程。

2）全生命周期管理过程集（绩效域）所代表的项目管理系统体现了彼此交互、相互关联且相互依赖的管理能力，这些能力只有协调一致才能实现所期望的项目成果。随着各个绩效域彼此相互作用，变化也会随之发生。项目团队要有整体系统思维的意识，不断审查、讨论、适应并应对这些变化，而非只是关注发生变化的具体绩效域。

3）在《项目管理知识体系指南（PMBOK®指南）》（第七版）中有关"使能"（Enablement）的阐述是：变革管理或使能是一种综合的、周期性的和结构化的方法，可使个人、群体和组织从当前状态过渡到实现期望收益的未来状态。例如，知识管理、数字化工具、风险管理、质量管理、资源管理和团队管理等。

工程项目中系统工程过程集的主要内容如图3-9所示。

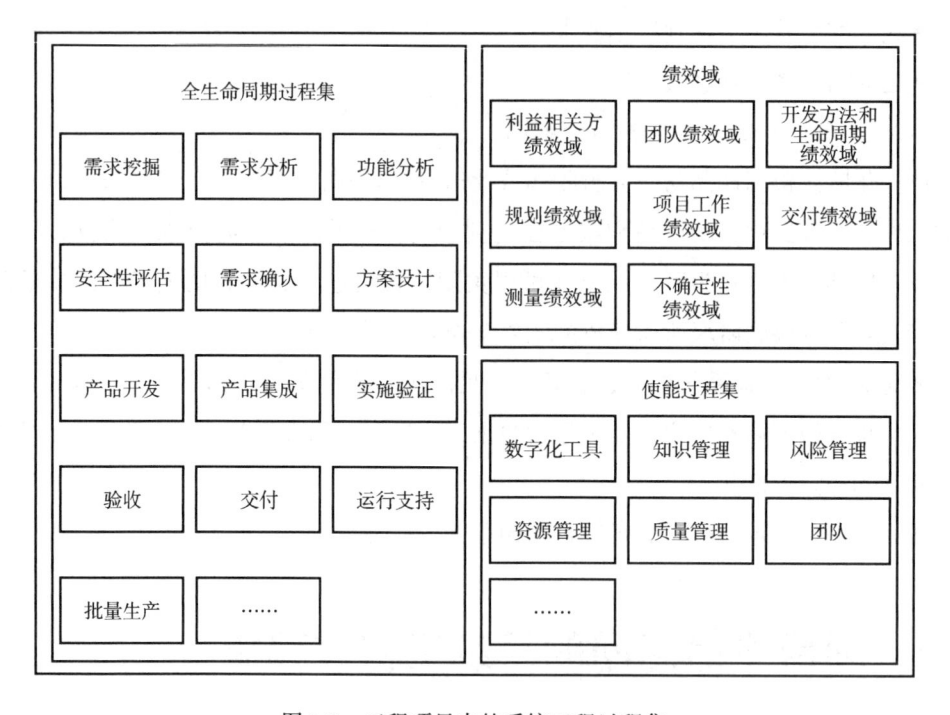

图3-9 工程项目中的系统工程过程集

在复杂工程项目中，各系统工程过程集之间的关系如图3-10所示。可见，全生命周期过程集构成的"V"模型是复杂工程项目技术过程集的基本框架，在生命周期的不同阶段，技术过程集的工作内容各有侧重。图的底部是"绩效域"和"使能过程集"，它们对技术过程集起到了支撑作用。

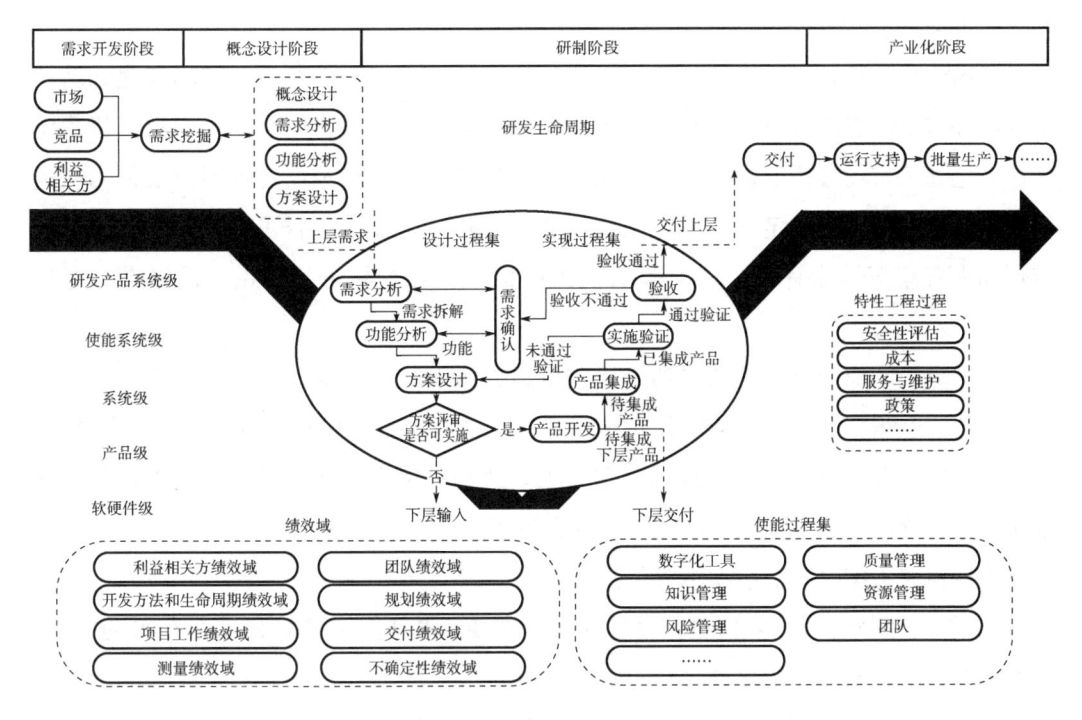

图 3-10 系统工程过程集之间的关系

图 3-10 中，"V"模型的左半部分表示自顶向下的需求分解与方案形成过程，包括需求分析、功能分析、方案设计等。"V"模型的右半部分表示系统实现过程，即指产品从图纸方案到形成具体物理实体的过程，包括产品开发、产品集成、实施验证和验收 4 个主要的技术过程。这 4 个技术过程相互依赖，构成一个自底向上、逐层集成和验证的过程。在这个系统实现的过程中，首先通过底层软硬件的生产或采购形成产品最底层的物理实体，然后在不同的产品实施层级上进行集成，并在该层级上进行相应的测试和分析等验证活动，保证不同层级的产品实施和集成能够满足相应层级的设计要求和规范，继而提交到更高层级的系统层面继续开展此类活动，即"实施验证"。最后，通过最终集成形成交付物/产品成品，并与最初的利益相关方进行需要确认，使得最终产品能够满足最初的利益相关方需要。

另外，特性工程也属于系统工程的范畴，如系统的安全性评估、成本可承受性的评估与设计、服务与维护的评估与设计等，也伴随着全生命周期技术过程集的展开而开展。

3.5.2 全生命周期技术过程集

1. 需求分析与概念阶段技术过程

需求分析与概念阶段是全面研制阶段之前的阶段，其活动主要包括市场分析活动和概念定义活动。

市场分析活动是针对产品的商业机遇的持续评估，主要是通过对市场变化和新技术发展等需求动态进行洞察，从而获得商机，谋求可能的潜在产品立项机遇。概念定义活动是基于市场分析活动的定位结果、先进技术预研结果和已有项目经验能力，进行产品系统的综合概念定义，随后基于这个初步概念对技术项目可行性、利润、市场定位和占有率等因素评估，从而确认投入回报率和可行性分析结论，最终进行立项决策。

需求分析与概念定义活动与项目研制阶段的系统工程活动不同的是：在项目早期主要是快速获得一个满足市场定位要求的具有竞争力和可行性的产品系统的概念方案，包括产品的主要方案、顶层的指标确定、主要的构型确定和运用的新技术方法等，而这个概念定义的产生过程更多的是一个创新过程。

形成概念方案过程的活动主要包括如下3项：

1）针对市场分析结果和初步理解的客户需要，基于经验和预研探索获得的能力，执行概念定义活动，形成多种可行的架构方案。

2）充分运用风险管理、度量管理和权衡分析等技术管理活动，目标瞄准可实施性、市场盈利经济性等可行性评价因素，进行多方案的设计和评估选择。

3）概念定义活动本身由利益相关方需要捕获过程、功能分析过程、需求分析过程和设计综合过程的产品系统工程研制过程组成，同时大量运用如度量管理过程、风险和机会管理过程等方法和手段。但形成概念方案的过程主要强调结果，即概念方案本身，并对概念方案进行各类分析，包括方案的先进性、可行性和可实施性等特点，而不强调在正式研制阶段的产品形成过程中由于质量和安全性要求而产生的对过程严格控制要求。因此，此活动对过程要求的严谨程度比形成初步或者详细设计方案过程要低。

2. 研制阶段技术过程

研制阶段技术过程即从利益相关方需要捕获、功能/需求分析、设计综合到产品实施、集成、验证和产品确认结束，主要由系统设计过程（Systems design processes）和系统实现过程（Systems realization processes）两部分组成，如图3-11所示。在产品系统的每一个层级中，都应完成一个完整的系统设计和系统实现工作，即系统工程研制阶段的技术过程活动。

如图3-11所示，系统设计过程集活动包括利益相关方需要捕获、功能分析、需求分析和设计综合，把上一层级的利益相关方需要或者上层设计包（包括上层的架构和分解后的需求）以及利益相关方需要一起作为输入，进行需要捕获、分析、功能架构、

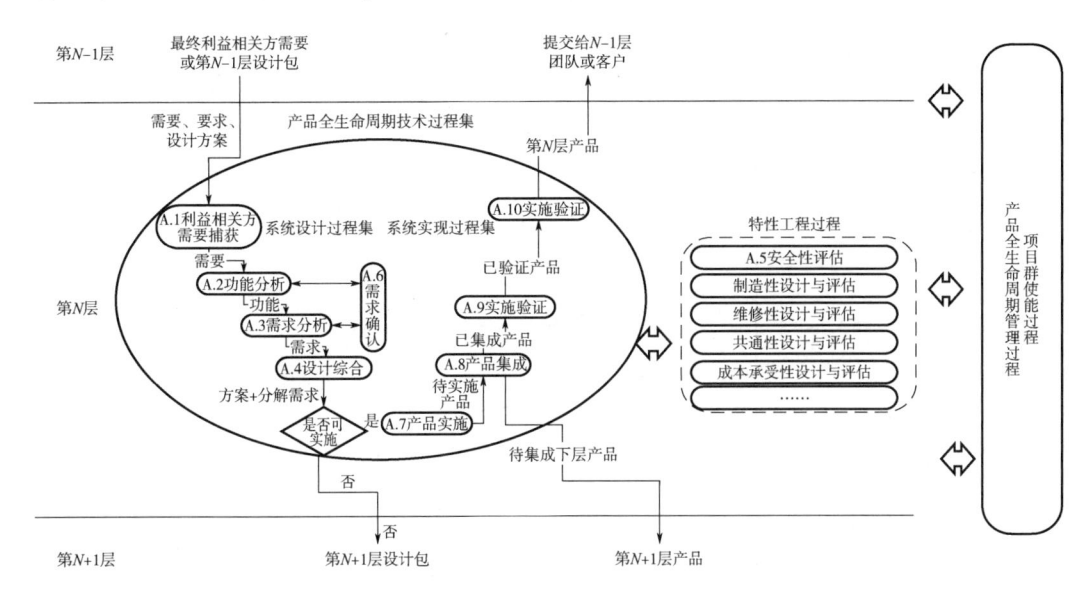

物理架构定义和需求的分解，给下一层设计包或在本层级进行产品实施。

图 3-11　研制阶段技术过程

系统实现过程活动包括获得本层级产品实施结果或下一层产品，逐步进行下游产品的集成、集成产品针对规范要求的验证、集成产品针对上游利益相关方需要的确认和确认后产品的交付活动。

研制阶段的技术过程活动主要是针对产品的自顶向下过程，也是该过程中形成产品的核心活动。同时，还需要有产品全生命周期管理和项目群使能过程中的相关管理过程，以及实现对这些活动过程和产物的管理、控制过程。

研制阶段的技术过程主要贯彻自顶向下的正向设计原则，适用于复杂产品/项目的各层级不同类别产品，包括项目最终交付成果/产品、系统产品、设备产品和使能子产品等。每一层级的产品对应不同的研制团队，是对应研制团队的关注系统（System of interest）。各研制团队均需要按此研制过程模型进行重复的迭代（Iteration）工作，包括通过上游利益相关方的需要（Needs）捕获、功能分析、需求（Requirement）分析、设计综合和需求确认活动，实现上游需要的捕获，进行功能需求分组并形成正式需求，基于需求形成架构方案，并针对架构方案实现下一层级的需求分解的过程。在上述研制阶段中，主要技术过程关系如图 3-12 所示。通过产品实施、产品集成、实施验证和产品确认活动，进行下游产品组件的实施、集成和验证，并进行产品的确认和交付。

3. 产业化阶段技术过程

技术活动针对产品研制阶段完成后的产业化阶段，主要包括如下两个阶段：

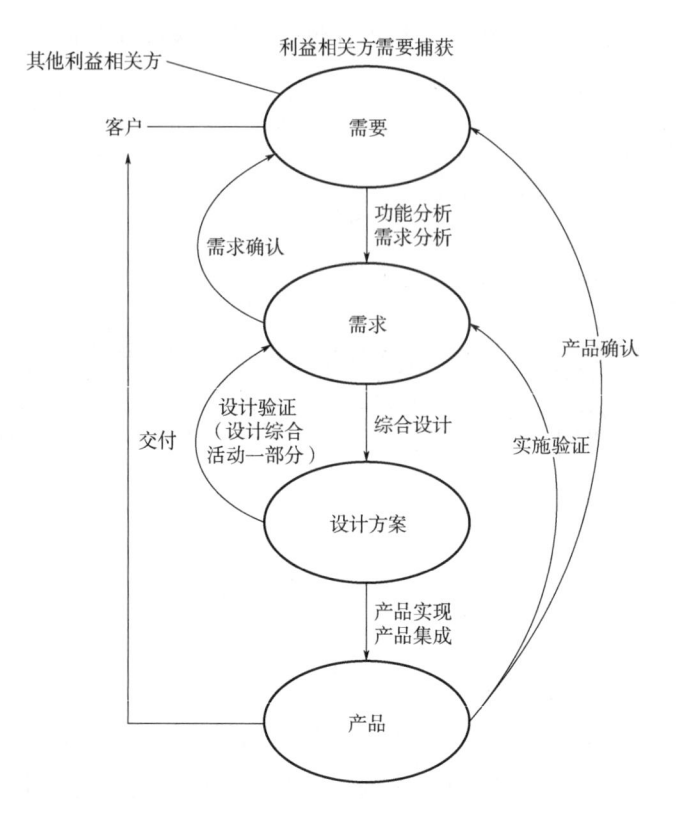

图3-12 研制阶段的主要技术过程关系

1）批生产、运行和支持阶段。

2）处置阶段。

4. 特性工程过程

特性（Ability）指代产品的某种特定属性，如维修性和制造性等，也属于系统工程的范畴。特性工程针对工程项目的特定专业领域，用于产品特性需求的确定、评估、架构分析、设计决策、系统性能和可实施性的平衡、验证等。另外，特性工程还包括各类面向 X 的设计，如维修性的评估与设计、制造性的评估与设计、共通性的评估与设计和成本可承受性的评估与设计等。

3.5.3 全生命周期管理过程集（绩效域）

如图 3-13 所示，产品开发全生命周期管理过程集（绩效域）主要对全生命周期重要的系统工程活动进行管理、分析和支持。全生命周期管理过程偏重于产品研制系统工程活动中的技术管理部分，通过对工程项目开展规划、监控、评估和控制等活动，从而确保实现预期目标。全生命周期管理活动一般具有全局性和跨阶段性，即在项目

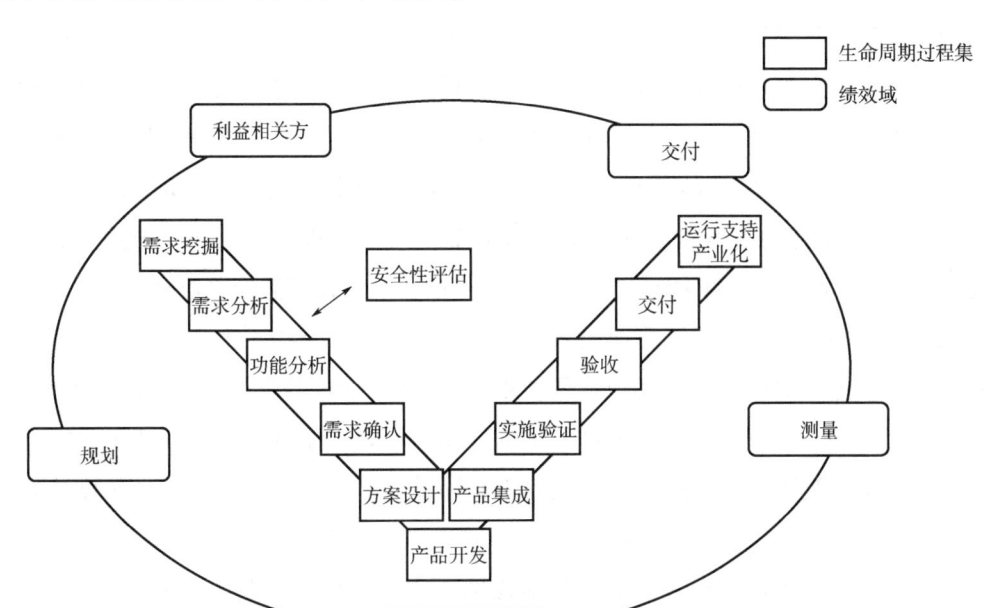

整个生命周期或跨多个阶段中均会进行。

图 3-13 产品开发全生命周期管理过程集（绩效域）示例

工程项目管理过程（绩效域）主要包括：利益相关方管理过程、开发方法与生命周期管理过程、交付管理过程、测量管理过程和规划管理过程等。技术过程的实现有赖于这些全局性管理活动的实施。没有这些相互关联的过程，单个开发产品与服务过程和任务过程就不能集成到一个整体的产品实现系统中。

上述管理过程（利益相关方管理过程、开发方法与生命周期管理过程、交付管理过程、测量管理过程和规划管理过程）构成了各绩效域，正如《项目管理知识体系指南（PMBOK®指南）》（第七版）所述，项目绩效域是一组对有效地交付项目成果至关重要的相关活动。项目绩效域是相互作用、相互关联和相互依赖的焦点领域，它们可以协调一致地实现预期的项目成果。这些绩效域共同构成了一个统一的整体。

3.5.4 项目群使能过程集

如前所述，《项目管理知识体系指南（PMBOK®指南）》（第七版）中认为使能（Enablement）与变革管理密切相关，它采用综合的、周期性的和结构化的方法，使组织从当前状态过渡到实现期望收益的未来状态。因此，基于不同的视角，使能过程集包含的范围不完全一样。在这里，按工程项目管理中的系统工程过程集视角，项目群使能过程集包含在项目管理中项目控制的关键要素及过程，即：项目群管理过程、项目计划进度管理过程、项目成本经费管理过程、项目人力资源管理过程、项目评估和控制过程、项目质量管理过程、项目知识库管理过程等。

项目计划进度管理过程包括为确保项目能按时完成所需开展的过程与活动，通过项目计划作为规划进度和制订进度计划的载体，并确立项目顶层规划框架和实施路径计划进度安排。每一层级的项目团队都应有其自身的主集成规划（Integrated Master Plan，IMP）和对应的主集成计划（Integrated Master Schedule，IMS），并能追溯到项目顶层的 IMP 和 IMS。IMP 和 IMS 包含项目计划进度管理过程所需的里程碑、主要事件和阶段成果等内容，由项目顶层管理团队负责制定、发布和维护，由下层级项目团队负责逐级分解。连接 IMP 和 IMS 的纽带是项目工作分解结构（WBS）。在 IMP 的基础上，各级项目团队制订相应的 IMS 和项目分进度计划。同时，项目团队可以基于 IMS 产生对应的计划管理视图，包括但不限于项目里程碑计划、各级网络计划图、年度计划和月计划等，并通过信息化手段保障计划实现动态关联与实时联动。

项目成本经费管理过程包括对项目所需的成本和实际使用的经费进行规划概算、预算、管理和控制而开展的相关过程与活动。合理有效的成本经费管理可以保证项目在完成时达到其预算目标。成本概算和成本预算是工程项目管理成本管理中的重要活动，两者所用的工具和技术不同，但都对项目的有效实施有很大影响。

项目人力资源管理过程包括组织、管理与领导项目团队所需开展的过程与活动。项目团队由为完成项目而承担不同角色与职责的人员组成。项目团队成员可能具备不同的技能，可能是全职或兼职的，人数可能随项目进展增加或减少。在工程项目中，项目团队通常是来自跨专业、跨部门和跨企业的强矩阵式集成产品开发团队（IPT）。顶层项目团队需包含客户和供应商等利益相关方，而基层团队需兼顾设计、制造、维修、运行和测试等专业要素。尽管项目团队成员被分派了特定的角色和职责，但需要让他们全员参与项目规划和决策。团队成员在规划阶段就参与进来，既可使他们为项目规划工作贡献专业技能，又可以增强他们对项目的责任感。项目管理团队是项目团队的一部分，负责项目管理和领导活动，如各项目阶段的启动、规划、执行、监督、控制和收尾。为了项目利益，项目发起人应该与项目团队一起工作，特别是协助筹集项目资金、明确项目范围、监督项目进程及影响买方和执行组织中的利益相关方。

项目评估和控制过程包括为确保项目顺利开展与进行的项目实施监控手段和方法，特别是基于项目计划进度安排下的实施现状、进展预测和变更控制流程等。项目评估和控制过程的基准是项目管理规划中确立的项目范围和项目主集成进度计划（IMS）。由于 IMS 不但包含工作任务和进度节点，还包含按时完成这些任务所需的资源和经费，所以 IMS 是受控的基线文件之一。当项目的进展影响 IMS 的顺利实施时，可以通过项目变更控制流程加以评估和调整。项目评估和控制过程的实施是动态的，需要适应项目的发展及实施主体的环境和文化因素，其效率直接影响项目目标的最终实现。

项目质量管理过程包括执行组织确定的质量政策、目标与职责的过程和活动，从而使项目满足其预定的需求。质量管理在项目环境内使用政策和程序，实施组织的质量管理体系，并以执行组织的名义，适当支持持续的过程改进活动。质量管理确保项目需求（包括产品需求）得到满足和确认。质量管理需要兼顾项目管理和项目可交付产品两个方面的质量。特别需要指出的是，项目的质量管理过程不是为了建立项目自身的质量体系，而是为了在企业组织的质量体系框架内定制该工程项目所需执行的质量管理流程。

项目知识库管理过程是在项目实施过程中恰当地积累所产生的知识，并对知识进行有效的管理。其主要作用是确保在合适的时间，将合适的知识传递给合适的人，使本项目和本企业组织内从事相同工作的人员能够有效地利用这些知识，以便采取恰当的项目行动或做出有充分信息依据的项目决策。

案例1：产品原型系统——中国超高速列车

许多国家对磁悬浮列车的可行性争论已久。

磁悬浮技术出现于1979年。磁悬浮列车没有车轮、车载电动机，也不使用传统的轨道，仅通过功率强大的磁铁使列车悬浮于导轨，减少摩擦进而实现超高速。导轨的内置电动机（推进系统）有效减轻车厢重量，其产生的沿轨道拉动列车的电磁场，在为列车提供垂直与水平稳定性的同时，通过轨道上电流的频率、强度和方向控制列车悬停和移动。悬浮系统的电源则由列车车载电池提供，电池可在列车移动时为列车充电。虽然磁悬浮列车的速度很快，但其运行噪声、消耗的能量比日常通勤列车还低。列车下侧部分环绕导轨，在高架平台上看就像一只巨大的手臂在拥抱着列车，因此，磁悬浮列车脱轨的概率极小。同时，磁悬浮列车配有特殊设计的窗户，即便车速达到300km/h，乘客感受到的噪声仍小于60dB，乘坐环境十分安静和舒适。

上海磁悬浮列车是世界第一条投入商业运行的高速磁浮铁路列车，运行于上海金融区和浦东国际机场之间，轨道总长约30km，用时约7分20秒，列车在2分钟内达到时速320km、4分钟内达到最高时速430km。上海磁悬浮列车项目自2001年3月开始施工，累计耗时2.5年、耗资100亿元，2003年1月1日开始提供公共服务。在项目建设之初，有人认为短距离内没有必要达到430km/h的速度，运行此路线可能永远收不回成本。从这一视角出发，通过上海磁悬浮列车运行数据评估从上海到北京的磁悬浮列车项目，则是完全有意义的。

实现途径：我国在为几百至几千千米的地面运输距离选择最优解决方案时，会考虑经济运行、能耗、环境友好度、速度等多重因素，但在考虑中心城市和相邻城市之间地面运输的最优解决方案时，需同时考虑客运量因素。尽管磁悬浮技术的优点很多，但在1999年该技术仍因其技术优势、安全性和经济表现尚未被商业化运作证明，而被认为处于试验阶段。而上海磁悬浮列车项目恰好是一个可以验证磁悬浮技术成熟度、可用性、经济效益和安全性的案例。

直至上海磁悬浮列车项目启动，磁悬浮技术一直因为列车开发费用过高而从未被实现，多数专家认为法国和日本的铁路系统已达到超高速钢轨铁路系统的极限，不可能再快，而磁悬浮技术被称为"自铁路发明以来的铁路技术领域首次根本性创新"。

结论：从系统工程视角看，此案例充分表明了"经历了从概念到运行所有阶段的项目，事实上可能仅仅是巨大工作中概念阶段的一部分"这一事实。

▶讨论题

1. 从系统之系统工程的角度，谈谈为什么说"通过上海磁悬浮列车运行数据评估从上海到北京的磁悬浮列车项目，则是完全有意义的"，以及"此案例充分表明了'经历了从概念到运行所有阶段的项目，事实上可能仅仅是巨大工作中概念阶段的一部分'这一事实"。

2. 找一个现实中的复杂工程项目案例，分析可以开展哪些系统工程活动。

案例2：项目系统思维——丁谓巧修皇宫

丁谓（962—1033年），北宋真宗时期有名的宰相，今苏州人。

丁谓巧修皇宫，是中国历史上典型的项目管理的成功案例。丁谓巧修皇宫是《梦溪笔谈·权智》中的一则故事，讲的是丁谓善于谋划和统筹，用超凡的智慧圆满地完成了复杂的皇宫修复工程。祥符年间，宋真宗的寝宫突发火灾，房倒屋塌，损失惨重。皇帝命令丁谓主持修复，并要求以最快的速度完成，但由于宋朝积贫积弱，修复皇宫的预算很少。

在拥有百万人口的繁华北宋都城汴京修复皇宫，这是一个巨大的工程。皇宫处于都城中心，在修复工程中，丁谓面临三大难题：

1）取土难。皇宫附近没有土源，无法烧制修复皇宫所需要的砖瓦。

2）运输难。木料、沙石等大量建筑材料都要运到工地现场，当时水路仅通到汴京城外的汴水,这些材料就地卸货后,还要再经陆路运送到建筑工地,既耗时又费钱。

3) 清场难。皇宫修复后,清运产生的建筑垃圾同样既费时日又耗金钱。

在时间紧、预算紧的同时还面临三大难题,丁谓是怎样解决的呢?

首先,在皇宫前面的大街上挖出一条沟渠,利用挖出来的泥土烧砖;然后,将京城附近的汴水引入大沟,形成一条人工运河,通过运河运输建筑材料;皇宫修复之后,再将碎砖烂瓦等建筑垃圾填入沟中,修复原来的大街(图1)。丁谓这一措施可谓一举三得,系统性地同时解决了取土烧砖、材料运输、清理废墟三大难题,极大地加快了项目进度。

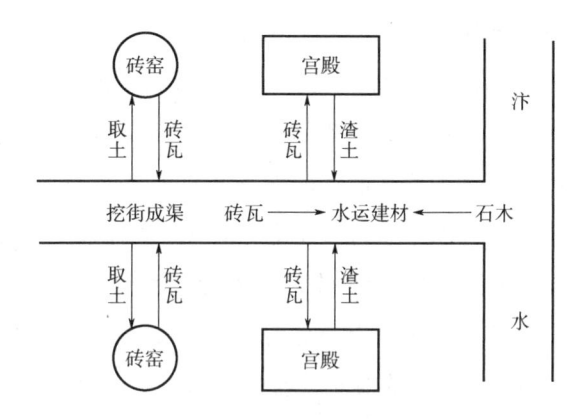

图 1 丁谓巧修皇宫方案

由此一来,原本预计15年完工的浩大工程,在丁谓的主持之下仅用了7年就完工了。丁谓这个超常规的设想,不仅大大节省了人力、物力和财力,而且提高了劳动效率,更好地保证了施工质量。最终工程结算时,节省了亿万两白银。

丁谓巧修皇宫这一成功项目体现出中国文化中的系统工程思维:

1) 整体性。所谓整体性,就是把项目看作一个由各个部分构成的有机整体,从组成整体的各个部分之间的相互联系中,从整体角度识别、评估和响应项目内部和周围的动态环境,从而积极地影响项目绩效。

2) 层次性。所谓层次性,就是将系统按合理的层次展开,通过探求系统不同层次的性质和地位,进而探求和把握领导系统的整体性质和规律。

3) 结构性。所谓结构性,就是从系统的结构与功能之间的辩证关系出发,通过系统的结构设计,保证系统功能得以实现。系统的结构性要求领导调整内在的不合理结构,使之趋于合理,从而产生优化的整体利益。

另外,丁谓巧修皇宫也体现了我国古人高超的项目管理智慧,他的做法有以下几点值得借鉴:

1）优选方案。丁谓是文官出身，是通过科举考试选拔出来的官员，并未学过建筑学、运筹学，也未学过预算、会计和财务管理等知识，他能成功完成皇帝下达的任务，其中重要的一点就是广泛征集意见，从多种预案中进行选择，或是将多种预案进行结合。在做出决策前，不仅要集思广益，更需要多方面进行市场调研和可行性研究与分析，提出多种假设，提供尽可能多的可供决策的比较方案，便于优中选优。

2）紧扣预算。皇帝批复的资金少，工程预算紧张，丁谓采取目标管控的措施，在预算紧的情况下，对整个工程的每个环节都贯彻降低成本的原则，从严从紧控制。现在有些企业或项目，虽然制定了预算，但往往未认真执行，更未认真进行监督考核和根据实际情况进行调整，导致预算成为一种形式。

3）紧扣业务。业务和财务不是孤立的，财务人员只有深入业务现场，才能发现并解决问题，才能接地气；业务人员如果能够站在财务的立场看问题，很多观点就会改变。丁谓在修复皇宫的过程中，并未孤立地看待降成本这个问题，而是深入现场，紧扣业务，并结合业务实际进行统筹考虑，通过简化业务流程来降低成本。

4）管控环节。从丁谓修复皇宫的整个过程来看，减少中间环节是其中的一个重要举措。不管是就近取土，还是水路运输一贯到底，直至垃圾就近处置，都是为了减少中间环节、降低成本。这其实也是在目标管控的基础上注重细节，实行的过程管理。

企业加强管控可以借鉴丁谓巧修皇宫的做法，通过对企业或项目的整个业务流程进行梳理，清理不必要的中间环节，降低管控成本，达到管控目标。

▶讨论题

1. 通读案例，介绍丁谓是如何做到降本增效修复皇宫的。
2. 丁谓巧修皇宫运用了哪些系统思维和系统方法？请简要分析。
3. 从项目集成管理和系统思考的角度，分析丁谓巧修皇宫有哪些地方值得当今企业借鉴。

▶思考题

1. 请以C919大型客机研发项目为例，说明它的系统复杂性体现在哪些方面。
2. 请简要说明敏捷系统工程适用于哪些项目，基于模型的系统工程适用于哪些项目。
3. 在系统工程"V"模型的概念设计阶段，如何将需求转化为系统设计的具体方案？可以采用哪些方法和技术？

第 4 章 项目管理原则

4.1 概述

项目管理原则是被项目管理从业者视为指导战略、决策和问题解决的基本准则。专业标准和方法论通常以这些原则为基础，在特定职业领域这些原则甚至具有法定约束力。然而，项目管理原则的本质并非规范性，而是旨在引导项目参与者的行为。这些原则具有广泛的适用性，因此，个人和组织可以以多种方式与之保持一致。

PMI 提出的项目管理从业者道德与专业行为规范，构成了项目管理界最重要的 4 项价值观：

- 责任
- 尊重
- 公平
- 诚实

这些价值观构成了 PMI 的道德与专业行为规范的核心，旨在引导项目管理从业者在职业生涯中秉持高标准的道德和专业行为。这些价值观对于建立信任、维护声誉和确保项目成功至关重要。

《项目管理知识体系指南（PMBOK®指南）》（第七版）中提出的项目管理 12 项原则与前述价值观是一致的，尽管它们在形式上不同，但它们不相互重叠。这些原则旨在为项目管理提供指导，但它们的应用程度和方式会受到组织、项目、可交付物、项目团队、相关方以及其他因素的影响。在实践中，这些原则可能会存在一定程度的重叠。项目管理原则与通用原则的关系如图 4-1 所示。

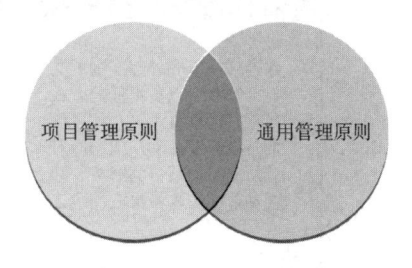

图 4-1 项目管理原则与通用原则的关系

下面介绍 12 个项目管理原则的概念和关键点，并且每节嵌入一个简短的案例解释对应的原则，以帮助读者更好地理解和掌握。以下列出的原则没有任何特定的重要性或顺序。这些原则是：

1）成为勤勉、尊重和关心他人的管家（请参阅4.2.1节）。
2）营造协作的项目团队环境（请参阅4.2.2节）。
3）有效的利益相关方参与（请参阅4.2.3节）。
4）聚焦于价值（请参阅4.2.4节）。
5）识别、评估和响应系统交互（请参阅4.2.5节）。
6）展现领导力行为（请参阅4.2.6节）。
7）根据环境进行裁剪（请参阅4.2.7节）。
8）将质量融入过程和可交付物中（请参阅4.2.8节）。
9）驾驭复杂性（请参阅4.2.9节）。
10）优化风险应对（请参阅4.2.10节）。
11）拥抱适应性和韧性（请参阅4.2.11节）。
12）为实现预期的未来状态而驱动变革（请参阅4.2.12节）。

4.2　项目管理12项原则

4.2.1　原则1：成为勤勉、尊重和关心他人的管家

成为勤勉、尊重和关心他人的管家原则如图4-2所示。

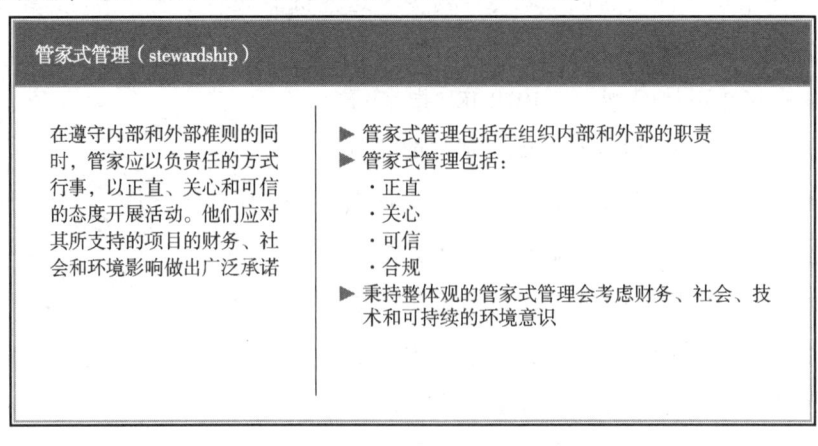

管家式管理（stewardship）	
在遵守内部和外部准则的同时，管家应以负责任的方式行事，以正直、关心和可信的态度开展活动。他们应对其所支持的项目的财务、社会和环境影响做出广泛承诺	▶ 管家式管理包括在组织内部和外部的职责 ▶ 管家式管理包括： 　·正直 　·关心 　·可信 　·合规 ▶ 秉持整体观的管家式管理会考虑财务、社会、技术和可持续的环境意识

图4-2　成为勤勉、尊重和关心他人的管家

在不同的环境中，管家式管理的含义和应用会略有不同。管家式管理一方面涉及被委托看管某项事物，另一方面侧重于以负责任的方式规划、使用和管理资源，还有一方面是维护价值观和道德。

管家式管理包括在组织内部和外部的职责。

（1）组织内部职责

1）运营时要做到与组织及其目标、战略、愿景、使命保持一致并维持其长期价值。

2）承诺并尊重项目团队成员的参与，包括薪酬、机会获得和公平对待。

3）勤于监督项目中使用的组织资金、材料和其他资源。

4）了解职权、担责和职责的运用是否适当（特别是身居领导岗位时）。

（2）组织外部职责

1）环境可持续性及组织对材料和自然资源的使用。

2）组织与外部利益相关方（如其合作伙伴和渠道）的关系。

3）组织或项目对市场、社会和经营所在地区的影响。

4）提升专业化行业的实践水平。

管家式管理反映了对信任的理解和接受度及产生和维持信任的行动和决定。管家既需要履行明示的职责，也需要履行隐含的职责。这些职责可能包括以下4个方面：正直、关心、可信、合规。

管家式管理需要以透明且可信赖的方式进行领导。项目会影响交付项目的人员及受项目可交付物和成果影响的人员的生活。越来越多的组织从整体角度看待业务，他们会同时而不是按顺序考虑财务、技术、社会和环境绩效。由于世界现在比以往任何时候都更加相互关联，并且面临有限的资源和共同的环境，因此，管家式管理的决策会有超出项目的影响。

【例4-1】

作为全球科技行业的领导者，苹果公司的成功离不开其创始人史蒂夫·乔布斯（以下简称"乔布斯"）。乔布斯以其独特的领导风格和项目管理方法，将苹果公司推向了全球舞台，并创造了许多令人瞩目的产品。

乔布斯非常注重细节和质量，他要求每个项目都必须达到最高标准。他会亲自参与产品设计和开发的每个环节，确保每个细节都符合他的要求，这种勤勉的态度使得苹果公司的产品在市场上拥有极高的竞争力。乔布斯的"朋友式管理"一直被人津津乐道，他从来不是为了管理而管理，也从来没有什么等级观念。乔布斯注重和员工之间保持密切的合作，并且非常尊重每个团队成员的意见和贡献，他会与团队成员进行充分的沟通和讨论，并在决策过程中充分考虑他们的观点。这种尊重使得团队成员感到被重视，有助于建立良好的工作关系和团队合作精神。除此之外，乔布斯也非常关心每个团队成员的个人发展和福祉。他会定期了解他们的需求和关切，为员工提供培训和学习机会，提供弹性的工作安排和健康保险等福利措施，并提供必要的支持和资源。这种关心使得团队成员感到被关怀，有助于建立积极的工作氛围和团队文化。

因此，在乔布斯的领导下，苹果公司成功地推出了众多备受欢迎的产品，如 iPhone、iPad 和 Mac 电脑等。这些产品的成功离不开乔布斯勤勉、尊重和关心他人的管家原则，这一原则不仅有助于提高项目的效率和质量，还有助于建立积极的工作环境和团队合作精神。

【启示】

乔布斯的案例反映了管家式管理的多项职责，包括：

1）正直。在项目管理的环境下，这一职责通常要求管家建议团队成员、同职级人员和其他利益相关方考虑他们的言行、展现同理心、进行自我反思并乐于接受反馈。管家在所有参与和沟通中都应做到诚实且合乎道德。

2）关心。营造透明的工作环境、开放的沟通渠道，以及让利益相关方有机会在不受惩罚或不害怕遭到报复的情况下提出顾虑。此外，管家式管理还要求主动识别冲突以避免失信行为，并遵守相应的法律法规。

3）可信。管家式管理需在组织内外准确地说明自己的身份、角色、所在项目团队及其职权，还要求个人主动识别个人利益与其组织或客户利益之间的冲突。

4）合规。管家需遵守其组织内外得到适当授权的法律、规则、法规和要求。管家需努力遵守旨在保护他们及其组织、利益相关方和广大公众的准则。如果管家在行动或计划是否符合既定准则方面遇到了相互冲突的准则或问题，他们需要寻求适当的建议和指导。

4.2.2 原则2：营造协作的项目团队环境

营造协作的项目团队环境原则如图4-3所示。

营造协作的项目团队环境涉及多个促成因素，如团队共识、组织结构和过程。这些因素支持一种使个人能够共同工作并通过互动产生协同效应的文化。

（1）团队共识

团队共识是一套行为限制和工作规范，由项目团队制定，并通过个人和项目团队的承诺予以维护。团队共识应在项目开始时形成，随着项目团队继续合作，并确定继续成功合作所需遵守的规范和所需实施的行为，团队共识会不断演变。

团队	
项目团队由具有多样技能、知识和经验的个人组成。与独自工作的个人相比，协同工作的项目团队可以更有效率且更有效果地实现共同目标	▶ 项目是由项目团队交付的 ▶ 项目团队在组织和职业文化和准则的范围内开展工作，通常会建立自己的"本地"文化 ▶ 协作的项目团队环境有助于： · 与其他组织文化和指南保持一致 · 个人和团队的学习和发展 · 为交付期望成果做出最佳贡献

图 4-3　营造协作的项目团队环境

（2）组织结构

项目团队会使用、裁剪和实施有助于协调与项目工作相关的个人工作的结构。组织结构是指项目工作要素和组织过程之间的任何安排或关系。

这些结构可以基于角色、职能或职权。它们可被定义为项目的外部结构，是为了适应项目环境而经过裁剪，或者为了满足独特的项目需要而新设计的。权威人士可能会正式要求建立一种结构，或者项目团队成员可能会根据组织结构为其设计做出贡献。可以提升协作水平的组织结构的示例包括但不限于：

- 确定角色和职责
- 将员工和供应商分配到项目团队
- 有特定目标任务的正式委员会
- 定期评审特定主题的站会

（3）过程

项目团队可以界定完成任务和工作所需的过程。例如，项目团队可能会使用工作分解结构（WBS）、待办事项列表或任务板对过程进行分解。

项目团队受到项目涉及的组织文化、项目性质及它们所处的运营环境的影响。在这些影响下，项目团队会建立自己的团队文化。项目团队可以对其结构进行裁剪，以最有效地实现项目目标。

通过营造包容和协作的环境，知识和专业技能可以更自由地交流，这反过来可使项目实现更好的成果。

澄清角色和职责可以改善团队文化。在项目团队中，特定任务可以被委派给个人，也可以由项目团队成员自行选择。这包括与任务相关的职权、担责和职责。

1）职权。是指在特定情形下有权做出相关决策、制定或改进程序、申请项目资源、支出资金或给予批准的情形。职权是被从一个实体授予（无论是明示授予，还是默示授予）另一个实体。

2）担责。是指对成果负责的情形。担责不能由他人分担。

3）职责。有义务开展或完成某件事的情形。职责可与他人共同履行。

无论谁应为特定项目工作承担责任，也无论谁负有开展特定项目工作的职责，协作的项目团队都会对项目成果共同负责。

多元化的项目团队可以将不同的观点汇集起来，丰富项目环境。项目团队可以由组织内部员工、合同人员、志愿者或外部第三方组成。一些项目团队成员是短期加入项目，为具体的可交付物开展工作，而其他成员则是更长期地参与项目。将这些人与项目团队整合起来对所有相关人员都是一种挑战。

此外，作为项目团队和组织内部专业工作一部分的实践标准、道德规范和其他准则都会被包含进来。项目团队会考虑这些指南如何为其工作提供支持，以避免这些指南和已使用的既定准则之间产生冲突。

【例4-2】

谷歌在项目管理中非常注重营造协作的项目团队环境，促进团队成员之间的合作和创新。谷歌曾开展一项名为"亚里士多德项目"的研究，以了解团队合作、失败、成功的原因及如何为未来团队带来可成功复制的最佳元素。之所以称之为"亚里士多德项目"，是因为亚里士多德的一句名言——"整体大于部分之和"。结果，研究人员惊讶地发现：团队的有效性与个人智商、团队规模无关，真正起关键作用的并不是你的团队成员都有谁，而是团队成员是如何合作的。简言之，打造好的团队并不意味着汇聚最好的人才。

此外，谷歌采用了一种被称为"20%时间"政策的项目管理原则。根据这一原则，谷歌的员工可以将20%的工作时间用于自己感兴趣的项目，而不仅仅局限于自己的正式工作职责。这种政策鼓励员工之间的合作和知识共享，使得团队成员可以跨部门合作，分享想法和技术，并且可以从其他团队成员的经验中学习。谷歌还通过开放式办公环境和团队建设活动促进协作。谷歌的办公室采用了开放式的工作空间，没有固定的办公室，员工之间可以更加方便地交流和合作。此外，谷歌还经常组织各种团队建设活动，如团队旅行、团队运动等，以增强团队成员之间的合作和凝聚力。

【启示】

谷歌通过鼓励员工之间自由交流和学习、明确团队成员的职责、组织团建活动等手段，营造了一个充满协作、共享、互惠的项目团队环境。在这样的环境下，团队成员可以更好地合作，创新和共同实现项目目标。协作的项目团队环境可促进信息和个人知识的自由交流，在交付成果的同时促进共同学习和个人发展。协作的项目团队环境使每个人都能尽最大努力为组织交付期望成果，组织将从尊重和增强其基本价值观、原则和文化的可交付物和成果中受益。

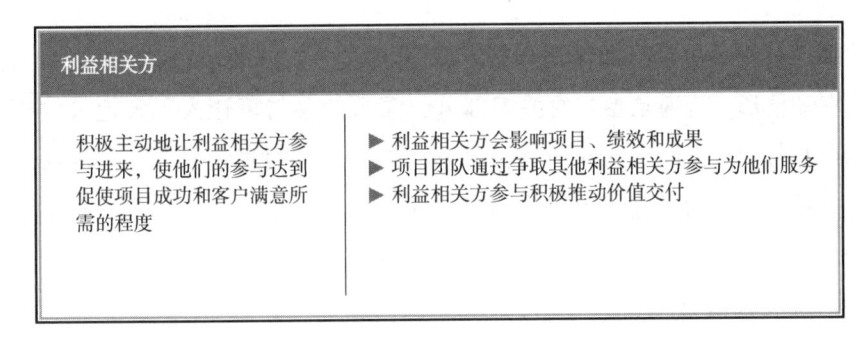

4.2.3　原则3：有效的利益相关方参与

有效的利益相关方参与原则如图4-4所示。

利益相关方	
积极主动地让利益相关方参与进来，使他们的参与达到促使项目成功和客户满意所需的程度	▶ 利益相关方会影响项目、绩效和成果 ▶ 项目团队通过争取其他利益相关方参与为他们服务 ▶ 利益相关方参与积极推动价值交付

图4-4　有效的利益相关方参与

利益相关方可能是能影响项目组合、项目集或项目的决策、活动或成果的个人、群体或组织，以及会受或自认为会受这些决策、活动或成果影响的个人、群体或组织。利益相关方还以积极或消极的方式直接或间接影响项目及其绩效或成果。

利益相关方可以影响项目的许多方面，包括但不限于：

1）范围/需求。通过表明需要增加、调整或删除范围和/或项目需求的要素。

2）进度。通过提出加快、放慢或停止交付关键项目活动的想法。

3）成本。通过帮助减少或取消计划支出，或者增加会提高成本或需要额外资源的步骤、需求或限制条件。

4）项目团队。通过限制或允许人员接触交付预期结果所需的技能、知识和经验，促进学习文化。

5）计划。通过为计划提供信息，或倡导对商定的活动和工作做出变更。

6）成果。通过开展或阻止实现为期望成果所需的工作。

7）文化。通过建立或影响甚至定义项目团队和更广泛组织参与的程度和特点。

8）收益实现。通过制定和确定长期目标，从而使项目交付预期的确定价值。

9）风险。通过界定项目的风险临界值，并参与后续的风险管理活动。

10）质量。通过识别和要求提供质量需求。

11）成功。通过定义成功因素并参与对成功的评估。

在项目的整个生命周期内，利益相关方可能会参与进来，也可能会退出。此外，随着时间的推移，利益相关方的利益、影响或作用也可能会有所变化。利益相关方（特别是那些影响力高且对项目持不赞同或中立观点的利益相关方）需要有效地参与进来，以便项目团队了解他们的利益、顾虑和权利。然后，项目团队可以通过有效参与和支持来应对这些顾虑，这样就可能会成功地实现项目成果。以下 3 个方面需要重点关注。

（1）沟通

有效果且有效率的参与和沟通包括确定利益相关方想要或应该进行参与的方式、时间、频率和情形。沟通是参与的关键部分，深入的参与可让人了解他人的想法，吸收其他观点及协同努力制定共同的解决方案。参与包括通过频繁的双向沟通建立和维持牢固的关系。它鼓励通过互动会议、面对面会议、非正式对话和知识共享活动进行协作。

（2）人际关系技能

利益相关方参与在很大程度上依赖于人际关系技能，包括积极主动、正直、诚实、协作、尊重、同理心和信心。这些技能和态度可以帮助每个人适应工作和彼此适应，从而提高成功的概率。

（3）利益相关方参与的优势

利益相关方参与有助于项目团队发现、收集和评估信息、数据和意见，进而形成共识和一致性，从而实现项目成果。此外，这些活动还有助于项目团队对项目进行裁剪，以识别、调整和应对不断变化的环境。

【例 4-3】

苹果公司在项目管理中非常注重利益相关方的有效参与，以确保项目的成功实施。苹果公司采用了一种被称为"设计思维"（Design Thinking）的原则。它强调以用户为中心，通过深入了解用户需求和期望，设计出更好的产品和服务。在这个过程中，利益相关方的有效参与非常重要，因为他们可以提供关键的反馈意见，帮助团队更好地了解用户需求和期望。

苹果公司会在项目启动阶段进行利益相关方分析，识别出项目的所有利益相关方，并确定他们的利益、需求和影响力。这有助于确保在项目中考虑到所有关键利益相关方的参与需求。在项目实施过程中，苹果公司还会定期组织利益相关方参与会议，邀请利益相关方参与讨论和决策。这些会议提供了一个平台，让利益相关方能够直接参与项目决策，提供反馈意见。

1）在用户研究方面，苹果公司在设计新产品和服务之前会进行广泛的用户研究，以深入了解用户需求和期望，这些研究包括用户访谈、问卷调查、焦点小组讨论等，以收集用户反馈和意见，这些反馈对于产品和服务的设计和改进至关重要。

2）在原型测试方面，苹果公司会在设计新产品和服务之前制作原型，并邀请利益相关方参与测试，这些利益相关方包括用户、合作伙伴、供应商等。通过测试，团队可以收集利益相关方的反馈和意见，以改进产品和服务的设计。

3）在合作伙伴关系方面，苹果公司与合作伙伴建立了密切的合作关系，以确保利益相关方的有效参与。苹果公司与供应商、零售商、开发者等建立了紧密的合作关系，以确保他们参与产品和服务设计过程。

【启示】

苹果公司将用户、供应商、合作伙伴等都纳入产品研发过程，成功地实现了利益相关方的有效参与，从而设计出更好的产品和服务，提高了客户满意度和市场竞争力。

该案例表明，有效的利益相关方参与可以帮助项目团队全面地发现、收集和评估信息。这可形成共识和一致性，从而实现项目成果。此外，利益相关方参与还有助于项目团队对项目进行裁剪，以识别、调整和应对不断变化的环境。在整个项目进行期间，项目团队会积极地让其他利益相关方参与，以最小化潜在消极影响并最大化积极影响。除了提高利益相关方满意度，让利益相关方参与还使项目团队有机会取得更出色的项目绩效和成果。最后，其他利益相关方的参与有助于项目团队找到更能为更广泛的利益相关方接受的解决方案。

4.2.4 原则4：聚焦于价值

聚焦于价值原则如图4-5所示。

价值（包括从客户或最终用户的角度看的成果）是项目的最终成功指标和驱动因素。价值聚焦于可交付物的成果。项目的价值可以表示为对发起组织或接收组织的财务贡献。价值也可以是对所取得的公共利益的测量，如社会收益或客户从项目结果中所感知到的收益。当项目是项目集的组件时，项目对项目集成果的贡献可以表示为价值。

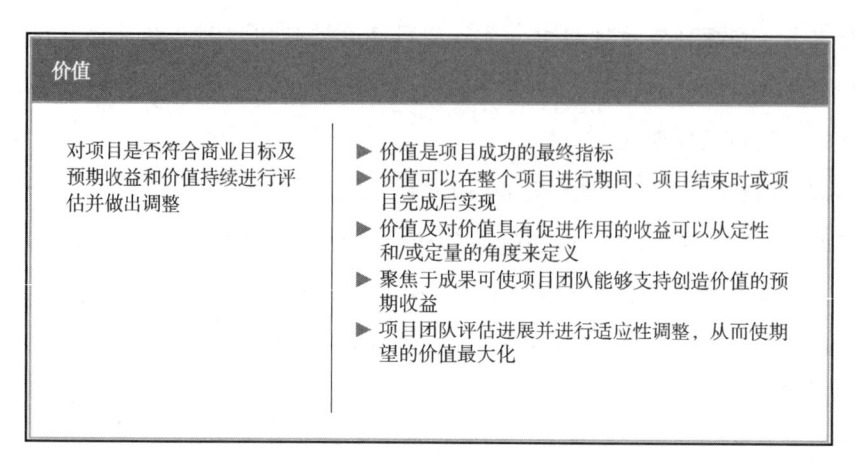

价值	
对项目是否符合商业目标及预期收益和价值持续进行评估并做出调整	▶ 价值是项目成功的最终指标 ▶ 价值可以在整个项目进行期间、项目结束时或项目完成后实现 ▶ 价值及对价值具有促进作用的收益可以从定性和/或定量的角度来定义 ▶ 聚焦于成果可使项目团队能够支持创造价值的预期收益 ▶ 项目团队评估进展并进行适应性调整，从而使期望的价值最大化

图 4-5　聚焦于价值

许多项目（尽管不是所有项目）都是基于商业论证而启动，也可能由于任何确定的交付需要，或者修改流程、产品或服务（如合同、工作说明书或其他文件）的需要而启动。在所有情况下，项目的目的都是提供预期成果，该成果通过有价值的解决方案满足需要。商业论证可以包含有关战略一致性、风险敞口评估、经济可行性研究、投资回报率、预期关键绩效测量、评估和替代方法的信息。商业论证可以从定性或定量的方面，或者同时从这两方面说明项目成果的预期价值贡献。商业论证至少包含以下支持性和相互关联的要素：

1）商业需要。商业为项目提供理由，并解释为什么开展该项目。它源于初步的业务需求，这些需求反映在项目章程或其他授权文件中。商业需要提供了有关商业目的和目标的详细信息，它可能针对执行组织、客户组织、组织的合伙方或公共福利。明确说明商业需要有助于项目团队了解未来状态的商业驱动因素，并使项目团队能够识别机会或问题，从而提高项目成果的潜在价值。

2）项目理由。项目理由与商业需要相关。它解释了为什么商业需要值得投资及为什么在此时应该满足商业需要。项目理由会附有成本效益分析和假设条件。

3）商业战略。商业战略是开展项目的原因，所有需要都与实现价值的战略相关。

除了收益和可能的协议，商业需要、项目理由和商业战略一起为项目团队提供信息，使他们能够做出知情决策，以达到或超过预期的商业价值。

为确保项目价值最大化，在项目执行期间需要注意以下 3 个方面。

(1) 期望成果评估与变更管理

在整个项目期间，应清晰描述、以迭代方式评估并更新期望成果。在项目生命周期内，项目可能会发生变更，然后项目团队会做出应对调整。项目团队会根据期望的输出、基准和商业论证不断评估项目进展情况和方向，以确定该项目仍与商业需要保持一致，并将交付预期成果。另外，利益相关方可以更新商业论证以获取机会，或者将项目团队和其他利益相关方确定的问题最小化。如果项目或其利益相关方不再与商业需要保持一致，或者如果项目似乎不可能提供预期价值，则组织可以选择终止此项投入。

价值是指某种事物的作用、重要性或实用性。价值具有主观性，从某种意义上说，同一个概念对于不同的人和组织具有不同的价值。之所以会发生这种情况，是因为所谓的收益取决于组织战略，包含从短期财务收益到长期收益甚至是非财务要素。由于所有项目都有一系列利益相关方，因此，必须考虑为每个利益相关方群体产生的不同价值，并将这些价值与整体价值进行平衡，同时优先考虑客户价值。

（2）基于价值工程的价值最大化

在某些项目的环境下，可能存在不同形式的价值工程，这些价值工程可以将客户、执行组织或其他利益相关方的价值最大化。这方面的一个示例包括在可接受的风险敞口的情况下交付所需的功能和质量水平，同时尽可能少地使用资源，并避免浪费。有时，特别是在没有预先确定范围的适应型项目中，项目团队可以与客户共同努力，确定哪些功能值得投资，哪些功能可能缺乏足够的价值，无须增加到输出之中，从而优化价值。

（3）可交付物到预期成果的关键转变

为了支持从项目中实现价值，项目团队可将重点从可交付物转到预期成果。这样做可以让项目团队实现项目的愿景或目标，而不是简单地创建特定可交付物。虽然可交付物可能会支持预期的项目成果，但它可能无法完全实现项目的愿景或目标。例如，客户可能需要某一特定的软件解决方案，因为他们认为该解决方案可以满足提高生产力这一商业需要。软件是项目的输出，但软件本身并不能实现预期的生产力成果。在这种情况下，增加一项新的可交付物，即提供使用软件的培训和教练，就可以实现更好的生产力成果。如果项目的输出未能提高生产力，相关方可能会认为项目已经失败。因此，项目团队和其他利益相关方都应该了解可交付物及其预期成果。

项目工作的价值贡献可能是一种短期或长期的测量。由于价值贡献可能与运营活动的贡献相混合，因此，很难将其分开。当项目是项目集的一个组件时，也可能需要在项目集层级对价值做出评估，以便以适当的方式对项目进行指导。可靠的价值评估应考虑项目输出的整个环境和全生命周期。虽然价值会随着时间的推移而实现，但有效的过程可以帮助早日实现收益。通过有效率且有效果地实施项目，项目团队可以展示或实现诸如优先交付、更好的客户服务或改善工作环境等成果。通过与负责将项目可交付物投入使用的组织领导者合作，项目领导者可以确保可交付物能够实现所计划的成果。

此原则相关的案例请见本章最后的案例："聚焦于价值——从梁思成和林徽因的选择，看中国古建筑的独特价值"。

4.2.5　原则5：识别、评估和响应系统交互

识别、评估和响应系统交互原则如图4-6所示。

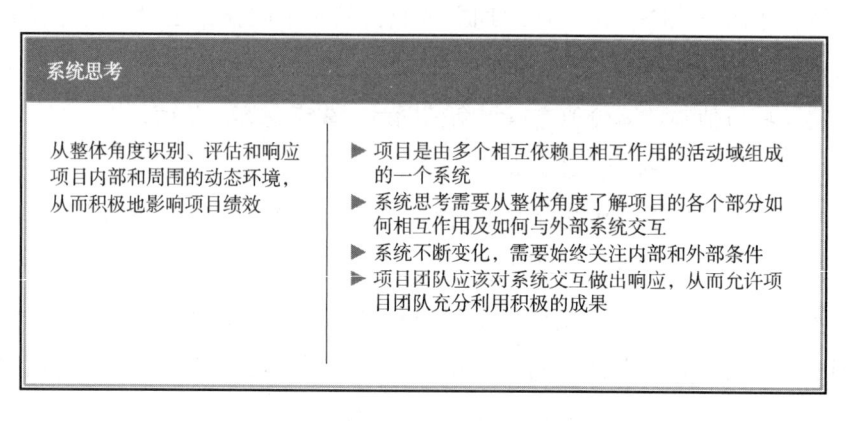

系统思考	
从整体角度识别、评估和响应项目内部和周围的动态环境，从而积极地影响项目绩效	▶ 项目是由多个相互依赖且相互作用的活动域组成的一个系统 ▶ 系统思考需要从整体角度了解项目的各个部分如何相互作用及如何与外部系统交互 ▶ 系统不断变化，需要始终关注内部和外部条件 ▶ 项目团队应该对系统交互做出响应，从而允许项目团队充分利用积极的成果

图4-6　识别、评估和响应系统交互

系统是一组相互作用且相互依赖的组件，它们作为一个统一的整体发挥作用。从整体角度看，项目是一个多层面的实体，存在于动态环境中，可展现系统的各种特征。项目团队应该承认这种项目的整体观，将项目视为一个具有自己工作部件的系统。

一个项目可在其他较大的系统中运作，一个项目可交付物可成为一个旨在实现收益的较大系统的部件。例如，项目可能是某一项目集的一个部件，而该项目集又可能是某一项目组合的一个部件。这些相互关联的结构称为系统体系。项目团队需要平衡由内向外和由外向内的观点，以支持整个系统体系保持一致性。

项目可能还包含有效整合所需的子系统，以交付预期成果。例如，当单个项目团队开发某一可交付物的单独组件时，所有组件都应有效地整合起来。这就要求项目团队定期互动并使子系统的工作保持一致。

系统还需要考虑系统的时序要素，也就是随着时间的推移项目将会交付或实现什么。例如，如果项目可交付物以增量方式发布，则每个增量都会扩展以前版本的累积成果或能力。项目团队应对从项目结束后到项目可交付物达到运营状态这一过程进行考虑，以便实现预期成果。

随着项目的开展，变更是不可避免的。虽然可以提前预测某些变更，但在项目生命周期内可能影响项目的许多变更都是实时出现的。借助系统思考，包括对内部和外部条件的持续关注，项目团队可以驾驭广泛的变更和影响，以使项目与有关利益相关方保持一致。

系统思考也适用于项目团队如何看待自身及其在项目系统内的互动。项目系统通常将一个多样性的项目团队聚集在一起，为共同目标而努力。这种多样性给项目团队带来了价值，但他们需要考虑如何有效利用这些差异，以便项目团队能够紧密协作。例如，如果一个政府机构与一家私营公司签订了开发新技术的合同，开发团队可能由两个组织的项目团队成员组成，他们可能具有相应的假设、工作方式和思维模式，这些内容与团队成员在原有组织内如何运作有关。在这一新的项目系统中（该系统将私营公司和政府机构的文化结合起来），项目团队成员可以建立一种综合性的团队文化，从而形成共同的愿景、语言和工具集。这可以帮助项目团队成员有效参与并做出贡献，并有助于提高项目系统正常运作的概率。

由于各个系统之间的这种交互性，项目团队在开展工作时应意识到并警惕不断变化的系统动态。下面介绍支持项目系统视角所需技能和识别、评估和响应系统交互带来的积极成果：

（1）支持项目系统视角的技能

1）对商业领域具有同理心。

2）关注大局的批判性思维。

3）挑战假设与思维模式。

4）寻求外部审查和建议。

5）使用整合的方法、工件和实践，以便对项目工作、可交付物和成果达成共识。

6）使用建模和情景来设想系统动力如何互动和反应。

7）主动管理整合，以帮助实现商业成果。

（2）识别、评估和响应系统交互会带来的积极成果

1）及早考虑项目中的不确定性和风险，探索替代方案并考虑意外后果。

2）在整个项目生命周期内，调整假设和计划的能力。

3）持续提供信息和洞察，以说明规划和交付情况。

4）与利益相关方就计划、进展和预测进行明晰的沟通。

5）使项目目的、目标与客户组织的目的、目标和愿景保持一致。

6）对接受项目可交付物的最终用户、发起人或客户，能够适应他们不断变化的需要。

7）能够看到协调一致的项目或举措之间的协同作用和带来的节约。

8）能够利用未获取的机会，或者看到其他项目/举措面临或构成的威胁。

9）明晰最佳项目的绩效测量及其对项目参与人员行为的影响。

10）使整个组织受益的决策。

11）更全面、更明智地识别风险。

【例4-4】

亚马逊在开展物流网络扩张项目时考虑了多个方面的动态环境，如交通状况、天气情况、供应链状况等。亚马逊通过识别、评估和响应项目内部和动态环境，积极地影响了项目的绩效。亚马逊主要采取了以下措施：

1）识别动态环境。亚马逊的项目团队不断关注交通状况、天气情况和供应链状况等动态环境，并使用大数据技术来分析和预测这些环境的变化。同时，亚马逊也识别到了市场竞争的激烈程度和物流业务的复杂性，这促使他们寻求创新和改进，以提供更好的物流服务。

2）评估影响。亚马逊进行了技术评估和资源评估。他们评估了现有物流技术的可行性和适用性，并决定采用哪些技术实现更高效的物流网络，以确定如何调整仓储、配送和交通等方面来适应变化。同时，他们也评估了项目所需的人力、物力和财力资源，并进行了风险评估，以确保项目能够按时交付和达到预期目标。

3）响应动态环境。亚马逊制订了详细的物流网络扩张计划和时间表。他们设立了明确的里程碑和目标，并与物流服务提供商、运输公司及相关合作伙伴进行紧密的沟通和协作。亚马逊也设立了监控和反馈机制，及时评估项目的进展，并根据评估结果调整和优化项目计划和策略。他们还进行了市场测试和用户反馈收集，以及时了解用户需求和市场变化，并做出相应的调整。

4）持续改进。亚马逊的项目团队不断评估和改进动态环境对物流项目的影响，并采取相应的措施提高配送效率和准确性，降低成本和风险。

【启示】

通过这种识别、评估和响应项目内部和动态环境的项目管理方法，亚马逊能够积极地影响项目的绩效。他们能够准确把握市场需求和物流趋势，及时调整项目计划和策略，确保物流网络的质量和竞争力。这种项目管理实践也体现了亚马逊对于创新和客户体验的追求，为他们在电子商务物流领域取得成功提供了有力的支持。

在项目管理中，应该始终关注项目内部和外部的环境变化，并及时做出相应的调整和优化。在识别阶段要及时发现和了解项目内部和外部的变化和需求。需要保持敏锐的观察力，关注市场趋势、技术创新、竞争动态等因素，以及项目团队内部的变化和需求。在评估阶段要对项目内部和外部的变化进行全面评估。需要评估技术可行性、资源需求、风险因素等，以便制定合理的项目计划和策略。最后，响应系统交互阶段要及时调整项目计划和策略，以适应环境变化。需要建立监控和反馈机制，及时评估项目的进展，并根据评估结果做出相应的调整和优化。同时，还应该与团队和合作伙伴保持紧密的沟通和协作，共同应对环境变化，确保项目的成功实施。

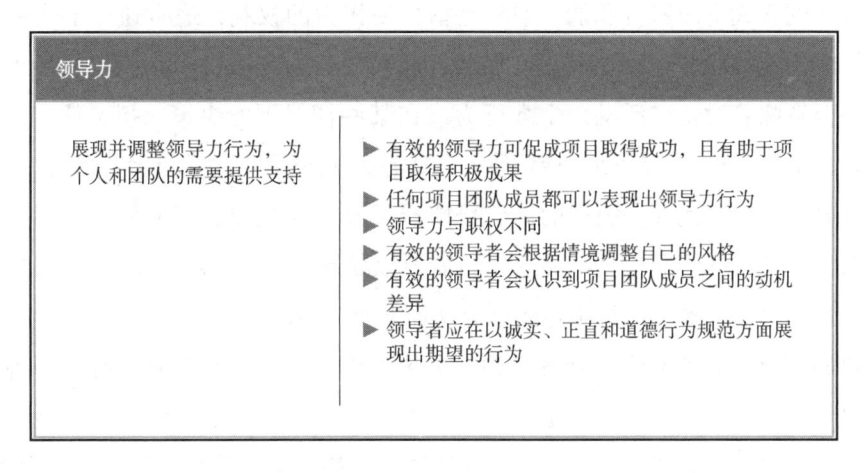

4.2.6　原则6：展现领导力行为

展现领导力行为原则如图4-7所示。

领导力	
展现并调整领导力行为，为个人和团队的需要提供支持	▶ 有效的领导力可促成项目取得成功，且有助于项目取得积极成果 ▶ 任何项目团队成员都可以表现出领导力行为 ▶ 领导力与职权不同 ▶ 有效的领导者会根据情境调整自己的风格 ▶ 有效的领导者会认识到项目团队成员之间的动机差异 ▶ 领导者应在以诚实、正直和道德行为规范方面展现出期望的行为

图4-7　展现领导力行为

项目对有效领导力有独特的需要。有别于通用业务运营（角色和职责通常已经确定并保持一致），项目通常涉及多个组织、部门、职能或供应商，他们会不定期互动。此外，项目的风险和期望可能高于常规的运营职能。因此，更多的经理、高管、资深贡献者和其他利益相关方会试图影响项目，这往往会造成更大程度的混乱和冲突。因此，与大多数项目相比，高绩效的项目会有更多的人更经常地表现出有效的领导力行为。

优先考虑愿景、创造力、激励、热情、鼓励和同理心的项目环境可以取得更好的成果，这些特质往往与领导力有关。领导力包括对项目团队内外的个人施加影响以便实现预期成果的态度、才能、性格和行为。

领导力并非任何特定角色所独有。高绩效项目可能会有多名成员表现出有效的领导力技能，如项目经理、发起人、利益相关方、高级管理层甚至项目团队成员。任何开展项目工作的人员都可以展现有效的领导力特质、风格和技能，以帮助项目团队执行和交付所要求的结果。

必须指出的是，当太多的参与者试图在多个、不一致的方向上对项目施加影响时，可能会出现更多的冲突和混乱。但是，高绩效的项目表现出一种很多影响者的组合形式，这看似矛盾，但每位影响者是以互补的方式贡献更多的领导力技能。例如，如果发起人清楚地说明了优先级，那么技术主管就会开启关于交付选项的讨论。在该讨论中，贡献者有各自立场，直到项目经理使对话达成策略共识。成功的领导力使人能够在任何情况下影响、激励、管理和指导他人。它还包含源自组织的文化和实践的很多特征。

领导力不应与职权混淆，后者是指向组织内人员赋予控制地位，以促进其以有效果和有效率的方式全面履行职能。职权是指行使权力的权利，通常通过正式手段（如章程文件或指定的职务）授予某人。然后，此人即可拥有可表明其职权的某种角色或职位。职权意味着对特定活动、个人行为或在某些情况下的决策承担责任。虽然个人可利用自己的职权影响、激励、指导他人，或在他人未按要求或指示行事时采取行动，但这与领导力不同。例如，组织的高管可能授予某人组建项目团队以交付某项成果的职权。然而，仅仅拥有职权是不够的，还需要以领导力激励团队实现共同目标，使个人利益与集体利益一致，取得项目团队成功而非个人成功。

有效的领导力会借鉴或结合各种领导力风格的要素。根据文献，有各种各样的领导力风格，从专制型、民主型、放任型、指令型、参与型、自信型、支持型到共识型等。在所有这些领导力风格中，没有一种领导力风格是被公认为最好或被普遍推荐的。相反，有效的领导力只有在最适合的特定情况时才会表现出来。

当这些高级经理的优先事项发生冲突时，适当的引导要比提出详细建议更有帮助。有效的领导力技能是可以培养的，可以通过学习和开发，使其变成一项个人财富，并给项目和利益相关方带来收益。高绩效的项目显示出一种个体持续改进的普遍模式。项目团队成员通过学习或练习各种技能、技巧的组合提高领导力，包括但不限于：

1）让项目团队聚焦于既定的目标。

2）阐明项目成果的激励性愿景。

3）为项目寻求资源和支持。

4）就最好的前进方式达成共识。

5）克服项目进展中的障碍。

6）协商并解决项目团队内部及项目团队与其他相关方之间的冲突。

7）调整沟通风格和信息传递方式，便于受众接受。

8）指导项目团队其他成员。

9）欣赏并奖励积极行为和贡献。

10）为提高技能和个人发展提供机会。

11）引导协同决策。

12）有效对话和积极倾听。

13）向项目团队成员授权和委派责任。

14）建立勇于担责、有凝聚力的项目团队。

15）对项目团队和利益相关方的观点表现出同理心。

16）能够意识到自己的偏差和行为。

17）在项目全生命周期内控制和适应变化。

18）通过承认错误养成"失败-快速学习"的心态。

19）就期望的行为树立榜样示范。

下面介绍可以提升领导力的两个方面。

（1）自身行动示范

个人性格对领导者来说很重要。一个人可能有很强的领导力，但他的影响力可能会被自私或不值得信任的感觉所削弱。高效的领导者寻求成为诚实、正直和道德行为领域的榜样。他们公开信息，无私工作，并愿意提供帮助。他们也明白，项目团队成员会仔细审视并仿效领导者所展现的价值观、道德和行为。因此，领导者还有额外的职责，即通过自身的行动展示期望的行为。

（2）激励

当领导者了解激励他人的因素时，项目会达到最佳的运作状态。当项目团队成员展现出符合利益相关方特定需要和期望的适当领导力特质、技能和特征时，项目团队就可以蓬勃发展。应了解如何以最佳方式与他人沟通、激励他人或者在必要时采取行动，这样有助于提高项目团队绩效并应对项目成功前所面临的障碍。当一个项目中有多人发挥领导力时，这种领导力可以促使大家对项目目标担起共同的责任，进而可以营造一个健康而又充满活力的环境。激励因素包括奖金、认可、自主权、令人信服的目标、成长机会和个人贡献等。

【例 4-5】

埃隆·马斯克（以下简称"马斯克"）是一位具有突出领导力行为的企业家，他是特斯拉、SpaceX 等多家知名公司的创始人和首席执行官。

首先，马斯克以身作则，通过自己的行动和决策激励和引导团队成员。他展现了坚定的决心和勇气，不断追求激进的创新和技术突破。他在面对困难和挑战时展现出强大的毅力和韧性。他的积极态度和对工作的热情激励着团队成员，推动公司不断向前发展。

其次，马斯克注重员工的发展和成长。他鼓励团队成员不断学习和提升自己，提供资源和支持，鼓励员工参与创新项目和挑战，激发他们的潜力和创造力。他鼓励员工勇于尝试和失败同时也非常注重员工的福利和工作环境，创造了一种积极、开放和有创造力的工作文化。

此外，马斯克展现了强大的决策能力和领导力。他能够在复杂的商业环境中做出明智的决策，并对公司的未来发展方向有清晰的愿景和战略规划。他善于分析和解决问题，能够在短时间内做出关键决策。他还注重团队合作和沟通，通过组织各种形式的团队活动和会议来促进团队之间的交流和合作。

【启示】

马斯克通过自身行动示范和激励等展现了领导力行为。他在企业中营造了积极的工作氛围，激励员工追求卓越，并推动了公司的创新和成功。他的领导力行为不仅在自己的公司中产生了影响，也在整个行业和社会中产生了深远的影响。

该案例表明，有效的领导可以促进项目的成功，并有助于取得积极的项目成果。在领导有方的项目中，所有项目团队、每个项目团队成员和其他利益相关方都会积极参与其中。每个项目团队成员都心系共同的愿景，并为交付共享的结果而努力。有效的领导力对于帮助项目团队维护有职业道德且易于适应的环境至关重要。

4.2.7 原则7：根据环境进行裁剪

根据环境进行裁剪原则如图4-8所示。

裁剪	
根据项目的背景及其目标、利益相关方、治理和环境设计项目开发方法，使用"刚好够"的过程实现预期成果，同时使价值最大化、管理成本并提高速度	▶ 每个项目都具有独特性 ▶ 项目成功取决于适应项目的独特环境，以确定产生预期成果的最适当方法 ▶ 对方法进行裁剪是迭代的，在整个项目进行期间，这种裁剪是一个持续的过程

图4-8 根据环境进行裁剪

(1) 裁剪的重要性

适应独特的目标、利益相关方和复杂的环境有助于项目取得成功。裁剪是对有关项目管理方法、治理和过程做出深思熟虑的调整，使之更适合特定环境和当前任务。项目团队裁剪适当的框架，使其具有灵活性，并能够在项目全生命周期内持续地产生积极的结果。商业环境、团队规模、不确定性程度和项目复杂性都是裁剪项目系统需要考虑的因素。项目系统可以从整体角度进行裁剪，包括考虑相互关联的复杂性。

项目团队和PMO一起考虑治理因素，按每个项目逐一讨论并确定交付方法及交付成果所需的资源。这包括选择要使用的过程、开发方式、方法和交付项目成果所需的工件。裁剪决策可以是接受既定方法论的隐性行动，也可以是选择并混合特定要素以适应项目和项目环境的独特特征的显性行动。在一定程度上，每个项目都需要裁剪，因为每个项目都存在于特定环境中。

(2) 裁剪的方法论

裁剪是通过使用"刚好够"的过程、方法、模板和工件以实现项目期望的成果。裁剪旨在最大化价值、管理制约因素并提高绩效。项目通常是独特的，即使项目可交付物看起来并不独特，这是因为项目环境不同。组织、客户、渠道和环境都是动态要素，这些变化和持续的学习可能会导致项目团队使用或开发不同的方法或方式追求成功。项目团队应审视每个项目的各种独特条件，以便确定产生期望成果的最适当方法。

现有的方法论或常见的工作方式可以使人们了解如何对项目进行裁剪。方法论是由专门学科的从业者所采用的实践、技术、程序和规则所组成的体系。项目团队可能需要采取上级组织的方法论。这就是说，项目团队采用的方法论体系由过程、治理、方法和模板组成，它们为如何开展项目提供指导。虽然这使组织内的项目保持了一定程度的一致性，但该方法论本身可能仍需要根据每个项目的情况进行裁剪。组织政策和程序规定了项目团队被授权能够裁剪的边界。

项目团队还需要考虑项目管理过程的时间和成本。未进行裁剪的过程可能对项目或其成果几乎没有什么价值，同时会导致成本增加和进度拖期。对项目的运作方式及适当的过程、方法、和工件进行裁剪，可以帮助项目团队就与过程相关的成本和与项目成果相关的价值贡献做出决策。

除了决定如何对方法进行裁剪，项目团队还需要和与该方法有关的利益相关方沟通裁剪决策，每个团队成员都应了解与这些利益相关方及其角色相关的所选方法和过程。

项目团队应该对项目方法进行裁剪，以适应项目及其环境的独特特征，这有助于提高项目的绩效水平，提高项目成功的概率。经过裁剪的项目方法可以为组织产生直接和间接的收益，例如：

1）项目团队成员会做出更深入的承诺，因为他们参与了方法的定义。

2）行动或资源方面的浪费会有所减少。

3）以客户为本（因为客户和其他利益相关方的需要是项目裁剪的重要影响因素）。

4）项目资源得到更有效的利用，因为项目团队意识到各个项目过程的重要性。

裁剪项目可以带来以下积极成果：

1）提高创新、效率和生产力。

2）吸取经验教训，以便可以分享特定交付方法的改进之处，并将它们应用于下一轮工作或未来的项目。

3）采用新的实践、方法和工件，组织的方法论得到进一步改进。

4）通过实验发现了改进的成果、过程或方法。

5）在具有多个专业背景的项目团队内，用于交付项目成果的方法和实践得到有效整合。

6）从长远来看组织的适应性有所增强。

对方法进行裁剪具有迭代性，因此，在项目全生命周期中它是一个持续的过程。项目团队需要收集所有利益相关方的反馈，了解这些方法和裁剪的过程是如何在项目进展中发挥作用的，以评估其有效性并为组织增加价值。

【例4-6】

为应对疫情，火神山医院的建成仅仅用了10天。火神山医院项目属于应急抢建工程，面对时间紧、任务重、质量要求高的特点，火神山医院建设项目管理必须采取更加灵活的方式，对原有的项目管理流程、方法进行裁剪，以确保项目目标的实现。该项目采取的主要方法包括：

1）项目需求和范围、风险管理方面。箱式房仍存在潜在风险，如结构耐久性存在不确定性。特别是在建设传染病医院时，建设工程所需功能繁多，机电系统较复杂，且各方需求不同，常用的箱式房无法满足建设要求。但由于应急抢建工程旨在快速建造、应对疫情，面对进度要求，必须对项目的需求、范围和风险管理做适应性的裁剪，例如，医院的临时生活区、办公区使用集装箱式活动房结构进行拼装。

2）项目采购管理方面。火神山医院建设存在物资需求量大、协调难度大等难题，因此，项目团队必须根据环境进行裁剪。首先，为了达到加快施工的目的，项目团队与供应商建立了快速供应链，通过直接从生产厂家采购减少中间环节的时间和成本，确保物资的快速采购和交付。此外，项目团队还采用了中央调配和区域调配相结合的方式。通过中央调配统一管理和调配物资，通过区域调配确保各个地区的物资供应平衡。并建立了物资管理系统，避免物资的浪费和重复采购。

3）项目人力资源调配方面。火神山医院的建设需要大量的人力资源，包括医疗人员、建筑工人和志愿者等。项目团队与各地政府和医疗机构合作，并通过各种渠道广泛宣传招募信息，调动了大量的人力资源，确保火神山医院能够及时投入使用。同时，他们还进行了人力资源的合理安排和调配，确保各个岗位都能得到适当的人员支持。

【启示】

通过根据环境进行裁剪的项目管理原则，火神山医院的建设能够在有限的时间要求下满足需求和质量要求，这也说明了根据环境对项目管理流程、方法进行裁剪的重要性。根据项目的特定环境和任务需求，灵活调整项目管理的重点和方法，有助于项目的成功实施和成果交付。

4.2.8　原则8：将质量融入过程和可交付物中

将质量融入过程和可交付物中原则如图4-9所示。

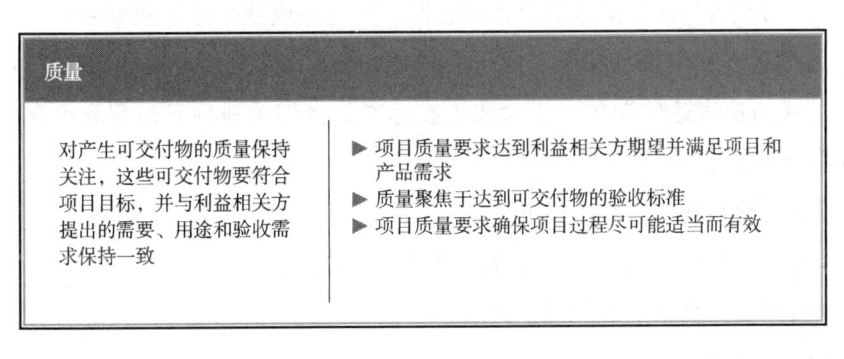

质量	
对产生可交付物的质量保持关注，这些可交付物要符合项目目标，并与利益相关方提出的需要、用途和验收需求保持一致	▶ 项目质量要求达到利益相关方期望并满足项目和产品需求 ▶ 质量聚焦于达到可交付物的验收标准 ▶ 项目质量要求确保项目过程尽可能适当而有效

图4-9　将质量融入过程和可交付物中

质量是产品、服务或结果的一系列内在特征满足需求的程度。质量包括满足客户明示或隐含需求的能力。对项目的产品、服务或结果（此处称为"可交付物"）进行测量，以确定是否符合验收标准和适用性要求。

质量可能有几个不同的维度，包括但不限于：

1）绩效。可交付物的功能是否符合项目团队和其他利益相关方的预期。

2）一致性。可交付物是否适合使用，是否符合规格。

3）可靠性。可交付物在每次执行或生成时是否会产生一致的度量指标。

4）韧性。可交付物是否能够应对意外故障并快速恢复。

5）满意度。可交付物是否会获得最终用户的积极反馈，这包括可用性和用户体验。

6）统一性。和相同方式生成的其他可交付物相比，可交付物是否具有相同性。

7）效率。可交付物是否能以最少的输入和人力投入产生最大的输出。

8）可持续性。可交付物是否会对经济、社会和环境参数产生积极影响。

项目团队根据需求使用度量指标和验收标准来测量质量。需求是指为满足需要，某个产品、服务或结果必须达到的条件或具备的能力。需求（无论是明示的还是隐含的）可能源自利益相关方、合同、组织政策、标准或监管机构，也可能源自这些的组合。质量与工作说明书或其他设计文件中所述的产品验收标准密切相关。这些标准应随着实验的开展和优先级的确定而更新，并应作为验收过程中的一部分进行确认。

质量也与用于生成项目可交付物的项目方法和活动有关。虽然项目团队会通过检查和测试评估可交付物的质量，但对项目活动和过程则是通过审查和审计进行评估的。在这两种情况下，质量活动都可能侧重于发现和预防错误和缺陷。

质量活动的目标是确保交付物以最直接的方式满足客户和其他利益相关方的目标，从而使资源浪费最小化，并最大化地提高实现期望成果的概率。这会产生如下结果：

1）快速将可交付物移至交付点。

2）预防可交付物的缺陷或及早识别它们，以避免或减少返工和报废。

质量管理过程和实践有助于生成可交付物和成果，它们达到项目目标，且符合组织和利益相关方所表达的期望、用途和验收标准。密切关注项目过程和可交付物的质量会产生积极成果，包括：

1）项目可交付物符合验收标准。

2）项目可交付物达到利益相关方期望和商业目标。

3）项目可交付物缺陷最少或无缺陷。

4）及时或快速交付。

5）强化成本控制。

6）提高产品交付质量。

7）减少返工和报废。

8）减少客户投诉。

9）良好供应链整合。

10）提高生产力。

11）提高项目团队的士气和满意度。

12）可靠的服务交付。

13）改进决策。

14）持续改进过程。

【例 4-7】

迪士尼公司是一家以制作和发行电影、电视节目和游戏而闻名的娱乐公司。为了确保其产品的质量，迪士尼公司采取了将质量融入过程和可交付物中的管理原则。

在电影制作过程中，迪士尼公司采取了一系列措施确保电影的质量。首先，迪士尼公司注重剧本的质量。他们聘请优秀的编剧和导演创作和制作电影，并对剧本进行严格的审核和修改。其次，迪士尼公司在选角时也非常注重演员的演技和形象是否符合角色要求。最后，在拍摄过程中，迪士尼公司采用了高标准的拍摄设备和技巧，并组建了专业的后期制作团队对电影进行剪辑、特效处理和音效设计等，以确保电影的质量。

除了电影制作，迪士尼公司在电视节目和游戏的制作过程中也注重质量的管理。例如，在电视节目方面，迪士尼公司会进行市场调研和分析，确定观众的喜好和需求，然后根据这些信息制定节目的内容和形式。同时，在游戏开发方面，迪士尼公司也会对游戏的设计、画面、音效等方面进行严格的测试和审核，以确保游戏的质量和用户体验。

【启示】

通过将质量融入过程和可交付物中，迪士尼公司成功制作出许多高质量的电影、电视节目和游戏，赢得了广大观众和玩家的喜爱和信任。这也证明了将质量融入过程和可交付物中的管理原则在提高产品质量和赢得客户信任方面的重要性。

4.2.9 原则9：驾驭复杂性

驾驭复杂性原则如图4-10所示。

复杂性	
不断评估和驾驭项目复杂性，以便这些方法和计划使项目团队能够成功驾驭项目生命周期	▶ 复杂性是由人类行为、系统交互、不确定性和模糊性造成的 ▶ 复杂性可能会出现在项目期间的任何时候 ▶ 影响价值、范围、沟通、利益相关方、风险和技术创新的事件或情况可能会造成复杂性 ▶ 在识别复杂性的要素时，项目团队可以保持警惕，并通过各种方法降低复杂性的数量或影响

图 4-10　驾驭复杂性

项目是由相互作用的要素组成的系统。项目或项目环境具有复杂性特征，这种复杂性是由人类行为、系统行为和模糊性难以管理造成的。交互的性质和数量决定了项目的复杂程度。复杂性源于项目要素、项目要素之间的交互，以及与其他系统和项目环境的交互。虽然复杂性无法控制，但项目团队可以对其活动做出调整，以应对复杂性造成的影响。

项目团队通常无法预见复杂性的出现，因为它是风险、依赖性、事件或相互关系等许多因素交互的结果。另外，一些原因可能交汇在一起，产生单一的复杂影响，导致很难分离出造成复杂性的特定原因。

项目复杂性是由项目和整个项目系统中的单个要素造成的。例如，项目的复杂性可能会随着利益相关方（如监管机构、国际金融机构、多个供应商、多个专业分包商或当地社区）数量的扩大及类型的多样而增加。这些利益相关方可以单独或共同对项目的复杂性产生重大影响。

一些更常见的复杂性来源如下。

（1）人类行为

人类行为是人的行为、举止、态度和经验的相互作用。人类行为也会使项目变得复杂，这种复杂性主要通过引入主观因素（如与项目目的和目标相冲突的个人议程）造成。位于偏远地区的利益相关方可能地处不同的时区，讲不同的语言，遵守不同的文化规范。

（2）系统行为

系统行为是项目要素内部和项目要素之间动态相互依赖的结果。例如，不同技术系统的集成可能会导致威胁，从而影响项目的成果和成功。项目系统各组件之间的交互可能导致相互关联的风险，造成新出现或不可预见的问题，并产生不清晰和不相称的因果关系。

（3）不确定性和模糊性

模糊性是一种不清晰、不知道会发生什么情况或如何理解某种情况的状态。选项众多或不清楚哪个是最佳选项可能会导致模糊性，不清晰或误导性事件、新出现的问题或主观情况也可能会导致模糊性。不确定性是指缺乏对问题、事件、要遵循的路径或要追求的解决方案的理解和认识。它涉及非传统的行动、反应和结果发生的可能性，其中包括未知的未知和黑天鹅事件，它们是完全超出了现有的知识或经验的新兴因素。在复杂的环境中，不确定性和模糊性可以混合在一起，使因果关系模糊，以至于概率和影响定义不清。不确定性和模糊性很难降低到使因果关系可以很好定义并加以有效处理的程度。

(4) 技术创新

技术创新可能导致产品、服务、工作方式、流程、工具、技术和程序等的颠覆。台式电脑和媒体的出现是技术创新的范例，它们从根本上改变了项目工作的执行方式。新技术及其使用方式存在的不确定性会增加复杂性。创新有可能有助于项目产生解决方案，但若与其有关的不确定性未得到确定，则可能会导致项目混乱，从而使复杂性增加。

【例4-8】

载人航天工程是中国航天领域规模最大、系统最复杂、可靠性和安全性要求最高的一项跨世纪国家重点工程。神舟飞船系统作为载人航天工程的重要组成部分，其科研管理体现了整个载人航天工程管理的基本要求和特点规律。神舟飞船的成功研制、发射、运行和回收，证明了紧密结合研制工作实际，运用现代项目管理理念和方法，并加以改革和创新而形成的、具有神舟飞船特色的系统工程管理体系，是神舟飞船任务圆满完成的重要保证。

载人航天工程面临着许多复杂性特征，主要包括以下4个方面：

1) 系统复杂。载人航天工程是一个复杂的系统，由众多子系统和模块组成。项目管理团队需要以系统思维的方式理解和管理整个系统，以确保各个组件的协调运作和整体目标的实现。

2) 技术复杂。载人航天工程涉及大量的技术领域，技术复杂程度。例如，航天器设计涉及航天器结构、动力系统、导航与控制系统等多个子系统的设计与集成，需要解决大量技术难题，如轨道舱和返回舱设计、航天器的精确定位、航天器的重量与强度平衡、热控制等。

3) 组织复杂。载人航天工程涉及众多参与单位的协同工作，组织间的沟通、协调复杂。例如，不同的研究院所和企业之间，需要协调、平衡各方的利益和资源，确保各个单位能够有效地协同合作。

4) 风险和不确定性高。载人航天工程面临着许多风险和不确定性。例如，技术风险涉及技术难题的解决和技术成熟度的验证，安全风险涉及航天器的安全性和航天员的安全保障等。

为了驾驭这些复杂性，载人航天项目采取了一系列有效的项目管理原则与方法，包括：

1) 强调合作和沟通。建立高效的矩阵式项目管理机构。将并行工程与目标管理相结合，统筹安排；牢固树立"载人"意识，将项目管理与过程质量控制紧密结合，形成有效的项目管理体系。

2）以总体设计为龙头的技术体系。以总体设计单位为龙头，协调各分系统的设计。工程总体采用有利于全面完成基本任务的三舱（轨道舱、返回舱和推进舱）飞船方案，既充分借鉴航天型号的成熟技术，又瞄准当时的先进水平，实现跨越式发展。轨道舱可长期留轨运行，使载人工程第一步的成果能够应用于第二步、第三步。

3）集成管理。充分运用项目管理集成理论，组建跨领域、跨行业、跨军民的高度集中统一的组织管理体系，形成一套成熟的管理制度。体系内总体高度集权，分系统高度专业化，所有单位紧密联系，整个体系高效务实运转。

4）风险管理和问题解决。载人航天项目采用全面的风险管理和问题解决方法。通过制订风险管理计划、建立问题解决机制和实施应急预案，及时应对和解决项目中出现的各种问题和挑战。

通过采用这些项目管理原则与方法，中国载人航天工程成功地驾驭了复杂性，并取得了重大的成就。

【启示】

中国载人航天工程之所以能够取得一系列重大成就，很重要的一点就是在其研制和建设过程中，广大科研工作者大胆实践、勇于创新，积极探索具有中国特色的大型航天工程项目管理模式和方法，成功驾驭了项目复杂性。

复杂性可能会出现在任何领域和项目生命周期的任何时点，并影响项目进程和结果。通过持续关注项目组件和整个项目，项目团队可以留意出现复杂性的迹象，从而识别贯穿整个项目的复杂性要素。通过对系统思考、复杂的自适应系统、以往项目经验，以及与系统交互相关的理解、分析与运用，项目团队就能增强驾驭复杂性的能力。

4.2.10 原则10：优化风险应对

优化风险应对原则如图4-11所示。

风险是一旦发生即可能对一个或多个目标产生积极或消极影响的不确定事件或状况。已识别的风险可能会也可能不会在项目中发生。在项目的整个生命周期内，项目团队应努力识别和评估项目内部和外部的已知和新出现的风险。

下面介绍优化风险应对需要重点关注的3个方面。

（1）增加积极风险，规避消极风险

项目团队应力求最大化地增加积极风险（机会），减少消极风险（威胁）敞口。

威胁可能会导致诸多问题，如进度延迟、成本超支、技术故障、绩效下降或声誉受损等。机会可以带来诸多收益，如时间缩短、成本下降、绩效改进、市场份额增加或声誉提升等。

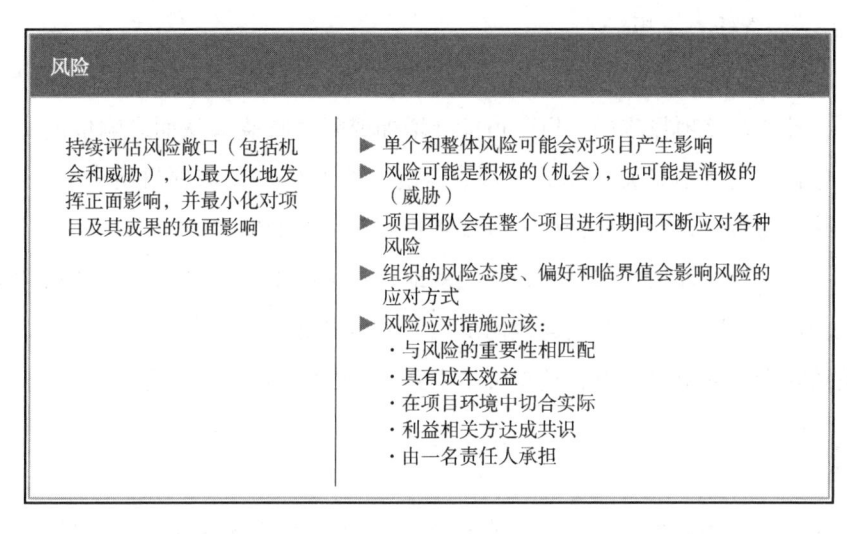

```
风险

持续评估风险敞口（包括机         ▶ 单个和整体风险可能会对项目产生影响
会和威胁），以最大化地发         ▶ 风险可能是积极的（机会），也可能是消极的
挥正面影响，并最小化对项            （威胁）
目及其成果的负面影响             ▶ 项目团队会在整个项目进行期间不断应对各种
                                风险
                              ▶ 组织的风险态度、偏好和临界值会影响风险的
                                应对方式
                              ▶ 风险应对措施应该：
                                · 与风险的重要性相匹配
                                · 具有成本效益
                                · 在项目环境中切合实际
                                · 利益相关方达成共识
                                · 由一名责任人承担
```

图 4-11　优化风险应对

（2）监督整体项目风险

项目团队还应监督整体项目风险。整体项目风险是不确定性对项目整体的影响。整体风险源自所有不确定性来源，包括众多单个风险，它表示利益相关方面临的项目成果变化的影响（包括正面影响和负面影响）的风险敞口。整体项目风险管理旨在将项目风险敞口保持在可接受的范围内。管理策略包括减少威胁的驱动因素、促进机会的驱动因素，以及最大化地提高实现总体项目目标的可能性。

（3）关注风险偏好和风险临界值

项目团队成员应该争取利益相关方参与，了解他们的风险偏好和风险临界值。风险偏好表示组织或个人为了获得预期回报，其愿意接受的不确定性程度。风险临界值是围绕目标可接受的偏差范围的测量指标，反映了组织和相关方的风险偏好。由于风险临界值能够反映风险偏好，因此，与 ±10% 的风险临界值相比，围绕成本目标 ±5% 的风险临界值反映的风险偏好更低。风险偏好和风险临界值可让项目团队了解如何驾驭项目中的风险。

有效且适当的风险应对可以减少单个和整体项目威胁，并增加单个和整体项目机会。项目团队应始终如一地确定潜在的风险应对措施，同时谨记这些应对措施应具有以下特征：

1）适当性和及时性与风险的重要性匹配。

2）具有成本效益。

3）在项目环境中切合实际。

4）与利益相关方达成共识。

5）由一名责任人承担。

风险可能存在于企业、项目组合、项目集、项目和产品中。项目可能是某一项目集的一个组件，在该项目集中，风险可能会增加或降低收益（从而影响价值）。项目可能是某一包含相关或不相关工作的项目组合的一个组件，在该项目组合中，风险可能会增加或减少项目组合的总体价值，以及影响商业目标的实现。

采用一致的风险评估、规划并积极主动地管理风险的组织和项目团队通常会发现，以上投入会比在风险发生时对问题做出反应的成本要低。

有关风险管理的更多信息，请参阅本书第 10 章"项目风险管理"。

【例 4-9】

特斯拉是一家全球知名的电动汽车制造商，以创新的技术和可持续发展的愿景而闻名。特斯拉在面对市场风险和技术风险时，采取了优化风险应对的管理原则。

（1）市场风险

特斯拉在推出电动汽车时面临着市场接受度的不确定性。为了优化风险应对，特斯拉采取了以下策略：

1）建立品牌形象。特斯拉通过创造高端、创新和环保的品牌形象，吸引了一群热衷于可持续发展的消费者，从而降低了市场风险。

2）建立充电基础设施。特斯拉投资建设了全球范围内的超级充电站网络，使得电动汽车充电更加便捷和快速。这一举措的目的是解决消费者对电动汽车充电不便的问题，提高电动汽车的可接受度和市场份额。

（2）技术风险

特斯拉在电动汽车技术领域的创新也带来了技术风险。为了优化风险应对，特斯拉采取了以下策略：

1）不断研发和改进技术。特斯拉将电池技术作为其核心竞争力之一，持续进行研发和改进。他们不断提高电池的能量密度、充电速度和寿命，以提供更长的续航里程和更好的性能，降低消费者的焦虑感和技术风险。特斯拉在自动驾驶技术领域进行了大量的研发和测试工作。他们不断改进自动驾驶系统，提高安全性和可靠性，并通过软件更新向现有车辆提供新功能。特斯拉的自动驾驶技术在行业内处于领先地位，为其产品增加了竞争优势。

2）建立合作伙伴关系。特斯拉与其他汽车制造商、科技公司建立了合作伙伴关系。例如，他们与日本电池制造商 Panasonic 合作生产电池，与美国人工智能公司 NVIDIA 合作开发自动驾驶芯片等。通过与行业内的领先企业合作，特斯拉能够共享资源、共同研发和推广电动汽车技术，降低技术风险。

【启示】

通过识别风险、评估风险及提出风险应对策略，特斯拉成功地在市场上建立了领先地位，并成为电动汽车行业的领军企业。这表明，在项目的整个生命周期内，努力识别和评估项目内部和外部的风险是极为重要的。优化风险应对是企业成功应对市场和技术风险的关键原则之一。

4.2.11　原则 11：拥抱适应性和韧性

拥抱适应性和韧性原则如图 4-12 所示。

适应性和韧性	
将适应性和韧性融入组织和项目团队的方法之中，以帮助项目适应变革，从挫折中恢复过来并推进项目工作	▶ 适应性是指应对不断变化的情形的能力 ▶ 韧性是指吸收冲击的能力和从挫折或失败中快速恢复的能力 ▶ 聚焦于成果而非输出，有助于增强适应性

图 4-12　拥抱适应性和韧性

大多数项目在某个阶段都会遇到挑战或障碍。如果项目团队开展项目的方法具备适应性和韧性，则有助于项目适应各种影响并蓬勃发展。适应性是指应对不断变化的情形的能力。韧性由两个具有互补性的特质组成：吸收冲击的能力和从挫折或失败中快速恢复的能力。适应性和韧性是任何开展项目的人员都应具备的有益特征。

项目很少会按最初的计划执行。项目会受到内部和外部因素（新需求、问题、利益相关方等因素）影响，这些因素存在于一个有各种相互作用的系统中。项目中的某些要素可能会失败或达不到预期，这需要项目团队重新组合、重新思考和重新规划。例如，在基础设施项目中，法院在项目执行期间的裁决可能会导致设计和计划的变更。在技术项目中，技术方面的电脑化模型可能会显示各个组件可以正常协同工作，但它们在实际应用时却发生故障。在这两个案例中，项目团队都需要应对此情形，以便推进项目。有一种观点认为，项目应严格遵守早期阶段的计划和承诺，即使在出现新的或不可预见的因素之后亦是如此。这种观点对包括客户和最终用户在内的利益相关方是没有益处的，因为这束缚了产生价值的可能性。但是，应该从整体的角度做到适应性，如应采用适当的变更控制过程，以避免出现范围蔓延等问题。在项目环境中，支持适应性和韧性的能力包括：

1）较短的反馈循环，以便快速适应。

2）持续学习和改进。

3）拥有宽广技能组合的项目团队，以及在每个所需技能领域具有广博知识的个人。

4）定期检查和调整项目工作，以识别改进机会。

5）多样化的项目团队，以获得广泛的经验。

6）开放和透明的规划，让内部和外部利益相关方参与。

7）小规模的原型法和实验，以测试想法和尝试新方法。

8）充分运用新的思考方式和工作方式的能力。

9）平衡工作速度和需求稳定性的过程设计。

10）组织的开放式对话。

11）具有宽广的技能组合、文化和经验的多样性项目团队，同时还有各个所需技能领域的主题专家。

12）对过去相同或类似工作中所获学习成果的理解力。

13）预测多种潜在情景，并为多种可能的情况做好准备的能力和意愿。

14）将决策推迟到最后负责任的时刻。

15）管理层支持。

16）平衡速度和稳定性的开放式设计。

预期的成果而非可交付物能够促成解决方案，进而可利用比原始计划更好的结果。例如，项目团队可找到替代解决方案，以提供比原始定义的可交付物更优的成果。虽然探寻替代方案通常属于商业论证的范畴，但技术和其他能力的演变非常快，以至于在商业论证完成和项目收尾之间的任何时候都可能出现解决方案。在项目期间可能会出现适应项目的机会，届时项目团队应向项目发起人、产品负责人或客户说明为何要抓住这一机会。根据合同类型，因适应项目而进行的某些变更可能需要客户批准。在项目发起人、产品负责人或客户的支持下，项目团队应准备好调整其计划和活动以利用这一机会。

项目系统中的意外变更和情况也可能会带来机会。为了优化价值交付，项目团队应该针对变更和计划外事件，运用问题解决和整体思维方法。发生计划外事件时，项目团队应寻找可能获得的潜在积极成果。例如，将项目时间线后期发生的变更包含进来，这样就可以成为市场上第一个提供该功能的产品，从而增加竞争优势。

【例4-10】

2011年，日本发生东北地区太平洋沿岸发生地震和海啸，这场灾难造成了巨大的破坏，并对日本的经济、社会和基础设施产生了严重影响。然而，日本政府和民间组织通过展现适应性和韧性，成功地应对了这一灾难。

(1) 适应性

日本政府迅速建立了一个灾难应对中心，并调动了全国范围内的资源和能力来应对灾难。他们与国内外的合作伙伴合作，协调救援和恢复工作。此外，他们还通过电视、广播和互联网等多种渠道向公众提供灾难信息和指导，以确保人们能够做出正确的决策。

(2) 韧性

日本政府和民间组织采取了一系列措施来吸收冲击。他们迅速建立了临时住房，以提供给那些失去家园的人们。他们还组织了志愿者团队，帮助清理废墟和提供食品和医疗服务。此外，他们还采取了一些相关措施保护人们的生命和财产，如疏散和撤离。

日本政府和民间组织迅速采取行动，恢复了受损的基础设施和能源供应。他们投入了大量资源和资金重建受损的建筑和设施，如修复道路、桥梁和发电厂。此外，他们还制订了长期恢复计划，以提高灾难应对能力并减少未来灾害的影响。通过展现适应性和韧性的特质，日本政府和民间组织成功地应对了地震和海啸的影响。他们通过协调和合作，迅速采取行动，并从挫折和失败中快速恢复。

【启示】

该案例展示了人们在面对困难时表现出的适应性和韧性，他们成功应对了灾难，并为未来的灾难提供了有益的经验和教训。这也表明，拥抱适应性和韧性是任何开展项目的人员都应具备的基本特征。

在项目管理中采用适应性和韧性的原则，可使项目团队在内部和外部因素发生变化时专注于期望成果，这有助于他们从挫折中恢复过来。这些特征还有助于项目团队学习和改进，以便他们能够从失败或挫折中快速恢复，并继续在交付价值方面取得进展。

4.2.12 原则12：为实现预期的未来状态而驱动变革

为实现预期的未来状态而驱动变革原则如图4-13所示。

变革	
使受影响者做好准备，以采用和维持新的和不同的行为和过程，即从当前状态过渡到项目成果所带来的预期未来状态所需的行为和过程	▶ 结构化的变革方法可帮助个人、群体和组织从当前状态过渡到未来的期望状态 ▶ 变革可能源于内部影响或外部来源 ▶ 促成变革可能具有挑战性，因为并非所有利益相关方都接受变革 ▶ 在短时间内尝试进行过多变革可能会导致变革疲劳和/或受到抵制 ▶ 利益相关方参与和激励的方法有助于使变革顺利进行

图4-13 为实现预期的未来状态而驱动变革

在当今的商业环境中保持相关性是所有组织面临的根本挑战。要做到具有相关性，必须对利益相关方的需要和期望做出响应。这就需要为利益相关方的利益而不断评估产品/服务，对变革做出快速响应，并担当变革推动者。项目经理应具备独特的能力，让组织做好变革的准备。根据项目本身的定义，项目会创造新的事物：它们是变革推动者。

变革管理或使能（Enablement）是一种综合的、周期性的和结构化的方法，可使个人、群体和组织从当前状态过渡到实现期望收益的未来状态。它不同于项目变更控制，后者是一个过程，通过该过程，项目团队可以首先识别和记录与项目相关的文件、可交付物或基准的修改，然后批准或拒绝这些修改。

组织中的变革可能源自内部和外部。

1）源自内部。例如，需要新的能力或弥补绩效差距。

2）源自外部。例如，技术进步、人口结构变化或社会经济压力。

任何类型的变革都涉及经历变革的群体及与其互动的行业某种程度的适应或接受。

在组织中推动变革可能充满挑战，这有多种原因，如有些人可能天生就抵制变革或厌恶风险，又如所处环境可能表现出保守的文化。有效的变革管理采用激励型策略，而不是强制型策略。参与和双向沟通可营造出这样的一种环境，即变革会得到采用和接受（assimilation），或者从抵制变革的用户那里识别出一些需要解决的有效问题。

项目团队成员和项目经理可与利益相关方合作，解决抵制、疲劳和变革吸收的问题，以提高客户或项目可交付物接收者成功采纳或接受变革的概率。这包括在项目早期沟通与变革相关的愿景和目的,以争取各方对变革的认同。在整个项目期间,应向组织内所有层级的人员说明变革的收益和对工作过程的影响。

同样重要的是,使变革的速度适应利益相关方和环境接受变革的意愿、成本和能力。如果试图在太短的时间内进行过多的变革,则可能会因变革饱和而受到抵制。即使利益相关方一致认为变革将产生更多价值或增强成果,他们仍往往难以采取能够交付更高收益的行动。为了促进收益实现,项目还可能会开展一些活动,以便在变革实施后使其得到强化,从而避免人们回到初始状态。

认识并解决利益相关方在整个项目生命周期内接受变革的需要,有助于将由此产生的变革整合到项目工作中,从而获得成功。

有关组织变革管理的更多信息,可参阅 PMI 的《组织变革管理:实践指南》。

【例4-11】

在过去的几年里,小米公司一直致力于从一家传统的硬件制造商转变为一家以互联网服务为核心的科技公司。为了实现这一战略目标,小米公司启动了一个名为"米家"的项目,旨在打造一个全面智能化的生态系统。

在项目启动阶段,小米公司的管理团队意识到需要驱动变革以实现预期的未来状态。以下是具体的措施:

1) 制定明确的愿景和目标。小米公司确定了一个明确的愿景,即成为全球领先的智能生活解决方案提供商。他们设定了一系列具体的目标,如增加智能设备的销售量、提高用户满意度等。这些目标成为项目团队的驱动力和衡量标准。

2) 推动组织文化变革。为了实现预期的未来状态,小米公司推动了组织文化的变革。他们鼓励员工提出创新想法和实验性项目,并为他们提供支持和资源。此外,他们还加强了团队合作和跨部门协作,以促进知识共享和创新。

3) 引入新的业务模式。为了实现智能生态系统的构建,小米公司引入了新的业务模式。他们与各种合作伙伴建立合作关系,如智能家居设备制造商、互联网服务提供商等。通过合作,小米公司能够快速扩大产品和服务的范围,提供更多样化的解决方案。

4) 持续创新和改进。为了实现预期的未来状态,小米公司注重持续创新和改进。他们设立了一个专门的创新团队,负责推动新产品和技术的研发。此外,他们还进行用户调研和市场分析,以了解用户需求并改进产品和服务。

通过这些措施,小米公司能够驱动变革以实现预期的未来状态。他们成功地从一家传统的硬件制造商转变为一家以互联网服务为核心的科技公司。

【启示】

小米公司的案例强调了在项目管理中需要关注市场需求、推动创新和改进、强调建立新的合作关系以扩大服务范围,以及持续学习和改进的重要性。这些因素体现了为实现预期的未来状态而驱动变革的重要性。

案例:聚焦于价值——从梁思成和林徽因的选择,看中国古建筑的独特价值[一]

0 背景

中国传统建筑无疑是中国文化中最有标志性和独具魅力的部分。自 1931 年起,梁思成和林徽因夫妇与营造学社同仁开始对中国古建筑展开系统考察研究,历时十多年,累计考察了全国 200 多个市、县数以千计的古建筑,并对其中大多数建筑进行了精细测绘。图 1 所示为他们夫妻二人在考察山西民宿时拍下的珍贵合影。此后,梁思成先后完成了《中国建筑史》书稿和英文版的《图像中国建筑史》,向西方世界介绍中国古代建筑的历史发展与辉煌成就。可能有人想问,国家危亡之际,这些人还去测一些老房子,对国家有什么用呢?

图 1 梁思成与林徽因考察山西民宿(1934 年)

[一] 案例源自中欧国际工商学院(网址:https://www.163.com/dy/article/H9IP7I8705198LTL.html)。

1　为什么要研究中国古建筑

梁思成在《为什么要研究中国建筑》中说道："中国建筑既是延续了两千余年的一种工程技术，本身已造成一个艺术系统，许多建筑物便是我们文化的表现，艺术的大宗遗产。除非我们不知尊重这古国的灿烂文化，如果有复兴国家民族的决心，对我国历代文物，加以认真整理及保护时，我们便不能忽略中国建筑的研究。"

"欲亡其国，必亡其史"，一个国家要复兴，不能没有历史。梁思成认为，他所做的研究就是为国家保存历史，通过研究古建筑，可以培养美感，学习驾驭材料，进而产生新的设计，我们中国建筑科技的创造力就在"温故知新"中不断雄壮起来，这是研究中国建筑的最大意义。

林徽因也曾在《清式营造则例》绪论中从美学角度阐述中国古建筑的价值："中国建筑的美就是合于这个原则，其轮廓的和谐，权衡的俊秀伟丽，大部分是有机的，有用的，结构所直接产生的结果。"林徽因认为，中国传统建筑自身的美是符合西方现代有机建筑理论的，没有过多的附加装饰，是靠自身的比例权衡来达到美的效果。

2　中国古建筑的独特性在哪里

梁思成在《中国建筑史》中写道："中国建筑乃一独立的建筑体系，一贯以其独特纯粹之木构系统，随我民族足迹所至，树立文化表志。中国建筑之个性乃即我民族之性格，即我艺术及思想特殊之一部，非但在其结构本身之材质方法而已。"如何理解梁思成用到的独特、纯粹这两个词？

首先，我们先来看中国古代建筑长期使用木材作为建筑主材的原因。梁思成说，我们不是为了认识木构系统来研究建筑的，是为了研究它所承载的文化。建筑是体现社会属性的，中国社会的三个基本属性：人本社会、农业社会、等级礼制，决定了中国古代长期使用木材为建筑主材。

中国作为人本社会，从周代以后就没有超越世俗权力的神权。而西方神权是可以凌驾于世俗权力之上的，所以西方盖一座教堂可以盖几百年，因为他们认为上帝永恒存在，盖的时间越长，代表越虔诚。但在中国，皇权或者世俗权力是这个国家最重要的权力，皇宫、官署、坛庙这些国家最重要的建筑需要快速营造。快速营造对于建筑材料有很高要求，因此，中国的木制榫卯结构，预制化、模数化生产，作为中国传统建筑的技术特征，都是为了快速营造。同时，中国古代文献中有一个词叫"木妖"，指的是无度的、大规模的官方营造破坏了国家的生产力，造成社会动荡，所以历代君王的宫殿越盖越小。故宫就是中国古代大一统王朝中规模最小的宫殿。"人本"不是只有帝王，人民也在里面，家国是一体的。因此，中国传统建筑采用的木构系统更是体现了社会属性和文化思想的独特性。

其次，中国是一个等级礼制社会，当宫殿和民居都用了同样的结构系统，就需要一些独特的东西来区分等级，所以中国建筑中最独特、最根本的特征——斗栱就出现了。斗栱在柱上起着承挑屋檐结构的作用，由斗、栱、昂等构件，通过榫卯拼搭而成，镇国寺的斗栱如图2所示。斗栱具有复杂的组合形式，可以起到标识等级的作用，中国建筑学会的标识就是斗栱。东亚文明体系里的建筑普遍有斗栱，也是受中国的影响。

图2　镇国寺的斗栱结构

最后，中国古建筑的独特性也在于它的结构纯粹。西方的高品质建筑也会局部采用木构。比如前些年巴黎圣母院被烧，就是因为它的屋顶部分是木构的，但底下的墙体不是木构，所以它的结构体系不纯粹。所谓纯粹的木构系统，即无论是宫殿，还是民居、高塔、庙宇，虽然体量差异很大，但都是木构建筑。

3　中国古建筑所传递的秩序与文化信息

梁思成认为中国古代的建筑是我们精神文化中最特殊的一部分。虽然现代中国和古代中国有很大的不同，但今天的中国人和古人之间还是有精神上的共性。这种共性的建立，一部分是文字所传递的文明，还有一部来自建筑所营造的环境和秩序。文化体现了建筑的价值，而秩序是文化的载体。这些秩序蕴含着中国哲学的意向，潜移默化地影响着社会人心，进而营造了社会的秩序。

现在人们看到的建筑形式，在古代都是等级问题，等级关系营造了秩序。比如俯瞰故宫，整个古建筑群可以分为中路和边路，中路建筑多是高大的重檐庑殿，边路大部分是单檐的歇山顶建筑，如图3所示。因为"中"在中国古代是有政治含义的，在建筑群里居中的建筑，不管是在体量上还是在装饰上都是最重要、最大、最高级的，通过对比衬托来体现建筑群里的主次关系。中国文化还讲究"和而不同"，如乾清宫和太和殿，虽然都是重檐庑殿的建筑，但开间数不一样，汉白玉台基的层数不同，甚至脊兽的数量也是有所区别的。种种相似和不同，构成了文化秩序的表达。走在故宫里，在这样一个将近0.72平方千米的范围内，有最高等级的建筑，也有低矮的小房，不仅不会感觉很矛盾，还感觉很和谐，这就是中国建筑通过秩序性的表达所形成的效果。

图3　故宫俯瞰图

除了建筑形式，建筑材料也记录了历史。《营造法式》序言中有一句话，"木议刚柔，而理无不顺"，意思就是材料的使用要考虑木材的软硬程度，通过合理搭配形成一种阴阳和谐的理。研究发现，比较软的松木和比较硬的槐木、榆木，在斗栱部分是交替使用的，形成一种软硬搭配的复合关系。因此，在修缮时也要用同样的木材，而过去所有的构件都用松木修缮，实际上已经打破了它的秩序性。现在我们所参观的一些古建筑，解说牌上所讲的朝代往往存在真假参半的问题。因为在一座古建筑中，可能前檐部分是北宋的，后檐部分是元代的，并不能单纯说它是哪个朝代的建筑。比如，故宫的午门（图4）在很长一段时间里被认为是清代建筑，因为清朝的《国朝宫史》中记载着午门建于顺治四年。但是经过从文献到形制的综合考证发现，午门更准确地说是明代建筑。这种错误并不是个案，清朝入关之后，他们在故宫主要做的是修理工作，但官修汉文史料中全是写的"建"，也就是说清朝"在文献上把故宫重新建了一遍"。由此发现，只有通过研究建筑的形制、材料，才能更准确地把握历史信息。

图4　故宫的午门

4　如何传承古建筑的历史文化价值

建筑考古学就是通过古建筑看到整个历史的流变，从构件的转变上还原建筑的历史，发现它是什么时期建的、哪些部分遭到了损毁、什么时期进行了什么级别的修缮等。过去的古建筑修缮往往是工程性修缮，重视工程而不重视研究，这样的修缮往往容易把历史信息、历史价值修没了，是所谓的"保护性破坏"。因此，应该明确修缮古建筑的核心目的是最大限度保存和传承古建筑所承载的历史信息与文化价值。

如今历史文化保护问题越来越受到国家的重视。中共中央办公厅、国务院办公厅于2021年印发了《关于在城乡建设中加强历史文化保护传承的意见》，不仅强调保护文物建筑，还提到了全要素保护，包括地形、地名、水系等，更强调要基于传统的价值，把历史文化的价值附加到现代城乡建设中以产生新的价值。在当代，文化遗产的价值是要通过产业价值的增值来体现的。如果对文化遗产的研究、重视、保护和利用，能够使中国文化在世界上提升价值，中国的产业价值就会随之提升。

梁思成在近一百年前就在强调，要通过对中国传统文化的认知，通过对建筑的解读，提升人们的创造力，对材料、对美的驾驭能力，以及对文化的认知能力。回头看梁思成这代建筑史学家，虽然他们当年做的事情并不主流也不热门，但为什么今天有越来越多的人纪念他们？人们之所以记住他们、纪念他们，是因为他们抱定了为国家、为民族做事的态度，把生命融入了中国传统文化的价值发现中，用这种价值发现去支撑中国的发展和复兴。因为中国的文化越来越有价值，所以做这些事的人就会越来越有价值。

▶ 讨论题

1. 通读案例，建筑项目的文化价值意义体现在哪些方面？

2. 结合案例讨论，谈谈为什么工程项目要聚焦于价值？如何才能够使我们的工作聚焦于价值？

3. 研究中国古建筑工程有哪些作用，对现代社会有什么影响？现代建筑更应该侧重满足功能需求还是传承文化？请谈一谈你的看法。

▶ 思考题

1. 如果你是一个项目经理，你计划如何营造一个良好的团队环境？

2. 请说明有效的领导力对项目有哪些积极影响？如果你作为某项目的项目经理，你打算如何展现自己的领导力？

3. 当前处于一个充满复杂性和不确定性的环境中，你认为对于一个新产品开发项目（如手机研发项目）来说，如何优化风险应对，提升项目韧性？

第 5 章　项目整合管理

5.1　概述

5.1.1　项目整合管理的目的与基本流程

项目整合管理是对项目管理过程组的各种过程和项目管理活动进行识别、定义、组合、统一和协调的各个过程。在项目管理中,整合兼具统一、合并、沟通和建立联系的性质,这些行动应贯穿项目始终。

整合是项目经理的一项关键技能。项目管理的实质是整合,项目经理需要在不同层面对项目管理的要素进行整合,以实现项目的目标和价值交付。项目整合与项目的复杂性密切相关,项目越复杂,利益相关方的期望越多样化,就越需要全面的整合方法。

项目经理需要在不同的层面对项目进行整合。在整个组织层面上,项目经理应与项目发起人携手合作,了解战略目标并确保项目目标和成果与项目组合、项目集及业务领域保持一致。在单个项目层面上,项目经理需要对项目的三大目标、项目管理各过程、项目管理所需要的资源等进行整合。具体来说,这些整合工作包括以下内容。

1. 整合项目目标

在项目执行过程中,项目的进度、成本、质量三大目标常常相互制约,为此,项目经理应综合考虑项目管理的决策和过程对这些目标的影响,在此基础上进行权衡分析,提出最佳方案。在项目执行过程中,通常采用整体变更控制的方法,在分析变更对项目各目标影响的基础上做出正确的决策。

同时,在整合、权衡的过程中,也应考虑项目成果对价值交付的影响。例如,在项目中增加某项功能,尽管会小幅地增加成本并延长工期,但是这种改进会大幅提升项目运营之后的用户体验,这种改进是值得的。

2. 整合认知（Cognitive）和项目管理过程

《PMBOK®指南》涉及的过程、工具与方法很多,而这些过程、工具与方法的选择取决于项目的具体特点，包括规模、项目或组织的复杂性，以及执行组织的文化。项目经理应尽量掌握所有项目管理知识领域、项目绩效域和项目管理原则的主要内容，在此基础上，项目经理可以将经验、见解、领导力、技术及商业管理技能运用到项目管理中。进一步，通过整合、裁剪项目管理知识领域所涵盖的各过程、方法，以及项目管理的各绩效域和项目管理原则，才有可能实现预期的项目结果。

3. 整合背景及具有不同文化、背景的人员

当今，企业和项目所处的环境有了很大的变化，新技术不断涌现，如社交网络、多元文化、虚拟团队等，这些构成了项目的背景，项目经理需要了解、利用这些新的技术背景。同时，项目常常涉及多个组织，以及大量具有不同专业知识、文化背景的人员，项目经理应考虑这些背景所产生的影响。项目经理的人际关系技能、领导力和影响力，会影响对人员的整合。

因此，可以说，项目整合管理是项目经理所应具备的最主要技能，项目经理的硬实力（对项目管理技能的掌握）和软实力（领导力、影响力、商业敏锐度等）都会影响项目整合管理的效果。项目整合管理由项目经理负责。虽然其他知识领域可以由相关专家（如成本分析专家、进度规划专家、风险管理专家）管理，但是项目整合管理的责任不能被授权或转移，只能由项目经理负责整合所有其他知识领域的成果，并掌握项目总体情况。项目经理必须对整个项目承担最终责任。

项目整合管理的主要过程包括：

1）制定项目章程。编写一份正式批准项目并授权项目经理在项目活动中使用组织资源的文件的过程。

2）制订项目管理计划。定义、准备和协调项目计划的所有组成部分，并把它们整合为一份综合项目管理计划的过程。

3）指导与管理项目工作。为实现项目目标而领导和执行项目管理计划中所确定的工作，并实施已批准变更的过程。

4）管理项目知识。使用现有知识并生成新知识，以实现项目目标，并且帮助组织学习的过程。

5）监控项目工作。跟踪、审查和报告整体项目进展，以实现项目管理计划中确定的绩效目标的过程。

6）实施整体变更控制。审查所有变更请求，批准变更，管理对可交付成果、组织过程资产、项目文件和项目管理计划的变更，并对变更处理结果进行沟通的过程。

7）结束项目或阶段。终结项目、阶段或合同的所有活动的过程。

上述各管理过程的逻辑顺序为：在项目的启动阶段，需要制定项目章程，它是一

份正式批准项目并授权项目经理在项目活动中使用组织资源的文件,该过程是项目启动过程组中唯一的一项工作,项目章程一旦被批准,就标志着项目启动阶段的结束。在规划过程中,需要制订项目管理计划,它是一份综合的项目管理计划,为整个项目的执行提供指导。项目整合管理在执行过程中需要开展两项主要工作:指导与管理项目工作和管理项目知识,知识是组织宝贵的组织过程资产,通常实施项目为组织积累知识,是项目经理的重要工作之一。项目整合管理在项目监控过程中包括两项主要的工作:监控项目工作和实施整体变更控制。结束项目或阶段是终结项目、阶段或合同的所有活动的过程,该过程也是项目收尾过程组中唯一的一项工作。

虽然本书在论述上述各项目管理过程时,以界限分明和相互独立的形式呈现,但在实践中它们会相互交叠和相互作用。表5-1 描述了项目整合管理的主要内容。

表5-1 项目整合管理的主要内容

管理过程 (When)	启动 制定项目章程	规划 制订项目管理计划	执行 ● 指导与管理项目工作 ● 管理项目知识	监控 ● 监控项目工作 ● 实施整体变更控制	收尾 结束项目或阶段
目的 (Why)	明确项目与组织战略目标之间的直接联系,确立项目的正式地位,并展示组织对项目的承诺	生成一份综合文件,用于确定所有项目工作的基础/基准及其执行方式	● 综合管理以提高项目成功的概率 ● 利用已有知识创造或改进项目成果,并使创造的知识可用于未来项目	● 让利益相关方了解项目的当前状态并认可为处理绩效问题而采取的行动 ● 对造成变更的各种因素施加影响,并对实际变更进行管理	存档项目或阶段信息,完成计划的工作,释放组织团队资源以展开新的工作
主要参与者 (Who)	项目章程由发起人编制,或由发起人委托项目经理编制	项目经理、项目主要利益相关方	项目经理、项目主要利益相关方	项目经理、项目主要利益相关方	项目经理、项目主要利益相关方
主要交付成果 (What)	● 项目章程 ● 假设日志	● 项目管理计划	● 可交付成果 ● 工作绩效数据 ● 问题日志 ● 变更请求 ● 项目管理计划更新 ● 项目文件更新 ● 组织过程资产更新 ● 经验教训登记册	● 工作绩效报告 ● 变更请求 ● 项目管理计划更新 ● 项目文件更新 挣值图 趋势线 燃尽图 缺陷直方图 合同绩效信息 风险情况概述 ● 批准的变更请求	● 项目文件更新 ● 最终产品服务或成果移交 ● 最终报告 ● 组织过程资产更新

(续)

工具方法（How）	• 专家判断 • 数据收集 • 人际关系与团队技能 • 会议	• 专家判断 • 数据收集 • 人际关系与团队技能 • 会议（开工会议）	• 专家判断 • 项目管理信息系统（PMIS） • 会议 • 知识管理 • 人际关系与团队技能	• 专家判断 • 数据分析 　备选方案分析 　成本效益分析 　挣值分析 　根本原因分析 　趋势分析 　偏差分析 • 决策 • 会议 • 变更控制工具	• 专家判断 • 数据分析 　文件分析 　回归分析 　趋势分析 　偏差分析 • 会议

5.1.2 核心概念与术语

本章的关键术语如下，它们为相关内容提供语境。

• 项目章程——由项目启动者或发起人发布的，正式批准项目成立，并授权项目经理使用组织资源开展项目活动的文件。

• 事业环境因素——项目团队不能控制的，将对项目产生影响、限制或指令作用的各种条件。这些条件可能来自于组织的内部和（或）外部。组织内部的事业环境包括组织文化、结构和治理、基础设施、资源可用性、员工能力等，组织外部的事业环境包括市场条件、社会和文化影响、法律限制等。事业环境因素是很多项目管理过程尤其是大多数规划过程的输入。

• 组织过程资产——执行组织所特有并使用的计划、过程、政策、程序和知识库（如经验教训知识库）会影响具体项目。组织过程资产是很多项目管理过程尤其是大多数规划过程的输入。

• 工作绩效数据——在执行项目工作的过程中，从每个正在执行的活动中收集的原始观察结果和测量值，如工作完成百分比、活动的开始和结束日期、质量和技术绩效测量结果、缺陷的数量、实际成本等。项目数据通常记录在项目管理信息系统（PMIS）和项目文件中。

• 工作绩效信息——从各控制过程收集，并结合相关背景和跨领域关系进行整合分析而得到的绩效数据，如可交付成果的状态、变更请求的落实情况及预测的完工尚需估算。

• 工作绩效报告——为制定决策、提出问题、采取行动或引起关注，而汇编工作绩效信息所形成的实物或电子项目文件，如状况报告、备忘录、论证报告和情况更新。

5.2 启动项目——制定项目章程

制定项目章程是编写一份正式批准项目并授权项目经理在项目活动中使用组织资源的文件的过程。本过程的主要作用是：明确项目与组织战略目标之间的直接联系，确立项目的正式地位，并展示组织对项目的承诺。图 5-1 所示为本过程的输入、工具与技术和输出。

```
                    制定项目章程
   输入                 工具与技术              输出
1. 商业文件          1. 专家判断          1. 项目章程
   ・商业论证         2. 数据收集          2. 假设日志
   ・效益管理计划       ・头脑风暴
2. 协议                ・焦点小组
3. 事业环境因素         ・访谈
4. 组织过程资产       3. 人际关系与团队技能
                      ・冲突管理
                      ・引导
                      ・会议管理
                    4. 会议
```

图 5-1 制定项目章程：输入、工具与技术和输出

项目章程在项目执行组织与需求组织之间建立起伙伴关系。在执行外部项目时，通常需要用正式的合同来达成合作协议。这种情况下，可能仍要用项目章程来建立组织内部的合作关系，以确保正确交付合同内容。项目章程一旦被批准，就标志着项目的正式启动。在项目中，应尽早确认并任命项目经理，最好在制定项目章程时就任命，最迟应在规划开始之前任命。图 5-2 所示为项目章程和合同在组织中的作用。

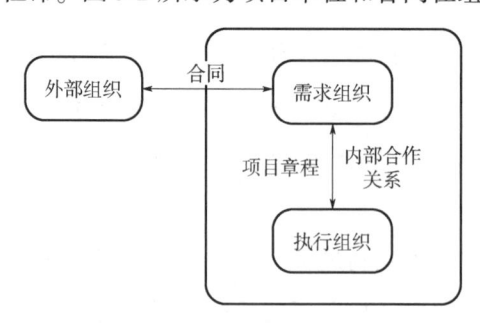

图 5-2 项目章程和合同在组织中的作用

项目章程应由发起人编制，或者由项目经理与发起机构合作编制。通过这种合作，项目经理可以更好地了解项目目的、目标和预期效益，更有效地向项目活动分配资源。

项目章程授权项目经理规划、执行和控制项目。

项目由项目以外的机构启动，如发起人、项目集或项目管理办公室（PMO）、项目组合治理委员会主席或其授权代表。项目启动者或发起人应该具有一定的职权，能为项目获取资金并提供资源。项目可能因内部经营需要或外部影响而启动，故通常需要编制需求分析、可行性研究、商业论证或有待项目处理的情况的描述。通过编制项目章程，确认项目符合组织战略和日常运营的需要。

1. **本过程的输入**

制定项目章程的输入包括：商业文件、协议、事业环境因素、组织过程资产。

项目章程包含来源于商业文件的相关项目信息。既然商业文件不是项目文件，项目经理就不可以对它们进行更新或修改，只可以提出相关建议。

2. **本过程的工具与技术**

制定项目章程的工具与技术包括：专家判断、数据收集、人际关系与团队技能、会议。

3. **本过程的输出**

制定项目章程过程的输出包括：项目章程和假设日志。

（1）项目章程

项目章程通常由发起人发布、正式批准项目成立，并授权项目经理使用组织资源开展项目活动的文件。它记录了关于项目和项目预期交付的产品、服务或成果的高层级信息。项目章程确保利益相关方在总体上就主要可交付成果、里程碑及每个项目参与者的角色和职责达成共识。发起人可以委托未来的项目经理参与项目章程的编写工作。

见表5-2，项目章程的内容包括：项目名称，项目章程起草人（发起人），项目目标（目的），成功标准，客户名称；高层级需求，项目主要可交付成果，项目边界定义；整体项目风险；项目假设条件；总体里程碑进度计划；预先批准的财务资源；项目退出标准；委派的项目经理及其职责和职权；发起人和其他关键利益相关方名单。可以通过SMART原则衡量所制定的目标是否有效，即判定项目目标是否体现了以下特征：

- 具体的（Specific）。
- 可衡量的（Measurable）。
- 相关方同意的（Agreed to）。
- 切合实际的（Realistic），或合理的（Reasonable）。
- 有时限的（Time-bound），或有及时性的（Timely）。

表 5-2　项目章程示例

项目章程				
项目名称				
项目章程起草人（发起人）		日期		
项目目标（目的）				
成功标准				
客户名称				
高层级需求				
高层级需求 1				
高层级需求 2				
项目主要可交付成果				
项目边界定义				
整体项目风险				
项目风险 1				
项目风险 2				
项目假设条件				
总体里程碑进度计划				
预先批准的财务资源				
项目退出标准				
委派的项目经理及其职责和职权				
项目经理姓名		职责		
发起人和其他关键利益相关方名单				
姓名	联系方式		签字	

（2）假设日志

通常，在项目启动之前编制商业论证时，识别高层级的战略和运营假设条件与制约因素。这些假设条件与制约因素应纳入项目章程。假设日志用于记录项目全生命周期中的所有假设条件和制约因素。

5.3 规划项目——制订项目管理计划

制订项目管理计划是定义、准备和协调项目计划的所有组成部分，并把它们整合为一份综合项目管理计划的过程。本过程的主要作用是：生成一份综合文件，用于确定所有项目工作的基础及其执行方式。图 5-3 所示为本过程的输入、工具与技术和输出。

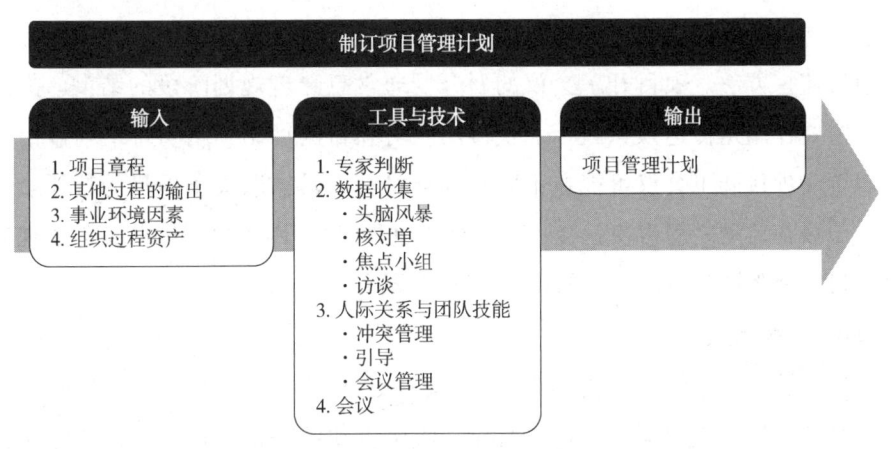

```
                    制订项目管理计划

    输入                  工具与技术              输出
1. 项目章程           1. 专家判断              项目管理计划
2. 其他过程的输出     2. 数据收集
3. 事业环境因素          · 头脑风暴
4. 组织过程资产          · 核对单
                         · 焦点小组
                         · 访谈
                      3. 人际关系与团队技能
                         · 冲突管理
                         · 引导
                         · 会议管理
                      4. 会议
```

图 5-3 制订项目管理计划：输入、工具与技术和输出

项目管理计划确定项目的执行、监控和收尾方式，其内容会因项目所在的应用领域和复杂程度而异。

项目管理计划可以是概括或详细的，而每个组成部分的详细程度取决于具体项目的要求。项目管理计划应足够强大，可以应对不断变化的项目环境。这种敏捷性有利于随项目进展产出更准确的信息。

项目管理计划应基准化，即至少应规定项目的范围、时间和成本方面的基准，以便据此考核项目执行情况和管理项目绩效。在确定基准之前，可能要对项目管理计划进行多次更新，且这些更新无须遵循正式流程。但是，一旦确定了基准，就只能通过实施整体变更控制过程进行更新。在这种情况下，如果需要进行变更，应提出变更请求以待决定。这一过程将形成一份项目管理计划。在项目收尾之前，该计划需要通过不断更新来渐进明细，并且这些更新需要得到控制和批准。

1. 本过程的输入

制订项目管理计划的输入包括：项目章程、其他过程的输出、事业环境因素、组织过程资产。

项目团队把项目章程作为初始项目规划的起始点。在项目章程中应该定义项目的高层级信息,供将来在项目管理计划的各个组成部分中进一步细化。

创建项目管理计划需要整合诸多过程的输出。其他规划过程所输出的子计划和基准都是本过程的输入。

2. 本过程的工具与技术

制订项目管理计划的工具与技术包括:专家判断、数据收集、人际关系与团队技能、会议。

本阶段重要的会议是项目开工会议(kick-off meeting)。在制订项目管理计划的过程中,可以通过会议讨论项目方法,确定为达成项目目标而采用的工作执行方式,以及制定项目监控方法。项目开工会议的召开,通常意味着规划阶段的结束、执行阶段的开始,主要作用是传达项目目标、获得团队对项目的承诺、阐明每个利益相关方的角色和职责。项目开工会议可能在不同时间点举行,具体取决于项目的特征。对于小型项目,项目在启动之后很快就会开工(规划过程组),因为执行团队参与了规划;对于大型项目,将随同执行过程组的相关过程召开开工会议。

3. 本过程的输出

制订项目管理计划的输出包括:项目管理计划。

项目管理计划是说明项目执行、监控和收尾方式的一份文件,它整合并综合了所有子管理计划和基准,以及管理项目所需的其他信息。究竟需要哪些项目管理计划组件,取决于具体项目的需求。

项目管理计划组件包括但不限于:子管理计划、基准、其他组件。

(1) 子管理计划

项目子管理计划包括:

1) 范围管理计划。说明如何定义、制定、监督、控制和确认项目范围。

2) 需求管理计划。说明如何分析、记录和管理需求。

3) 进度管理计划。为编制、监督和控制项目进度建立准则并确定活动。

4) 成本管理计划。说明如何规划、安排和控制成本。

5) 质量管理计划。说明在项目中如何实施组织的质量政策、方法和标准。

6) 资源管理计划。指导如何对项目资源进行分类、分配、管理和释放。

7) 沟通管理计划。说明项目信息如何、何时、由谁来进行管理和传播。

8) 风险管理计划。说明如何安排与实施风险管理活动。

9) 采购管理计划。说明项目团队如何从执行组织外部获取货物和服务。

10) 利益相关方参与计划。说明如何根据利益相关方的需求、利益和影响让他们参与项目。

(2) 基准

基准包括范围基准、进度基准、成本基准。

1) 范围基准。经过批准的范围说明书、工作分解结构（WBS）和相应的 WBS 词典，用作比较依据。

2) 进度基准。经过批准的进度模型，用作与实际结果进行比较的依据。

3) 成本基准。经过批准的、按时间段分配的项目预算，用作与实际结果进行比较的依据。

(3) 其他组件

大多数项目管理计划组件都来自其他过程，只有少数组件是在本过程生成的。虽然在本过程生成的组件会因项目而异，但是通常包括但不限于：

1) 变更管理计划。描述在整个项目期间如何正式审批和采纳变更请求。

2) 配置管理计划。描述如何记录和更新项目的特定信息，以及该记录和更新哪些信息，以保持产品、服务或成果的一致性和（或）有效性。

3) 绩效测量基准。经过整合的项目范围、进度和成本计划，用作项目执行的比较依据，以测量和管理项目绩效。

表 5-3 所列为主要的项目管理计划和项目文件。

表 5-3　项目管理计划和项目文件

项目管理计划	项目文件	
1. 范围管理计划	1. 活动属性	19. 质量控制测量结果
2. 需求管理计划	2. 活动清单	20. 质量测量指标
3. 进度管理计划	3. 假设日志	21. 质量报告
4. 成本管理计划	4. 估算依据	22. 需求文件
5. 质量管理计划	5. 变更日志	23. 需求跟踪矩阵
6. 资源管理计划	6. 成本估算	24. 资源分解结构
7. 沟通管理计划	7. 成本预测	25. 资源日历
8. 采购管理计划	8. 持续时间估算	26. 资源需求
9. 风险管理计划	9. 问题日志	27. 风险登记册
10. 利益相关方参与计划	10. 经验教训登记册	28. 风险报告
11. 变更管理计划	11. 里程碑清单	29. 进度数据
12. 配置管理计划	12. 物质资源分配单	30. 进度预测
13. 范围基准	13. 项目日历	31. 利益相关方登记册
14. 进度基准	14. 项目沟通记录	32. 团队章程
15. 成本基准	15. 项目进度计划	33. 测试与评估文件
16. 绩效测量基准	16. 项目进度网络图	
17. 项目生命周期描述	17. 项目范围说明书	
18. 开发方法	18. 项目团队派工单	

5.4 执行项目

项目整合管理在项目执行过程中包括两项主要工作：指导与管理项目工作和管理项目知识。

5.4.1 指导与管理项目工作

指导与管理项目工作是为实现项目目标而领导和执行项目管理计划中所确定的工作，并实施已批准变更的过程。本过程的主要作用是：对项目工作和可交付成果开展综合管理，以提高项目成功的概率。图 5-4 所示为本过程的输入、工具与技术和输出。

```
指导与管理项目工作

输入                          工具与技术              输出
1. 项目管理计划               1. 专家判断             1. 可交付成果
   ·任何组件                  2. 项目管理信息系统     2. 工作绩效数据
2. 项目文件                   3. 会议                 3. 问题日志
   ·变更日志                                          4. 变更请求
   ·经验教训登记册                                    5. 项目管理计划更新
   ·里程碑清单                                           ·任何组件
   ·项目沟通记录                                      6. 项目文件更新
   ·项目进度计划                                         ·活动清单
   ·需求跟踪矩阵                                         ·假设日志
   ·风险登记册                                           ·经验教训登记册
   ·风险报告                                             ·需求文件
3. 批准的变更要求                                        ·风险登记册
4. 事业环境因素                                          ·利益相关方登记册
5. 组织过程资产                                       7. 组织过程资产更新
```

图 5-4 指导与管理项目工作：输入、工具与技术和输出

指导与管理项目工作包括执行计划的项目活动，以完成项目可交付成果并达成既定目标。本过程需要分配可用资源并管理其有效使用，也需要执行因分析工作绩效数据和信息而提出的项目计划变更。

1. 本过程的输入

指导与管理项目工作的主要输入包括：项目管理计划、项目文件、批准的变更请求、事业环境因素、组织过程资产。

2. 本过程的工具与技术

指导与管理项目工作的工具与技术包括：专家判断、项目管理信息系统（PMIS）、会议。

3. 本过程的输出

指导与管理项目工作的主要输出包括：可交付成果、工作绩效数据、问题日志、变更请求、项目管理计划更新、项目文件更新、组织过程资产更新。

（1）可交付成果

可交付成果是在某一过程、阶段或项目完成时，必须产出的任何独特并可核实的产品、成果或服务能力。它通常是项目结果，并可包括项目管理计划的组成部分。

一旦完成可交付成果的第一个版本，就应该执行变更控制。用配置管理工具和程序支持对可交付成果（如文件、软件和构件）的多个版本的控制。

（2）工作绩效数据

工作绩效数据是在执行项目工作的过程中，从每个正在执行的活动中收集到的原始观察结果和测量值。数据通常是最低层次的细节，将交由其他过程从中提炼出信息。先在工作执行过程中收集数据，再交由控制过程做进一步分析。

工作绩效数据的例子包括：已完成的工作、关键绩效指标（KPI）、技术绩效测量结果、进度活动的实际开始日期和完成日期、已完成的故事点、可交付成果状态、进度进展情况、变更请求的数量、缺陷的数量、实际发生的成本、实际持续时间等。

（3）问题日志（Issue log）

在项目全生命周期中，项目经理通常会遇到问题、差距、不一致或意外冲突。项目经理需要采取某些行动加以处理，以免影响项目绩效。问题日志是一种记录和跟进所有问题的项目文件，所需记录和跟进的内容可能包括：

- 问题类型
- 问题提出者和提出时间
- 问题描述
- 问题优先级
- 由谁负责解决问题
- 目标解决日期
- 问题状态
- 最终解决情况

问题日志可以帮助项目经理有效跟进和管理问题，确保它们得到调查和解决。在项目全生命周期应该随同监控活动更新问题日志。

表5-4所列为项目问题日志管理表示例。问题日志可以帮助项目经理有效跟进和管理问题，确保它们得到调查和解决。

表 5-4 项目问题日志管理表示例

项目问题日志管理表					
一、项目基本情况					
项目名称			项目编号		
制作人			审核人		
项目经理			制作日期		
二、项目问题日志管理					
问题影响性的判断准则					
高：影响项目进度，尚未解决；中：影响项目进度，处理中；低：需要解决，不影响项目进度					
序号	问题描述	提出人	影响程度	预计完工	解决方案	负责人	开放/关闭
1			高				开放
2			高				开放
3			高				开放
4			高				开放
5			高				开放
6			高				开放
7			低				开放
8							

（4）变更请求

变更请求是关于修改任何文件、可交付成果或基准的正式提议。其他变更请求包括必要的预防措施或纠正措施，用来防止以后的不利后果。任何利益相关方都可以提出变更请求，应该通过实施整体变更控制过程对变更请求进行审查和处理。变更请求源自项目内部或外部，是可选或由法律（合同）强制的。变更请求可能包括：

1）纠正措施。为使项目工作绩效重新与项目管理计划一致，而进行的有目的的活动。

2）预防措施。为确保项目工作的未来绩效符合项目管理计划，而进行的有目的的活动。

3）缺陷补救。为了修正不一致产品或产品组件的有目的的活动。

4）更新。对正式受控的项目文件或计划等进行的变更，以反映修改或增加的意见或内容。

图 5-5 所示为变更请求各相关工作之间的联系。

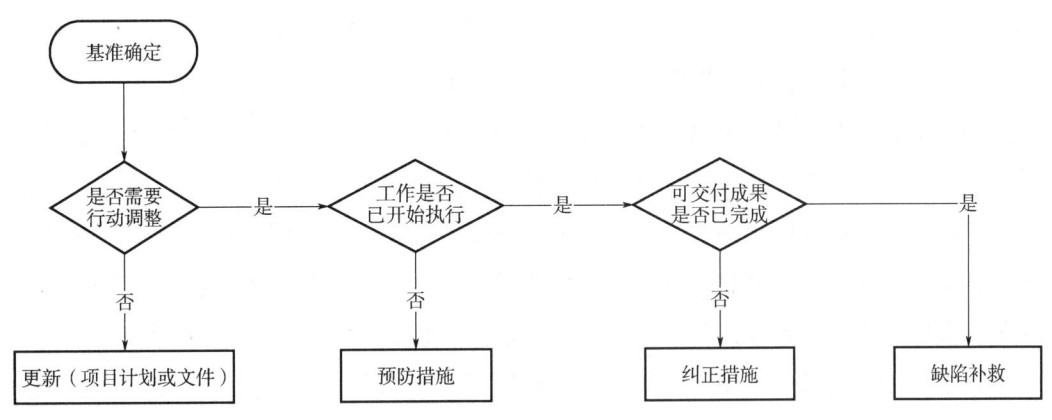

图 5-5　变更请求各相关工作之间的联系

5.4.2　管理项目知识

项目经理在执行项目的过程中，应重视项目知识管理。一方面，项目人员的流动性和不稳定性越来越高，要求采用更严格的过程，在项目全生命周期中积累知识并传达给目标受众，以防止知识流失；另一方面，组织中不同项目之间应进行知识转移，以避免项目不同团队做重复的工作，"重复发明轮子"对组织来说是一个巨大的浪费。

管理项目知识是使用现有知识并生成新知识，以实现项目目标，并帮助组织学习的过程。本过程的主要作用是：利用已有的组织知识创造或改进项目成果，并且使当前项目创造的知识可用于支持组织运营和未来的项目或阶段。图 5-6 所示为本过程的输入、工具与技术和输出。

图 5-6　管理项目知识：输入、工具与技术和输出

知识通常分为显性知识（易使用文字、图片和数字进行编撰的知识）和隐性知识（个体知识及难以明确表达的知识，如信念、洞察力、经验和"诀窍"）两种。知识管理

指管理显性和隐性知识，旨在重复使用现有知识并生成新知识。有助于达成这两个目的的关键活动是知识分享和知识集成（不同领域的知识、情境知识和项目管理知识）。

一种常见的误解是，知识管理只是将知识记录下来用于分享；另一种常见的误解是，知识管理只是在项目结束时总结经验教训，以供未来项目使用。这样的话，只有经编撰的显性知识可以得到分享。因为显性知识缺乏情境，可做不同解读，所以虽易分享，但无法确保正确理解或应用。隐性知识虽蕴含情境，却很难编撰，它存在于专家的个人思想中，或者存在于社会团体和情境中，通常经由人际交流和互动来分享。

从组织的角度来看，知识管理指的是确保项目团队和其他利益相关方的技能、经验和专业知识在项目开始之前、开展期间和结束之后得到运用。因为知识存在于人们的思想中，且无法强迫人们分享自己的知识或关注他人的知识，所以知识管理最重要的环节就是营造一种相互信任的氛围，激励人们分享知识或关注他人的知识，否则即便是最好的知识管理工具和技术也无法发挥作用。在实践中，联合使用知识管理工具和技术（用于人际互动）及信息管理工具和技术（用于编撰显性知识）来分享知识。

1. **本过程的输入**

管理项目知识的输入包括：项目管理计划、项目文件、可交付成果、事业环境因素、组织过程资产。

2. **本过程的工具与技术**

管理项目知识的工具与技术包括：专家判断、知识管理、信息管理、人际关系与团队技能。

3. **本过程的输出**

管理项目知识的输出包括：经验教训登记册、项目管理计划更新、组织过程资产更新。

表5-5所列为经验教训登记册示例。经验教训用于改进项目绩效，以免重犯错误。登记册有助于确定针对哪些方面设定规则或指南，以使团队行动保持一致。

表 5-5 经验教训登记册示例

经验教训登记册								
时间	类型	经验教训描述	原因分析	采取的措施	效果评估	建议措施	登记人	备注

有三个关键概念需要注意区分：问题（记录在问题日志）、经验教训（记录在经验教训登记册）和风险（记录在风险登记册）。问题日志、经验教训登记册和风险登记册都会随着项目进行而不断地被更新，区别在于目的和发生时间点：在当前时点，已经发生且对项目目标有影响的事件，纳入问题日志；还未发生但可能会对项目目标产生影响的事件，纳入风险登记册；项目过程中获得的用于改进未来绩效的知识和经验，纳入经验教训登记册，作为组织资产，用于指导其他项目。

5.5 监控项目

项目整合管理在项目监控过程中包括两项主要工作：监控项目工作和实施整体变更控制。

5.5.1 监控项目工作

监控项目工作是跟踪、审查和报告整体项目进展，以实现项目管理计划中确定的绩效目标的过程。本过程的主要作用是，让利益相关方了解项目的当前状态并认可为处理绩效问题而采取的行动，以及通过成本和进度预测，让利益相关方了解未来项目状态。图 5-7 所示为本过程的输入、工具与技术和输出。

监控项目工作

输入	工具与技术	输出
1. 项目管理计划 　·任何组件 2. 项目文件 　·假设日志 　·估算依据 　·成本预测 　·问题日志 　·经验教训登记册 　·里程碑清单 　·质量报告 　·风险登记册 　·风险报告 　·进度预测 3. 工作绩效信息 4. 协议 5. 事业环境因素 6. 组织过程资产	1. 专家判断 2. 数据分析 　·备选方案分析 　·成本效益分析 　·挣值分析 　·根本原因分析 　·趋势分析 　·偏差分析 3. 决策 4. 会议	1. 工作绩效报告 2. 变更请求 3. 项目管理计划更新 　·任何组件 4. 项目文件更新 　·成本预测 　·问题日志 　·经验教训登记册 　·风险登记册 　·进度预测

图 5-7　监控项目工作：输入、工具与技术和输出

监督是贯穿于整个项目的项目管理活动之一，包括收集、测量和分析测量结果，以及预测趋势，以便推动过程改进。持续的监督使项目管理团队能洞察项目的健康状况，并识别须特别关注的任何方面。控制包括制定纠正或预防措施或重新规划，并跟踪行动计划的实施过程，以确保它们能有效解决问题。监控项目工作过程关注：

- 把项目的实际绩效与项目管理计划进行比较。
- 定期评估项目绩效，决定是否需要采取纠正或预防措施，并推荐必要的措施。
- 检查单个项目风险的状态。
- 在整个项目期间，维护一个准确且及时更新的信息库，以反映项目产品及相关文件的情况。
- 为状态报告、进展测量和预测提供信息。
- 做出预测，以更新当前的成本与进度信息。
- 监督已批准变更的实施情况。
- 如果项目是项目集的一部分，还应向项目集管理层报告项目进展和状态。
- 确保项目与商业需求保持一致。

1. 本过程的输入

监控项目工作的输入包括：项目管理计划、项目文件、工作绩效信息、协议、事业环境因素、组织过程资产。

2. 本过程的工具与技术

监控项目工作的工具与技术包括：专家判断、数据分析、决策、会议。

数据分析技术包括：备选方案分析、成本效益分析、挣值分析、根本原因分析、趋势分析、偏差分析。

3. 本过程的输出

监控项目工作的输出包括：工作绩效报告、变更请求、项目管理计划更新、项目文件更新。

工作绩效报告的示例包括：状态报告和进展报告。工作绩效报告可以包含：挣值图表和信息、趋势线和预测、储备燃尽图、缺陷直方图、合同绩效信息和风险情况概述。

在数字化环境下，状态报告和进展报告应该由项目管理信息系统自动生成。

5.5.2 实施整体变更控制

整体变更控制是指在项目全生命周期中对变更的识别、评价和管理等工作。项目实施过程处于一个不断发展变化的动态过程中，项目的各个方面都会发生变化，并且彼此关联、相互影响。因此，整体变更控制必须与范围、进度、费用和合同变更控制等其他控制过程紧密结合起来。例如，可交付成果的技术要求说明的改变，若影响项目范围，进而影响费用、进度、质量、风险或其他方面，则该变更就是整体变更，就应该对其进行整体变更控制。

整体变更控制的主要目的是：

1）查明项目进行过程中发生的变化是否构成变更。

2）对造成变更的各种因素施加一定的影响，以保证这些变更是沿着所希望的方向发生的。

3）当变更实际出现时，对实际变更进行管理。

图 5-8 所示为项目整体变更控制流程示例。实施整体变更控制过程贯穿项目始终，项目经理对此承担最终责任。变更控制的实施程度，取决于项目所在应用领域、项目复杂程度、合同要求以及项目所处的背景与环境。

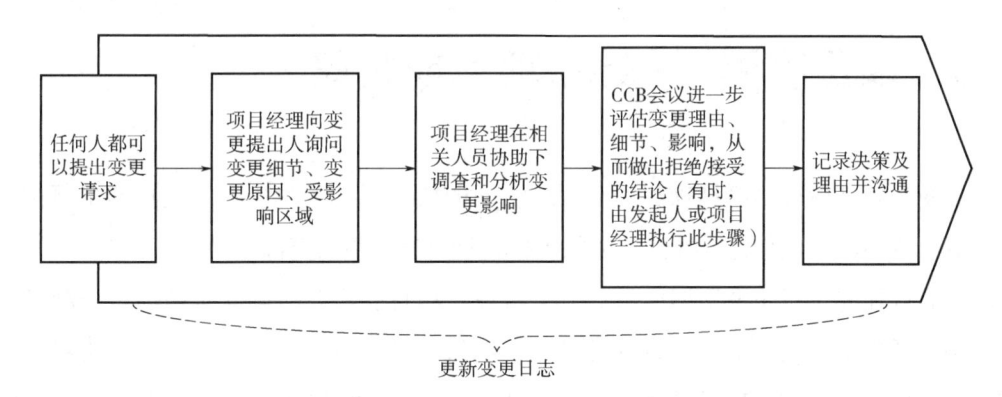

图 5-8　项目整体变更控制流程示例

如图 5-8 所示，在项目全生命周期的任何时间，参与项目的任何利益相关方都可以提出变更请求。尽管也可以口头提出，但所有变更请求都必须以书面形式记录。然后，项目经理向变更提出人询问变更细节、变更原因、受影响区域等信息。

进一步，项目经理在相关人员的协助下调查并分析变更影响。可以利用绩效测量技术分析变更的影响，绩效测量用于帮助评估发生的偏差的程度，确定引起偏差的原因，并决定这种偏差是否需要采取纠正措施，进而决定是否采取变更。绩效测量技术有很多种，如绩效审查、偏差分析、趋势分析、挣值分析等。

通常，项目变更评价的方面包括：

- 确认变更对所有任务的影响。
- 将这些影响转化为项目对绩效、成本和进度指标。

- 估计这些需要实施的变更的收益和成本。
- 论证可能带来同样结果的替代性变化。
- 接受或者拒绝需要实施的变更。
- 保证变更得到正确的实施等。

每项记录在案的变更请求都必须由一位责任人批准、推迟或否决，这个责任人通常是项目发起人或项目经理。应该在项目管理计划或组织程序中指定这位责任人，必要时，应该由变更控制委员会（Change Control Board，CCB）来开展实施整体变更控制过程。CCB 是一个正式组成的团体，负责审查、评价、批准、推迟或否决项目变更，以及记录和传达变更处理决定。

变更请求得到批准后，可能需要更新成本估算、活动排序、进度日期、资源需求和（或）风险应对方案分析。某些特定的变更请求，在 CCB 批准之后，可能还需要得到客户或发起人的批准。

5.6 项目收尾——结束项目或阶段

结束项目或阶段是终结项目、阶段或合同的所有活动的过程。本过程的主要作用是：存档项目或阶段信息，完成计划的工作，释放组织团队资源以展开新的工作。

项目收尾是项目生命周期的最后一个阶段，项目收尾阶段同时也是项目产品投入使用或者项目交付结果进入运营期的开始，如果项目没有一个圆满的交接，必将严重影响今后的运营工作，项目的维修保养无法进行，项目的商业目的也不可能实现，因此，必须做好项目的收尾、交接工作。

在项目的收尾阶段，主要工作包括两部分：合同收尾和管理收尾。

5.6.1 合同收尾

项目当事人双方按照合同的规定，履行其全部义务后，合同即宣告终止。收尾就是按照合同相关条款的要求，对照进行验收、核实，并且进行移交、付款等工作，以及解决未尽事项、关闭合同的过程。

1. **核实合同条款**

项目合同执行完成后，要对照以上条款核实合同的执行情况，逐项检查这些条款的落实情况，检查合同标的、数量、质量等是否得到有效实现，以及付款、培训等后期工作是否完成。

2. 项目移交评审

项目移交评审就是项目小组在将项目的产品、服务或管理过程移交给最终用户之前对项目的范围、项目交付结果的技术性能等进行检查，确保项目移交给客户时能满足其要求，同时对移交后的服务，如培训、担保等方面的安排与确认。项目的接受方也要对已完成的工作结果重新、全面地进行审核，检查、落实项目计划范围内的各项活动是否已经完成、完成的结果如何、项目交付结果是否能有效工作并且令客户满意等。

在进行移交之前，项目小组应将有关文件，如项目计划书、技术规范、图样、变更申请书、测试报告等准备好，并以书面方式通知客户来验收和审查。为了核实项目活动是否按要求完成，完成的结果如何，接受方往往需要进行必要的检查、测量、实验等活动，项目小组应为这些验证活动进行相应的协作。移交阶段具体要做的事情如下：

1）对项目交付结果进行测试，邀请项目团队关键成员和客户参加。
2）进行必要的实验以验证项目交付结果满足客户要求。
3）设计并实验培训方法，以满足客户了解和掌握项目结果的需要。
4）安排后续支持服务工作，为客户提供相应的技术支持服务。
5）解答客户提出的问题。
6）签字移交。

项目移交审核结束后，项目经理和客户代表应在事先准备好的文件上签字，表示项目接受方正式认可且验收了项目的全部或阶段性成果。有时，项目的认可和验收还要附加一些条件。例如，设备安装调试已结束，客户也已在验收文件上签字，但是验收文件的附加条件上说，如在以后一个月的试运行阶段出现问题，仍然需要安装人员来解决。如果项目需要提前结束，则需要客户查明哪些工作已经完成、完成到什么程度，将核查的结果记录在案，形成书面文件，并且需要接受方在文件上签字，表示对项目阶段性工作的认可和验收，便于项目日后继续进行时参考。

3. 合同文件归档

合同期满并且对合同的执行结果进行验收与确认后，还要将合同的正、副文本及补充协议、备忘录、更改记录等文件进行整理、编号、存档，一方面为合同后期的服务、担保等活动保留依据，另一方面也为将来项目执行时寻找分承包商、定价、合同谈判、执行、验收提供参考。

5.6.2 管理收尾

管理收尾包括一系列零碎、烦琐的工作，如收集、整理项目文件，发布项目信息，重新安排项目人员，庆祝项目结束，总结经验教训等。

每个项目，无论是成功还是失败，都应当被看作一次学习的机会。管理收尾最重要的工作是收集、整理、编辑、存档与项目相关的所有文件。这样做有两个目的：一是为日后查阅项目的有关资料提供依据；二是为将来实施类似项目提供借鉴。

异常终止项目也需要根据原有流程结束项目，并且需要调查异常结束原因并且归入经验教训登记册，形成组织的过程资产。

项目执行结束后，还要对表现突出的小组成员及时进行奖励、表彰，肯定团队的成绩，并要求项目经理对小组成员的表现做出书面鉴定，以便为职能部门经理提供成员晋升、嘉奖的依据。项目小组解散后，还要会同有关方面妥善安排小组成员以后的工作。

在项目结束时，必须将项目执行过程中获得的经验教训以书面的形式记录下来，并分发给已参加或可能参加项目活动的个人，使这些人在未来的项目中能够得到改进和提高。虽然在项目中经常能够发现可以对方法和程序进行改进的机会，但是由于无暇顾及或者不屑于去注意，结果使本来可以改进和提高的机会白白浪费。

1. 建立项目文档

为了保证文档版本的一致性，在项目执行之前就要对文档的输出格式、文档的描述质量、文档的具体内容、文档的可用性进行明文规定，并且要求所有的项目管理人员严格按照规定的要求输出、记录、提交文档。

在项目执行的每一个阶段，都必须将所完成的文档提交至项目执行小组。项目结束后，需要将项目全过程形成的文档进行汇总、归类和保存。

2. 项目验收

项目小组完成项目的所有任务后，还应该协助相关方面对项目进行验收，以确保项目事先规定的工作都得到圆满完成，同时检查项目完成的任务是否符合客户的要求，确保客户的要求得到满足。

3. 项目总结

项目执行完毕，项目小组的每一个成员都应该总结项目执行的得与失、成与败。这样做有两个目的：一是为员工个人的成长积累经验；二是为将来的项目提供借鉴。只有进行总结，这些信息才能指导员工今后的工作，才能在未来项目的计划和估算中发挥作用。

项目小组成员的总结应注重个人在项目中角色的扮演情况、个人所负责任的完成情况、个人对团队的贡献等方面。个人自我评价表示例见表5-6。

表 5-6　个人自我评价表示例

项目名称：
我在该项目中的角色是什么？负责的主要任务有哪些？
你对自己负责工作如下目标的评价： 质量性能：　　达到标准　　　　低于标准　　　　高于标准 费　　用：　　按照预算　　　　超出预算　　　　低于预算 进　　度：　　按照进度　　　　提　前　　　　　滞　后 你是否成功地完成了项目任务？如何衡量？如果不成功，原因是什么？
在项目实施过程中，你遇到了哪些困难和挑战？是如何克服的？为何要采取这种方法？
你在建设高效项目团队和促进信息沟通方面做出了哪些贡献？
你在该项目中积累了哪些成功的经验？又吸取了哪些失败的教训？
如果再做一次，你将采用哪些不同的方法？
项目经理评语：

项目经理对项目的总结报告则应注重项目进度、成本、范围等目标实现情况，项目交付成果的质量情况，团队工作情况，客户关系，项目合同执行情况，以及在项目

执行过程中成功的经验和失败的教训。项目总结报告示例见表 5-7。

表 5-7 项目总结报告示例

项目总结报告	
项目名称：	编号：
项目计划起止日期：	项目实际起止日期：
项目经理：	本报告起草人：
完成了项目的哪些交付成果？	没有完成的工作有哪些？原因是什么？
对项目的总体评价：	
进度方面：	项目实际进展情况与计划进度如何？
	在进度上发生了哪些变化？
	用到了哪些进度控制方法？
成本方面：	项目实际成本与计划预算相比如何？
	预算怎样才能做得更准确？
质量方面：	项目的质量符合客户的具体要求吗？
	在质量方面发生了哪些问题？是如何处理的？
	客户对项目的质量要求发生了哪些变更？
	客户对项目的最终移交成果是否满意？
	以后如何更好地理解客户的质量要求？
人力资源方面：	小组成员是否理解他们的角色？
	是否存在有人工作分配负担过重或过轻的情况？
	成员之间的协作情况如何？
	角色分配是否合适？
	运用的激励、领导方式、监督方法是否有效？
	成员在哪些方面得到了锻炼与成长？
沟通交流方面：	小组成员对项目的目标、客户要求是否有充分的了解？
	成员是否迅速地交流自己遇到的问题？
	有没有利益相关方在交流沟通中被忽略？
	今后的项目在交流沟通上可做哪些改进？

(续)

技术与方法方面：	该项目运用了哪些新技术？它们如何促使项目的成功？
	项目跟踪与控制的方法是否发挥了作用？
外包供应商与分承包商方面：	在和外包供应商与分承包商打交道方面积累了哪些经验？
	外包供应商与分承包商的职能履行得如何？
经验教训：	该项目有哪些成功的经验？又有哪些失败的教训？
	如果有机会重新做这个项目，应该怎样去做？
项目总监评语：	

比较正式的项目往往还要召开项目总结大会。如果完成了项目移交核对清单上所要求的所有事情，项目验收就应该可以通过，项目的移交文件也就可以签署，此时就可以为项目的胜利完成举行适当的庆祝活动了。

案例：项目整合管理——华为的项目"铁三角"

0 背景

任正非说过："我们系统部的'铁三角'，其目的就是发现机会、咬住机会，将作战规划前移，呼唤与组织力量，实现目标的完成。系统部里的三角关系，并不是一个'三权分立'的制约体系，而是紧紧抱在一起生死与共、聚焦客户需求的共同作战单元。它们的目的只有一个：满足客户需求，成就客户的理想。"

华为"铁三角"模式的雏形最早出现在华为公司北非地区部的苏丹代表处。2006年8月，业务快速增长的苏丹代表处在投标一个移动通信网络项目时没有中标。在只有一个竞争对手的情况下，华为完败，这对华为是前所未有的巨大打击。

在当地60℃的高温热浪中，华为客户线（销售）、产品线（技术）、交付线（项目执行）三个团队一同反思复盘，在分析会上总结出导致失利的原因有以下几点：

1）各部门各自为政，相互之间沟通不畅、信息不共享，各部门对客户的承诺不一致；销售前端掌握的信息无法快速传递到后端，产品解决方案无法完全满足客户的要求。

2）交付能力也不能让客户满意，对于客户的需求更多的是被动的响应，难以主动把握客户深层次的需求。

165

3）华为的组织与客户的组织不匹配，客户经理单兵作战，应对客户采购、工程、维护三大部门的需求，专业性不够，关系复杂。

最典型的例子是在一次客户召集的网络分析会上，华为去了七八个人，每个人都向客户解释各自领域的问题。客户的首席技术官（CTO）当场抱怨："我们要的不是一张数通网，不是一张核心网，更不是一张交钥匙工程的网，我们要的是一张可运营的电信网。"

遭遇痛苦的失败后，华为认识到内部需要更多协同，应该是"一专多能"，而不是"铁路警察各管一段"。由此诞生了以客户经理/销售（Account Responsibility，AR）、产品经理/技术解决方案（Solution Responsibility，SR）、交付经理/项目经理（Full Responsibility，FR）为核心的著名的华为"铁三角"，建构出一个面对面主动对接客户、聚焦项目、能够快速反馈和响应的一线作战单元，从而更深入精准地理解和把握客户需求。凭借"铁三角"模式，该办事处2007年成功获得了苏丹电信在塞内加尔的移动通信网络项目，2009年赢得了苏丹电信运营G网最大的订单。

2009年，面对华为当时9.5万人的略显臃肿的组织，任正非根据"铁三角"实战的成功经验，驱动整个华为进行了一场新的组织变革，即实现以客户为中心，项目化团队的运作方式，在公司各个层面形成以"铁三角"为领导的流程型组织团队，以快速、机动、灵活地满足客户要求。

1　Why："铁三角"迅速流行的原因

VUCA是指组织处于"不稳定"（Volatile）、"不确定"（Uncertain）、"复杂"（Complex）、"模糊"（Ambiguous）的状态之中，也被用来描述已成为"新常态"的、混乱的和快速变化的商业环境。随着VUCA时代的到来，市场和商业模型快速发展，项目的规模和复杂度极大提升，大多数公司都感受到挑战滚滚而来，既没有成熟的经验可以参考，又没有全能的英雄可以一统天下，所有业务的项目执行都面临着类似华为当年的窘境，项目经理靠单兵作战已不能保证赢得整个战役。这时，需要"铁三角"式的团队合作，生死与共，抱团取暖。

2　What：什么是"铁三角"的精髓

2.1　授权一线：让听得见炮声的人做决策

管理层要允许"让听得见炮声的人呼唤炮火"。项目一线"铁三角"团队最接近客户，距离"炮火声"更近，要把决策权交给他们。实际上现在很多公司的政策也是这样，会给一线三角团队充分的授权，只要是在规定的授权范围内，都可以自主地做决定。任正非也坚定地指出，华为不存在总部，机关不代表总部，机关只是后方，是前线打仗的支持服务团队。

2.2 政策保障：力出一孔，利出一孔

力出一孔：在政策上让"铁三角"有共同的目标，如订单的目标、利润的目标、现金流的目标、客户满意度的目标等。如果目标达成，奖励的应该是"铁三角"整体。如果目标没有达到，板子要打到"铁三角"三个人的身上。

利出一孔：对"铁三角"有整体的考核机制。在绩效奖励上，先看团队的整体绩效，再在此基础上看个人贡献。这一点与 NBA 的"最有价值球员"评选机制类似。NBA 总决赛有一个不成文的惯例，就是"最有价值球员"一定要从冠军球队产生。也就是从团队绩效最棒的团队中选择，对于团队绩效不佳的员工，不管个人多优秀，都不能成为最优秀员工。

2.3 "铁三角"自身的行动目标

"铁三角"在获得管理层的授权后，应执行以下三项行动：

1) 学习探索并提升能力。要有能力，听得见"炮火"，还要听得懂"炮火"，更要能正确地呼唤"炮火"。因为要对"炮火"的成本负责，所以"学习"是"铁三角"的第一关键词。销售经理要学习一些交付和技术知识，技术经理要学习一些营销和管理技能，甚至可以转型为当今稀缺的技术营销专家，项目经理要懂得技术和加强销售力。"铁三角"中的每个"角"都要力争走出自己的"青纱帐"，实现"一专多能"。

2) 增强主人翁责任感、领导力。"铁三角"要积极协同，从各自职责维度带领员工创造。要充满激情，互相赋能，激情能带动能力发展、带动绩效提升。

3) 角色互补并互相激发。"铁三角"是一线的战斗组织，三个"角"要职能清晰、相互协同、优势互补，既发挥呼唤"炮火"的作用，又能实现做厚客户关系的功效。

2.4 "铁三角"的内涵与精髓

很多企业都在学习模仿华为的"铁三角"，但成功者寥寥无几。这是为什么？

原因一：没有适合"铁三角"生态的企业文化。其实，企业文化才是帮助华为运用"铁三角"战术的底色。

解药：推倒部门墙，破除功能壁垒，建立生死与共、合作共赢的认知和文化。

原因二：从单兵作战到"铁三角"阶跃太大，短时间内难以适应。如何逐步建立项目管理的"铁三角"？

解药：分阶段分步骤慢慢来，通过每一步阶跃来实现。可以形象地用"迷你铁三角""铁三角"和"铁三角+"三个阶段阐述"铁三角"模型的跃迁过程。

第一步，在项目执行团队内部，项目经理、工程师、现场经理间率先实现"迷你

铁三角"。虽然是从单兵作战到"迷你铁三角"的阶跃，但三角合作是在项目执行团队内部，大家长期在一起工作，所以认知和目标相近，合作难度不是那么大。

第二步，在"迷你铁三角"中加入新的角色：客户经理（销售）。按照传统的认知，销售的KPI是订单量，项目执行和交付的KPI是利润、现金流和客户满意度。其中有一点点的不一致。"铁三角"的重大意义是把他们拉到一起，让他们有共同的目标和KPI，这是管理层的一个战略层面的决策。如果订单拿下，一方面销售的订单任务完成，另一方面执行团队也有奖励。如果订单没拿下、如果利润没保住、如果款收不回来，就是你们共同的责任，板子要打到"铁三角"团队整体上。而不是其中某一个角上。所以从底层基础上保证了"铁三角"可以团结一心。

第三步，"铁三角+"是在"铁三角"基础上加入新的支持角色，如商务经理、质量经理、供应链经理等。在从项目销售到执行的整个生命周期内，"铁三角+"会比"铁三角"更加紧密地抱在一起，合作共赢、生死与共。真正拥有了"铁三角"的组织模式，就可以让团队保持对竞争对手"三打一"的姿态。

3 How：如何让"铁三角"发挥最大效能

3.1 优化分工，责任共担

在具体的项目实践中，每个"铁三角"中三个人的能力点都是不同的，所以三个人的职责分工可以不同，完全可以根据三个人的特长点、能力点和关系点来讨论、调整和确定。目标是通过合理的职责划分，让"铁三角"发挥最大的效能，让项目取得最好的结果。

实操中，一般项目经理是带节奏的，要在原则、计划、进度和整体协调把控上发挥作用，既坚持立场，又要拉近和维护客户关系。技术经理会在技术方案的优化和创造上发挥作用。销售经理在市场营销和客户关系维护上发挥作用。

3.2 信息透明，团队决策

"铁三角"在三条线上工作，每个人都要把自己了解的情况告诉整个三角团队。项目的所有邮件都按照沟通计划的要求，发给谁，复制给谁，都要非常清晰，避免单线联系。"铁三角"内部每周都有周例会，和客户也应有周例会，会议纪要共享给所有利益相关方。信息流非常清晰有序。对于内部重大问题要根据升级路径的要求，召集管理层开会讨论决策。当解决外部问题遇到障碍时，也要升级到客户方管理处解决。

3.3 沙盘推演，复盘反思

复杂项目谈判前需要缜密的沙盘推演和事后复盘，需要邀请多职能团队一起讨论结构化的策略，从技术到商务多个维度，团队一起头脑风暴。用点子激发点子，穷尽所有的点子和筹码，推演对方的反应，做好应对之策。事后要立刻复盘反思，找到未来要开始做什么、停止做什么、继续做什么的策略。正如任正非所说的那句话："企业最大的浪费是对经验的浪费"，因此，复盘是经验和知识萃取的有效手段，要用起来。

3.4 彼此激发化学反应

1）在安排"铁三角"人员的时候，要考虑能力、性格互补，认知、习性相近。这是保证团队默契合作的基础。

2）"铁三角"的三个角色在工作层面上要主动多交流，一起交流信息，一起讨论策略，一起拜访客户，正所谓"一个篱笆三个桩，众人拾柴火焰高"。

3）"铁三角"的三个角色在生活层面也要多交流、多沟通，互相关心、互相帮助。这是彼此间产生化学反应的催化剂。

4 "铁三角"继续跃迁探索无限

"铁三角"的探索刚刚起步，未来还会有更多可能性。"铁三角"会继续跃迁，探索无限。随着项目规模和复杂度的提升，还会有更多的角色强力加入，如供应链经理、商务经理、质量经理等。因此，未来还会有"四角""五角"……，终极目标是整体合作，适应性管理。项目管理能应对各种多变和复杂的环境，追求最佳的执行结果。学习，探索，创新，永远在路上。

华为"铁三角"作为主动对接客户、快速反馈和响应的一线作战单元，能够深入精准地理解把握客户需求。随着华为"铁三角"模式的应用，华为组织转变为客户需求拉动型的组织。推式战略是通过强大的中央发动机的权威来推进，容易导致在组织中出现很多无用的流程和岗位。拉式策略则是通过客户的需求来拉动"铁三角"，再由"铁三角"拉动整个组织。同时，在客户需求拉动过程中可以清晰地看到哪一根绳子不受力、哪一个组织在前端客户层面不关心，这样的组织和部门可以减去，以提高效率。

▶讨论题

1. 通读案例，结合案例讨论项目整合管理的主要目的是什么，华为是如何通过项目管理"铁三角"开展整合管理的，并简要分析华为"铁三角"的内涵和作用。

2. 谈谈在你的企业推广项目管理"铁三角"有哪些主要痛点，如何克服这些痛点。

3. 结合"推式"和"拉式"的机制，阐述华为"铁三角"客户需求拉动型组织模式的特点。

▶ *思考题*

1. 为什么项目整合管理对于项目成功至关重要？请举出一个现实生活中的例子说明项目整合管理如何影响项目的绩效和交付结果。

2. 项目章程的作用是什么？通常包含哪些主要内容？

3. 如果你是一名项目经理，你会如何制订一个有效的整合管理计划？你将考虑哪些因素，包括项目范围、进度、成本、质量和风险等，来确保项目的统一和协调？

4. 通过研究实际的项目案例，你能否找到一个成功的项目整合管理实践？你是否可以描述该实践是如何应用于项目的，以及取得了哪些成果和效益？

第 6 章　项目范围管理

6.1　概述

6.1.1　项目范围管理的目的与基本过程

项目范围管理的目的是：确保项目"做且只做"所需的全部工作，以成功完成项目。

项目范围管理规定或控制哪些方面是项目应该做的，哪些是不应该做的，确保应该做的工作没有漏项，不应该做的工作不要"画蛇添足"；当范围发生变化时，能及时和全面地妥善应对；编制各级工作分解结构（WBS）详细确定项目的工作，并为各领域的管理活动提供统一的、科学的数据库。它确保项目的目标、可交付成果和工作内容被明确定义，并有效地进行控制，以满足项目需求和客户期望。

在项目环境中，"范围"这一术语有两层含义：
- 产品范围。某项产品、服务或成果所具有的特征和功能。
- 项目范围。为交付具有规定特性与功能的产品、服务或成果而必须完成的工作。

例如，一个软件 App 上的一组功能是产品范围，为了最终开发出用户可以接受的功能，需要进行必要的测试，这些测试就是项目范围。

项目范围管理是项目管理过程中的一个关键领域，涉及定义、确认和控制项目的范围。项目范围管理的过程包括：

1）规划范围管理。为记录如何定义、确认和控制项目范围及产品范围，而创建范围管理计划的过程。

2）收集需求。为实现项目目标而确定、记录并管理利益相关方的需要和需求的过程。

3）定义范围。制定项目和产品详细描述的过程。

4）创建WBS。将项目可交付成果和项目工作分解为较小的、更易于管理的组件的过程。

5）确认范围。正式验收已完成的项目可交付成果的过程。

6）控制范围。监督项目和产品的范围状态、管理范围基准变更的过程。

上述各管理过程的逻辑顺序为：规划范围管理发生在项目的早期，其目的是规定在项目管理过程中如何定义、确认和控制项目范围及产品范围。在规划范围管理之后，将进行需求的收集和记录，并通过制作范围说明书来定义范围。随后，依据范围说明书创建WBS，以便将项目可交付成果和项目工作分解为较小的、更易于管理的组件。在项目执行阶段，依据WBS，可以跟踪和监督项目工作的进展和完成情况，并验证项目交付的成果是否符合预期范围。

创建WBS是项目范围管理最主要的工作，WBS构成了项目的范围基线，而范围基线是建立项目进度、成本基线的前提。WBS是一个层级结构，它将项目工作分解成更小、更便于管理的工作单元，每向下分解一个层次，就代表对上一个层次项目工作的进一步详细定义，位于WBS最低层次的组件称为工作包，可以对其进行时间和成本的估计、执行、监控。无论哪类项目可交付成果或项目生命周期，WBS的创建与应用都是关键环节。

WBS具有以下主要作用：

- 将项目工作分解成更小、更便于管理的工作单元。
- 定义项目"做且只做"所需的全部工作，构成了项目的范围基线。
- 是其他管理过程的主要输入（如进度计划、资源规划、成本估算、制订进度计划及风险识别等），范围基线是建立项目进度、成本基线的前提。
- 为项目控制、绩效监控提供依据，为与所有利益相关方的交流提供基础。
- 确保项目工作与责任分配矩阵（Responsibility Assignment Matrix，RAM）和组织分解结构（OBS）适当关联。

为此，本章重点介绍创建WBS前的准备（收集需求、定义范围过程）、创建WBS、确认范围和控制范围过程。"规划范围管理过程"可以参阅《PMBOK®指南》的相关内容。

6.1.2 核心概念与术语

1. WBS

WBS是项目团队为实现项目目标并创建所需可交付成果而进行的全部工作范围的

层级分解（Hierarchical Decomposition）。项目范围说明书描述了项目范围及其主要的可交付成果、假设和约束，而 WBS 则通过定义和层级组织的方法对项目的全部范围进行了详细的描述，即 WBS 是项目范围说明书的细化。WBS 代表经批准的当前项目范围中所规定的全部工作。

WBS 被定义为：

- W = 工作（Work）。工作通常指一项特定的活动、职责、功能，或者某个较大任务的一部分或一个阶段的任务，以及通过努力、付出或运用技术生产或实现的事物。
- B = 分解（Breakdown）。划分成不同部分或类别；分成更简单且可识别的事物；分解（Decomposition）。
- S = 结构（Structure）。用确定的组织方式安排事物。

WBS 最低层次的组件称为工作包，其中包括计划的工作，工作包对相关活动进行归类，以便对工作安排进度、进行估算、开展监控。在 WBS 中，"工作"是指作为活动成果的工作结果或可交付成果，而不是活动本身。

2. 与创建 WBS 相关的重要概念

与创建 WBS 相关的重要概念如下：

1）层级的（Hierarchical）。按照各种指标划分成连续的级别或层次。

2）分解（Decomposition）。把项目范围和项目可交付成果划分为更小、更便于管理的组成部分的技术。

3）范围（Scope）。项目所提供的产品、服务和成果的总和。

4）可交付成果（Deliverable）。为完成某一过程、阶段或项目而必须交付的任何独特的、可验证的产品、成果或提供服务的能力。

5）项目范围说明书（Project Scope Statement）。项目范围说明书清晰、扼要地描述了项目是什么及计划实现什么。WBS 中的高层次元素名称应该与项目范围说明书中对项目成果的描述用语完全一致。

6）项目集 WBS（Program WBS）。它是用于组织和管理项目集的工作分解结构。将项目集的工作分解为一系列较小和更易管理的工作包。项目集 WBS 有助于管理项目集的规模、范围和复杂性，并帮助项目集经理和团队成员理解项目集中各个组成部分之间的关系和依赖关系。

7）资源分解结构（Resource Breakdown Structure，RBS）。资源分解结构描述了项目的资源组织分配情况，与 WBS 一起应用时可以明确对每个工作包的资源分配。而工作包和 RBS 的关联可以用来验证是否所有项目团队成员都已被分配了适当的工作任务，是否所有工作包都有对应的责任人。

图 6-1 所示的自行车项目示例利用 RBS 说明资源构成，即这个项目需要从组织的职能部门获取这些资源。

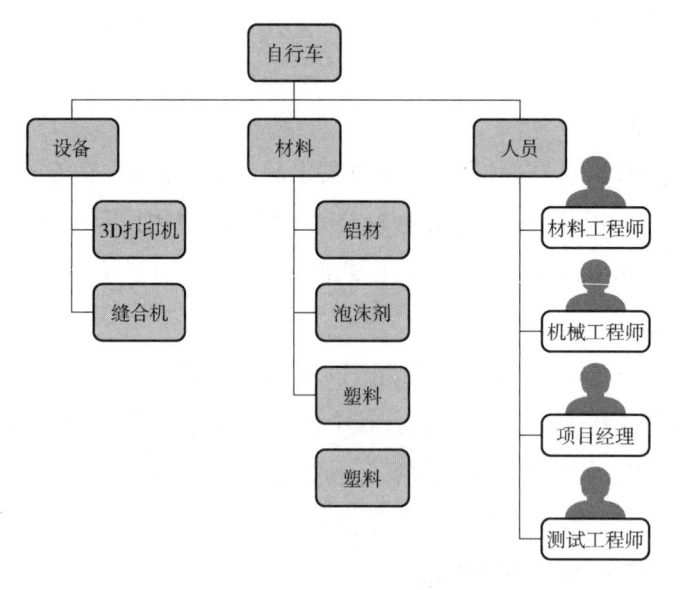

图 6-1　自行车项目的 RBS 示例

8）组织分解结构（Organizational Breakdown Structures，OBS）。组织分解结构可以展示组织结构层次，使得项目的工作包可以与负责实施的组织部门联系起来。这个工具强调了一个原则，即每个工作包对应一个唯一的责任人。

图 6-2 所示为某企业组织的 OBS 示例。项目从这些职能部门（如项目管理办公室、工程组或质量组）中抽调人员，为项目或工作包的 RBS 提供人员。

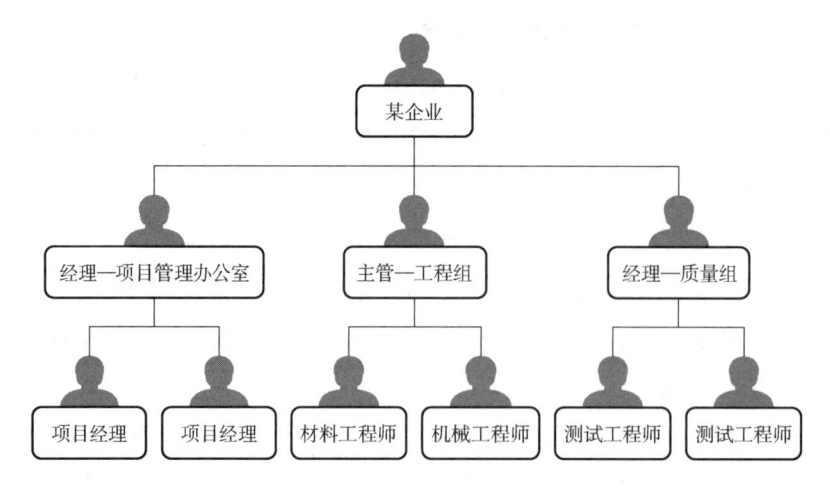

图 6-2　某企业组织的 OBS 示例

9）WBS 词典（WBS Dictionary）。WBS 词典是 WBS 不可分割的一个重要文件，包含重要的项目信息。WBS 词典定义、描述并说明了 WBS 的各种元素，从而确保对 WBS 的每个组件都有明确解释，便于使用 WBS 的人们了解。

WBS 词典通常包含成本控制和资源分配信息，表 6-1 所列为 WBS 词典组件的描述。工作包中用到的组件会在之后的章节进行定义。

表 6-1　WBS 词典组件描述

WBS 词典组件	WBS 词典组件描述
层次	工作分解中的相对位置；WBS 的每个下降层次代表对项目工作更加详细的定义
WBS 编码	分配给每个 WBS 元素的独特标识号
元素名称	定义工作分解的标签
定义	工作内容的描述
成本控制编号	分配给每个 WBS 元素的独特财务标识号
负责的组织	执行工作的主要法人实体

10）工作包（Work Package）。工作包是 WBS 的最低层次，是将项目范围层次化分解的最小单元。表 6-2 所列详细说明了工作包可以用来驱动项目进度计划、估算、管理和控制等工作。

表 6-2　工作包组件描述

工作包组件	工作包组件描述
WBS 编码	1.1.2
假设条件和制约因素	供应商生产标准
进度里程碑	从订购之日起 3 个月内交货
相关的进度活动	设计要求在订购后 10 天内完成
所需资源	供应商标准
成本估算	根据供应商协议，每个把手 9 美元
质量要求	参考质量手册 X-46 和 X-49
验收标准	参考供应商合同
技术参考	参考供应商合同
协议信息	根据主协议不需要

6.2　创建 WBS 前的准备——收集需求与定义范围

6.2.1　收集需求

收集需求是为实现项目目标而确定、记录并管理利益相关方的需要和需求的过程。

本过程的主要作用是：为定义产品范围和项目范围奠定基础。图6-3所示为本过程的输入、工具与技术和输出。

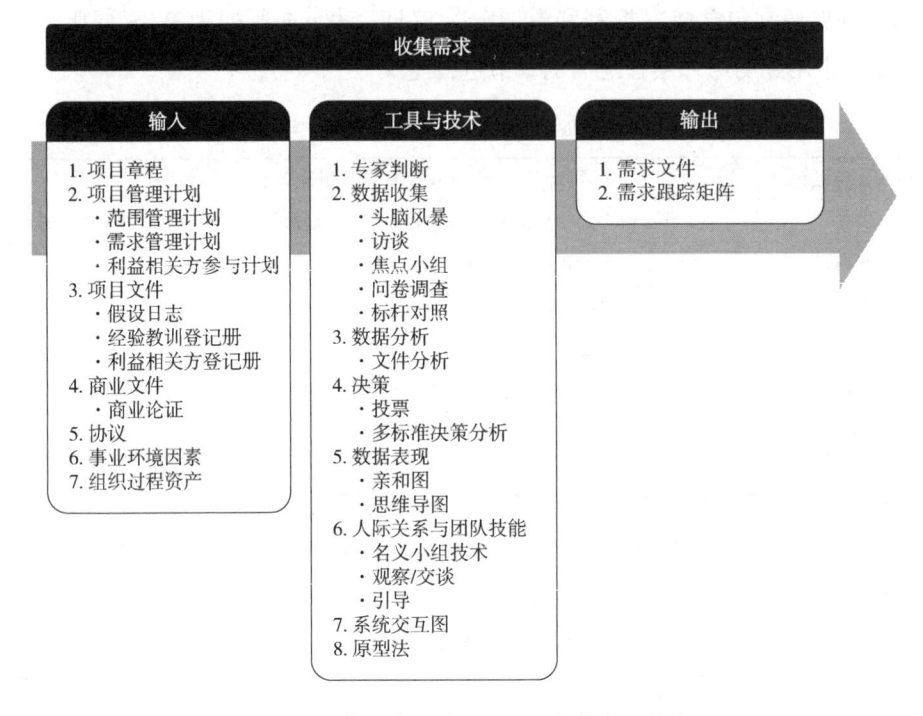

```
                        收集需求
┌─────────────────┬─────────────────────┬─────────────────┐
│      输入       │     工具与技术      │      输出       │
│ 1. 项目章程     │ 1. 专家判断         │ 1. 需求文件     │
│ 2. 项目管理计划 │ 2. 数据收集         │ 2. 需求跟踪矩阵 │
│   ·范围管理计划 │   ·头脑风暴         │                 │
│   ·需求管理计划 │   ·访谈             │                 │
│   ·利益相关方参与│  ·焦点小组          │                 │
│    计划         │   ·问卷调查         │                 │
│ 3. 项目文件     │   ·标杆对照         │                 │
│   ·假设日志     │ 3. 数据分析         │                 │
│   ·经验教训登记册│  ·文件分析          │                 │
│   ·利益相关方登记│ 4. 决策             │                 │
│    册           │   ·投票             │                 │
│ 4. 商业文件     │   ·多标准决策分析   │                 │
│   ·商业论证     │ 5. 数据表现         │                 │
│ 5. 协议         │   ·亲和图           │                 │
│ 6. 事业环境因素 │   ·思维导图         │                 │
│ 7. 组织过程资产 │ 6. 人际关系与团队技能│                │
│                 │   ·名义小组技术     │                 │
│                 │   ·观察/交谈        │                 │
│                 │   ·引导             │                 │
│                 │ 7. 系统交互图       │                 │
│                 │ 8. 原型法           │                 │
└─────────────────┴─────────────────────┴─────────────────┘
```

图6-3 收集需求：输入、工具与技术和输出

1. **本过程的输入**

可行性研究报告、协议（合同）等文件，是本过程的主要输入。

项目商业论证（Business Case）指文档化的可行性研究报告。商业论证列出了项目启动的目标和理由，它有助于在项目结束时根据项目目标衡量项目是否成功。商业论证是一种项目商业文件，可在项目全生命周期中使用。在项目启动之前通过商业论证，可能会做出继续/终止项目的决策。需求评估通常是在商业论证之前进行，包括了解业务目的和目标、问题及机会，并提出处理建议。

2. **本过程的输出**

（1）需求文件

需求文件描述了项目的需求信息和期望结果。一开始可能只有高层级的需求，然后随着相关需求信息的增加而逐步细化。只有明确的（可测量和可测试的）、可跟踪的、完整的、相互协调的，且主要利益相关方愿意认可的需求，才能作为基准。需求文件的格式多种多样，既可以是一份按利益相关方和优先级分类列出全部需求的简单文件，也可以是一份包括内容提要、细节描述和附件等的详细文件。

(2) 需求跟踪矩阵

需求跟踪矩阵提供了在项目全生命周期中跟踪需求的一种方法，有助于确保需求文件中被批准的每项需求在项目结束的时候都能交付。使用需求跟踪矩阵，把每个需求与业务目标或项目目标联系起来，有助于确保每个需求都具有商业价值。此外，需求跟踪矩阵还为管理产品范围变更提供了框架。

下面以一个软件开发项目为例，展示需求追踪矩阵表格的应用，见表6-3。

表6-3 某软件开发项目的需求追踪矩阵表格

需求编号	需求描述	需求来源	需求类型	需求优先级	系统设计	开发状态	测试状态	验收状态	变更记录	需求实现	需求验证
REQ001	用户能够注册新账户	客户需求	功能需求	高	用户管理模块	已完成开发	正在测试中	未验收	—	代码修改	测试通过
REQ002	用户能够登录系统	客户需求	功能需求	高	用户管理模块	正在开发中	未开始测试	未验收	修改需求优先级为中等	代码修改	—
REQ003	用户能够添加商品到购物车	客户需求	功能需求	中等	购物车模块	未开始开发	未开始测试	未验收	—	—	—
REQ004	系统能够生成订单	客户需求	功能需求	高	订单管理模块	正在开发中	已通过测试	未验收	修改系统设计，添加订单状态字段	代码修改	测试通过
REQ005	用户能够查看订单状态	用户反馈	功能需求	中等	订单管理模块	未开始开发	未开始测试	未验收	—	—	—

需求跟踪矩阵记录了每个需求的相关属性，这些属性有助于明确每个需求的关键信息。

6.2.2 定义范围

定义范围是制定项目和产品详细描述的过程。本过程的主要作用是：描述产品、服务或成果的边界和验收标准。

本过程的主要输出是项目范围说明书。为便于管理利益相关方的期望，项目范围说明书可明确指出哪些工作不属于本项目范围。项目范围说明书使项目团队能进行更详细的规划，在执行过程中指导项目团队的工作，并为评价变更请求或额外工作是否超过项目边界提供基准。项目范围说明书描述要做和不要做的工作的详细程度，决定着项目管理团队控制整个项目范围的有效程度。

详细的项目范围说明书包括以下内容：

1) 产品范围描述。逐步细化在项目章程和需求文件中所述的产品、服务或成果的特征。

2) 可交付成果。为完成某一过程、阶段或项目而必须产出的任何独特并可核实的产品、成果或服务能力，可交付成果也包括各种辅助成果，如项目管理报告和文件。对可交付成果的描述可略可详。

3) 验收标准。可交付成果通过验收前必须满足的一系列条件。

6.3 创建 WBS 的原则与方法

6.3.1 创建 WBS 的原则、层次和类型

1. 创建 WBS 的原则——100% 原则

将 WBS 最低层次上的全部工作汇总到（rolls up）更高的层次，这个原则被称为 100% 原则。100% 原则可以确保 WBS 捕获所有已知的范围和项目可交付成果。这个原则适用于 WBS 的所有层次，因此，子层次工作总和是母层次工作的总和。

创建 WBS 时应记住以下规则：

1) 成本（Cost）。WBS 元素不包含成本。

2) 重要性（Importance）。WBS 元素并不意味着重要。

3) 分解层次（Levels of decomposition）。WBS 对分解层次没有限制。但是，当一个母层次只产生一个子层次时，该母层次不应该进一步分解。

4) 相互排斥的元素（Mutually exclusive elements）。为了增加清晰度，避免重复的工作和误解，WBS 元素不重叠。

5) 关系（Relationships）。WBS 元素并不暗示或显示关系。

6) 资源（Resources）。WBS 元素不分配资源。

7) 时间（Time）。WBS 元素不考虑时间或顺序。

2. WBS 分解的层次

WBS 分解的层次（深度）取决于项目的规模和复杂程度，以及项目计划和管理所需的细节层次。当对全部工作范围进行分解时，较低层次的 WBS 展示出更详细的信

息，在工作包（或者敏捷型生命周期中的用户故事）中最为详细。将 WBS 分解成不同的层次需遵循下面列出的惯用做法。

（1）层次 1

这一层次包括产品、服务或成果所需的全部工作范围，其中包括所有直接或间接的工作。层次 1 是总产品、服务或成果，通常是一个单独的 WBS 元素。不同的项目管理信息系统（PMIS）以不同的方式表示这个元素。

（2）层次 2

这是分解的第一个层次，是对工作范围内主要内容的较高层次的分解。项目阶段、主要项目可交付成果、发布（在敏捷型生命周期中）通常都在该层次上。这一层次通常包括整合和项目管理工作。

（3）层次 3

这个层次根据需要把层次 2 的各个 WBS 元素进行分解。值得注意的是，创建 WBS 时应始终坚持 100% 原则。这一层次常关注项目工作中具体的、有形的可交付成果。

（4）层次 4

同样，层次 3 上的 WBS 元素也可以根据具体情况做进一步的分解。工作的复杂性程度决定了 WBS 分解的深度和层次数。与其他层次不同的是，WBS 最低层次包括工作包。

3. WBS 分解的类型

在实践中，WBS 分解的类型有行动导向型、面向待办事项型、合同导向型、可交付成果导向型、阶段导向型、产品导向型、项目集导向型。表 6-4 所列为这 7 种分解类型及 WBS 元素示例重点的描述。

表 6-4 WBS 分解的类型

分解的类型	关注	示例
行动导向型	基于行为的组件，如功能、流程、活动、任务或服务	项目管理、装配、卫生安装、电气安装
面向待办事项型	用迭代、增量或敏捷方法处理客户待办事项列表，这是项目范围的一部分，不是整个范围	场景、用户故事、下一次交付是待办事项列表的另一部分
合同导向型	收集成本组件	任何可交付成果、产品、阶段、项目集或行动 WBS 元素
可交付成果导向型	支持最终产品交付的任何组件	项目计划，项目预算
阶段导向型	基于阶段的组件	计划、分析、设计
产品导向型	最终产品的任何组件	导弹系统，自行车框架设置
项目集导向型	项目规划组件	项目集 ABC，项目 A，项目 B，系统 X

6.3.2 创建 WBS 的方法

可以用于创建 WBS 的方法和工具有很多，其中包括提纲式、WBS 指导原则或标准、WBS 模板、组织机构图法、头脑风暴法、自上而下法及自下而上法、思维导图法及专家判断法。项目团队通常利用 WBS 模板、公司的指导原则或标准等启动 WBS 创建工作。

表 6-5 所列为上述部分方法的优点和应用挑战。

表 6-5　WBS 创建方法的优点和应用挑战

WBS 创建方法	优点	应用挑战
自上而下法	有利于项目现状报告 结构合乎逻辑 有利于头脑风暴，发现项目可交付成果 有利于添加新发现的可交付成果 创建产品路线图	要持续关注，保证没有遗漏工作包 要充分细化 WBS，便于管理层监督控制
自下而上法	从所有可交付成果或用户故事和工作内容倒推到项目 保证包含所有的工作包或用户故事	要在创建 WBS 之前确定所有的可交付成果或工作包 工作包的汇总整合合乎逻辑 容易疏忽大的方面
WBS 标准	利用预定的格式 增强了不同项目 WBS 的一致性 促进原则和"良好实践"的执行	要求项目符合标准 可能会包括一些不必要的可交付成果，或者遗漏了特定的项目的可交付成果 不是所有项目都适合使用高度格式化的 WBS 标准
WBS 模板	为创建 WBS 提供了一个起点 有利于确定需要的细化程度 增强了不同项目 WBS 的一致性 利用预定的格式	要求项目符合标准 可能会包括一些不必要的可交付成果，或者遗漏了特定的项目的可交付成果 不是所有项目都适合使用高度格式化的 WBS 模板

1. 自上而下法

用自上而下法创建 WBS 的基本步骤如下：

第一步，明确项目的最终产品、服务或成果，即为确保项目成功，确定需要交付的产品是什么。为了确保 WBS 满足项目的要求，需要认真地评审高层级项目范围文件（如工作说明书和技术规范等）。

第二步，定义项目的主要可交付成果或中间可交付成果（如一个设计规范）。

第三步，分解主要可交付成果为更低层次的细分元素，以便管理和综合控制。这些 WBS 元素通常直接与各个独立的可交付成果连接。根据 100% 原则，每个层次中元素的总和代表上一层次元素 100% 的工作。WBS 的每个工作包应该包含一个或多个独特的可交付成果。

第四步，评审并完善 WBS，直至项目利益相关方认为能够顺利地完成项目规划，并且项目的实施和控制将能够成功地生产出所预期的可交付成果和结果。

2. 自下而上法

用自下而上法创建 WBS 的基本步骤如下：

第一步，明确项目所涵盖的所有可交付成果（或工作包、用户故事）。当参与人员提出的是具体活动时，应列出该活动所关联的可交付成果，而不是活动（应将所建议的活动转换成与其相关的可交付成果）。这个过程融入所有参与人员的付出。每个工作包通常只包含一个可交付成果。

第二步，将相关联的工作包（或可交付成果、用户故事）进行逻辑分组。

第三步，将可交付成果汇总整合到上一个层次，如母层次。根据 100% 原则，每个层次中的元素的总和代表上一个层次 100% 的工作。

第四步，将一组相关联的任务汇总整合为一个母层次后，对这个子集再次进行认真分析，确保已经包括所有的工作内容。

第五步，重复以上步骤直至所有子层次都被汇总并最终整合到一个代表项目的母层次。要确保创建完成的分解结构中包含所有的项目范围。

第六步，评审并完善 WBS，直至项目利益相关方认为能够顺利地完成项目规划，并且项目的实施和控制能够成功地生产出所预期的可交付成果和结果。

使用方法和工具（特别是组织自有的工具）可以提高 WBS 创建的一致性、可再现性（repeatability）和重复利用性（reusability）。同时，使用这些工具还可以提升和强化组织的 WBS 指导原则或 WBS 标准，极大地减少工作量，简化创建 WBS 的流程，并增加 WBS 元素的重复使用度。

3. WBS 模板

WBS 模板是一个将不同层级的元素填入对应细分层次的 WBS 示例。可以说，它是一个可以根据项目的特定信息定制的通用 WBS "容器"。一个组织可以根据不同的项目类型和不同的项目生命周期（预测型、迭代型、增量型或敏捷型）制定不同的模板。

WBS 标准和 WBS 模板有利于增强一致性。在利用原有的 WBS 组件时，通过删掉所有不需要的工作或可交付成果来改制 WBS，以满足项目的特定的需要、期望和要求，确保 WBS 与项目范围一致。应用标准和模板创建 WBS 有利于提高质量，因为这些标准和模板体现了 WBS 的"良好实践"。

4. 思维导图法

思维导图（Mind map）是一种用于可视化组织信息的图表。思维导图法使从头脑风暴中获得的创意整合成一张图，用以反映创意之间的共性与差异，激发新创意。

预测型生命周期思维导图示例如图 6-4 所示。

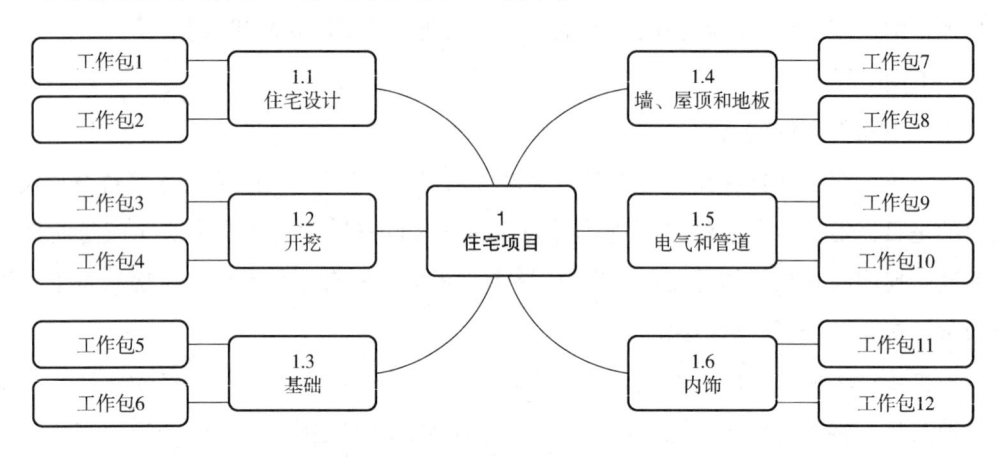

图 6-4　预测型生命周期思维导图示例

基于迭代的敏捷型生命周期的思维导图示例如图 6-5 所示。

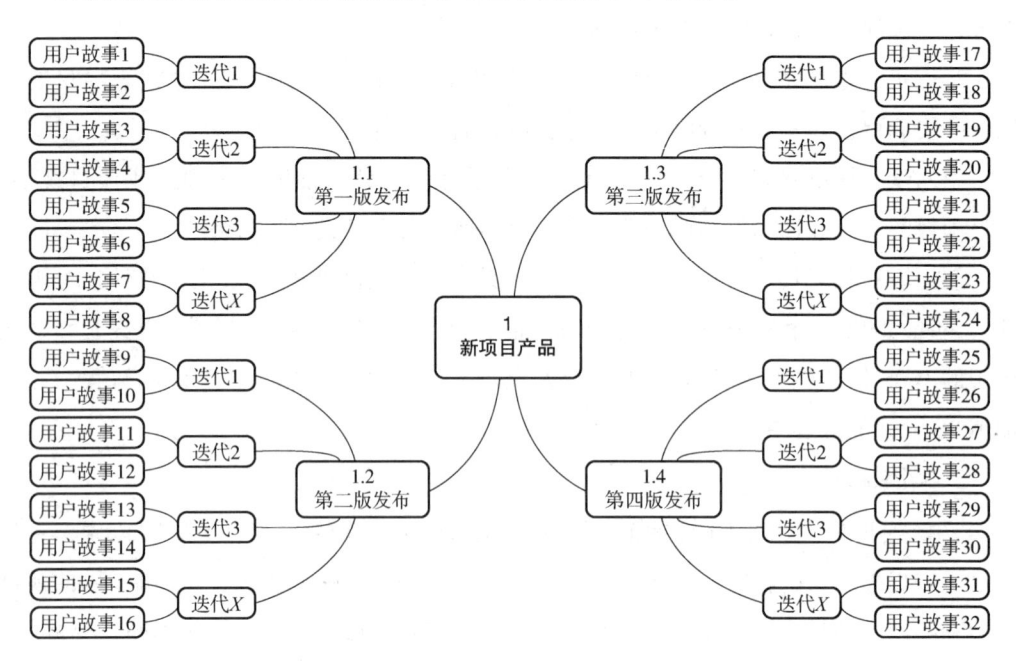

图 6-5　基于迭代的敏捷型生命周期的思维导图示例

6.3.3　WBS 编号与样式

1. WBS 编号

WBS 编号从分解的最顶层次（层次 1）到底层（层次 X）逐层进行，如图 6-6 所示。WBS 分解和编号是否继续取决于项目的规模和复杂性。在任何情况下，WBS 组件的最低层次都是工作包。

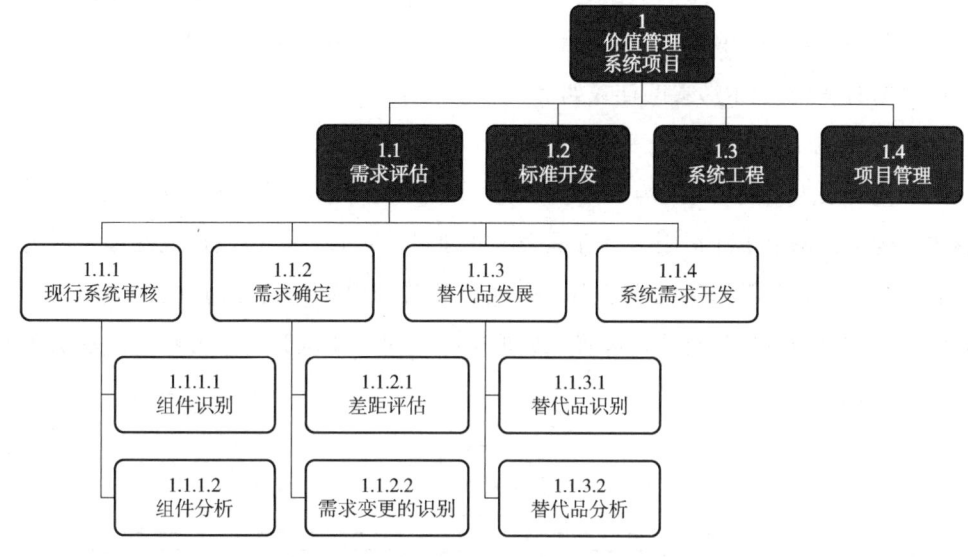

图 6-6　通过工作包分解的 WBS 示例

层次 1——包括生产产品、服务或结果所需的全部工作范围。层次 1 代表由数字 1 或项目代码（如 Proj$X$）指定的项目或全部产品。

层次 2——项目第一个分解的层次，是对工作范围中主要内容的较高层次的分解。层次 2 的编号是 1.1，1.2，…，1.n。当层次 1 使用项目编码时，层次 2 的编号是 Proj$X$.1.，Proj$X$.2.，…，Proj$X$.n.。

层次 3 及下级层次——同样，层次 3 及其以下层次上的元素也可以根据具体情况进行进一步分解。层次 3 的编号为：

1.1.1，1.1.2，…，1.1.n

1.2.1，1.2.2，…，1.2.n

1.3.1，1.3.2，…，1.3.n

1.y.1，1.y.2，…，1.y.n

如果在层次1使用项目编码，那么层次3的编号为：

Proj$X$.1.1，Proj$X$.1.2，…，Proj$X$.1.n

Proj$X$.2.1，Proj$X$.2.2，…，Proj$X$.2.n

Proj$X$.3.1，Proj$X$.3.2，…，Proj$X$.3.n

Proj$X$.y.1，Proj$X$.y.2，…，Proj$X$.y.n

2. WBS 样式

有多种描述WBS的方式，包括图形、文本或表格样式。无论使用哪种表示方式，WBS都可以帮助项目团队更准确地预测成本、进度、资源需求和分配。

最常见的WBS表示形式的样式如下。

（1）层级式

图形化的层级结构是最为常见的WBS表示方式之一，又称为组织结构图。在这种类型的结构中，每个子元素用一个方框表示并通过一条直线与由其构成的母元素连接。这种表示形式可以非常清楚地描绘出一个项目及其子项组件是如何逐层级分解成更小元素的。最常见的结构是将项目放置在最顶层次，向下依次为各个分解后的层次单元，如图6-7所示。

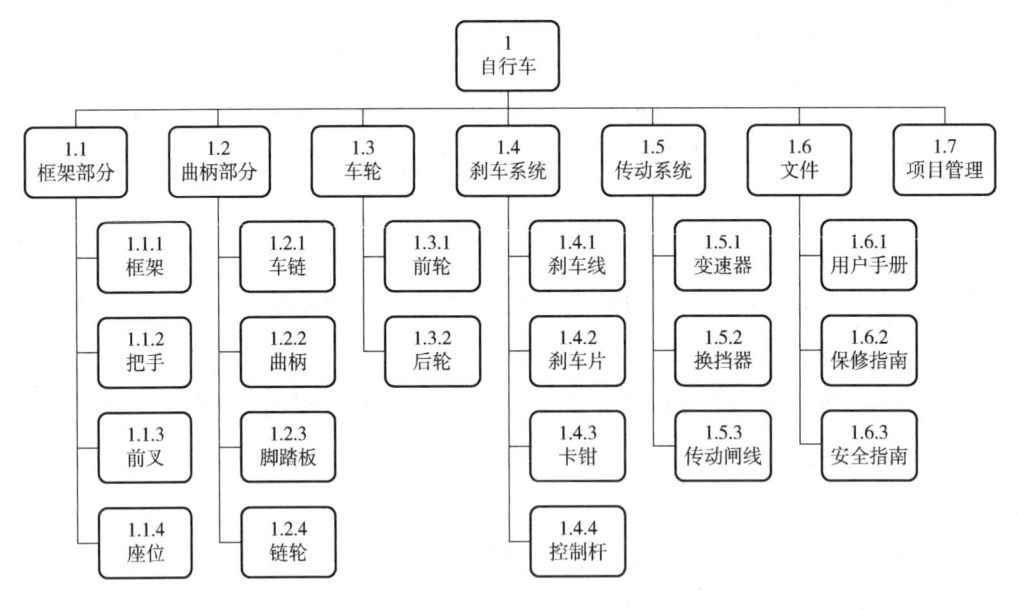

图6-7 WBS层级式结构

（2）提纲式

提纲式是一种非常普遍的WBS表示方式。它使用逐层缩进的方式表示WBS的各个层次，每个层次都有一个按字母顺序或数字顺序的编号。这种提纲式可以使用一些常用的工具来编制，包括文字处理系统或工作表格，见表6-6和表6-7。

表 6-6 WBS-基础提纲样式	表 6-7 WBS-缩进提纲样式
WBS 元素	WBS 元素
1 自行车	1 自行车
1.1 框架部分	1.1 框架部分
1.1.1 框架	1.1.1 框架
1.1.2 把手	1.1.2 把手
1.1.3 前叉	1.1.3 前叉
1.1.4 座位	1.1.4 座位
1.2 曲柄部分	1.2 曲柄部分
1.2.1 车链	1.2.1 车链
1.2.2 曲柄	1.2.2 曲柄
1.2.3 脚踏板	1.2.3 脚踏板
1.2.4 链轮	1.2.4 链轮
1.3 车轮	1.3 车轮
1.3.1 前轮	1.3.1 前轮
1.3.2 后轮	1.3.2 后轮
1.4 刹车系统	1.4 刹车系统
1.4.1 刹车线	1.4.1 刹车线
1.4.2 刹车片	1.4.2 刹车片
1.4.3 卡钳	1.4.3 卡钳
1.4.4 控制杆	1.4.4 控制杆
1.5 传动系统	1.5 传动系统
1.5.1 变速器	1.5.1 变速器
1.5.2 换挡器	1.5.2 换挡器
1.5.3 传动闸线	1.5.3 传动闸线
1.6 文件	1.6 文件
1.6.1 用户手册	1.6.1 用户手册
1.6.2 保修指南	1.6.2 保修指南
1.6.3 安全指南	1.6.3 安全指南
1.7 项目管理	1.7 项目管理

在某些情况下，这种提纲样式也可以不使用缩进方式，而只是简单地用数字编码系统来表示层级结构，见表6-8。

表 6-8　WBS-层级提纲样式

层次	WBS 编码	WBS 元素名称
1	1	自行车
2	1.1	框架部分
3	1.1.1	框架
3	1.1.2	把手
3	1.1.3	前叉
3	1.1.4	座位
2	1.2	曲柄部分
3	1.2.1	车链
3	1.2.2	曲柄
3	1.2.3	脚踏板
3	1.2.4	链轮
2	1.3	车轮
3	1.3.1	前轮
3	1.3.2	后轮
2	1.4	刹车系统
3	1.4.1	刹车线
3	1.4.2	刹车片
3	1.4.3	卡钳
3	1.4.4	控制杆
2	1.5	传动系统
3	1.5.1	变速器
3	1.5.2	换挡器
3	1.5.3	传动闸线
2	1.6	文件
3	1.6.1	用户手册
3	1.6.2	保修指南
3	1.6.3	安全指南
2	1.7	项目管理

（3）表格式

表格是另外一种普遍使用的 WBS 形式，它用表格中的列来表示层次结构关系。在难以使用图形来表示 WBS 时，如所使用的文档中只有有限的格式化功能，通常会使用此种表格形式，见表 6-9。

表 6-9　WBS-表格提纲样式

层次 1	层次 2	层次 3
1 自行车	1.1 框架部分	
		1.1.1 框架
		1.1.2 把手
		1.1.3 前叉
		1.1.4 座位
	1.2 曲柄部分	
		1.2.1 车链
		1.2.2 曲柄
		1.2.3 脚踏板
		1.2.4 链轮
	1.3 车轮	
		1.3.1 前轮
		1.3.2 后轮
	1.4 刹车系统	
		1.4.1 刹车线
		1.4.2 刹车片
		1.4.3 卡钳
		1.4.4 控制杆
	1.5 传动系统	
		1.5.1 变速器
		1.5.2 换挡器
		1.5.3 传动闸线
	1.6 文件	
		1.6.1 用户手册
		1.6.2 保修指南
		1.6.3 安全指南
	1.7 项目管理	

6.3.4　WBS 示例

1. 网站设计项目示例

表 6-10 所列为网站设计项目的 WBS 特点，随后是 WBS 层次，如图 6-8 所示。

表 6-10　网站设计项目的 WBS 特点

行业	分解类型				生命周期	
软件	行动导向型	×	阶段导向型	×	预测型	×
	面向待办事项型		产品导向型	×	迭代型	
	合同导向型		项目集导向型		增量型	
	可交付成果导向型	×			敏捷型	

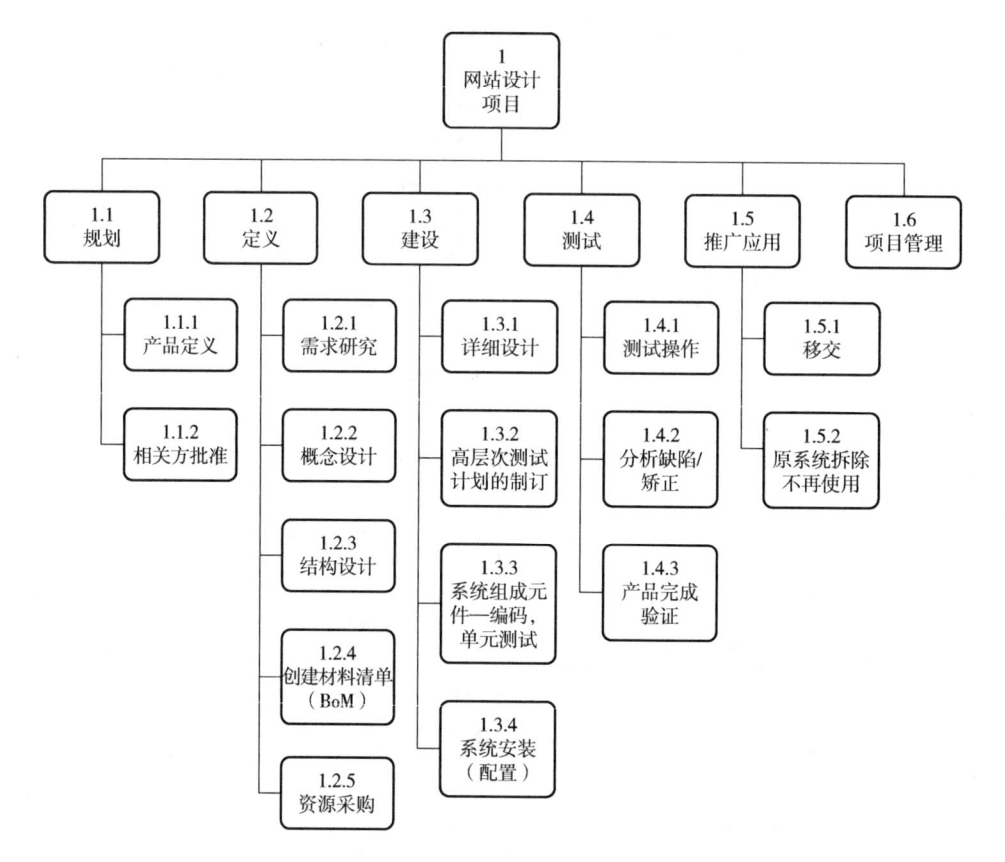

```
                        1
                    网站设计
                      项目
    ┌──────┬──────┬──────┼──────┬──────┬──────┐
   1.1    1.2    1.3    1.4    1.5    1.6
   规划   定义   建设   测试  推广应用 项目管理
    │      │      │      │      │
   1.1.1  1.2.1  1.3.1  1.4.1  1.5.1
   产品定义 需求研究 详细设计 测试操作  移交
    │      │      │      │      │
   1.1.2  1.2.2  1.3.2  1.4.2  1.5.2
   相关方批准 概念设计 高层次测试 分析缺陷/ 原系统拆除
                 计划的制订  矫正   不再使用
           │      │      │
          1.2.3  1.3.3  1.4.3
          结构设计 系统组成元 产品完成
                 件—编码, 验证
                 单元测试
           │      │
          1.2.4  1.3.4
          创建材料清单 系统安装
          （BoM） （配置）
           │
          1.2.5
          资源采购
```

图 6-8　网站设计项目的 WBS 层次

此 WBS 示例反映的是设计、建设并推广一个在国内销售企业自产产品的商业互联网网站。网站设计开发生命周期的各个高层次阶段位于 WBS 的层次 2。对于所有的 WBS 示例，WBS 的不同分支可以分解到不同的细分层次。此 WBS 是一个通用的 WBS 模板，根据不同项目的具体情况进行个性化定制。

2. 通信项目示例

表 6-11 所列为通信项目的 WBS 特点，图 6-9 所示为 WBS 层次。

表 6-11　通信项目的 WBS 特点

行业	分解类型				生命周期	
通信	行动导向型	×	阶段导向型	×	预测型	×
	面向待办事项型		产品导向型		迭代型	
	合同导向型		项目集导向型		增量型	
	可交付成果导向型	×			敏捷型	

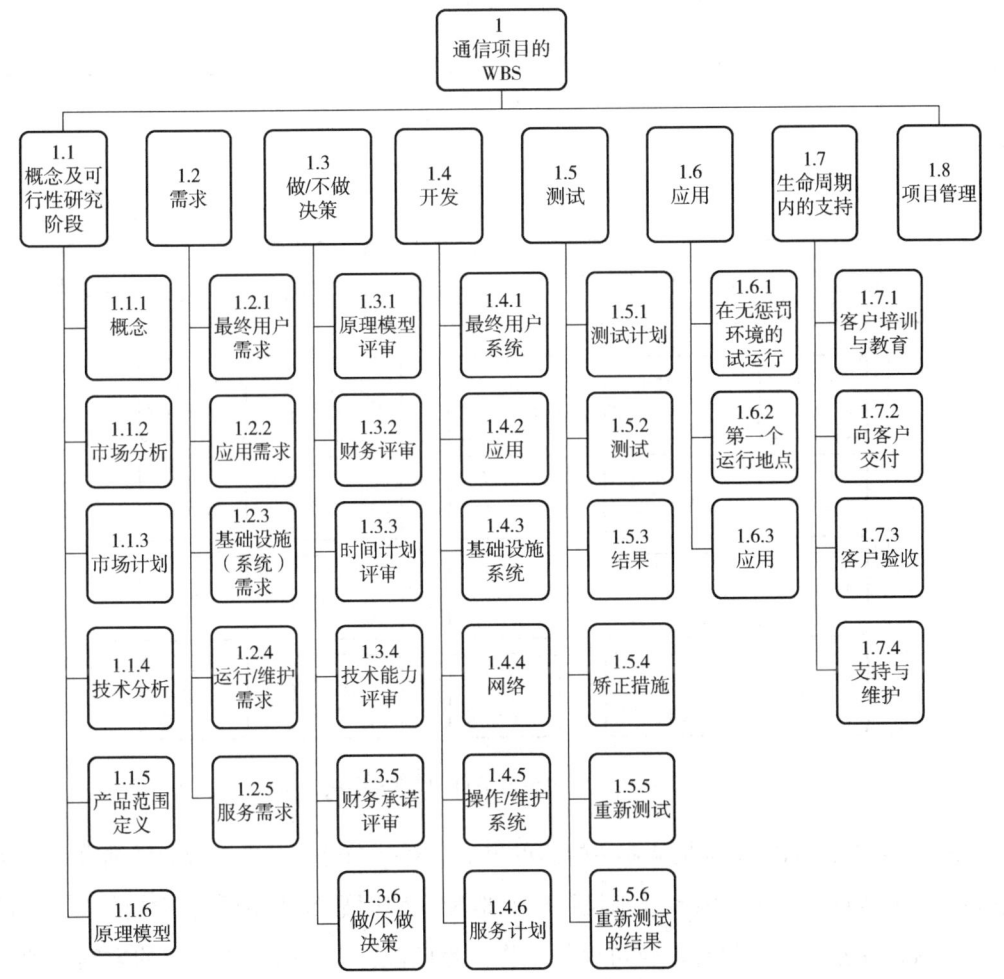

图 6-9　通信项目的 WBS 层次

图 6-9 所示的 WBS 层次示例表示一个典型的通信项目。此 WBS 的层次 2 反映了一个基本的项目生命周期，即从概念形成、产品开发、客户验收一直到运行支持和维护。层次 2 的每个 WBS 元素都包括其所代表的项目阶段各自的低层次可交付成果，其中包括但不限于：评审、决策、分析、有形的可交付成果和服务等。

3. 生产平台项目示例

表 6-12 列出了生产平台项目的 WBS 特点，随后是 WBS 层次，如图 6-10 所示。

表 6-12 生产平台项目的 WBS 特点

行业	分解类型				生命周期	
石油、天然气及石化	行动导向型	×	阶段导向型		预测型	×
	面向待办事项型		产品导向型	×	迭代型	
	合同导向型		项目集导向型		增量型	
	可交付成果导向型	×			敏捷型	

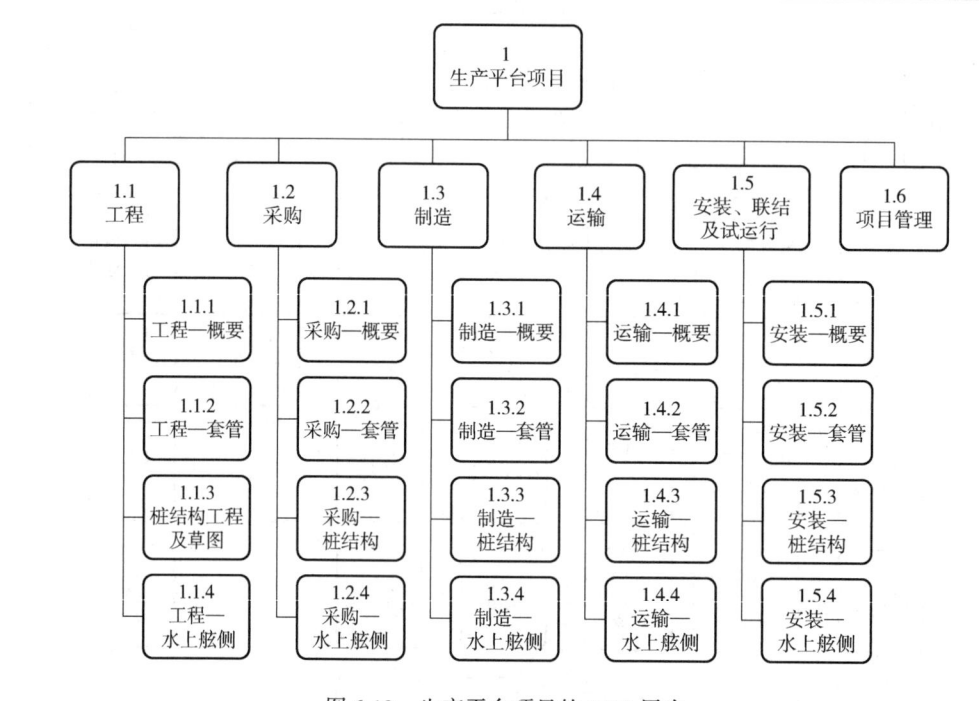

```
                         1
                    生产平台项目
    ┌──────┬──────┬────┴────┬──────┬──────┐
   1.1    1.2    1.3      1.4    1.5    1.6
   工程   采购   制造     运输  安装、联结 项目管理
                                及试运行
   1.1.1  1.2.1  1.3.1    1.4.1  1.5.1
   工程—  采购—  制造—    运输—  安装—
   概要   概要   概要     概要   概要

   1.1.2  1.2.2  1.3.2    1.4.2  1.5.2
   工程—  采购—  制造—    运输—  安装—
   套管   套管   套管     套管   套管

   1.1.3  1.2.3  1.3.3    1.4.3  1.5.3
   桩结构 采购—  制造—    运输—  安装—
   工程   桩结构 桩结构   桩结构 桩结构
   及草图

   1.1.4  1.2.4  1.3.4    1.4.4  1.5.4
   工程—  采购—  制造—    运输—  安装—
   水上舷侧 水上舷侧 水上舷侧 水上舷侧 水上舷侧
```

图 6-10 生产平台项目的 WBS 层次

图 6-10 所示 WBS 示例是从业主的角度出发，对一个海上开采平台的详细设计、制造和安装工作进行分解。因为详细设计、制造和安装明显处于不同的工作阶段，所以应置于 WBS 的层次 2。这样不仅可以与工作流程匹配，也符合工程分包的方案，即利用不同的承包商分别负责工程、制造等不同部分的工作。根据可交付成果来确定下一层次如何细分。并非 WBS 的所有分支都要分解到相同的细分层次。本 WBS 是通用的，可以作为模板，特定的项目可以根据此模板进行修改。

4. "设计—招标—建造"项目示例

表 6-13 所列为"设计—招标—建造"项目的 WBS 特点，图 6-11 所示为 WBS 层次。

第6章 项目范围管理

表6-13 "设计—招标—建造"项目的WBS特点

行业	分解类型				生命周期	
政府	行动导向型	×	阶段导向型	×	预测型	×
	面向待办事项型		产品导向型		迭代型	
	合同导向型		项目集导向型		增量型	
	可交付成果导向型	×			敏捷型	

```
                            1
                     "设计—招标—
                      建造"项目
    ┌──────────┬──────────┬──────────┬──────────┬──────────┬──────────┐
   1.1        1.2        1.3        1.4        1.5        1.6
  阶段1:    阶段2:选定    阶段3:地产  阶段4:     阶段5:实体   项目管理
  计划书    的备选方案              合同授予文件  进展(施工)
            (有可能与
            阶段1相结合,
            取决于法律
            部门的规定
            要求)
```

- 1.1.1 阶段1的项目管理计划
- 1.1.2 客户需求描述
- 1.1.3 初步备选方案
- 1.1.4 阶段1—备选方案估算
- 1.1.5 成本/效益分析
- 1.1.6 报告

- 1.2.1 阶段2的项目管理计划(同阶段1的7项计划)
- 1.2.2 环境评估
- 1.2.3 更为详细的备选方案计划
- 1.2.4 阶段2—备选方案估算
- 1.2.5 报告草稿
- 1.2.6 报告终稿

- 1.3.1 阶段3的项目管理计划(同阶段1的7项计划)
- 1.3.2 估价
- 1.3.3 募集
- 1.3.4 原占有者的重新安置
- 1.3.5 拆除
- 1.3.6 公共事业设施的重新配置
- 1.3.7 危害废弃物清理
- 1.3.8 环境修复

- 1.4.1 阶段4的项目管理计划(同阶段1的7项计划)
- 1.4.2 选定的备选方案的详细计划
- 1.4.3 产品规格说明
- 1.4.4 估算
- 1.4.5 招投标文件
- 1.4.6 签订的合同

- 1.5.1 阶段5的项目管理计划(同阶段1的7项计划)
- 1.5.2 土木工程
- 1.5.3 给水、排水与卫生设备
- 1.5.4 结构工程
- 1.5.5 装修

图6-11 "设计—招标—建造"项目的WBS层次

此WBS示例是一个政府的"设计—招标—建造"施工项目,是从政府的角度进行描述的。这是一个较高层次的WBS,可以根据具体项目情况对其进行进一步详细分解。

鉴于这是一个"设计—招标—建造"项目，其中的每个阶段代表一个重要的工作体。也正是因为这一点，每个阶段都分别包括某些WBS元素（如项目管理）。

6.4 采用项目生命周期创建WBS

6.4.1 不同项目生命周期或开发方法对范围管理的影响

项目实施可以采用不同的项目生命周期。项目生命周期指项目从启动到结束所经历的一系列阶段，它为项目管理提供了一个基本框架。与不同的开发方法相对应的项目生命周期，对执行项目范围管理各过程很大的影响。

传统的项目管理主要采用预测型开发方法，在项目开始时，要开展收集需求、定义范围和创建WBS过程，经过批准的项目范围说明书、工作分解结构（WBS）和相应的WBS词典构成项目范围基准。范围基线是项目执行与控制过程中最主要的基线，范围的变化会引起进度、成本基线发生变化。因此，只有通过正式变更控制程序，才能对范围基线进行更新。

相反，对于软件开发等项目，常常采用适应型或敏捷型开发方法，旨在通过迭代和增量开发的方法应对需求的不确定性。因此，应将适应型项目的整体范围分解为一系列拟实现的需求和拟执行的工作（有时称为产品未完项或待办事项）。在一个迭代开始时，团队将努力确定产品待办事项，确定哪些最优先项应在下一次迭代中交付。在每次迭代中，都会重复开展三个范围计划过程：收集需求、定义范围和创建WBS。

不同的项目生命周期具有不同特点，见表6-14。

表6-14 不同的项目生命周期的特点

方法	需求	活动	交付	目标
预测型	固定	整个项目仅执行一次	一次交付	管理成本
迭代型	动态	重复执行直至正确	一次交付	解决方案的正确性
增量型	动态	对给定增量执行一次	频繁地更小规模交付	速度
敏捷型	动态	重复执行直至正确	频繁地小规模交付	通过频繁地小规模交付和反馈实现客户价值

下述内容详细描述了WBS在预测型、迭代型、增量型和敏捷型项目生命周期中的应用，并为在这些不同的生命周期中使用WBS提供了操作方法。

6.4.2 在预测型（瀑布型）生命周期中使用 WBS

在企业高确定性、需求稳定性和低风险的情况下，可以采用预测型生命周期，因此，预测型生命周期中的项目活动通常按顺序执行。当采用该方法时，团队需要通过详细的计划知道要交付什么及如何交付。在项目的开始阶段，团队创建详细的需求、范围说明书、WBS、WBS 词典和计划，团队通常直到项目结束才交付商业价值，如图 6-12 所示。

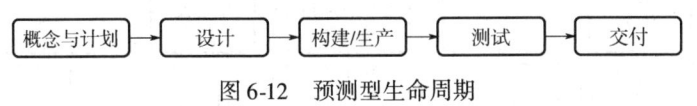

概念与计划 → 设计 → 构建/生产 → 测试 → 交付

图 6-12 预测型生命周期

在预测型生命周期中，项目范围、时间和成本在生命周期的早期阶段被确定。通过正式的变更管理流程对范围变更进行仔细的管理。预测型生命周期也可能指瀑布型生命周期。

典型的预测型生命周期 WBS 遵循以下惯用做法：

- 项目名称出现在 WBS 的第一层次。
- 项目阶段或主要项目可交付成果通常在第二层次表示（参见图 6-13 或 WBS 层次描述）。

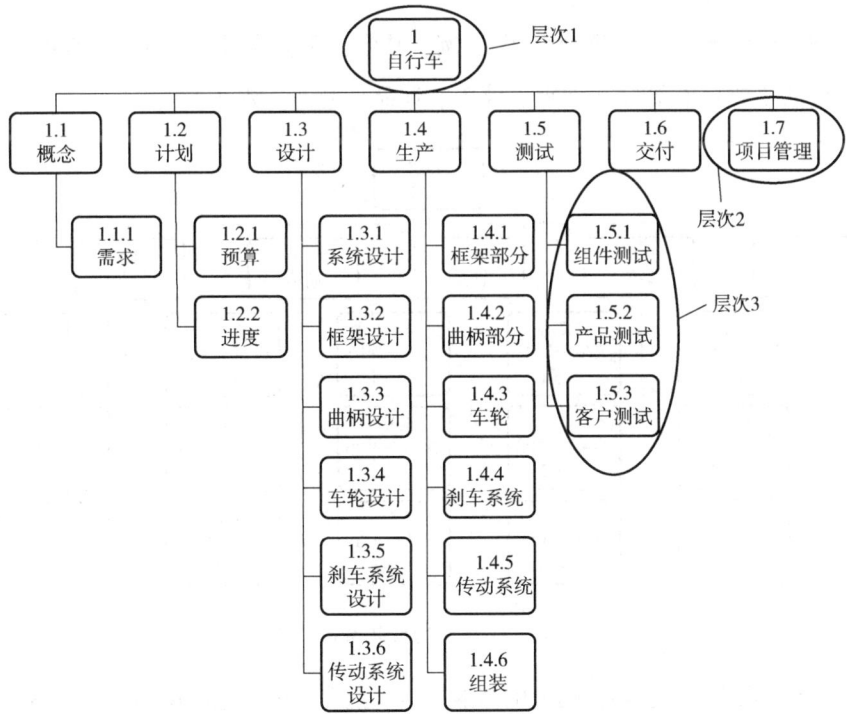

图 6-13 预测型生命周期 WBS 示例（其中项目阶段位于 WBS 的第 2 层次）

- 第三层次和下级层次（取决于第二层次）可以表示可交付成果、控制账户或工作包。
- 根据项目的规模和复杂性，WBS 分解可以继续进行。
- WBS 组件的最低层次被称为工作包。

图 6-14 所示为基于可交付成果 WBS 的常用做法。

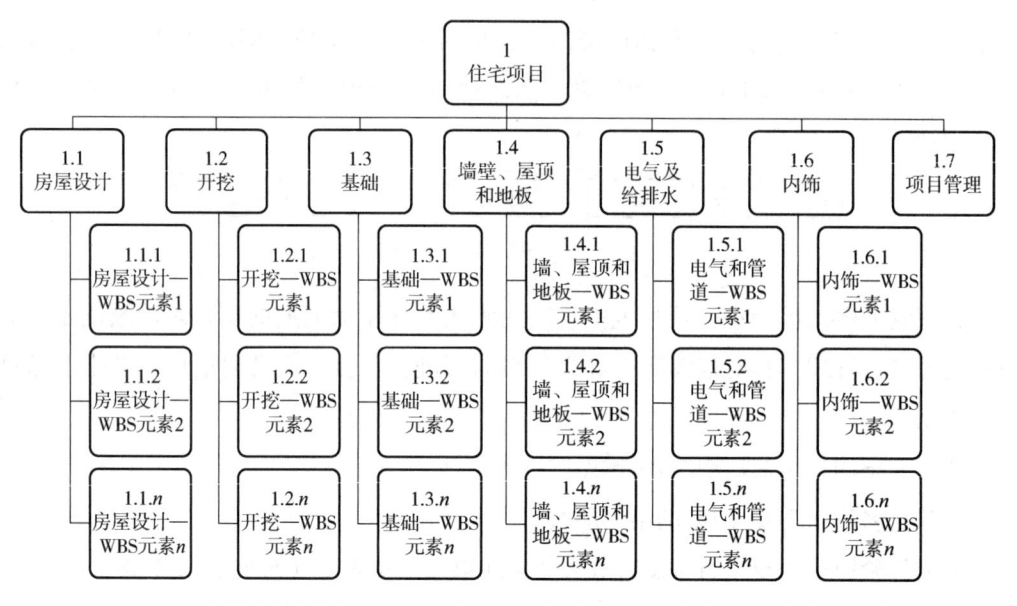

图 6-14 预测型生命周期 WBS 示例（其中主要可交付成果在 WBS 的第 2 层次）

图 6-15 所示为组织一场聚会 WBS 示例，其中，聚会为最高的层次，WBS 的第 2 层次表示聚会的主要组成部分（地点、菜单、饮品、邀请、娱乐）。

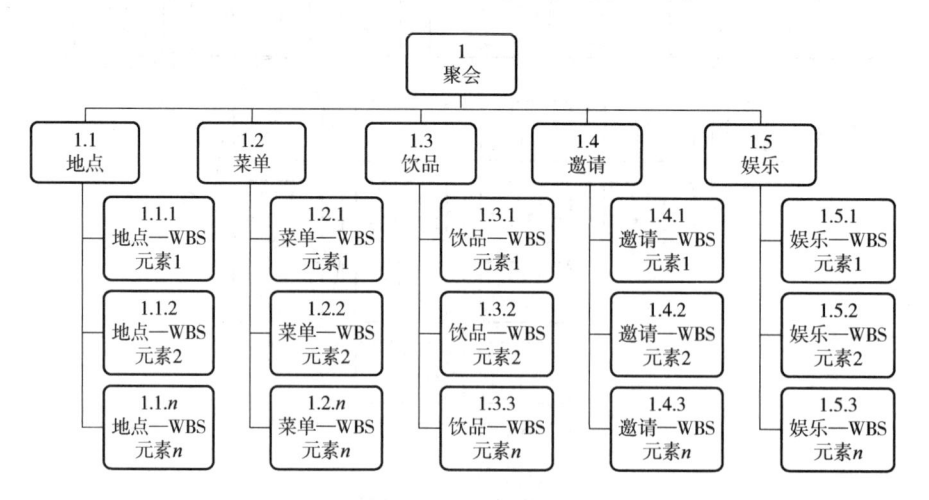

图 6-15 组织一场聚会 WBS 示例

在预测型生命周期中，项目的范围基准是经过批准的项目范围说明书、WBS 和相应的 WBS 词典。基准仅通过正式的变更控制程序进行变更，并作为项目实施期间比较的基础。

6.4.3 在迭代型生命周期中使用 WBS

迭代型生命周期通过连续的原型法或概念证明来改进产品或结果。每一个新的原型都能带来新的（或额外的）利益相关方反馈和团队见解。在下一个周期中，团队集成这些新的信息，并通过重复一个或多个项目活动来重新构建原型。

在迭代型生命周期中，项目范围通常于项目生命周期的早期确定，但时间及成本估算将随着项目团队对产品理解的不断深入而定期修改。迭代方法是通过一系列重复的循环活动来开发产品，而增量方法是渐进地增加产品的功能，如图 6-16 所示。

在迭代型生命周期中，第 2 层次表示项目阶段（称为迭代）。重复项目的多个初始阶段（迭代），直到利益相关方对分解达成一致。此外，项目的后期阶段（迭代）会重复进行，直到项目交付最终的输出。

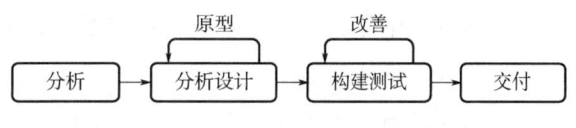

图 6-16 迭代型生命周期示例

图 6-17 所示为迭代型生命周期 WBS 示例。

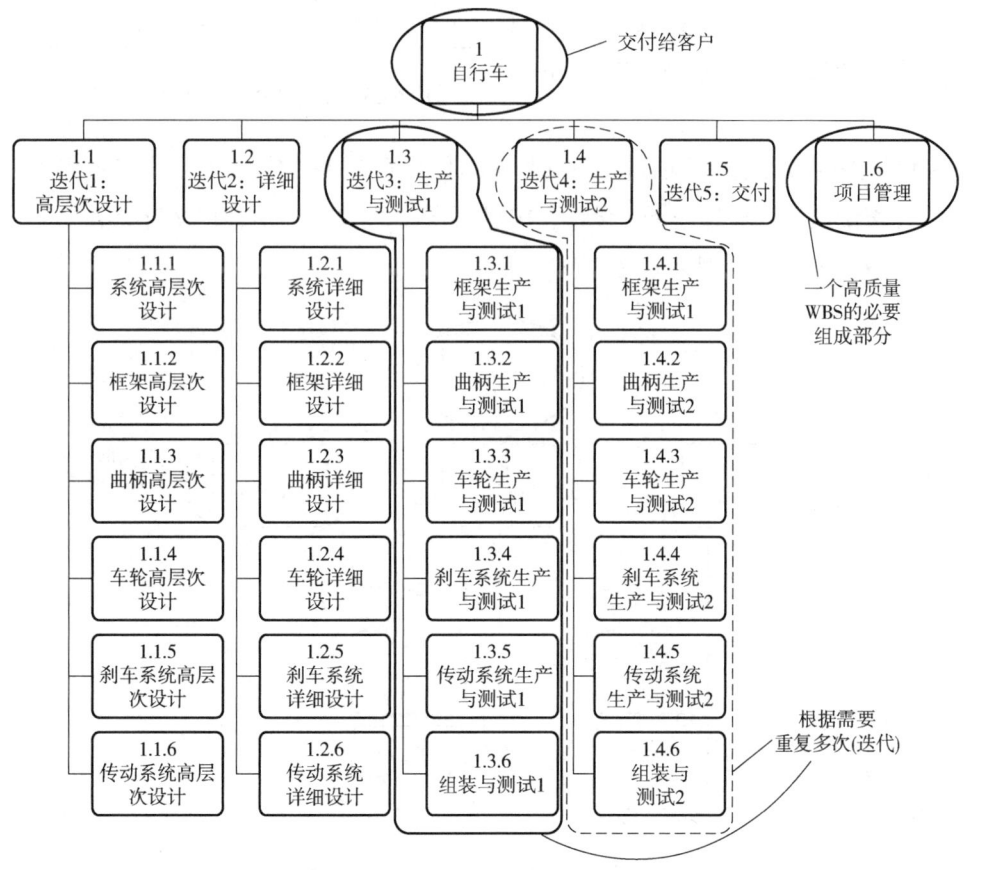

图 6-17 迭代型生命周期 WBS 示例——面向待办事项的分解类型（迭代在 WBS 的第 2 层次）

随着项目范围的逐步细化，WBS 迭代地演化，直到范围中的每个迭代分别基准化。在迭代型生命周期中，项目的范围基准是经过批准的范围说明书的版本、WBS 和相应的在项目生命周期中详细阐述的 WBS 词典。

6.4.4 在增量型生命周期中使用 WBS

有些项目优化是为了加快交付速度。许多企业和项目无法等待所有的事情全部完成再启动，在这种情况下，客户愿意接受整个解决方案的一部分。这种少量可交付成果的频繁交付称为增量型生命周期。

在增量型生命周期中，可交付成果是通过一系列迭代产生的，这些迭代在预定的时间框架内连续地添加功能。只有在最后一次迭代之后，可交付成果具有了必要和足够的能力和价值，才能被视为完整的，如图 6-18 所示。

与一次交付一个最终产品相比，增量型生命周期将经常优化为项目发起人、利益相关方或客户交付价值的工作。只有在最后阶段（迭代）完成之后，项目的最终产品才被认为是完成的。

图 6-18 增量规模变化的生命周期

在增量型生命周期中，项目阶段（增量迭代）在 WBS 的第二个层次表示出来，每个阶段（增量迭代）通过分析、设计、构建/生产、测试，并向客户交付价值。

图 6-19 所示为增量型生命周期 WBS 示例。

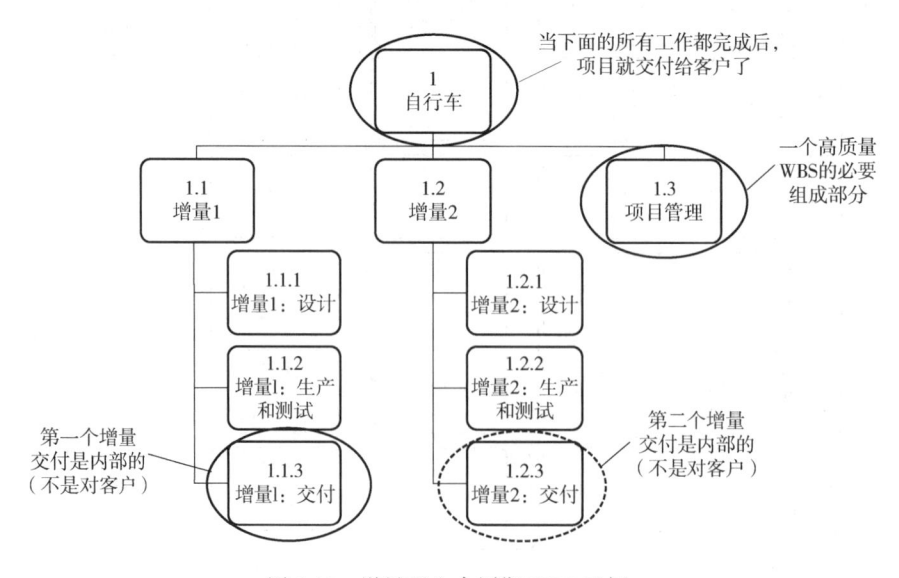

图 6-19 增量型生命周期 WBS 示例

随着项目范围的逐步细化（通过滚动规划），WBS 迭代地演化，直到范围中的每个阶段（迭代）分别被基准化。在增量型生命周期中，项目的范围基准是经过批准的范围说明书的版本、WBS 和相应的特定迭代的 WBS 词典。

图 6-20 所示为甘特图样式的增量型生命周期示例。

WBS	名称	持续时间	第1年 Q1（第一季度）	Q2（第二季度）	Q3（第三季度）	Q4（第四季度）
1	增量型生命周期	240天				
1.1	迭代1：分析/设计/构建/测试/交付	3个月				
	部分产品交付给客户	0天				
1.2	迭代2：分析/设计/构建/测试/交付	3个月				
	部分产品交付给客户	0天				
1.3	迭代3：分析/设计/构建/测试/交付	3个月				
	部分产品交付给客户	0天				
1.4	迭代4：分析/设计/构建/测试/交付	3个月				
	所有产品交付给客户	0天				

图 6-20　甘特图样式的增量型生命周期示例

6.4.5　在敏捷型生命周期中使用 WBS

对于需求不断变化或不确定性大的项目，在项目开始时通常无法完全明确项目的范围，而需要在项目期间逐渐明确。敏捷方法特意在项目的早期缩短定义和协商范围的时间，同时在不断的探索和完善过程中花费较多的时间。在多数情况下，不断涌现的需求往往导致期望的商业需求与最初描述的商业需求之间存在差异。

敏捷实践有目的地构建和评审原型，并发布版本以细化和完善需求。因此，范围在整个项目中被定义和重新定义。在敏捷方法中，产品待办事项列表构成了已知的需求。敏捷方法中的需求代表场景、特性或用户故事。

在敏捷型生命周期中，WBS 包含商业价值项，通常称为需求、待办事项列表项或用户故事。每个需求、待办事项列表项或用户故事都代表交付该项所描述的用户功能所需的工作。每个需求、待办事项列表项或用户故事都交付了一个功能的小增量、输出或可交付成果。工作包代表 WBS 中分解的最低层次。用户故事是敏捷项目中分解的最低层次。用户故事和工作包都向客户交付功能。

在敏捷环境中执行的项目，团队预料需求会发生改变。迭代和增量方法能够提供反馈，以便改善项目下一部分的计划。图 6-21 所示为实现增量交付的两种可能的方法，这样便于项目与客户需求保持一致，并根据需要进行调整：基于迭代的敏捷和基于流程的敏捷。

基于迭代的敏捷

| 需求分析设计构建测试 | 需求分析设计构建测试 | 需求分析设计构建测试 | 需求分析设计构建测试 | 根据需要重复…… | 需求分析设计构建测试 | 需求分析设计构建测试 |

注：各时间盒的规模大小相同，各时间盒产生可行的测试功能。

基于流程的敏捷

| 需求分析设计构建测试 WIP限制内的功能数量 | 需求分析设计构建测试 WIP限制内的功能数量 | 需求分析设计构建测试 WIP限制内的功能数量 | 根据需要重复…… | 需求分析设计构建测试 WIP限制内的功能数量 | 需求分析设计构建测试 WIP限制内的功能数量 |

注：在流程中，完成各个功能开发所需的时间各不相同。

图 6-21　基于迭代和基于流程的敏捷型生命周期

在基于迭代的敏捷中，团队以迭代（使用 Scrum 框架时的敏捷、相同持续时间的时间盒）来交付完整的特性。在使用迭代的敏捷型生命周期中，有一个关于用户故事（工作包）规模的目标：用户故事应该在单个迭代（敏捷）中交付。如果用户故事不能在单个迭代（敏捷）中交付，则将用户故事分解为更小的用户故事。

对于敏捷项目，存在各种各样的 WBS 场景。

如图 6-22 所示，第一个场景包括：

• 项目名称或产品名称出现在 WBS 的第一层次。

• 迭代（敏捷）出现在 WBS 的第 2 层次（1.1、1.2、1.3、1.4、1.5 等）。

• 用户描述出现在 WBS 的第三层次。敏捷项目中的用户故事是分解的最低层次，具有与工作包相似的特征。用户故事和工作包都产生一个或多个可交付成果或功能。

如图 6-23 所示，第二种情况包括：

• 项目名称或产品名称出现在 WBS 的第一层次。

• 发布出现在 WBS 的第 2 层次（发布 1、发布 2、发布 3 等）。

• 迭代（敏捷）出现在 WBS 的第三层次（$1.1.x$、$1.2.x$、$1.3.x$、$1.4.x$、$1.5.x$ 等）。

• 用户故事（等同于工作包）出现在 WBS 的第 4 层次。

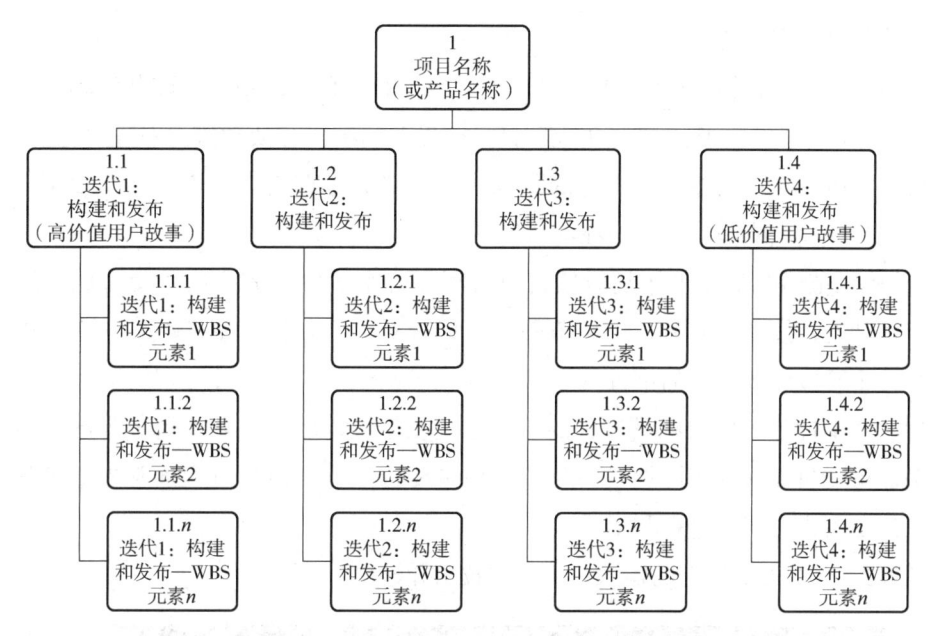

图 6-22 敏捷型生命周期 WBS 示例（其中迭代在 WBS 第 2 层次）

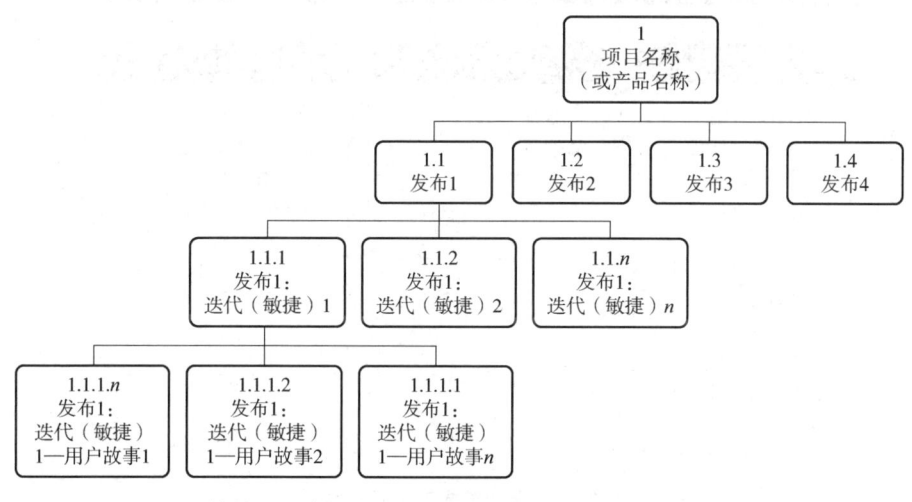

图 6-23 敏捷型生命周期 WBS 示例（其中发布在 WBS 的第 2 层次）

6.5 监控范围过程——确认范围与控制范围

项目范围管理在监控过程的主要工作是：确认范围与控制范围。

6.5.1 确认范围

确认范围是正式验收已完成的可交付成果的过程。在项目的生命周期中，项目的范围确认包含两方面的内容：

1）审核项目范围定义工作的结果，确保所有的、必需的项目工作和活动都包含在项目工作分解结构中，而一切与实现项目目标无关的工作和活动排除在项目范围之外，以确保项目范围的正确性。这方面的范围核实需要通过有用户代表参加的评审，或单独征得用户的同意或确认，一般在项目初期进行。

2）确认范围的主要工作是对项目或者项目各个阶段所完成的可交付成果进行检查，审核其是否按计划完成。确认范围既可以是对项目整体范围的核实，也可以是对项目某一个阶段任务范围的审查。

确认范围过程与控制质量过程的不同之处在于，前者关注可交付成果的验收，而后者关注可交付成果的正确性及是否满足质量要求。控制质量过程通常先于确认范围过程，但二者也可同时进行。

图 6-24 所示为本过程的输入、工具与技术和输出。

图 6-24　确认范围的输入、工具与技术和输出

1）本过程的主要输入。从项目范围管理知识领域的各规划过程获得的输出（如需求文件或范围基准），以及从其他知识领域的各执行过程获得的工作绩效数据。

2）本过程的工具与技术。确认范围的工具主要是测量、测试、检验和目视检查等活动，以确定是否可以接受。

3）本过程的主要输出。依据控制质量过程输出的核实的可交付成果，由客户或发起人审查、确认这些可交付成果已经圆满完成并通过正式验收。

确认范围的输出是在用户认为可以接受项目阶段产品或全过程的主要可交付成果后，要形成正式的文件，由有关各方签字，并分发给各有关单位。

6.5.2 控制范围

控制范围是监督项目和产品的范围状态，管理范围基准变更的过程。本过程的主要作用是：在整个项目期间保持对范围基准的维护。

项目范围控制关心的是对造成范围变更的因素施加影响，并控制这些变更造成的后果。范围蔓延（Scope Creep）通常会导致项目时间、费用等方面的变更，即导致整个项目的变更。

项目范围变更控制的任务是：

1）对造成范围变更的因素进行识别并施加影响，确保变更是可以接受的。

2）核实变更是否已经发生。

3）当项目的范围变更发生时，对实际的变更进行管理。

范围变更控制应当与进度控制、成本控制、质量控制等过程结合起来。

范围变更的请求可能由不同的来源提出，以不同的形式出现：口头的或书面的、直接的或间接的、外部提出的或内部提出的、强制性的或建议性的等。变更可能是扩展项目范围，也可能是缩小项目范围。

通常，工程项目范围变更的主要影响因素有：

1）项目要求发生变化。这是范围变化中最常见的一种情况，主要源于项目发起人（或投资方、用户）对项目的需求和期望发生了变化，他们可能要求增加某一方面的性能或特征，也可能由于投资方的财务状况不佳而降低了对项目的要求和期望。

2）外界环境条件发生变化，如国际政治、军事环境的变化导致交付进度变化，进口关键零部件受到限制等约束条件发生变化导致项目的范围发生变化。

3）为避免出现质量问题而开展的各种验证工作。

1. 本过程的输入

范围变更控制的输入一般为：

1）工作分解结构。

2）绩效报告。提供关于范围绩效的信息，如哪些中间产品已经完成、哪些还未完成。绩效报告可以协助分析范围变更可能带来的影响。

3）变更申请。变更申请有多种形式，外部的或内部的，强制性的或可以选择的。变更一般地会扩展或者缩小项目的范围。多数变更的原因是：外部原因，产品范围定义或项目范围定义的过失或疏忽，技术的发展，为应对一个风险而实施一个应急计划或权变计划。

4）范围管理计划。

2. 本过程的工具和技术

范围变更控制工具有：

1）范围变更控制系统。范围变更控制系统确定了项目范围变更的有关流程，包括文档工作、跟踪系统和授权变更所需要的批准层次等。当项目在合同形式下进行时，范围变更控制必须符合有关的合同条款。

2）绩效测量。绩效测量技术可以用于帮助评估由于范围变化所引起的偏差，并决定是否需要对这种偏差采取措施。

3）补充计划编制。很少有能够非常精确地完全按计划进行的项目，范围的变更可能需要更改工作分解结构或对不同方法进行分析。

3. 本过程的输出

范围变更控制的输出通常为：

1）范围变更。范围变更是对已经批准的工作分解结构所定义的项目范围进行修正，通常还要调整成本、进度、质量等项目目标。范围变更应当反馈到计划编制过程，技术或计划编制的文档需要进行更新，并应将所有更新的内容通知到有关人员。

2）纠正措施。为了使范围变更的影响不至于影响项目目标的实现，应当采取的措施。

3）取得的教训。产生偏差的原因、所采取措施的推理及其他形式应吸取的教训都应形成文件，使之成为历史数据库的一部分，为本项目或组织内的其他项目借鉴。

4）调整后的基准计划。根据变更的情况，可能相应的基准文档需要重新进行修改和发布，反映已批准的变更和作为未来变更控制的新基准。

案例1：地铁线路项目集 WBS

0 背景

建设一条新的地铁/地铁线是该项目集的目标。该项目集包括土木工程可交付成果（隧道、地铁站和维修站）和铁路系统可交付成果（铁路车辆、轨道系统、电力系统、信号、控制和通信系统等）。这些可交付成果需要设计、采购、施工、制造、安装、集成和测试，而整个工作需要管理和控制。要求从业主角度创建的 WBS，可以从3个不同的视角建立 WBS，分别为。

1 地铁线路项目集1

业主的采购策略是将两组主要的可交付成果（土木结构和铁路系统）承包给两个

主要的承包商。因此，该项目集包括两个独立的项目和各种项目集水平的工作包。

表1所列为地铁线路项目集1的WBS特点，随后是WBS层次（图1）。

表1　地铁线路项目集1的WBS特点

行业	分解类型				生命周期	
运输	行动导向型	×	阶段导向型	×	预测型	×
	面向待办事项型		产品导向型		迭代型	
	合同导向型		项目集导向型	×	增量型	
	可交付成果导向型				敏捷型	

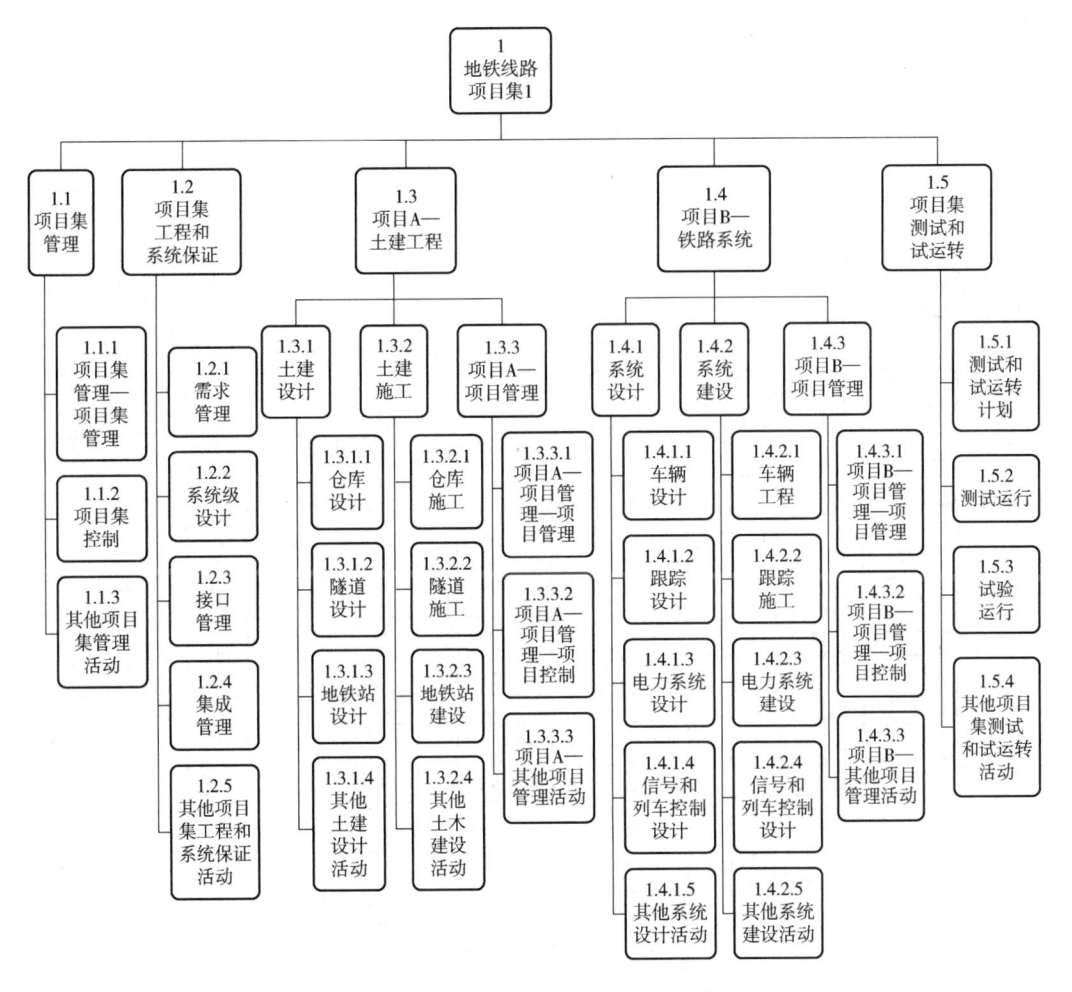

图1　地铁线路项目集1的WBS层次

2　地铁线路项目集2

表2所列为地铁线路项目集2的WBS特点，随后是WBS层次（图2）。

表 2　地铁线路项目集 2 的 WBS 特点

行业	分解类型				生命周期	
运输	行动导向型	×	阶段导向型	×	预测型	×
	面向待办事项型		产品导向型	×	迭代型	
	合同导向型		项目集导向型	×	增量型	
	可交付成果导向型	×			敏捷型	

在该 WBS 的第 2 层次，按照项目集最终的可交付成果进行分解，而不考虑所涉及的各种工程规章。这样，每个项目都包括对主要可交付成果——隧道、地铁站和仓库的设计、施工、系统安装、集成和测试。因此，该项目集包括 4 个独立的项目和各种项目集水平的工作包。

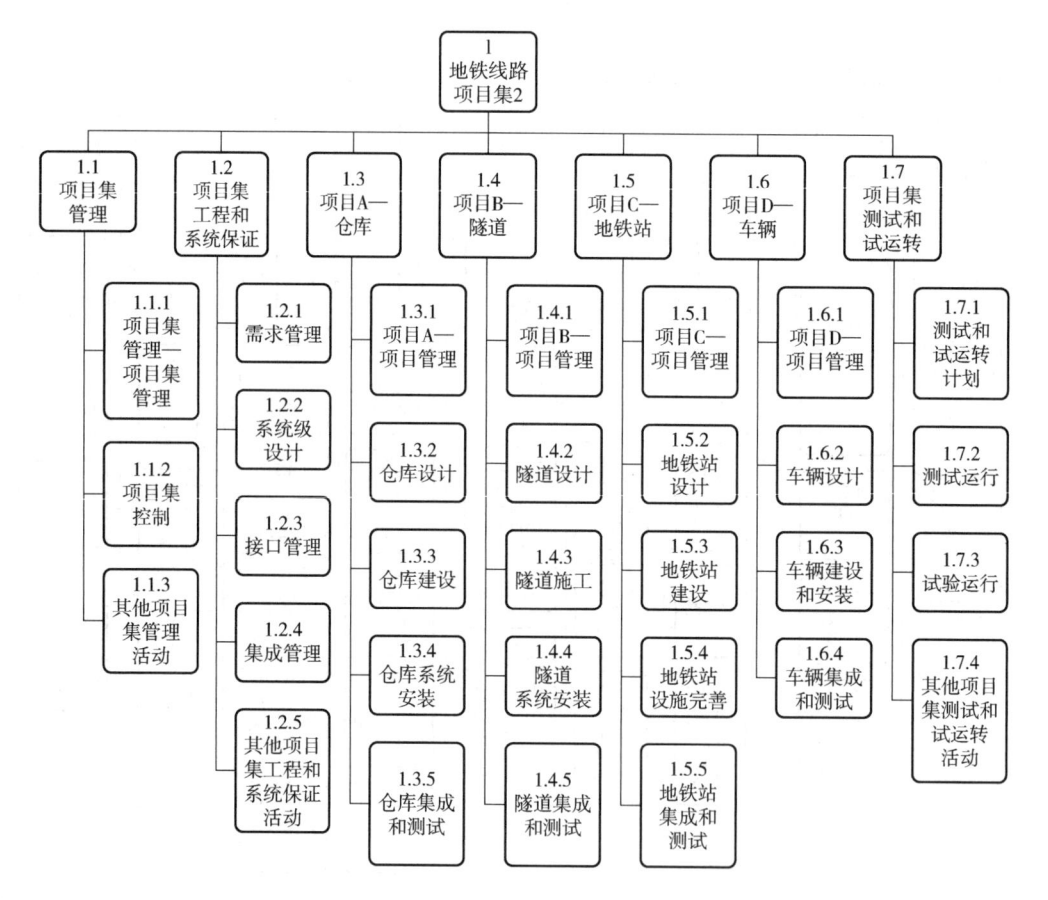

图 2　地铁线路项目集 2 的 WBS 层次

3　地铁线路项目集 3

表 3 所列为地铁线路项目集 3 的 WBS 特点，随后是 WBS 层次（图 3）。

表3 地铁线路项目集3的WBS特点

行业	分解类型				生命周期	
运输	行动导向型	×	阶段导向型	×	预测型	×
	面向待办事项型		产品导向型		迭代型	
	合同导向型		项目集导向型	×	增量型	
	可交付成果导向型	×			敏捷型	

如图3所示，WBS的第2层次按照项目集的主要阶段进行分解。项目集生命周期方法规定每个主要阶段——设计、采购、施工、集成和测试——都包含在一个单独的项目中。因此，该项目集包括4个独立的项目和各种项目集水平的工作包。

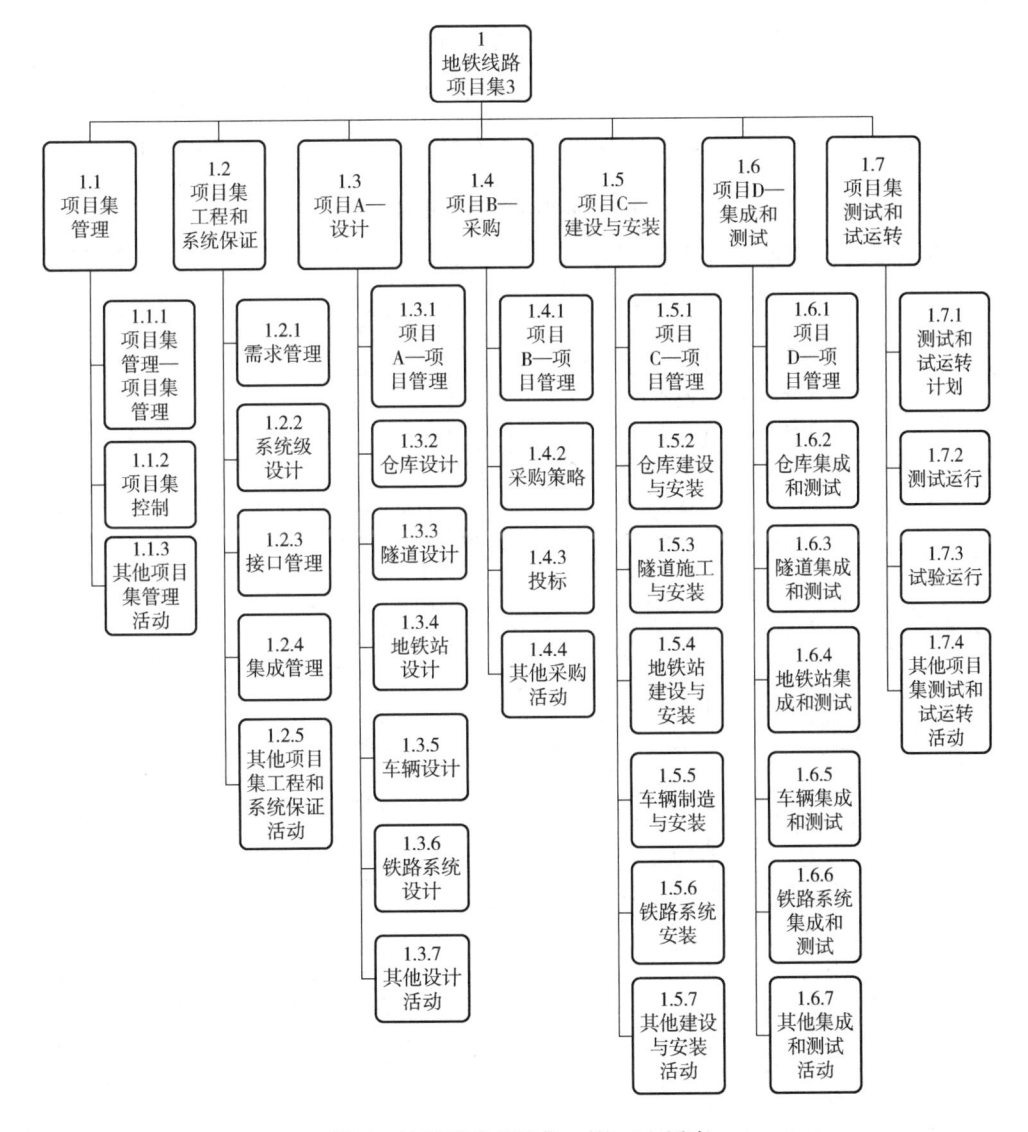

```
                                1
                           地铁线路
                           项目集3
    ┌─────┬─────┬─────┬─────┼─────┬─────┬─────┐
   1.1   1.2   1.3   1.4   1.5   1.6   1.7
  项目集  项目集  项目A— 项目B— 项目C— 项目D— 项目集
  管理   工程和  设计   采购   建设   集成和  测试和
         系统保证              与安装  测试   试运转
```

1.1.1 项目集管理—项目集管理
1.1.2 项目集控制
1.1.3 其他项目集管理活动

1.2.1 需求管理
1.2.2 系统级设计
1.2.3 接口管理
1.2.4 集成管理
1.2.5 其他项目集工程和系统保证活动

1.3.1 项目A—项目管理
1.3.2 仓库设计
1.3.3 隧道设计
1.3.4 地铁站设计
1.3.5 车辆设计
1.3.6 铁路系统设计
1.3.7 其他设计活动

1.4.1 项目B—项目管理
1.4.2 采购策略
1.4.3 投标
1.4.4 其他采购活动

1.5.1 项目C—项目管理
1.5.2 仓库建设与安装
1.5.3 隧道施工与安装
1.5.4 地铁站建设与安装
1.5.5 车辆制造与安装
1.5.6 铁路系统安装
1.5.7 其他建设与安装活动

1.6.1 项目D—项目管理
1.6.2 仓库集成和测试
1.6.3 隧道集成和测试
1.6.4 地铁站集成和测试
1.6.5 车辆集成和测试
1.6.6 铁路系统集成和测试
1.6.7 其他集成和测试活动

1.7.1 测试和试运转计划
1.7.2 测试运行
1.7.3 试验运行
1.7.4 其他项目集测试和试运转活动

图3 地铁线路项目集3的WBS层次

▶ 讨论题

1. 结合上述例子，讨论创建 WBS 的原则和方法是什么。
2. 上述地铁线路项目集的三种 WBS 分解方案有何特点？你认为在什么情况下应采用不同的 WBS 方案？

案例 2：鱼池项目范围权衡

你的项目是为客户在后院修建一个池塘。你已和客户商量了一段时间，决定池塘用石头砌边，配一处瀑布观景观，栽种一些迷人的花草，并养些漂亮的鱼类。你知道为了让池塘成为一个生态系统，需要种些处理氧气的植物/沼泽植物/漂生植物，并养些蜗牛来吃掉藻类。表 1 所列为鱼池项目的基本信息，随后是 WBS 层次（图 1）。

表 1 鱼池项目基本信息

项目团队成员	报酬率	工作	时长估算	原材料	成本
主管	$75/小时	主要设计	1 小时	**植物**	
设计人员	$50/小时	次要设计	1/2 小时	处理氧气的水草	$4.00/束
采购人	$35/小时	任何采购	1 小时	**沼泽植物**	
检测人	$35/小时	灌池子	3 小时	香蒲	$10.95/棵
技术工人	$25/小时	主要测试	1 小时	鸢尾	$23.95/棵
非技术工人	$15/小时	次要测试/检查	1/2 小时	纸莎草	$26.95/棵
		次要安装	10 分钟	**浮生植物**	
		砌衬	30 分钟	莲花	$67.95/棵
		砌池边	6 小时	荷花	$46.95/棵
		建瀑布	2 小时	水葫芦	$12.95/棵
		挖洞	4 小时	**鱼**	
				Shabunkins	$8.95/条
				Higoi	$22.95/条
				蜗牛	$5.00/12 个
				衬	
				硬铸衬	$125.95
				软衬	$72.95
				水测试工具	$15.95
				泵	
				重载泵	$87.95
				普通泵	$56.95
				石头	
				圆河石	$298/盘
				扁河石	$376/盘
				石板	$496/盘

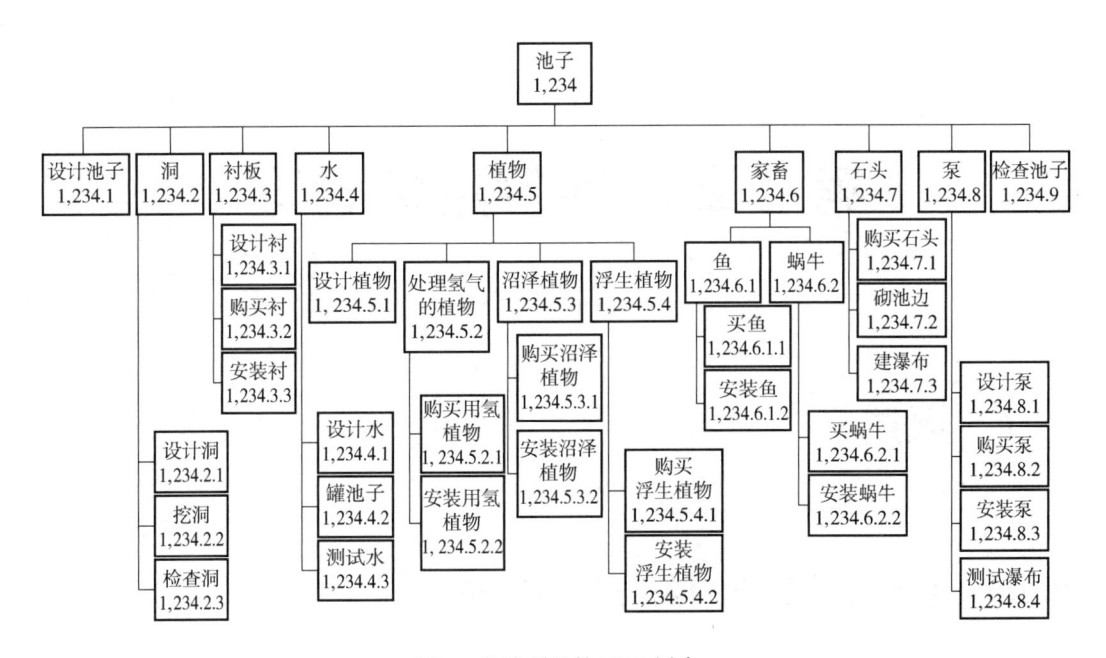

图 1　鱼池项目的 WBS 层次

▶ **讨论题**

请利用鱼池项目 WBS 层次划分和其他数据，根据客户预算（1500 美元），对该项目的成本和采购进行平衡。

▶ **思考题**

1. 如果你是一名项目经理，你将如何制订一个有效的范围管理计划？你会考虑哪些因素，如需求收集、范围界定和变更控制等，来确保项目的范围管理可行且可控？

2. 请你任选一款产品创建它的 WBS。

3. 你认为在范围管理过程中最大的挑战是什么？你将如何应对和解决这些挑战？你认为有哪些策略和技巧可以帮助项目团队有效地进行范围管理？

第7章 项目进度管理

7.1 概述

7.1.1 项目进度管理目的与基本流程

项目进度管理（Project Schedule Management），又称为项目时间管理，通过编制科学合理的进度计划，并在项目实施过程中对计划的执行情况进行追踪和控制，以保证按期完成项目。项目进度管理的主要作用是：

- 确保项目按期完工，以便能够获得项目预期的收益。
- 建立时间基线，作为开展其他各项工作的基础，如协调项目各种资源、安排经费开支、安排质量管理工作等。

可见，项目进度管理对于工程项目管理来说是至关重要的，可以说是工程项目管理各项工作的龙头，工程进度对工程完成所需要的成本预算和资源配置有重要的影响。

项目进度管理主要涉及制订项目进度计划、跟踪任务的完成情况、分析进度偏差和采取纠正措施等内容。其中，制订项目进度计划是最基础的，也是最重要的内容。项目进度计划提供详尽的计划，说明项目如何及何时交付项目范围中定义的产品、服务和成果，是一种用于沟通和管理利益相关方期望的工具，可为绩效报告提供依据。

对于大型工程项目来说，项目进度计划可分为四级：一级计划是系统级的里程碑计划；二级计划是一个详细的工程接口协调和控制计划，是主承包商用来进行工程进度管理的依据和实现工程总进度要求的手段，用以完全拆解成工程项目管理中的接口和里程碑活动；三级计划是各相关单位根据二级计划制订详细的本单位的计划；四级计划是具体的工作进度计划。通常，一级、二级计划无须考虑资源和费用的平衡；三级计划各实体单位的具体组织实施计划，应考虑活动的资源和费用，进行局部关键线路的计算和资源的平衡，采用挣值分析，准确地了解子项目的进展并估算子项目的成本。

项目进度计划按节点可分为总体进度计划、分项进度计划、阶段进度计划、年度进度计划、季度计划等。在进行进度管理策划时，要特别注意工作的实施动态，检查进度计划的执行情况，应及时根据情况变化调动各种资源，以保证工程按进度计划执行，遇到问题时还须对进度进行必要的调整。

一个项目通常包含大量的活动（或称为工作、作业、工序、任务），若是一项庞大复杂的项目，即使作业划分的颗粒度比较大，作业数也有可能成千上万。为此，对于进度管理来说，至关重要的是：找出关键要紧的作业和最长的路径（关键路径），从而做到主次分明、杂而不乱，有效掌控项目进度。对此，人们从生产实践中总结发展了一种科学的计划管理技术，也就是网络计划技术。

最具代表性的网络计划技术是关键路径法（Critical Path Method，CPM）或称为关键线路法，它是针对活动持续时间是确定情况下的网络计划技术。采用 CPM 方法的主要优点有：计算项目的工期；找到关键路径，做到主次分明、杂而不乱、掌控有方；可以考虑资源情况，对项目执行过程中的资源负荷进行平衡，合理地安排项目计划。

项目进度管理包括为管理项目按时完成所需的各个过程，其过程包括：

1）规划进度管理。为规划、编制、管理、执行和控制项目进度而制定政策、程序和文档的过程。

2）定义活动。识别和记录为完成项目可交付成果而需采取的具体行动。

3）估算活动持续时间。根据资源估算的结果，估算完成单项活动所需工作时间。

4）排列活动顺序。识别和记录项目活动之间的关系。

5）制订进度计划。采用进度模型（如网络计划技术等）制订的项目进度计划；进一步，还需要考虑资源负荷和项目工期的限制，对初始的进度计划进行优化，以满足资源约束和项目的实际总工期约束。

6）控制进度。监督项目状态，以更新项目进度和管理进度基准变更。

上述各管理过程的逻辑顺序为：规划进度管理工作发生在项目的早期，其作用是为如何在整个项目期间管理项目进度提供指南和方向；然后，开展定义活动、估算活动持续时间和排列活动顺序,并在此基础上制订项目进度计划,得到项目的进度计划安排(进度基线);在项目控制过程中,以进度基线为依据,开展项目的进度控制。

虽然本书在论述上述各项目管理过程时,以界限分明和相互独立的形式呈现,但在实践中它们会相互交叠和相互作用。例如,估算活动持续时间与排列活动顺序可以同时开展。

本章重点介绍定义活动、估算活动持续时间、排列活动顺序、制订进度计划、控制进度。"规划进度管理过程"可以参阅《PMBOK®指南》相关内容。

7.1.2 核心概念与术语

项目进度计划可以以提要的形式(称为主进度)或者以详细描述的形式表示,也可以以表格的形式表示,但图形描述直观易懂,所以更常用的是以多种形式的图形方式加以描述。主要的项目进度表示形式有:里程碑图、横道图、进度网络图等。

1. 里程碑图

里程碑图在管理层中用得最多,主要是列出项目的关键节点及这些节点完成或开始的日期,即仅标示出主要可交付成果和关键外部接口的计划开始或完成日期,见图7-1 的"里程碑进度计划"部分。

2. 横道图

横道图又称为条形图或甘特图,它的发明人是美国杜邦公司的工程师甘特。横道图是展示进度信息的一种图表方式。在横道图中,纵向列示活动,横向列示日期,用横条表示活动自开始日期至完成日期的持续时间。横道图简单易读,比较常用,见图7-1 中的"概括性进度计划"部分,它按 WBS 的结构罗列相关活动。

横道图也可以描述活动间的逻辑关系,称为"逻辑横道图",见图7-1 中的详细进度计划,这些图形同时展示项目逻辑和活动信息等。

图7-1 所示为一个正在执行的项目的进度计划示例,工作进展通过检查点的状态日期表示。针对一个简单的项目,图7-1 给出了进度计划的3 种形式:

1)里程碑进度计划,也称为里程碑图。

2)概括性进度计划,也称为横道图。

3)详细进度计划,也称为项目进度逻辑横道图。

图 7-1 还直观地显示了项目进度计划不同详细程度的关系。

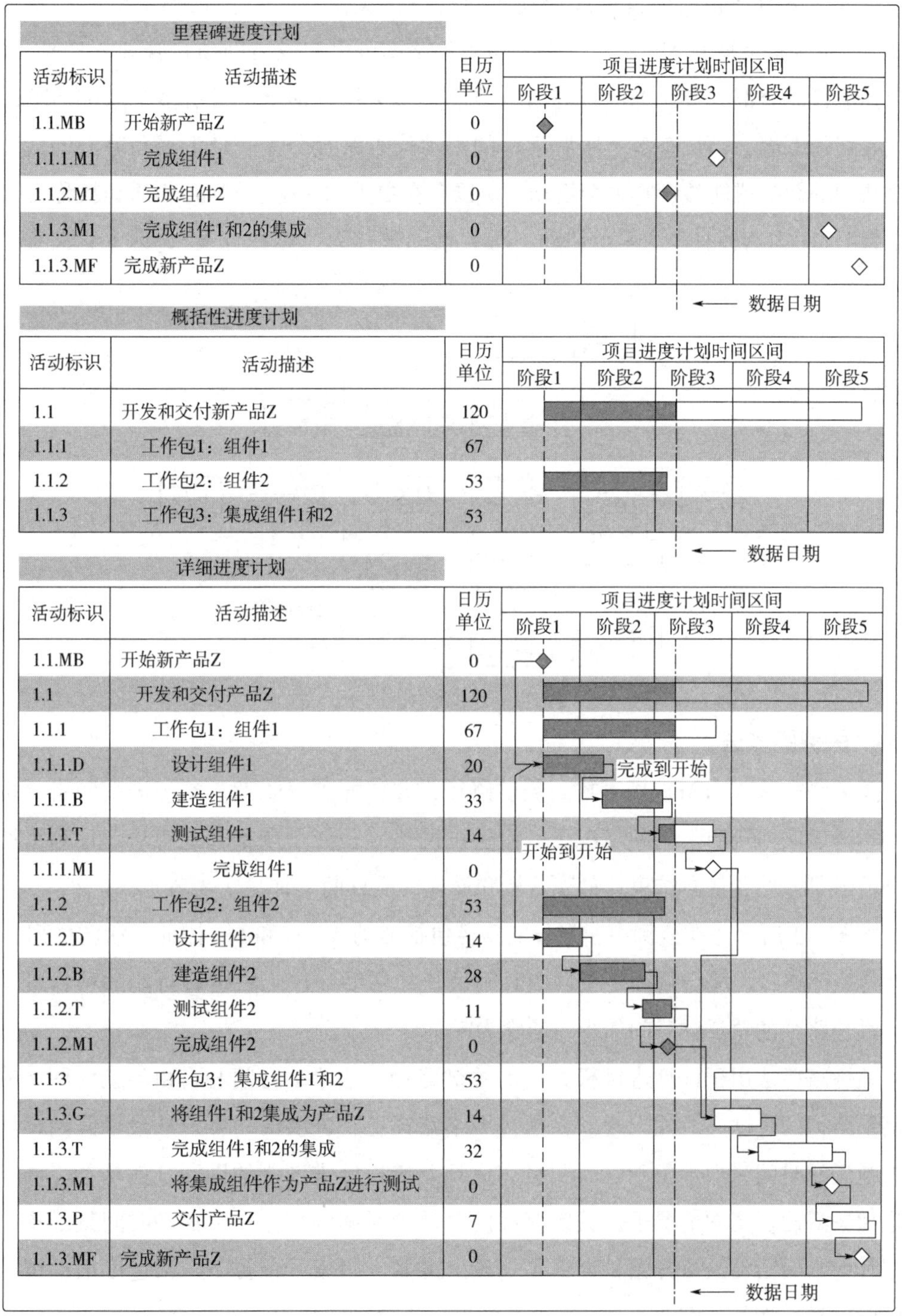

	里程碑进度计划						
活动标识	活动描述	日历单位	项目进度计划时间区间				
			阶段1	阶段2	阶段3	阶段4	阶段5
1.1.MB	开始新产品Z	0	◆				
1.1.1.M1	完成组件1	0			◇		
1.1.2.M1	完成组件2	0			◆		
1.1.3.M1	完成组件1和2的集成	0				◇	
1.1.3.MF	完成新产品Z	0					◇

← 数据日期

	概括性进度计划						
活动标识	活动描述	日历单位	项目进度计划时间区间				
			阶段1	阶段2	阶段3	阶段4	阶段5
1.1	开发和交付新产品Z	120	▬▬▬▬▬				
1.1.1	工作包1：组件1	67	▬▬▬				
1.1.2	工作包2：组件2	53	▬▬				
1.1.3	工作包3：集成组件1和2	53					

← 数据日期

	详细进度计划						
活动标识	活动描述	日历单位	项目进度计划时间区间				
			阶段1	阶段2	阶段3	阶段4	阶段5
1.1.MB	开始新产品Z	0	◆				
1.1	开发和交付产品Z	120					
1.1.1	工作包1：组件1	67					
1.1.1.D	设计组件1	20		完成到开始			
1.1.1.B	建造组件1	33					
1.1.1.T	测试组件1	14	开始到开始				
1.1.1.M1	完成组件1	0			◇		
1.1.2	工作包2：组件2	53					
1.1.2.D	设计组件2	14					
1.1.2.B	建造组件2	28					
1.1.2.T	测试组件2	11					
1.1.2.M1	完成组件2	0			◆		
1.1.3	工作包3：集成组件1和2	53					
1.1.3.G	将组件1和2集成为产品Z	14					
1.1.3.T	完成组件1和2的集成	32					
1.1.3.M1	将集成组件作为产品Z进行测试	0					◇
1.1.3.P	交付产品Z	7					
1.1.3.MF	完成新产品Z	0					◇

← 数据日期

图 7-1　里程碑图与横道图示例

3. 进度网络图

进度网络图是表示项目进度活动之间的逻辑关系（也称为依赖关系）的图形。图 7-2 所示为进度网络图的一个示例。进度网络图可手工或借助项目管理软件来绘制，可包括项目的全部细节，也可只列出一项或多项概括性活动。带有多个紧前活动的活动代表路径汇聚，而带有多个紧后活动的活动代表路径分支。带汇聚和分支的活动受多个活动的影响或能够影响多个活动，所以存在更大的风险。例如，I 活动被称为"路径汇聚"，因为它拥有多个紧前活动，而 K 活动被称为"路径分支"，因为它拥有多个紧后活动。

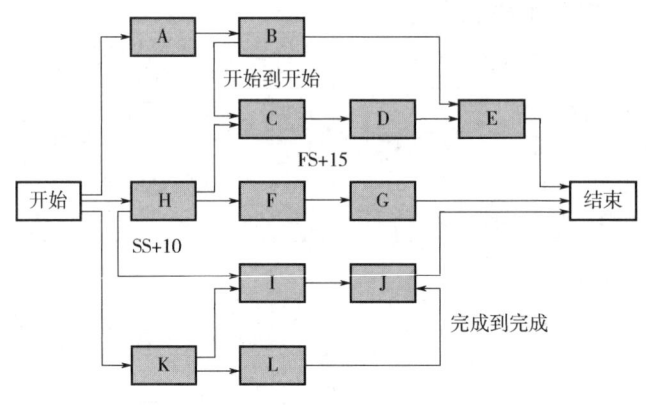

图 7-2　进度网络图示例

4. 关键路径法

关键路径法（CPM）用于找到关键路径，并估算项目工期。这种进度网络分析技术在不考虑任何资源限制的情况下，沿进度网络路径使用顺推与逆推法，计算出所有活动的最早开始、最早结束、最晚开始和最晚完成日期（详见 7.3 节）。

如图 7-3 所示，在该例中，最长的路径包括活动 A、C 和 D，因此，活动序列 A-C-D 就是关键路径。关键路径是项目中时间最长的活动顺序，决定着可能的项目最短工期。最长路径的总浮动时间最少，通常为零。

关键路径法用于计算进度模型中的关键路径、总浮动时间和自由浮动时间，或逻辑网络路径的进度灵活性大小。在任一网络路径上，进度活动可以从最早开始日期推迟或拖延的时间，而不至于延误项目完成日期或违反进度制约因素，就是总浮动时间或进度灵活性。正常情况下，关键路径的总浮动时间为零。自由浮动时间就是指在不延误任何紧后活动最早开始日期或不违反进度制约因素的前提下，某进度活动可以推迟的时间量。例如，图 7-3 中，活动 C 的自由浮动时间是 10 天。

接下来，将详细介绍制订项目进度计划的准备过程、网络计划技术应用、项目进度计划优化及项目进度控制等步骤的具体内容。

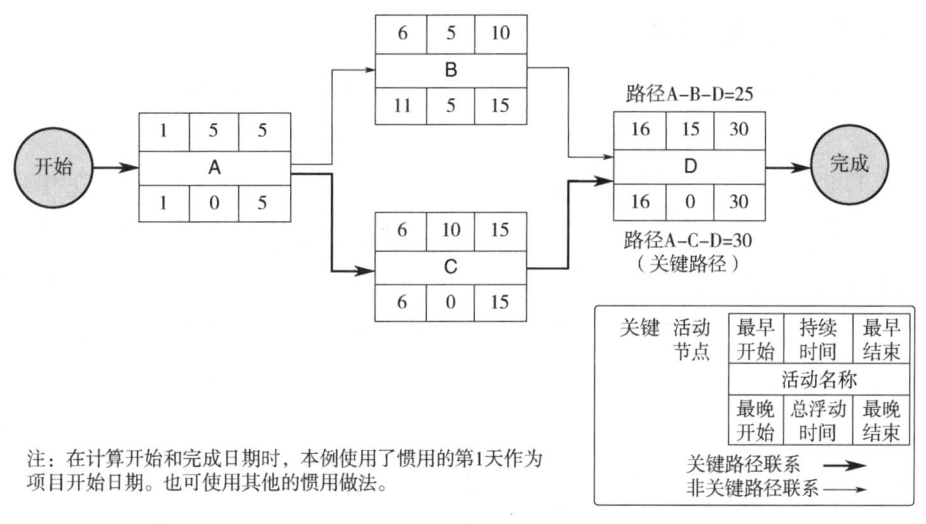

图 7-3 关键路径法示例

7.2 制订项目进度计划的准备过程

7.2.1 定义活动

定义活动是识别和记录为完成项目可交付成果而须采取的具体行动的过程。本过程的主要作用是：将工作包分解为进度活动，作为对项目工作进行进度估算、规划、执行、监督和控制的基础。图 7-4 所示为本过程的输入、工具与技术和输出。

图 7-4 定义活动：输入、工具与技术和输出

1. 本过程的输入

定义活动的主要输入有：范围基准（WBS）、与进度管理相关的事业环境因素和组织过程资产等。

2. 本过程的工具与技术

定义活动所需的工具与技术包括：专家判断、分解、滚动式规划等。

（1）专家判断

专家判断即请本领域的专家来判断执行项目各工作所需时间的长短。工作持续时间的估计常常是相当困难的，它要涉及众多的因素，一般很难找到一个通用的计算方法，这个时候专家的历史经验和记录就显得尤为重要，尽管这种方法的结果也具有一定的不确定性和风险，但仍然不失为一种行之有效的方法。典型的专家判断方法有德尔菲法等。

（2）分解

分解是一种把项目范围和项目可交付成果逐步划分为更小、更便于管理的组成部分的技术。活动表示完成工作包所需的投入。需要注意的是：定义活动过程的最终输出是活动而不是可交付成果，可交付成果是创建 WBS 过程的输出。

WBS、WBS 词典和活动清单可依次或同时编制，其中 WBS 和 WBS 词典是制定最终活动清单的基础。WBS 中的每个工作包都需分解成活动，以便通过这些活动完成相应的可交付成果。让团队成员参与分解过程，有助于得到更好、更准确的结果。

（3）滚动式规划

滚动式规划是一种迭代式的规划技术，即详细规划近期工作，同时在较高层级上粗略规划远期工作，即"远粗近细"。它是一种渐进明细的规划方式。

3. 本过程的输出

定义活动的输出包括：活动清单、活动属性、里程碑清单、变更请求、项目管理计划更新。

（1）活动清单

活动清单包含项目所需的进度活动。对于使用滚动式规划或敏捷技术的项目，活动清单会在项目进展过程中得到定期更新。活动清单包括每个活动的标识及工作范围详述，使项目团队成员知道需要完成什么工作。

（2）活动属性

活动属性指每项活动所具有的多重属性，用于扩充对活动的描述，活动属性随时间演进。在项目初始阶段，活动属性包括唯一活动标识（ID）、WBS 标识和活动标签或名称；在活动属性编制完成时，活动属性可能包括活动描述、紧前活动、紧后活动、逻辑关系、提前量和滞后量、资源需求、强制日期、制约因素和假设条件。活动属性可用于识别开展工作的地点、编制开展活动的项目日历，以及相关的活动类型。活动属性还可用于编制进度计划。根据活动属性，可在报告中以各种方式对计划进度活动进行选择、排序和分类。

(3) 里程碑清单

里程碑是项目中的重要时点或事件，里程碑清单列出了所有项目里程碑，并指明每个里程碑是强制性的（如合同要求的）还是选择性的（如根据历史信息确定的）。里程碑的持续时间为零，因为它们代表的是一个重要时间点或事件。

(4) 变更请求

一旦定义项目的基准后，在将可交付成果渐进明细为活动的过程中，可能会发现原本不属于项目基准的工作，这样就会提出变更请求。在这种情况下，应该通过实施整体变更控制过程对变更请求进行审查和处理。

(5) 项目管理计划更新

项目管理计划的任何变更都以变更请求的形式提出，且通过组织的变更控制过程进行处理。可能需要变更请求的项目管理计划组成部分包括：进度基准、成本基准。

7.2.2 估算活动持续时间

估算活动持续时间是根据资源估算完成单项活动所需工作时段数的过程。本过程的主要作用是：确定完成每项活动所需花费的时间量。图 7-5 所示为本过程的输入、工具与技术和输出。

图 7-5 估算活动持续时间：输入、工具与技术和输出

1. 本过程的输入

项目文件、事业环境因素、组织过程资产是估算活动持续时间的主要输入。在估

算活动持续时间时，首先应明确资源日历、资源需要等基本信息。

影响活动持续时间估算的主要因素包括。

(1) 活动的工作量和资源的数量

通常，活动的工作量 q 和资源的数量 n 决定了活动所需的持续时间 t，可由式 (7-1) 计算

$$t = \frac{q}{n} \tag{7-1}$$

例如，某软件开发活动的工作量为 6 人月，若由 2 个人开发，需要 3 个月；若由 3 个人开发，则需要 2 个月。

(2) 资源的可获得性和资源的生产率

如果某资源（如某软件开发工程师）同时开展多项活动，会影响该资源的可获得性 r，从而影响完成该活动所需的时间 t。可获得性 r 越小，t 越长。

在式 (7-1) 的基础上，考虑 r 对 t 的影响，t 的计算公式表示为式 (7-2)

$$t = \frac{q}{n \times r} \tag{7-2}$$

例如，每项活动的工作量为 6 人月，由 2 个人开发，且每个人同时开展 2 个活动，其在每个活动上投入的时间和精力有限为 50%，即每项活动的资源可获得性为 50%，则完成单个活动所需的时间为 $6/(2 \times 50\%) = 6$（月）。

此外，资源的生产率 p 也会影响活动的持续时间。例如，活动小组成员的工作熟练程度越高，生产率/效率 p 越高，活动所需的时间越少；反之，所需时间则长。

因此，在式 (7-2) 的基础上，考虑 p 对 t 的影响，t 的计算公式可以表示为式 (7-3)

$$t = \frac{q}{n \times r \times p} \tag{7-3}$$

继续上面的例子，如果小组成员对开发活动非常熟练，生产率为 90%，则开发单项活动所需的时间为 $6/(2 \times 50\% \times 90\%) = 6.67$（月）；如果小组成员对开发活动不太熟练，生产率为 60%，则开发单项活动所需的时间为 $6/(2 \times 50\% \times 60\%) = 10$（月）。

(3) 项目风险与意外事件

在项目的实际进行中总会遇到一些突发事件，如客户要求发生变化、小组骨干成员离开、客观条件出现新的情况等，这些突发事件大多会对项目的实施进度带来影响。因此，在计划项目的进度时应最大限度考虑意外事件。

(4) 外部资源供应情况

如果项目所需的资源应有尽有，则省力省时；相反，如果实施项目所需的资源尚不具备，则费力费时。

2. 本过程的主要工具与技术

本过程的主要工具与技术有：类比估算、三点估算、学习曲线和专家判断等。

（1）类比估算

类比估算又称为经验比较法，即比照以前的经验，或比较以往类似项目的档案资料，根据以前类似的实际项目的工作时间推测和估计当前项目各项工作的时间。如果当前的项目与类比的项目很类似，类比估算就是一种最有效的方法。例如，你买了一栋房子需要装修，就可以参照以前的房子装修花的时间或者别人家类似的房子装修花的时间进行类比，从而得出装修房子所需的时间。

（2）三点估算

三点估算又称为三时估算，它通过考虑估算中的不确定性和风险，提高持续时间估算的准确性。使用三点估算有助于界定活动持续时间的近似区间，如图7-6所示。

1）最可能时间（most likely estimate，t_m）。基于最可能获得的资源、最可能取得的资源生产率、对资源可用时间的现实预计、资源对其他参与者的可能依赖关系及可能发生的各种干扰等，所估算的活动持续时间。

2）最乐观时间（optimistic estimate，t_o），也称为最短时间。基于活动的最好情况所估算的活动持续时间。

3）最悲观时间（pessimistic estimate，t_p），也称为最长时间。基于活动的最差情况所估算的持续时间。

基于持续时间在3种估算值区间内的假定分布情况，可计算期望的工作持续时间t_e。

假设活动的时间分布服从贝塔分布，如图7-6所示，期望的工作持续时间t_e为

$$t_e = (t_o + 4 \times t_m + t_p)/6 \tag{7-4}$$

历史数据不充分时，为简化，也可以使用三角分布计算期望的工作持续时间t_e

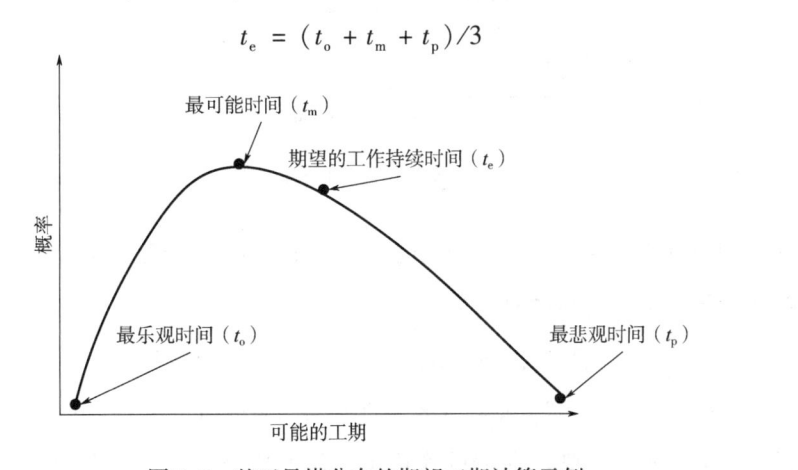

$$t_e = (t_o + t_m + t_p)/3 \tag{7-5}$$

图7-6 基于贝塔分布的期望工期计算示例

(3) 学习曲线

学习曲线（Learning curves）表示经验与效率之间的关系，是指经常执行一项任务（或同一类任务），随着经验的积累，绩效提升，每次所需的时间逐步降低。个体在学习过程中经验和技能的提高是逐渐增加的，刚开始时，学习者可能需要投入相对较多的时间和精力来完成任务，但随着时间的推移，他们逐渐熟悉任务，并且执行效率和技能水平提高，学习者完成同一任务（或同一类任务）的时间会大幅缩短。

学习率（Learning Rate, LR）是一个重要概念，它可以通过分析历史数据得到。例如，一个人在进行一项工作时，第 1 次需要 10 分钟，第 2 次需要 8 分钟，则学习率为 0.8。基于学习率，可以计算重复第 $2n$ 次工作需要的时间。那么，第 4 次需要的时间为 $0.8 \times 8 = 6.4$，第 8 次需要的时间为 $0.8 \times 6.4 = 5.12$。

学习曲线方程的一般形式见式（7-6），它可以用于计算第 n 项活动（任务）的完成时间 T_n。

$$T_n = T_1 \times (n)^\beta \tag{7-6}$$

式中，T_1 为完成第一项活动的时间；β 为学习系数，$\beta = (\log LR)/(\log 2)$ 或 $\beta = (\ln LR)/(\ln 2)$；LR 为学习率。

图 7-7 所示为基本的学习曲线，横轴代表相似活动的数量（或练习次数、重复的次数），纵轴代表每次工作的时间（单位产品所耗时间）。

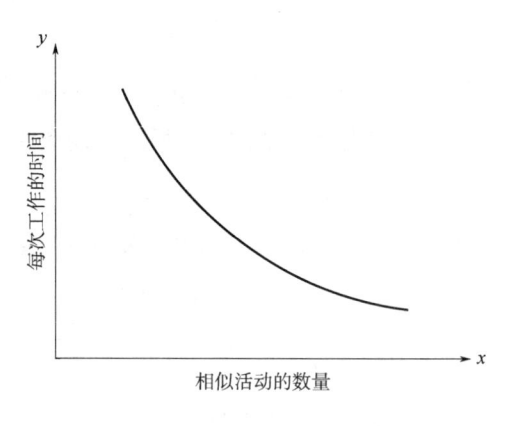

图 7-7 学习曲线

例如，假设某人第一次从事活动的时间 $T_1 = 43$（h），学习率为 85%，则学习系数及开展第 8 项类似活动所需的时间为

$$\beta = (\log 0.85)/(\log 2) = -0.234,47$$

$$T_8 = 43 \times 8^{-0.234,5} = 26.407(\text{h})$$

从结果可以发现，在学习曲线的作用下，从完成第一个活动到第 8 项活动的时间

缩短了（43 – 26.407）/43 = 38.6%。

（4）专家判断

专家判断的相关内容见7.2.1。

3. 本过程的输出

活动持续时间的估算输出包括：持续时间估算、估算依据、项目文件更新。其中，持续时间估算是对完成某项活动、阶段或项目所需的工作时间的定量评估，其中并不包括任何滞后量，但可指出一定的变动区间。例如：

1）2周±2天，表明活动至少需要8天，最多不超过12天（假定每周工作5天）。

2）超过3周的概率为15%，表明该活动将在3周内（含3周）完工的概率为85%。

7.2.3 排列活动顺序

排列活动顺序是识别和记录项目活动之间的关系的过程。本过程的主要作用是：定义工作之间的逻辑顺序，以便在既定的所有项目制约因素下获得最高的效率。

除了项目中的首尾两项活动，每项活动至少有一项紧前活动和一项紧后活动，并且逻辑关系适当。通过设计逻辑关系创建一个切实的项目进度计划，可能有必要在活动之间使用提前量或滞后量，使项目进度计划更为切实可行。可以使用项目管理软件或手动技术排列活动顺序，排列活动顺序过程旨在将项目活动列表转化为图表，作为发布进度基准的第一步。

排列活动顺序所需要的工具与技术包括：紧前关系绘图法、确定和整合依赖关系、提前量和滞后量等。

1. PDM 描述活动间的逻辑关系

前导图方法（Precedence Diagramming Method，PDM），也称为紧前关系绘图法，如图 7-12 所示。PDM 是创建进度计划的一种技术，它用节点表示活动，用一种或多种逻辑关系连接活动，以显示活动的实施顺序。由于它用节点表示活动，所以又称为节点式（Activity on Node，AON）网络图；在网络图中用一个节点的代号表示活动，因此，又称为单代号网络图。

在 PDM 网络图（单代号网络图）中，节点表示作业（活动），节点间带箭头连线代表活动间的相互逻辑关系，支持活动间的 4 种逻辑关系，即：完工—开工、开工—开工、完工—完工、开工—完工。这 4 种关系也称为"搭接"关系，具体含义为：

- 完工—开工（Finish to Start，FS）。后续作业（活动）的开工取决于紧前作业的完工，只有紧前作业（活动）完工，后续作业才能开工。

• 开工—开工（Start to Start，SS）。后续作业（活动）的开工取决于紧前作业的开工，只有紧前作业开工，后续作业才能开工。

• 完工—完工（Finish to Finish，FF）。后续作业（活动）的完工取决于紧前作业的完工，只有紧前作业完工，后续作业才能完工。

• 开工—完工（Start to Finish，SF）。后续作业（活动）的完工取决于紧前作业的开工，只有紧前作业开工，后续作业才能完工。

2. 滞后量和提前量

PDM 网络图在描述活动间逻辑关系的基础上，还可以描述活动间的提前量（lead）和滞后量（lag）。提前量是相对于紧前活动，紧后活动可以提前的时间量。滞后量是相对于紧前活动，紧后活动需要推迟的时间量。上述 4 种逻辑关系的间隔（搭接）通常用滞后量表示。

3. 带有滞后量/提前量的逻辑关系描述

下面对带有滞后量或（提前量）的 4 种关系分别展开介绍。

（1）完工—开工（FS）逻辑关系

紧前作业 I 完工以后，后续作业 J 开工。如图 7-8 所示，设备的安装就位，要等到设备基础完工后 5 天才能开始（滞后量为 5 天）。FS 逻辑关系反映了项目中大部分作业的依赖关系。

滞后量也可以为负数，当滞后量为负数时，则表示提前量。例如，在新办公大楼建设项目中，绿化施工可以在尾工清单编制完成前 2 周开始，这就是带 2 周提前量的完成到开始的关系，可以表示为 FS-2。

通常，假设紧前活动完成后立即开始紧后的活动（滞后量为 0），即 FS-0。

（2）开工—开工（SS）逻辑关系

紧前作业 I 开工以后，后续作业 J 开工。如图 7-9 所示，主体结构施工前有施工准备作业，只有施工准备作业开始并进行到一定程度时（SS 15 表示 I 开始 15 天后），才可开始主体工程结构施工，并非要等到施工准备全部完成，但施工准备肯定在主体结构施工前开始。这种关系常用来反映项目作业间的组织关系，以及作业间的约束关系。

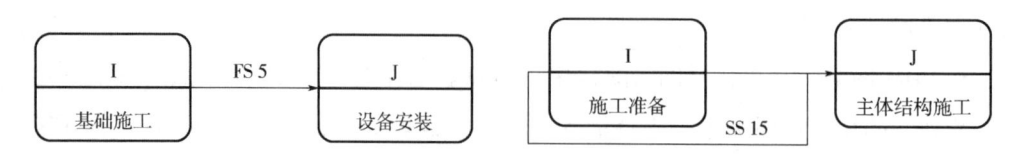

图 7-8 完工—开工（FS）逻辑关系　　图 7-9 开工—开工（SS）逻辑关系

(3) 完工—完工（FF）逻辑关系

紧前作业 I 完工以后，后续作业 J 才完工。如图 7-10 所示，公路隧洞中路面施工只有等到公路隧洞开挖作业完工以后才能完工。虽然其他公路路面施工与隧洞开挖作业没有直接联系，但是整个公路路面施工的结束受隧洞开挖的制约。可用 FF 逻辑关系反映作业间的这种完工约束关系。

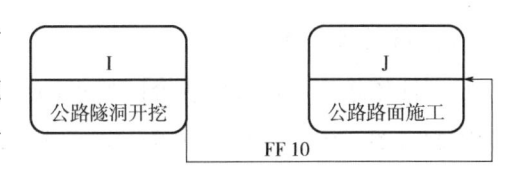

图 7-10 完工—完工（FF）逻辑关系

(4) 开工—完工（SF）逻辑关系

紧前作业 I 开工以后，后续作业 J 才能完工。如图 7-11a 所示，某水坝施工在坝基开挖时，基坑开挖与基坑排水作业的关系就可这样表达。因为水上部分开挖与基坑排水作业没有关系，而水下部分开挖则必须等到基坑排水作业开始以后才能完成，同时基坑开挖并非要基坑排水结束才结束。至于基坑排水何时开始，与坝基开挖作业没有直接关系。这种作业间的约束关系就是 SF 逻辑关系。

再如，如图 7-11b 所示，某混凝土甲块浇筑作业（作业 C）的开工，取决于它的紧前作业甲块浇筑仓面准备（作业 B_1）是否完工，由于人员组织等方面的原因，作业 B_1 的紧前作业之一甲块接缝处理（作业 A_1）的开工决定了作业 B_1 是否能够完工，而作业 A_1 的开工是由乙块接缝处理（作业 A_0）的完工决定，作业 B_1 的开工取决于它的紧前作业乙块浇筑仓面准备（作业 B_0）是否完工。其中 A_1 与 B_1 的关系就是 SF 逻辑关系。

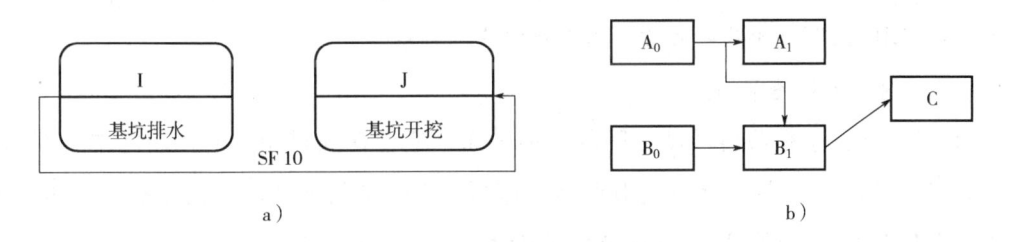

图 7-11 开工—完工（SF）逻辑关系

PDM 表达逻辑关系简单明了，能够反映各种逻辑关系。随着网络计划技术的发展，以及计算机技术在项目管理中的应用，在国外所有基于网络计划技术的项目管理软件现在都只采用 PDM，已逐渐取代"箭线图"网络（ADM 网络），又称为双代号网络（Activity on Arrow，AOA）。

4. 确定和整合依赖关系

依赖关系可能是强制性的或选择性的、内部的或外部的。这 4 种依赖关系可以组合成强制性外部依赖关系、强制性内部依赖关系、选择性外部依赖关系或选择性内部依赖关系。

(1) 强制性依赖关系

强制性依赖关系是法律或合同要求的或工作的内在性质决定的依赖关系，往往与客观限制有关。例如，在建筑项目中，只有在地基建成后才能建立地面结构；在电子项目中，必须先把原型制造出来，然后才能对其进行测试。强制性依赖关系又称为硬逻辑关系或硬依赖关系，技术依赖关系可能不是强制性的。

(2) 选择性依赖关系

选择性依赖关系有时又称为首选逻辑关系、优先逻辑关系或软逻辑关系。即便还有其他依赖关系可用，选择性依赖关系应基于具体应用领域的最佳实践或项目的某些特殊性质，安排活动的顺序。例如，根据公认的最佳实践，在建造期间，应先完成卫生管道工程，再开始电气工程。这个顺序并不是强制性要求，两个工程可以同时（并行）开展工作，但如按先后顺序进行可以降低整体项目风险。应该对选择性依赖关系进行全面记录，因为它们会影响总浮动时间，并限制后续的进度安排。如果计划进行快速跟进，则应当审查相应的选择性依赖关系，并考虑是否需要调整或去除。

(3) 外部依赖关系

外部依赖关系是项目活动与非项目活动之间的依赖关系，这些依赖关系往往不在项目团队的控制范围内。例如，软件项目的测试活动取决于外部硬件的到货；建筑项目的现场准备，可能要在政府的环境听证会之后才能开始。在排列活动顺序过程中，项目管理团队应明确哪些依赖关系属于外部依赖关系。

(4) 内部依赖关系

内部依赖关系是项目活动之间的紧前关系，通常在项目团队的控制之中。例如，只有机器组装完毕，团队才能对其测试，这是一个内部的强制性依赖关系。在排列活动顺序过程中，项目管理团队应明确哪些依赖关系属于内部依赖关系。

7.3 采用网络计划技术制订项目进度计划

7.3.1 网络计划技术的起源与沿革

网络计划技术是 20 世纪 50 年代中期发展起来的一种科学的计划管理技术。在网络计划技术出现之前，人们一般使用甘特图（横道图）编制计划。但由于甘特图不能清晰反映活动（作业）间的相互依赖关系，因而，要对项目进行细致的计划描述，横道图方法仍显不足。随着时间的推移，人们意识到用甘特图做计划并管理规模庞大且复杂的项目有些捉襟见肘。

更新计划管理手段的必要性和迫切性在二战后更加突出了。随着多个特大型项目开始实施，这时管理者发现：在这些项目实施之前，必须先解决"如何对这些项目进行进度管理"这一课题。于是，网络计划技术 CPM 和 PERT 先后应运而生。

1956 年，杜邦·奈莫斯建筑公司与斯派里·蓝德公司提出了 CPM 技术。1958 年，美国海军军械局特种工程处的布兹·艾伦提出了 PERT，并成功应用于美国海军研制的"北极星"导弹计划。这两种网络计划方法在各种网络计划方法中占有重要地位，引用得也最多。两者虽不同名，但主要概念和方法是一致的。其共同点就是作业间关系属"肯定型"（某作业完成后接下去干什么是客观确定的，并不需要等到那个作业完成时根据情况而定，后者被称为"非肯定型"）；主要不同点是，CPM 的作业时间（工期）只有一个估计值，而 PERT 的作业时间（工期）有三个估计值（最乐观工期 t_o、最可能工期 t_m、最悲观工期 t_p），而真正用来计算的作业工期为 $(t_o + 4t_m + t_p)/6$（这种加权平均法套用了概率论中 β 分布的原理）。

CPM 出现后得到广泛推广和应用，很快就成为项目管理的必要手段和时尚行为。它为那些特大型项目的成功实现做出了杰出贡献，尤其是改变了大家的观念，使"良好而全面的计划是项目管理成功与否的关键"成为共识并渐渐深入人心。据记载，杜邦·奈莫斯建筑公司与斯派里·蓝德公司提出 CPM 技术后，第二年在建造一个 1000 万美元的化工厂时采用了该技术，使整个工程工期缩短了 4 个月。其后杜邦公司也采用了 CPM 技术安排设备维修计划，一年就节省了 100 万美元。当时的有关资料表明，通过认真采用 CPM 技术，一般工程平均缩短工期 20%，节约费用 10%。

需要说明的是，在 CPM 提出两年后出现的 PERT，其轰动程度甚至超过了当初的 CPM。很多人尤其是学院派认为 PERT 比 CPM 更优越，更值得应用。但是，人们在具体使用 PERT 时遇到了难题，也就是要给出三个工期的估计并不容易，尤其是在工程界，往往很难估算最可能工期 t_m，还不如直接使用 CPM 省事。因此，逐渐地，PERT 就很少有人使用了。但是由于 PERT 曾经的轰动，以至于人们现在对 PERT 与 CPM 都不再区分了。也就是说，很多人说画个 PERT 图或文字中说要用 PERT 管理项目的计划进度，实际上都是指 CPM。

由于 CPM 技术在工程项目建设中取得了卓越成效，1961 年春，美国政府规定，凡是由政府投资的工程，都必须采用这种技术。苏联于 20 世纪 60 年代开始使用 CPM 技术。在我国，20 世纪 60 年代中期，华罗庚先生开始在全国宣传和推广 CPM 技术，并称之为"统筹方法"。前文提到，他编写了《统筹方法平话及补充》和《优选法平话及其补充》两本书，亲自带领中国科技大学的师生到一些企业和工厂推广和应用"双法"。

网络计划技术表示方法虽然容易接受，网络计算方式也很简单，但随着网络节点的增多，手工计算就显得烦琐，也容易出错。因此，在20世纪80年代之前，由于计算机应用普及程度所限，网络计划技术的应用也十分有限。21世纪以来，随着PMI等机构对项目管理标准的大力推广，以及项目管理信息化技术的快速发展，CPM技术在项目管理过程中应用更容易、更受重视。

7.3.2 网络计划表现形式与绘制

1. 相关概念

- 紧前工作：紧排在本工作之前的工作。
- 紧后工作：紧排在本工作之后的工作。
- 平行工作：可与本工作同时进行的工作。
- 先行工作：自起点节点至本工作之前各条线路上的所有工作。
- 后续工作：本工作之后至终点节点各条线路上的所有工作。
- 虚工作：虚拟的，实际并不存在的工作，它不占用时间、不消耗资源，是双代号网络图中为了正确表示各工作间逻辑关系的需要而人为设置的，以虚箭线表示。

2. 单代号网络（PDM）和双代号网络（ADM）

在国内工程界，很多企业习惯采用单代号网络和双代号网络的叫法。

（1）单代号网络

如前所述，单代号网络（Precedence Diagramming Method，PDM），也称节点式网络图（Activity-On-Node，AON）。如图7-12和图7-13所示，单代号的含义是：用一个节点的编号就可以表示一个活动（如活动A用编号1表示），即活动i。单代号网络中，节点反映作业情况，节点间的带箭头连线（箭线）反映作业间的逻辑关系。箭尾节点为紧前作业，箭头所指节点为紧后作业。PDM支持以下4种逻辑关系：完工—开工、开工—开工、完工—完工、开工—完工（详见7.2.3）。

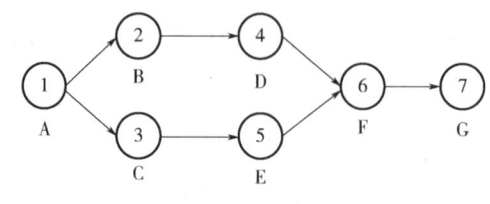

图7-12 单代号网络示例

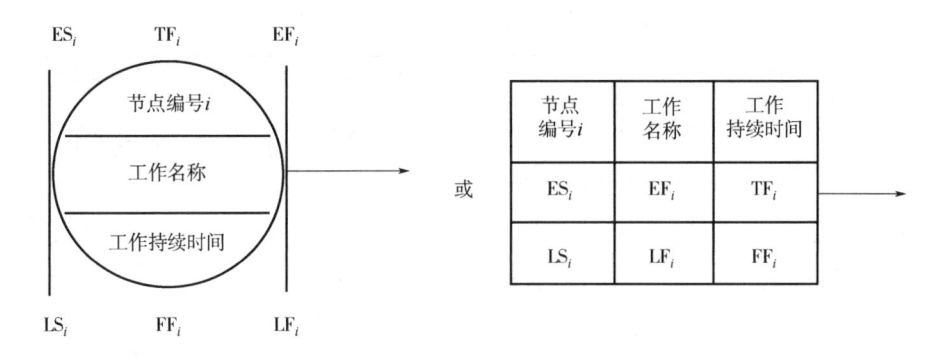

图 7-13　单代号网络计划的时间参数标注方法

（2）双代号网络

双代号网络（Arrow Diagramming Method，ADM），也称箭线式网络图（Activity On Arrow，AOA）。如图 7-14 和图 7-15 所示，双代号的含义是：需要用两个节点的编号表示一个活动（如活动 A 用编号 1-2 表示），即活动 i-j。在双代号网络中，节点间的带箭头连线（箭线）不仅反映逻辑关系，而且反映活动本身，逻辑关系仅有 FS（完工—开工）。节点表示活动的开始或结束事件。

图 7-12 所示的单代号网络，可以用图 7-14 所示的双代号表示。可见，有时为了确切地反映作业间的逻辑关系，在双代号网络中往往需要增加虚作业（虚工作），因而表达比较烦琐，且双代号网络不能表达完工—完工这种实际上经常要用到的逻辑关系。目前，大部分商业软件都只支持 PDM，致使在 20 世纪六七十年代曾风靡一时的 ADM 逐渐被 PDM 所取代。但是，由于双代号网络是用箭线表示活动，而箭线的长短可以表示活动的持续时间长短，因此，双代号网络可以与时间坐标联系在一起，使进度计划的显示更加直观。

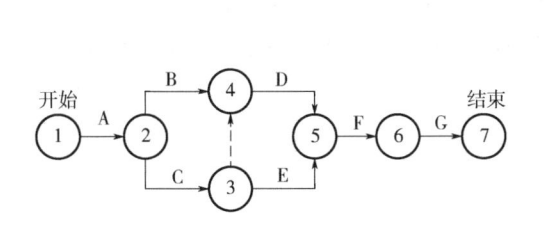

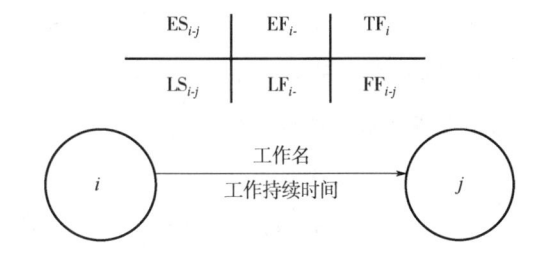

图 7-14　双代号网络示例　　　图 7-15　双代号网络计划的时间参数标注方法

需要注意的是，双代号网络中作业反映在箭线上，节点起到连接逻辑关系的作用，为反映作业间的关系，往往要设置虚作业（虚工作）。

网络图逻辑关系的表示方法见表 7-1。

表 7-1　网络图逻辑关系的表示方法

序号	逻辑关系	双代号表示方法	单代号表示方法
1	工作 A 完成后进行工作 B，工作 B 完成后进行工作 C	A→B→C	A→B→C
2	工作 A 完成后同时进行工作 B 和工作 C	A→B, A→C	A→B, A→C
3	工作 A 和工作 B 都完成后进行工作 C	A、B→C	A、B→C
4	工作 A 和工作 B 都完成后同时进行工作 C 和工作 D	A、B→C、D	A、B→C、D
5	工作 A 完成后进行工作 C，工作 A 和工作 B 都完成后进行工作 D	A→C；A、B→D（含虚作业）	A→C；A、B→D

下面通过一个例子比较单代号网络与双代号网络在反映作业关系上的区别。例如，某楼房基础工程施工，共分为基槽挖土、做垫层、砌砖基础 3 个施工过程，按 4 个施工段顺序施工。用单代号网络表示（图 7-16），3 项作业间的逻辑关系一目了然；而用双代号网络表示（图 7-17），则要增加多个虚作业。可见，由于双代号网络 ADM 反映作业搭接和间歇不便，需增设虚作业才能反映作业关系。

图 7-16　单代号网络示例

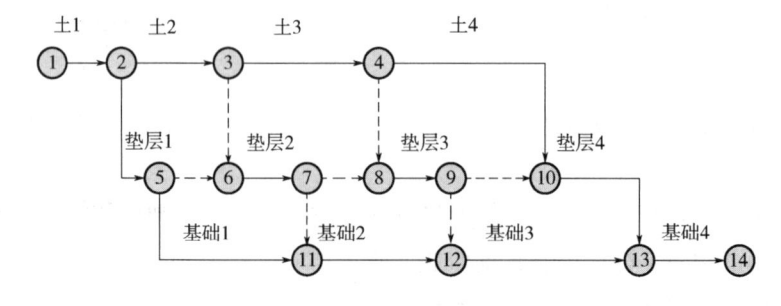

图 7-17　双代号网络示例

3. 网络图绘制的基本规则

网络图是进度计划的基础与核心,要正确绘制出网络图,除保证各工作间逻辑关系正确,还必须遵循如下基本规则。

1) 必须按工作的逻辑关系画图。

2) 工作或事件的字母代号或数字编号,在同一网络图中不允许重复使用,每条箭线箭头节点的编号 (j) 必须大于其箭尾节点的编号 (i)。

3) 网络图中只允许有一个起点节点和一个终点节点。

4) 除了起点节点和终点节点,其他所有节点前后都要用箭线或虚箭线连接起来。

5) 代表工作的箭线,其首尾必须都有事件节点,即在两个事件节点之间只能有一项工作。

6) 网络图是有向的,图中不允许出现封闭循环回路。

7) 网络图的主方向是从起点节点到终点节点的方向,在绘制网络图时应优先选择由左至右的水平走向,箭线方向必须优先选择与主方向相应的走向。

4. 网络图的绘制步骤

绘制网络图的一般步骤如下:

1) 按选定的网络图类型和已确定的排列方式,决定网络图的合理布局。

2) 从起始工作开始,自左至右依次绘制,只有当先行工作全部绘制完成后,才能绘制本工作,直至结束工作全部绘完。

3) 检查工作和逻辑关系有无错漏,并进行修改。

4) 按网络图绘图规则的要求完善网络图。

5) 按网络图的编号要求将节点编号。

7.3.3 关键路径 CPM 法的时间参数计算

1. CPM 法的时间参数

网络计划的时间参数主要有:

1) 活动持续时间 D (Duration)。对一项活动(工作、任务)规定的从开始到完成的时间。在双代号网络计划中,活动 i-j 的持续时间记为 $D_{i\text{-}j}$;在单代号网络计划中,活动 i 的持续时间记为 D_i。

2) 工期 T (Project duration)。泛指完成任务所需的时间。

3) 活动最早开始时间 ES (Earliest Start time)。指在紧前活动和有关时限约束下,本活动有可能开始(开工)的最早时刻。在双代号网络计划中,活动 i-j 的最早开始时间记

为 ES_{i-j}，显然 $ES_{i-j} = ET_i$；在单代号网络计划中，活动 i 的最早开始时间记为 ES_i。

4）活动最早完成时间 EF（Earliest Finish time）。指在紧前活动和有关时限约束下，本活动有可能完成（完工）的最早时刻。在双代号网络计划中，活动 $i\text{-}j$ 的最早完成时间记为 EF_{i-j}；在单代号网络计划中，活动 i 的最早完成时间记为 EF_i。

5）活动最晚/最迟开始时间 LS（Latest Start time）。指在不影响整个项目按期完成和有关时限约束的条件下，本活动最迟必须开始的时刻。在双代号网络计划中，活动 $i\text{-}j$ 的最迟开始时间记为 LS_{i-j}；在单代号网络计划中，活动 i 的最迟开始时间记为 LS_i。

6）活动最晚/最迟完成时间 LF（Latest Finish time）。指在不影响整个项目按期完成和有关时限约束的条件下，本活动最迟必须完成的时刻。在双代号网络计划中，活动 $i\text{-}j$ 的最迟完成时间记为 LF_{i-j}，显然 $LF_{i-j} = LT_j$；在单代号网络计划中，活动 i 的最迟完成时间记为 LF_i。

7）活动的总浮动时间 TF（Total Float）（简称自由浮时，或称为总时差）。指在不影响整个项目完成总工期和有关时限的前提下，一项活动可以利用的机动时间。在双代号网络计划中，活动 $i\text{-}j$ 的总时差用 TF_{i-j} 表示；在单代号网络计划中，活动 i 的总时差用 TF_i 表示。

8）活动的自由浮动时间 FF（Free Float）（简称总浮时，或称为自由时差）。指在不影响紧后活动最早开始时间和有关时限的前提下，一项活动可以利用的机动时间，又称单时差。在双代号网络计划中，活动 $i\text{-}j$ 的自由时差用 FF_{i-j} 表示；在单代号网络计划中，活动 i 的自由时差用 FF_i 表示。

主要时间参数的计算结果应按规定标注在网络图上，单代号网络计划和双代号网络计划的时间参数标注方法如图 7-13 和图 7-15 所示。

2. CPM 时间参数的计算

通过网络计算可以得出作业的时间参数，以寻找出项目关键路径（最长路径）与关键作业。网络计算可以采用手工方式，也可以利用计算机。当网络节点数较大时，利用项目管理软件计算时间参数更加方便、快捷。下面详细介绍项目网络相关时间参数的计算步骤。

（1）步骤 1：采用前推法，计算活动/作业的最早时间参数

活动/作业的最早时间指最早开工和最早完工两个时间。计算最早日期采用前推法（Forward Pass），它是从项目开工开始计算作业的最早时间，具体计算方法如下。

1）最早开工。作业 i 的最早开工时间 ES_i 等于其紧前活动的最早结束时间的最大值，即紧前活动的最早开始时间加该紧前活动的持续时间所得之和的最大值，计算公式如下

$$ES_i = \max[EF_j] = \max[ES_j + D_j] \tag{7-7}$$

式中，j 为作业 i 的紧前作业；D_j 为作业 j 的工期/持续时间。

2）最早完工。作业 i 最早完工时间 EF_i 等于其紧前活动的最早开始时间加其持续时间，计算公式如下

$$EF_i = ES_i + D_i \qquad (7-8)$$

式中，D_i 为作业 i 的工期/持续时间。

接下来以图 7-18 为例计算活动 C 的 ES（C）和 EF（C）。

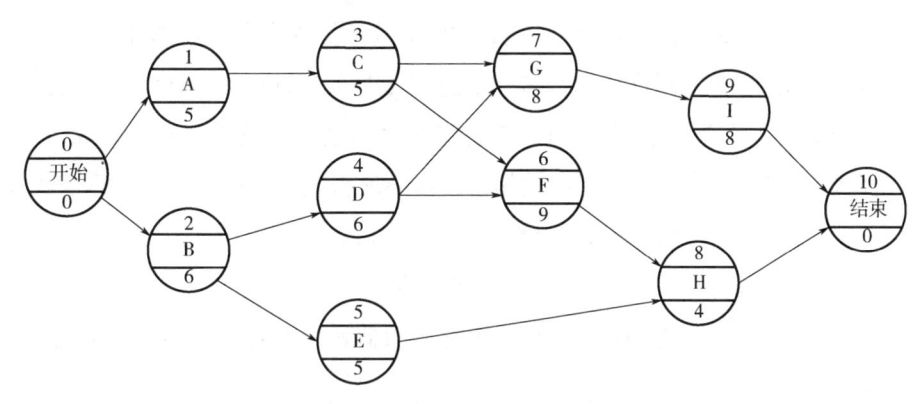

图 7-18 项目网络示例

假设该项目的开始时间为 0（ES(A) = 0），对于活动 C 来说，只有一个紧前活动 A，则活动 C 的最早开工时间 ES(C) = EF(A) = 0 + 5 = 5，最早完工时间 EF(C) = 5 + 5 = 10。图 7-18 示例的计算结果如图 7-19 所示。

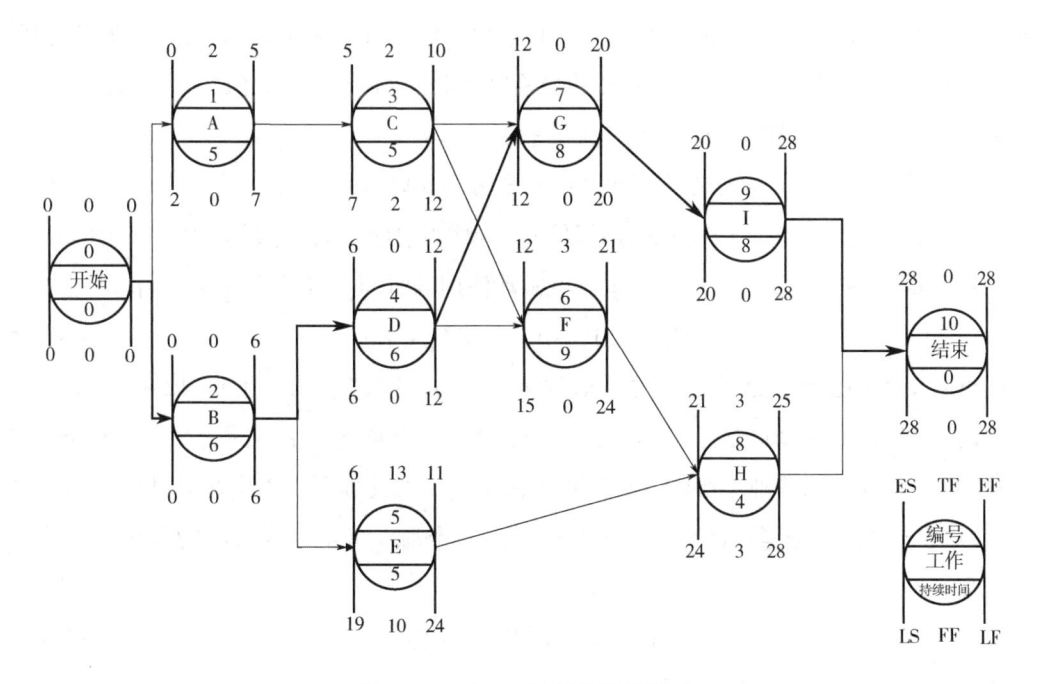

图 7-19　图 7-18 示例的计算结果

单代号网络图中最后一个节点的最早完成时间就是项目的工期，计算得到该项目工期为28。

(2) 步骤2：采用逆推法，计算活动/作业的最晚时间参数

由项目计算的工期，采用逆推法计算每个活动的最迟/最晚时间。通常，最后一个节点（活动）的最迟结束时间等于其最早结束时间。

活动/作业的最迟时间指最晚开工和最晚完工两个时间。计算最晚时间采用逆推法（Backward Pass），它是在确定项目完工日期的前提下，计算出某项作业最晚应该开工和完工时间，即所谓的"倒排计划"或"死线计划"（Deadline），具体计算公式如下。

1) 最晚完工。作业 i 的最晚完工 LF 等于其紧后活动最晚开工时间的最小值，即紧后活动最晚完工时间减去该紧后活动的持续时间所得之差的最小值，计算公式如下

$$LF_i = \min[LS_k] = \min[LF_k - D_k] \qquad (7-9)$$

式中，k 为作业 i 的紧后作业；D_k 为作业 k 的工期。

2) 最晚开工。作业 i 最晚开工 LS 等于本活动最晚完工时间减本活动的持续时间，计算公式如下

$$LS_i = LF_i - D_i \qquad (7-10)$$

式中，D_i 为作业 i 的工期。

以图 7-18 为例，计算活动 G、F 和 C 的最晚完工时间 LF、最晚开工时间 LS。如图 7-19 所示，由于活动 G 的紧后活动只有活动 I，则 LF(G) = LS(I) = 20，LS(G) = 20 - 8 = 12。同理，活动 F 的最晚完工时间 LF(F) = LS(H) = 24，最晚开工时间 LS(F) = 24 - 9 = 15。进一步，活动 C 的最晚完工时间 LF(C) = min[LS(G), LS(F)] = min[12, 15] = 12，最晚开工时间 LS(C) = 12 - 5 = 7。

(3) 步骤3：计算活动的总浮动时间和自由浮动时间

1) 计算总浮动时间（以下简称总浮时，也称为总时差）。总浮时 TF（Total Float）是作业不影响整个工程完工日期，作业可机动使用的时间。TF 可用下式计算

$$TF_i = LF_i - EF_i = LS_i - ES_i \qquad (7-11)$$

继续上面的示例，活动 C 的总浮动时间 TF(C) = LF(C) - EF(C) = 12 - 10 = 2。

2) 计算自由浮动时间（以下简称自由浮时，也称为自由时差）。自由浮时 FF（Free Float）是一道作业不影响其后续作业最早开工的前提下，该作业本身可机动的时间。FF 等于该活动的紧后活动的最早开始时间减本活动最早完成时间的最小值，计算公式如下

$$FF_i = \min[ES_j - EF_i] \qquad (7-12)$$

式中，j 为作业 i 的后续作业。

同样以图 7-18 为例，活动 F 的自由浮时 FF(F) = ES(H) – EF(F) = 21 – 21 = 0。

（4）步骤 4：找到关键路径

项目的关键路径以往就是指从项目开工到完工的最长作业路径。当未规定项目必须完工日期或作业的限制条件时，由零总浮时作业组成的从项目开工到完工的作业链路就是项目的关键路径。关键路径上的作业就是关键作业。也就是说，这些作业非常关键，因为它们任何一个拖延工期，项目就无法在规定的完工日期内完成。

例如，以图 7-18 所示的项目为例，通过式（7-7）~ 式（7-12）的计算，可以得到图 7-19 所示的项目单代号网络时间参数计算结果，关键路径用粗实线表示。

在图 7-19 中，活动 A、C、E、F 和 H 的总浮时不等于 0，即这 5 项活动的最早结束时间和最迟结束时间之间有间隔。也就是说，这 5 项活动的安排有一些松动的余地。而活动 B、D、G 和 I 的总浮时等于 0，即这 4 项活动的最早结束时间和最迟结束时间相等。也就是说，这 4 项活动的安排没有任何松动的余地。把总浮时等于 0 的活动称为关键活动（critical activity），进一步，由关键活动组成的最长路径成为关键路径。由此可知，该项目的关键路径为：B-D-G-I。

需要注意的是，不管是单代号网络（PDM）还是双代号网络（ADM），都不允许存在网络回路，否则会落入死循环而无法计算。网络回路是指做完某项作业后进行后续作业，等到后续一系列作业完成以后回过头来又做该项作业，也即作业间存在逻辑循环现象。如图 7-20 所示，作业存在一个 20—30—20 的回路。关于条件循环网络现在的项目管理软件都不予考虑，工作中如碰到一些条件循环作业应予以分解处理。所有软件计算时遇到回路就终止计算，并在计算报告中指出回路情况。

在网络图中，如果作业没有紧前作业或者没有紧后作业或者两者都没有，称为开口作业。开口作业所处的位置就是网络开口所在。如图 7-20 所示，图中作业 10、50、60、70 作业均为开口作业。以往在网络计算时往往要将作业开口限定在两个，也即一个开工节点、一个完工节点。随着网络技术的发展及计算机技术的应用，现在网络的开口作业已不必限制在两个。这样给网络的编制带来较大的方便，但是在实际工作过程中，应尽可能少设网络开口，以免漏掉一些重要的作业间逻辑关系。另外，如果不对开口作业做开工/完工时间限制，那么计算时它要以项目的开工日期为最早开工日期，以项目的完工日期为最晚完工日期，故而会有很多浮时出现，容易造成误解，甚至误导。

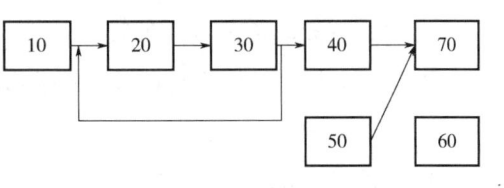

图 7-20　网络回路示例

3. 限制条件的类型与作用

现代网络计划技术允许网络有多个开口并且可以根据实际要求给作业工序增加网络计算时的限制（约束）条件。可用限制（约束）条件反映作业除了工艺逻辑限制以外的限制条件及一些人为的安排。几种常见的限制条件描述如下。

（1）"最早"限制

"最早"限制包括"开工不早于"与"完工不早于"限制。一项作业如果进行了"开工不早于"限制，那么，当该作业按网络关系确定的最早开工日期比限制日期早则用限制日期作为最早开工日期，从而它将影响其后续作业的最早日期。该限制条件是用得最多的，常用于反映设备到货日期（设备的安装与使用不能早于设备到货）、不同分包商工作移交日期等，或建立不同的作业起点，以及利用它限制一些有浮时作业的最早开工，以便错开资源高峰"完工不早于"限制，它将最早完工日期推迟到限制日期。

（2）"最晚"限制

"最晚"限制包括"开工不晚于"与"完工不晚于"限制。一项作业如果有"完工不晚于"限制，表明该作业必须在限制日期前完工，如果按照网络关系算出来的最晚完工日期比限制日期晚，则采用限制日期，它将影响所有紧前作业的最晚日期。它主要用于给作业增加目标完工日期，设置一些控制点的合同日期要求，如项目里程碑就是用这一限制条件加载到网络计划中的。"开工不晚于"限制可用来设置开工的最后期限。

（3）"开始于"限制

"开始于"限制相当于指定作业的开始日期。

（4）"强制开工与完工"限制

"强制开工与完工"限制是指不考虑网络逻辑关系，强令作业必须在某日安排开工或完工。

（5）"浮时"限制

"浮时"限制包括"零自由浮时"与"零总浮时"限制。一项作业做了"零自由浮时"限制，那么该项作业的自由浮时为零，该作业被安排到不影响其后续作业最早开工的情况下，尽可能迟的日期开工。"零总浮时"是指作业在不影响工程最后完工期限的前提下尽可能往后排，将该作业的最早日期与最晚日期设成一样，也即指定为关键作业。

限制条件加载到网络计划后，计算过程会以限制条件为准取代原本的 CPM 计算结果。用好限制条件十分关键，它是将客观现实及主观意志与网络计划融会贯通、实现统筹管控的重要手段。

【例 7-1】

计算如图 7-21 所示的单代号网络计划的各项时间参数。

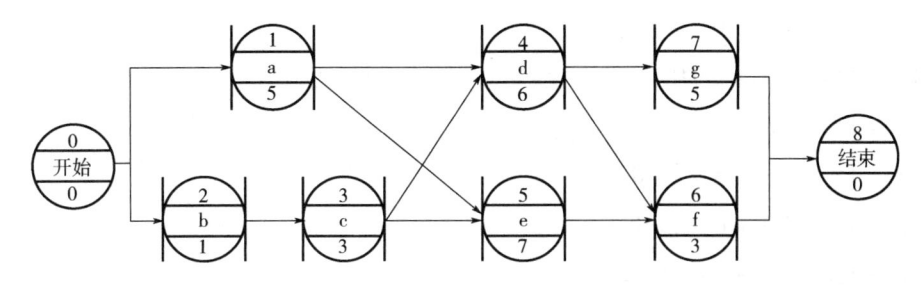

图 7-21 某项目的单代号网络图

【解】

1）计算各项活动的最早开始时间 ES_i 和最早完成时间 EF_i，具体如下：

$ES_0 = 0$，$EF_0 = 0$

$ES_1 = 0$，$EF_1 = 5$

$ES_2 = 0$，$EF_2 = 1$

$ES_3 = EF_2 = 1$，$EF_3 = ES_3 + 3 = 4$

$ES_4 = \max [EF_1, EF_3] = \max [5, 4] = 5$，$EF_4 = ES_4 + 6 = 11$

$ES_5 = \max [EF_1, EF_3] = \max [5, 4] = 5$，$EF_5 = ES_5 + 7 = 12$

$ES_6 = \max [EF_4, EF_5] = \max [11, 12] = 12$，$EF_6 = ES_6 + 3 = 15$

$ES_7 = EF_4 = 11$，$EF_7 = ES_7 + 5 = 16$

$ES_8 = \max [EF_6, EF_7] = \max [15, 16] = 16$，$EF_8 = ES_8 + 0 = 16$

2）确定网络计划的计划工期 T_p，具体如下：

该网络计划的计算工期 $T_c = EF_8 = 16$，一般情况下，令计划工期 $T_p = T_c = 16$。

3）计算各项活动的最迟完成时间 LF_i 和最迟开始时间 LS_i，具体如下：

$LF_8 = T_p = 16$，$LS_8 = 16 - 0 = 16$

$LF_7 = LS_8 = 16$，$LS_7 = LF_7 - 5 = 11$

$LF_6 = LS_8 = 16$，$LS_6 = LF_6 - 3 = 13$

$LF_5 = LS_6 = 13$，$LS_5 = LF_5 - 7 = 6$

$LF_4 = \min [LS_6, LS_7] = \min [13, 11] = 11$，$LS_4 = LF_4 - 6 = 5$

$LF_3 = \min [LS_5, LS_4] = \min [6, 5] = 5$，$LS_3 = LF_3 - 3 = 2$

$LF_2 = LS_3 = 2$，$LS_2 = LF_2 - 1 = 1$

$LF_1 = \min [LS_5, LS_4] = \min [6, 5] = 5$, $LS_1 = LF_1 - 5 = 0$

$LF_0 = LS_0 = 0$

4）计算各项活动的总时差 TF_i，具体如下：

$TF_1 = LS_1 - ES_1 = 0 - 0 = 0$

$TF_2 = LS_2 - ES_2 = 1 - 0 = 1$

$TF_3 = LS_3 - ES_3 = 2 - 1 = 1$

$TF_4 = LS_4 - ES_4 = 5 - 5 = 0$

$TF_5 = LS_5 - ES_5 = 6 - 5 = 1$

$TF_6 = LS_6 - ES_6 = 13 - 12 = 1$

$TF_7 = LS_7 - ES_7 = 11 - 11 = 0$

5）计算各项活动的自由时差 FF_i，具体如下：

$FF_1 = \min [E_{S4} - EF_1, ES_5 - EF_1] = \min [5-5, 5-5] = 0$

$FF_2 = ES_3 - EF_2 = 1 - 1 = 0$

$FF_3 = \min [ES_4 - EF_3, ES_5 - EF_3] = \min [5-4, 5-4] = 1$

$FF_4 = \min [ES_6 - EF_4, ES_7 - EF_4] = \min [12-11, 11-11] = 0$

$FF_5 = ES_6 - EF_5 = 12 - 12 = 0$

$FF_6 = ES_8 - EF_6 = 16 - 15 = 1$

$FF_7 = ES_8 - EF_7 = 16 - 16 = 0$

然后，将计算出的各时间参数标注在图7-22所示的网络图上。

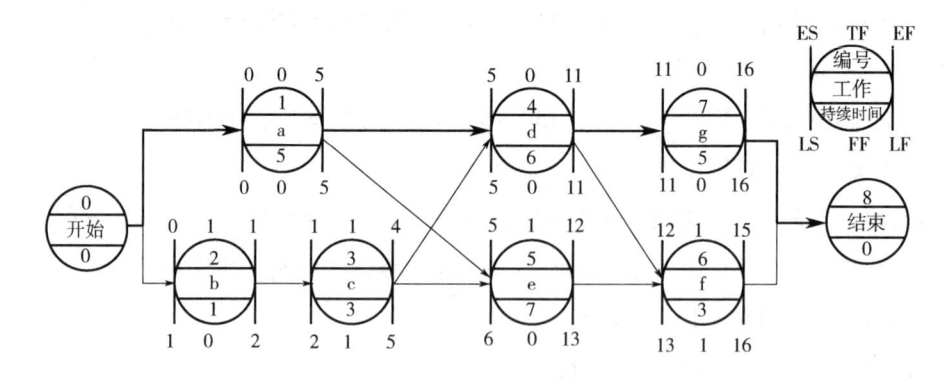

图7-22 例7-1 单代号网络图时间参数

【例7-2】

请依据表7-2所列的项目各项活动之间的关系、活动持续时间，绘制单代号网络图并识别关键路径。

表 7-2　例 7-2 的活动基本信息

活动	持续时间	紧后活动
A	3	C、D
B	4	D、E
C	7	F
D	2	F
E	9	F、G
F	5	—
G	2	—

要求：①绘制单代号网络图；②用图上计算法计算时间参数；③用粗线标明关键线路，并注明总工期。

【解】

该项目的单代号网络图、时间参数及关键路径如图 7-23 所示。

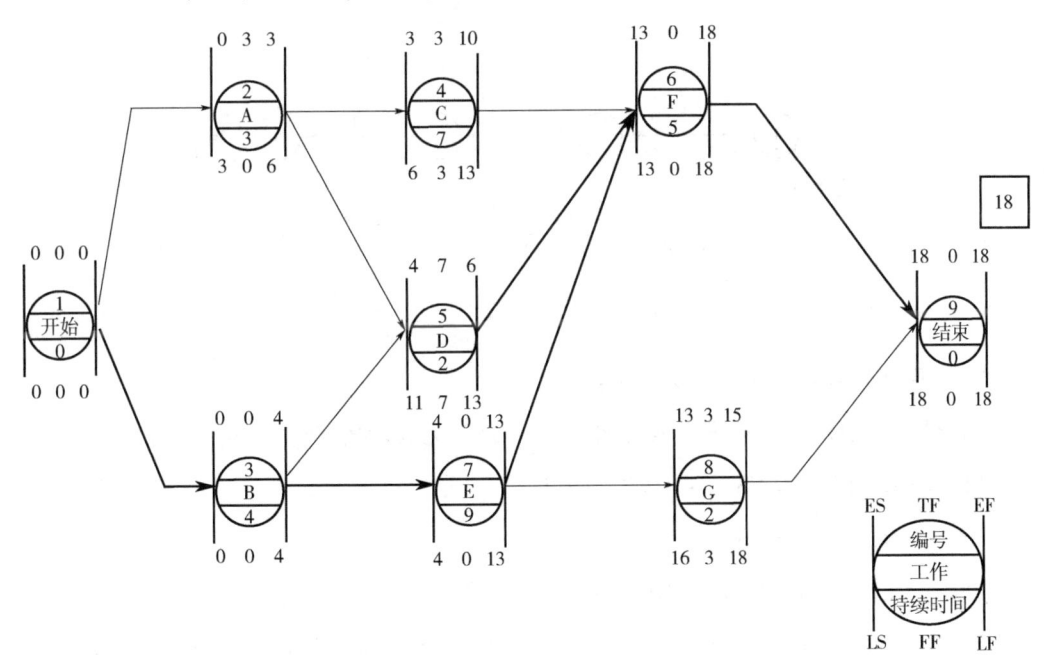

图 7-23　例 7-2 单代号网络图、时间参数及关键路径

【例 7-3】

某项目的活动持续时间及各活动的紧前关系见表 7-3，请双代号网络图，并计算各项时间参数。

表 7-3　例 7-3 的活动基本信息

活动	持续时间	紧后活动
A	5	D、E
B	1	C
C	3	D、E
D	7	F
E	6	F、G
F	3	—
G	5	—

【解】

绘制网络图如图 7-24 所示。

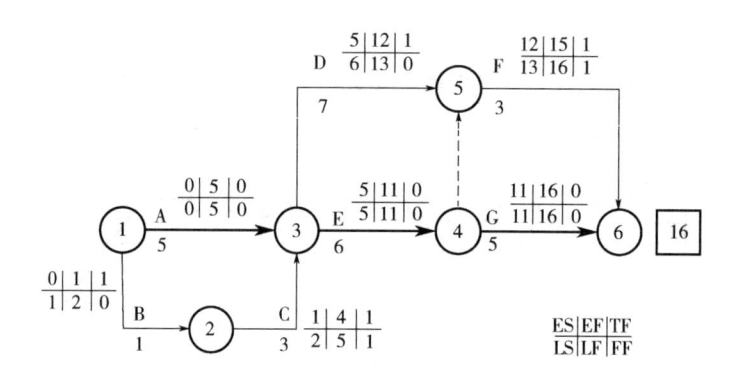

图 7-24　例 7-3 的双代号网络图

计算各时间参数，具体方法如下：

1) 计算各项活动的最早开始时间 ES_{i-j} 和最早完成时间 EF_{i-j}，具体如下：

$ES_{1-2} = 0$，$EF_{1-2} = ES_{1-2} + 1 = 0 + 1 = 1$

$ES_{1-3} = 0$，$EF_{1-3} = ES_{1-3} + 5 = 5$

$ES_{2-3} = EF_{1-2} = 1$，$EF_{2-3} = ES_{2-3} + 3 = 1 + 3 = 4$

$ES_{3-4} = \max[EF_{1-3}, EF_{2-3}] = \max[5, 4] = 5$，$EF_{3-4} = ES_{3-4} + 6 = 5 + 6 = 11$

$ES_{3-5} = \max[EF_{1-3}, EF_{2-3}] = \max[5, 4] = 5$，$EF_{3-5} = ES_{3-5} + 7 = 5 + 7 = 12$

$ES_{4-5} = EF_{3-4} = 11$，$EF_{4-5} = EF_{3-4} + 0 = 1 + 0 = 11$

$ES_{4-6} = EF_{3-4} = 11$，$EF_{4-6} = ES_{4-6} + 5 = 11 + 5 = 16$

$ES_{5-6} = \max[EF_{4-5}, EF_{3-5}] = \max[11, 12] = 12$，$EF_{5-6} = ES_{5-6} + 3 = 15$

2) 确定网络计划的计划工期 T_p，具体如下：

该网络计划的计算工期 $T_c = \max [EF_{4-6}, EF_{5-6}] = \max [16, 15] = 16$，一般情况下，取计划工期 $T_p = T_c = 16$。

3）计算各项活动的最迟完成时间 LF_{i-j} 和最迟开始时间 LS_{i-j}，具体如下：

$LF_{5-6} = T_p = 16$，$LS_{5-6} = LF_{5-6} - 3 = 16 - 3 = 13$

$LF_{4-6} = T_p = 16$；$LS_{4-6} = LF_{4-6} - 5 = 11$

$LF_{4-5} = LS_{5-6} = 13$，$LS_{4-5} = LF_{4-5} - 0 = 13 - 0 = 13$

$LF_{3-4} = \min [LS_{4-5}, LS_{4-6}] = \min [11, 13] = 11$，$LS_{3-4} = LF_{3-4} - 6 = 5$

$LF_{3-5} = LS_{5-6} = 13$，$LS_{3-5} = LF_{3-5} - 7 = 6$

$LF_{2-3} = \min [LS_{3-5}, LS_{3-4}] = \min [6, 5] = 5$，$LS_{2-3} = LF_{2-3} - 3 = 2$

$LF_{1-3} = \min [LS_{3-5}, LS_{3-4}] = \min [6, 5] = 5$，$LS_{1-3} = LF_{1-3} - 5 = 0$

$LF_{1-2} = LS_{2-3} = 2$，$LS_{1-2} = LF_{1-2} - 1 = 2 - 1 = 1$

4）计算各项活动的总时差 TF_{i-j}，具体如下：

$TF_{1-2} = LS_{1-2} - ES_{1-2} = 1 - 0 = 1$

$TF_{2-3} = LS_{2-3} - ES_{2-3} = 2 - 1 = 1$

$TF_{1-3} = LS_{1-3} - ES_{1-3} = 0 - 0 = 0$

$TF_{3-4} = LS_{3-4} - ES_{3-4} = 5 - 5 = 0$

$TF_{3-5} = LS_{3-5} - ES_{3-5} = 6 - 5 = 1$

$TF_{5-6} = LS_{5-6} - ES_{5-6} = 13 - 12 = 1$

$TF_{4-5} = LS_{4-5} - ES_{4-5} = 13 - 11 = 2$

$TF_{4-6} = LS_{4-6} - ES_{4-6} = 11 - 11 = 0$

5）计算各项活动的自由时差 FF_{i-j}，具体如下：

$FF_{1-2} = ES_{2-3} - EF_{1-2} = 1 - 1 = 0$

$FF_{2-3} = \min [ES_{3-4} - EF_{1-2}, ES_{3-5} - EF_{1-2}] = \min [5-4, 5-4] = 1$

$FF_{1-3} = \min [ES_{3-4} - EF_{1-3}, ES_{3-5} - EF_{1-3}] = \min [5-5, 5-5] = 0$

$FF_{3-4} = \min [ES_{4-5} - EF_{3-4}, ES_{4-6} - EF_{3-4}] = \min [11-11, 11-11] = 0$

$FF_{3-5} = ES_{5-6} - EF_{3-5} = 12 - 12 = 0$

$FF_{4-5} = ES_{5-6} - EF_{4-5} = 12 - 11 = 1$

$FF_{4-6} = T_p - EF_{4-6} = 0$，$FF_{5-6} = T_p - EF_{5-6} = 16 - 15 = 1$

计算出的各时间参数标注在网络图上，见图7-24。

【例7-4】

表7-4给出了一个项目各项活动之间的关系、活动持续时间，请绘制双代号网络

图，并识别关键路径。

表 7-4 例 7-4 的活动基本信息

活动	持续时间	紧后活动
A	4	C、D
B	7	E、F
C	2	E、F
D	4	G、H
E	3	G、H
F	7	H
G	9	—
H	3	—

要求：①绘制双代号网络图；②用图上计算法计算时间参数；③用粗线标明关键线路，并注明总工期。

【解】

网络图及时间参数见图 7-25。其中，粗线表示关键路线，工期为 19 天。

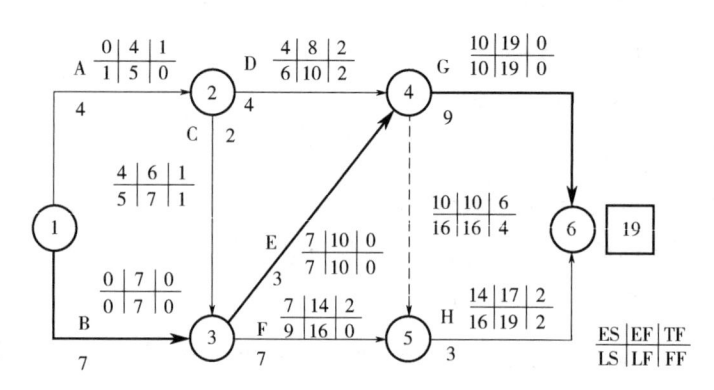

图 7-25 例 7-4 的双代号网络图

7.3.4 PERT 技术

计划评审技术（Program Evaluation and Review Technique，PERT）是一种活动持续时间不确定情况下的网络技术。20 世纪 50 年代，PERT 技术由美国海军在"北极星"导弹研制项目中开发出来，其目的是在项目（尤其是研发项目）的持续时间存在较大不确定性情况下，对进度进行预测和控制。

如前所述，当项目存在较大的不确定性时，需要对于每个活动（任务）估计其完成所需的时间（t_e）。通常，PERT 使用三个时间估计值：最乐观时间 t_o，最悲观时间 t_p 和最可能时间 t_m（详见 7.2.2 的三点估算）。活动的期望持续时间及其方差计算公式分别见式（7-13）和式（7-14）

$$t_e = \frac{t_o + 4t_m + t_p}{6} \tag{7-13}$$

$$V_t = \left(\frac{t_p - t_o}{6}\right)^2 \tag{7-14}$$

假设项目中有 n 项活动，其中，关键活动为 $i = 1, 2, \cdots, k$。用 d_i 表示关键活动的期望持续时间（可由式（7-13）得到），其均值为 $\overline{d_i}$，方差为 s_i^2（可由式（7-14）得到），则项目的持续时间 X 可以表示为

$$X = d_1 + d_2 + \cdots + d_k$$

依据初等概率理论（elementary probability theory），项目持续时间的均值 $E[X]$ 和方差 $V[X]$ 可以表示为

$$E[X] = \overline{d_1} + \overline{d_2} + \cdots + \overline{d_k} \tag{7-15}$$

$$V[X] = s_1^2 + s_2^2 + \cdots + s_k^2 \tag{7-16}$$

然后，基于中心极限定理，可以使用正态分布理论找到在小于或等于某给定时间 τ 内完成项目的概率，如式（7-17）所示

$$P(X \leq \tau) = P\left(\frac{X - E[X]}{V[X]^{1/2}} \leq \frac{\tau - E[X]}{V[X]^{1/2}}\right) = P\left(Z \leq \frac{\tau - E[X]}{V[X]^{1/2}}\right) \tag{7-17}$$

式中，Z 是均值为 0、方差为 1 的标准正态偏差，可查正态分布表得到上式的概率值。

【例 7-5】

请对图 7-26 所示的活动网络进行 PERT 分析，活动的相关数据见表 7-5，计算项目在 23 周内完成的概率，以及该项目在 20~24 周完工的概率。

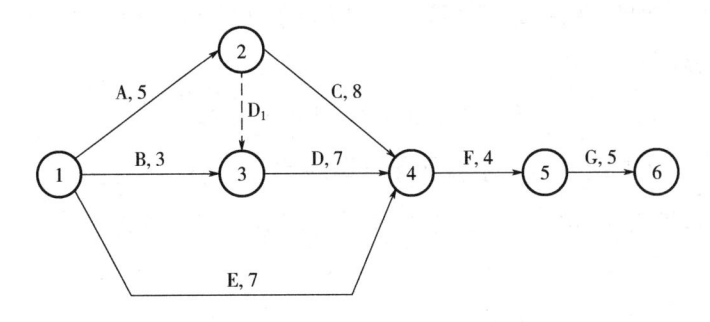

图 7-26 项目活动网络示例

表7-5 项目示例的相关数据

活动	最乐观时间（t_o）	最可能时间（t_m）	最悲观时间（t_p）	期望持续时间（d）	标准差（s）
A	2	5	8		
B	1	3	5		
C	7	8	9		
D	4	7	10		
E	6	7	8		
F	2	4	6		
G	4	5	6		

【解】

由表7-5中的数据和式（7-13）、式（7-14），得到各活动持续时间的期望值和标准差，见表7-6的最后两列。由活动的期望持续时间和网络图，得到关键路径为A – C – F – G。

表7-6 项目示例的相关数据

活动	最乐观时间（t_o）	最可能时间（t_m）	最悲观时间（t_p）	期望持续时间（d）	标准差（s）
A	2	5	8	5	1
B	1	3	5	3	0.67
C	7	8	9	8	0.33
D	4	7	10	7	1
E	6	7	8	7	0.33
F	2	4	6	4	0.67
G	4	5	6	5	0.33

然后，由表中的数据、式（7-15）、式（7-16）和关键路径，可以得到项目持续时间的期望值和标准差，如下

$$E[X] = 5 + 8 + 4 + 5 = 22$$

$$V[X]^{1/2} = \sqrt{1^2 + 0.33^2 + 0.67^2 + 0.33^2} = 1.291$$

进一步，根据式（7-17），查正态分布表（表7-7），可以得到项目在23周内完成的概率是

$$P\left(Z \leqslant \frac{23 - 22}{1.29}\right) = P(Z \leqslant 0.78) = 0.782,3$$

由此可知，项目在23周或更短时间内完成的概率为0.782,3，如图7-27所示。

表 7-7　正态分布表

Z	0.00	0.01	0.02	0.03	0.04	0.05	0.06	0.07	0.08	0.09
0.0	0.500,00	0.503,99	0.507,98	0.511,97	0.515,95	0.519,94	0.523,92	0.527,90	0.531,88	0.535,86
0.1	0.539,83	0.543,80	0.547,76	0.551,72	0.555,67	0.559,62	0.563,56	0.567,49	0.571,42	0.575,35
0.2	0.579,26	0.583,17	0.587,06	0.590,95	0.594,83	0.598,71	0.602,57	0.606,42	0.610,26	0.614,09
0.3	0.617,91	0.621,72	0.625,52	0.629,30	0.633,07	0.636,83	0.640,58	0.644,31	0.648,03	0.651,73
0.4	0.655,42	0.659,10	0.662,76	0.666,40	0.670,03	0.673,64	0.677,24	0.680,82	0.684,39	0.687,93
0.5	0.691,46	0.694,97	0.698,47	0.701,94	0.705,40	0.708,84	0.712,26	0.715,66	0.719,04	0.722,40
0.6	0.725,75	0.729,07	0.732,37	0.735,36	0.738,91	0.742,15	0.745,37	0.748,57	0.751,75	0.754,90
0.7	0.758,04	0.761,15	0.764,24	0.767,30	0.770,35	0.773,37	0.776,37	0.779,35	0.782,30	0.785,24
0.8	0.788,14	0.791,03	0.793,89	0.796,73	0.799,55	0.802,34	0.805,11	0.807,85	0.810,57	0.813,27
0.9	0.815,94	0.818,59	0.821,21	0.823,81	0.826,39	0.828,94	0.831,47	0.833,98	0.836,46	0.838,91
1.0	0.841,34	0.843,75	0.846,14	0.848,49	0.850,83	0.853,14	0.855,43	0.857,69	0.859,93	0.862,14
1.1	0.864,33	0.866,50	0.868,64	0.870,76	0.872,86	0.874,93	0.876,98	0.879,00	0.881,00	0.882,98
1.2	0.884,93	0.886,86	0.888,77	0.890,65	0.892,51	0.894,35	0.896,17	0.897,96	0.899,73	0.901,47
1.3	0.903,20	0.904,90	0.906,58	0.908,24	0.909,88	0.911,49	0.913,09	0.914,66	0.916,21	0.917,74
1.4	0.919,24	0.920,73	0.922,20	0.923,64	0.925,07	0.926,47	0.927,85	0.929,22	0.930,56	0.931,89
1.5	0.933,19	0.934,48	0.935,74	0.936,99	0.938,22	0.939,43	0.940,62	0.941,79	0.942,95	0.944,08
1.6	0.945,20	0.946,30	0.947,38	0.948,45	0.949,50	0.950,53	0.951,54	0.952,54	0.953,52	0.954,49
1.7	0.955,43	0.956,37	0.957,28	0.958,18	0.959,07	0.959,94	0.960,80	0.961,64	0.962,46	0.963,27
1.8	0.964,07	0.964,85	0.965,62	0.966,38	0.967,12	0.967,84	0.968,56	0.969,26	0.969,95	0.970,62
1.9	0.971,28	0.971,93	0.972,57	0.973,20	0.973,81	0.974,41	0.975,00	0.975,58	0.976,15	0.976,70
2.0	0.977,25	0.977,84	0.978,31	0.978,82	0.979,32	0.979,82	0.980,30	0.980,77	0.981,24	0.981,69
2.1	0.982,14	0.982,57	0.983,00	0.983,41	0.983,82	0.984,22	0.984,61	0.985,00	0.985,37	0.985,74
2.2	0.986,10	0.986,45	0.986,79	0.987,13	0.987,45	0.987,78	0.988,09	0.988,40	0.988,70	0.988,99
2.3	0.989,28	0.989,56	0.989,83	0.990,10	0.990,36	0.990,61	0.990,86	0.991,11	0.991,34	0.991,58
2.4	0.991,80	0.992,02	0.992,24	0.992,45	0.992,66	0.992,86	0.993,05	0.993,24	0.993,43	0.993,61
2.5	0.993,79	0.993,96	0.994,13	0.994,30	0.994,46	0.994,61	0.994,77	0.994,92	0.995,06	0.995,20
2.6	0.995,34	0.995,47	0.995,60	0.995,73	0.995,85	0.995,98	0.996,06	0.996,21	0.996,32	0.996,43
2.7	0.996,53	0.996,64	0.996,74	0.996,83	0.996,93	0.997,02	0.997,11	0.997,20	0.997,28	0.997,36
2.8	0.997,44	0.997,52	0.997,60	0.997,67	0.997,74	0.997,81	0.997,88	0.997,95	0.998,01	0.998,07
2.9	0.998,13	0.998,19	0.998,25	0.998,31	0.998,36	0.998,41	0.998,46	0.998,51	0.998,56	0.998,61
3.0	0.998,65	0.998,69	0.998,74	0.998,78	0.998,82	0.998,86	0.998,89	0.998,93	0.998,96	0.999,00
3.1	0.999,03	0.999,06	0.999,10	0.999,13	0.999,16	0.999,18	0.999,21	0.999,24	0.999,26	0.999,29
3.2	0.999,31	0.999,34	0.999,36	0.999,38	0.999,40	0.999,42	0.999,44	0.999,46	0.999,48	0.999,50
3.3	0.999,52	0.999,53	0.999,55	0.999,57	0.999,58	0.999,60	0.999,61	0.999,62	0.999,64	0.999,65
3.4	0.999,66	0.999,68	0.999,69	0.999,70	0.999,71	0.999,72	0.999,73	0.999,74	0.999,75	0.999,76
3.5	0.999,77	0.999,78	0.999,78	0.999,79	0.999,80	0.999,81	0.999,81	0.999,82	0.999,83	0.999,83
3.6	0.999,84	0.999,85	0.999,85	0.999,86	0.999,86	0.999,87	0.999,87	0.999,88	0.999,88	0.999,89
3.7	0.999,89	0.999,90	0.999,90	0.999,90	0.999,91	0.999,91	0.999,92	0.999,92	0.999,92	0.999,92
3.8	0.999,93	0.999,93	0.999,93	0.999,94	0.999,94	0.999,94	0.999,94	0.999,94	0.999,95	0.999,95
3.9	0.999,95	0.999,95	0.999,96	0.999,96	0.999,96	0.999,96	0.999,96	0.999,96	0.999,97	0.999,97

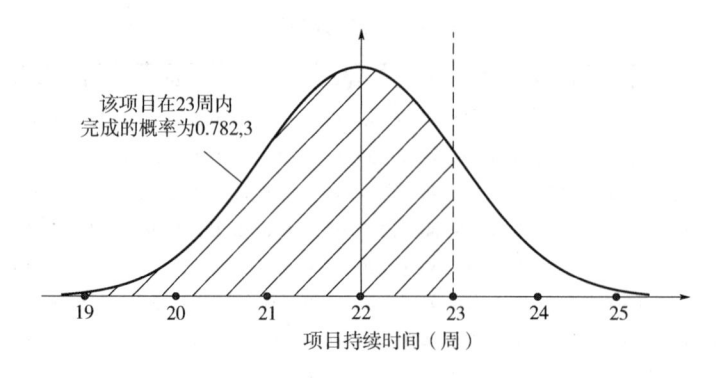

图 7-27　基于 PERT 的正态分布

PERT 分析也可以计算在某段时间内的完工概率。例如，根据式（7-17），该项目在 20~24 周完工的概率可以表示为

$$P\left(\frac{20-22}{1.29} \leqslant Z \leqslant \frac{24-22}{1.29}\right) = P(-1.55 \leqslant Z \leqslant 1.55) = 0.94 - 0.06 = 0.88$$

因此，项目在 20~24 周内完工的概率为 0.88。

7.4　项目进度计划优化

制订项目进度计划是一个反复迭代的过程。编制项目进度计划时，需要审查和修正持续时间估算、资源估算和进度储备、活动的排序等，以制订合理、可行的项目进度计划。

7.4.1　进度压缩技术

进度压缩技术是指在不缩减项目范围的前提下，缩短或加快进度工期，以满足进度制约因素、强制日期或其他进度目标。图 7-28 比较了多个进度压缩技术，包括。

1. 快速跟进

快速跟进是一种进度压缩技术，将正常情况下按顺序进行的活动或阶段改为至少是部分并行开展。例如，在大楼的建筑图样尚未全部完成前就开始建地基。快速跟进可能造成返工和风险增加，所以它只适用于能够通过并行活动来缩短关键路径上的项目工期的情况。以防进度加快而使用提前量，这通常会增加相关活动之间的协调工作，并增加质量风险。快速跟进还有可能增加项目成本。

图 7-28 所示的项目在正常执行时工期为 15 天，采用快速跟进技术后，活动 A、活

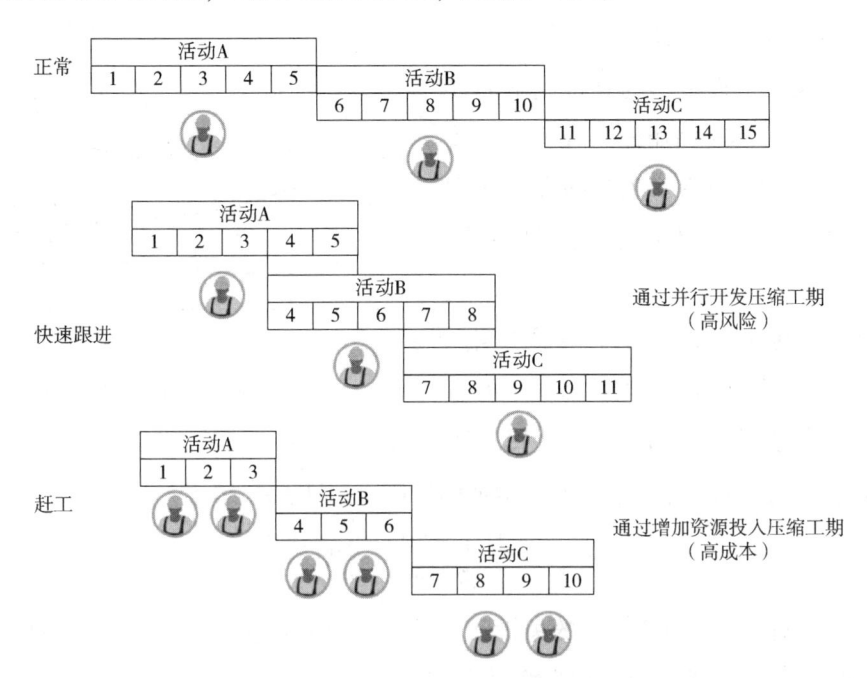

动 B 和活动 C 并行开发，项目工期为 11 天，压缩了 4 天。

图 7-28 进度压缩技术的比较

2. 赶工

赶工是通过增加资源，以最小的成本代价来压缩进度工期的一种技术。赶工的例子包括：批准加班、增加额外资源或支付加急费用，加快关键路径上的活动。赶工只适用于那些通过增加资源就能缩短持续时间的，且位于关键路径上的活动。但赶工并非总是切实可行的，因它可能导致风险和成本的增加。如图 7-28 所示，采用赶工技术后，通过增加资源或时间的投入，项目工期为 10 天，压缩了 5 天。

接下来，详细介绍项目工期与费用的关系，以及赶工优化的步骤，旨在找出最佳工期 – 费用组合。

（1）项目实施费用与工期的关系

一项工程的总成本可分为直接费用与间接费用两大类。直接费用是指能够直接计入成本的费用，包括材料费、人工费、设备购置与使用费等。间接费用是指与维持项目正常进行有关的费用，包括日常管理费、资源的机会成本，以及在有合同约束下的罚款和奖励支出。

一般情况下，项目费用与工期的关系如图 7-29 所示，其间接费用与项目工期大致成正比关系，它将随工期的延长而递增；其直接费用与工期呈反比关系，通常情况下，它会随工期的缩短而增加（但工期不正常延长时，其费用也会增加）。因此，对于一项工程来说，存在着一个总费用最少的最优工期（最优进度），即最佳工期－费用组合。

（2）赶工优化的步骤

赶工就是如何以最小的直接成本的提高取得最大的持续时间压缩。赶工常导致直接成本的增加，只有对关键路径的活动进行赶工才能压缩项目工期。赶工的步骤如下：

步骤1：确定关键线路并计算总工期。

步骤2：求出正常活动时间条件下的总费用，并计算各项活动的费用率。费用率是指一项活动每缩短一个单位时间所增加的直接费，可表示为

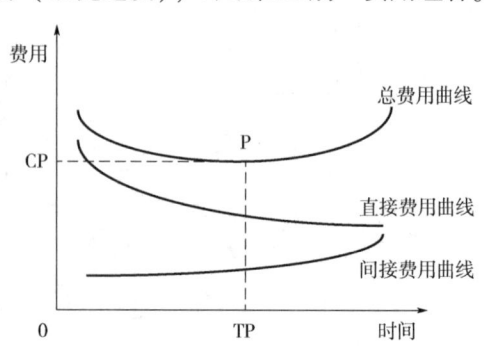

$$费用率 = \frac{赶工费用 - 正常费用}{正常时间 - 赶工时间}$$

图 7-29 项目费用与工期的关系

步骤3：确定缩短持续时间的关键活动。取费用率（或组合费用率）最低的一项关键活动（或一组关键活动）作为缩短持续时间的对象。

步骤4：确定持续时间的缩短值。在缩短时间后该活动不得变为非关键活动。

步骤5：计算缩短持续时间的费用增加值。

步骤6：重复步骤3、4、5，直至总费用不能降低。

应注意：压缩工期的活动必须是关键活动；被压缩对象的顺序是从费用率最低的活动开始；当有多条关键路线时，应优先考虑缩短它们的共同活动的活动时间。

【例7-6】

某项目各活动之间的逻辑关系，以及各活动的正常/赶工工期和正常/赶工成本见表7-8。

表 7-8 工期压缩示例

活动	紧前活动	工期（天）正常工期	工期（天）赶工工期	成本（万元）正常成本	成本（万元）赶工成本	费用增加率（万元/天）
a	—	3	2	40	80	40
b	a	2	1	20	80	60
c	a	2	1	20	50	30
d	c	2	1	30	60	30
e	b	3	1	10	80	35

问题：要求工期压缩为4天，计算活动压缩次序及费用的变化情况。

【解】

1）计算各活动每压缩一天的费用增加率，并列在表7-8的最后一列。并绘制网络图，如图7-30a所示。

2）进行工期压缩，顺序分别为图7-30b、图7-30e，即：第一轮压缩e，费用增加35万元，总费用155万元；第二轮压缩a，费用增加40万元，总费用195万元；第三轮同时压缩e和d，费用增加65万元，总费用260万元；第四轮同时压缩b和c，费用增加90万元，总费用350万元。

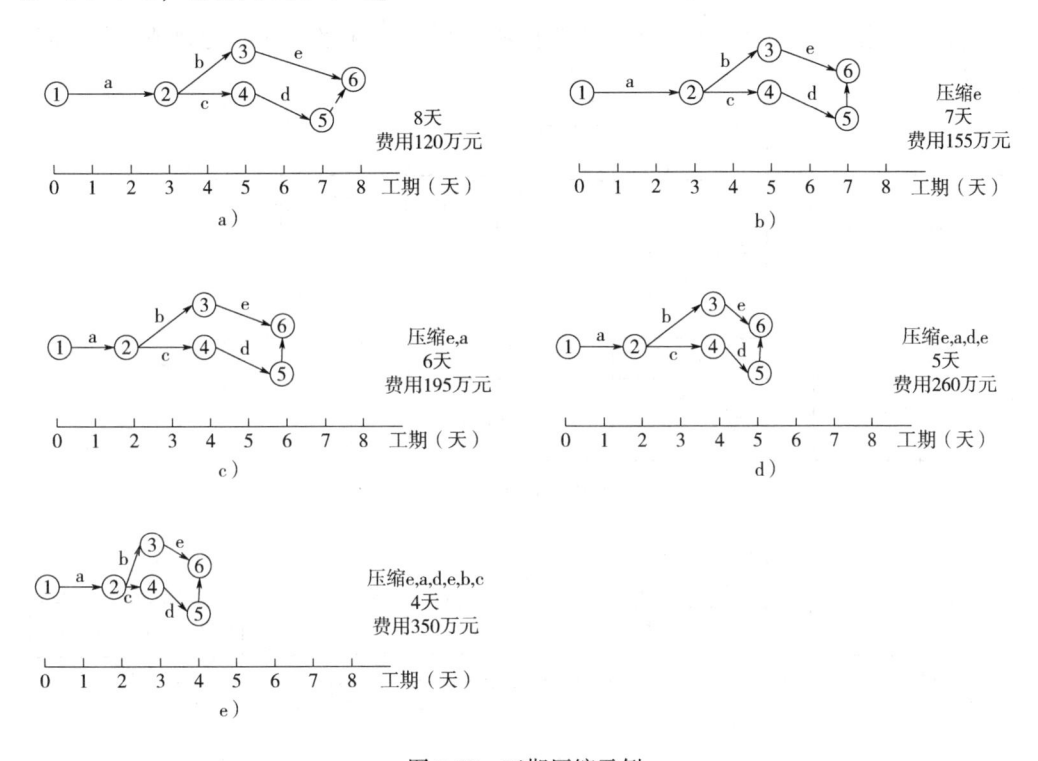

图7-30　工期压缩示例

7.4.2　考虑资源的进度优化

资源优化用于调整活动的开始和完成日期，以调整计划使用的资源，使其等于或少于可用的资源。资源优化技术是根据资源供需情况来调整进度模型的技术，包括但不限于。

1. 资源平衡

资源平衡是为了在资源需求与资源供给之间取得平衡，根据资源制约因素对活动的开始日期和完成日期进行调整的一种技术。如果共享资源或关键资源只在特定时间可用，数量有限，或被过度分配，如一个资源在同一时段内被分配至两个或多个活动（见图7-31），就需要进行资源平衡。也可以为保持资源使用量处于均衡水平而进行资源平衡。资源平衡往往导致关键路径改变，并且可以用浮动时间平衡资源。因此，在项目进度计划期间，关键路径可能发生变化。

以图7-31为例进行说明。图7-31的上半部分表示资源平衡前的活动网络，项目工期为3天。小王在第2天的活动时间为16小时，而现实中每人只能为一个活动活动8个小时，此时，出现了资源过度分配的问题。因此，需要基于资源平衡调整进度计划让其实际可行。图7-31的下半部分展示了资源平衡后的活动网络，活动B被分配在第2天，活动C被分配在第3天，这样保证了进度计划的可行性，但也导致项目总工期延长为4天。

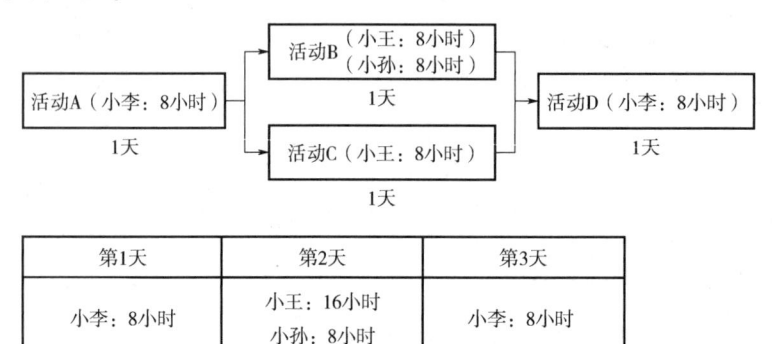

a）资源平衡前的活动网络

b）资源平衡后的活动网络

图7-31 资源平衡示例

通过上述算例分析可知，资源平衡是根据过渡分配的资源的实际情况，重新调整进度计划中相关活动的开始和结束时间，以使资源不再被过渡分配，从而确保进度计划具有实际可操作性。

2. 资源平滑

资源平滑是对进度计划中的活动进行调整，从而使项目资源需求不超过预定的资源限制的一种技术。相对于资源平衡而言，资源平滑不会改变项目关键路径，完工日期也不会延迟。也就是说，活动只在其自由和总浮动时间内延迟，但资源平滑技术可能无法实现所有资源的优化。

关键步骤包括：定义项目里程碑、识别活动并排列活动顺序、估算持续时间。一旦活动的开始和完成日期得到确定，通常就需要由分配至各个活动的项目人员审查其被分配的活动。之后，项目人员确认开始和完成日期与资源日历没有冲突，也与其他项目或任务没有冲突，从而确认计划日期的有效性。最后分析进度计划，确定是否存在逻辑关系冲突，以及在批准进度计划并将其作为基准之前是否需要资源平衡。同时，需要修订和维护项目进度模型，确保进度计划在整个项目期间一直切实可行。

下面主要讨论"工期固定—资源均衡"优化问题。对于一个项目的进度计划，如果安排不合理，就会在计划工期内的某些时段出现资源需求的"高峰"，而在另一些时段，则会出现资源要求的"低谷"。这样，某些时段内资源需求量超过最大可供应量时，势必增加资源成本；而在出现资源需求低谷时，又造成资源的大量积压浪费。通常采用"削峰填谷"的方法，进行"工期固定—资源均衡"优化。下面，通过例题说明其具体步骤。

【例 7-7】

某工程的各活动所需工作天数及人员数见表 7-9，要求绘制网络计划图并基于资源均衡进行进度优化。

表 7-9 各活动计划表

活动名称	活动工时（天）	所需人员数（人）	紧前活动
A	4	9	—
B	2	3	—
C	2	6	—
D	2	4	—
E	3	8	b
F	2	7	c
G	3	2	d, f
H	4	1	e, g

【解】

第一步：绘制项目进度双代号网络图（图 7-32），并计算各活动时差和关键线路。

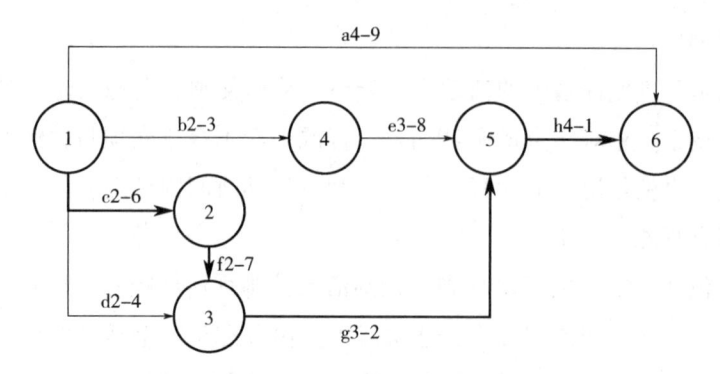

注：第一位数字表示工作工期；第二位数字表示该工作所需人员数。

图 7-32 项目进度双代号网络图

第二步：依据各活动按照最早开工时间绘制的网络图，如图 7-33 所示。统计出每一天资源占用的数量。由图 7-33 下面的人力资源负荷图可见，在工期内，人力资源负荷不均衡，最大值为 24 人，最小值为 1 人。为了使人力负荷均衡，需要对计划进行调整。

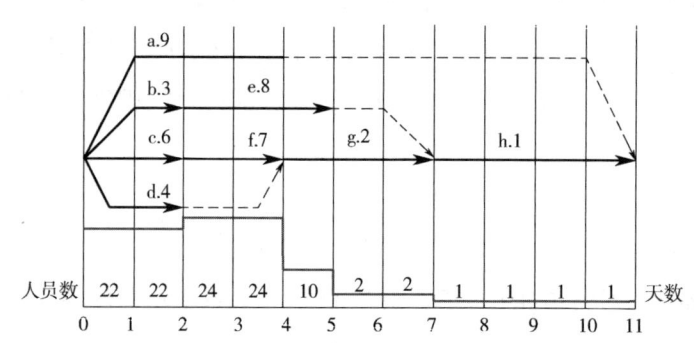

图 7-33 按照最早开工时间绘制的网络图

第三步：利用非关键活动的浮动时间，采用削峰填谷的方法进行人力资源的平衡。进行第一次优化，将 a 活动按预计的最迟开工时间安排，如图 7-34 下面所示，人力资源负荷的最大值为 15 人，最小值为 2 人。

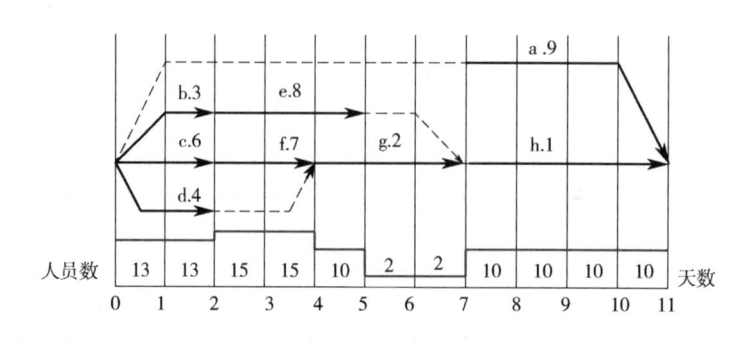

图 7-34 第一次优化网络图

第四步：进行第二次优化。将 e 活动按预计最迟开工时间安排。如图 7-35 所示。这时，最多时每日需要 13 人，最少时每日需要 7 人，仍然没有达到均衡，继续优化。

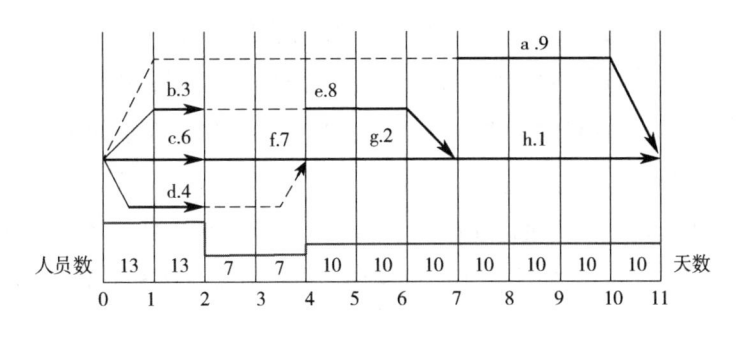

图 7-35　第二次优化网络图

第五步：进行第三次优化。将 b 活动按预计最迟开工时间安排。由图 7-36 可见，在项目工期内，人员的负荷均为 10 人，人力资源达到了均衡，实现了资源的优化。

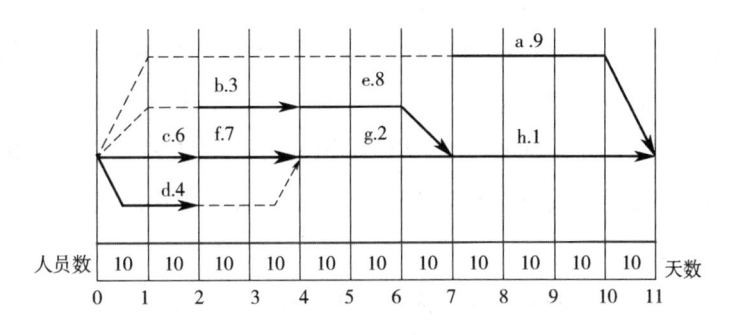

图 7-36　第三次优化网络图

7.5　项目进度控制

控制进度是监督项目状态，以更新项目进度和管理进度基准变更的过程。

控制进度的主要目的是：①在整个项目期间保持对进度基准的维护；②提供工作绩效信息；③重新对项目的工期进行预测。

进度控制的主要内容有：①对造成进度变化的因素施加影响，以保证这种变化朝着有利的方向发展；②进行进度偏差分析，判断进度是否已发生变化；③在变化实际发生和正在发生时，对这种变化实施管理。

本过程的主要分析技术包括：

1）挣值分析。进度绩效测量指标（如进度偏差（SV）和进度绩效指数（SPI））

用于评价偏离初始进度基准的程度。

2）绩效审查。绩效审查是指根据进度基准，测量、对比和分析进度绩效，如实际开始和完成日期、已完成百分比，以及当前工作的剩余持续时间。

3）趋势分析。趋势分析检查项目绩效随时间的变化情况，以确定绩效是在改善还是在恶化。图形分析技术有助于理解截至目前的绩效，并与未来的绩效目标（表示为完工日期）进行对比。

4）偏差分析。偏差分析关注实际开始和完成日期与计划的偏离，实际持续时间与计划的差异，以及浮动时间的偏差等。进度偏差分析方法见7.5.1节。

7.5.1 进度偏差分析方法

项目进度出现偏差时，应分析产生偏差的原因和对后续工作及项目进度计划总目标的影响，找出解决问题的办法和避免进度计划总目标受影响的切实可行措施。项目进度偏差分析过程包括：项目进度计划实施的实时跟踪、实际进度与计划进度的对比分析、分析偏差原因和后续影响、建议应对措施。其中，最基本的是分析比较实际进度与计划进度之间的偏差，这种对比分析常用的方法是图表比较法，包括：横道图（甘特图）比较法、迭代燃尽图、S形曲线比较法、"香蕉"形曲线比较法等。

1. 横道图比较法

横道图比较法是将在项目进展中通过观测、检查、收集到的信息，经整理后直接用不同颜色（或粗实线）横道线并列标于原计划的横道线上，进行直观比较的方法。例如，将某钢筋混凝土基础工程施工实际进度与计划进度比较，如表7-10所列，表中细实线表示计划进度，粗实线表示实际进度。

表7-10 某钢筋混凝土基础工程施工实际进度与计划进度比较表

活动编号	活动名称	活动时间（天）	项目进度									
			1	2	3	4	5	6	7	8	9	…
01	挖土	3										
02	立模	3										
03	绑扎钢筋	4										
04	浇混凝土	5										
05	回填土	3										

△检查日期

2. 迭代燃尽图

迭代燃尽图用于追踪迭代未完项中尚待完成的工作。它基于迭代规划中确定的工作，分析与理想燃尽图的偏差。可使用预测趋势线来预测迭代结束时可能出现的偏差，以及在迭代期间应该采取的合理行动。图 7-37 是迭代燃尽图的一个示例。在燃尽图中，先绘制理想的燃尽情况（理想的剩余工作），然后，在每个检查点（每天、每周、或每月）画出实际剩余工作，最后，基于剩余工作计算出趋势线以预测完成情况。

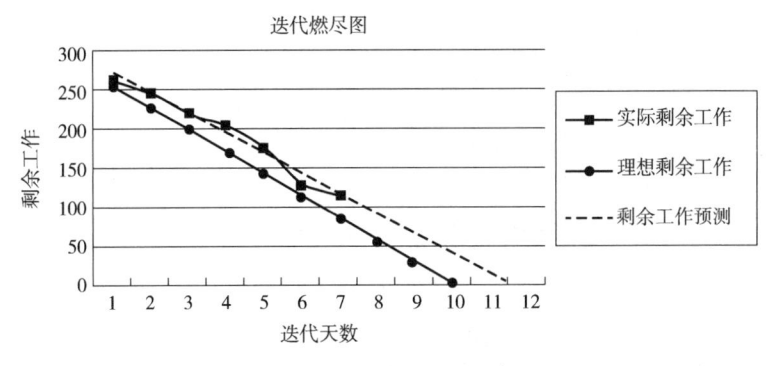

图 7-37 迭代燃尽图示例

3. S 形曲线比较法

S 形曲线比较法是以横坐标表示进度时间，纵坐标表示累计完成任务量，而绘制一条按计划时间累计完成任务量的 S 形曲线，将项目的各检查时间实际完成的任务量与 S 形曲线进行实际进度与计划进度相比较的一种方法。S 形曲线反映随时间进展累计完成任务量的变化情况，如图 7-38 所示。

计划 S 形曲线的绘制步骤：①计算每单位时间内计划完成的任务量；②计算时间 j 的计划累计完成的任务量；③按各规定时间的计划累计完成任务量，绘制 S 形曲线。

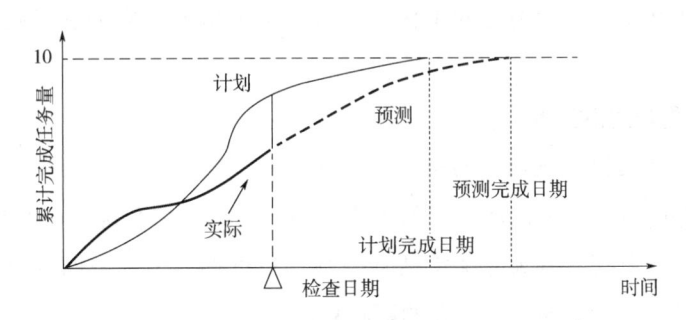

图 7-38 S 形曲线比较图

S 形曲线比较法是在图上直观地进行项目实际进度与计划进度的比较。通常在计划实施前绘制计划 S 形曲线，在项目进行过程中按规定时间将检查的实际完成情况绘制在与计划 S 形曲线同一张图中，即可得出实际进度的 S 形曲线。

4. "香蕉"形曲线比较法

在绘制某个项目计划进度的累计完成工作量曲线时，当按各工作的最早开始时间得到一条S形曲线后（以下简称"ES曲线"），在同一坐标上再按各工作最迟开始时间绘得另一条S形曲线（以下简称"LS曲线"）。此时可发现，两条曲线除开始点和结束点重合外，其他各点，ES曲线皆在LS曲线左侧，形成一支"香蕉"，故称其为"香蕉"形曲线。理想的项目实施过程，其实际进度曲线应处于香蕉状图形以内，如图7-39所示。

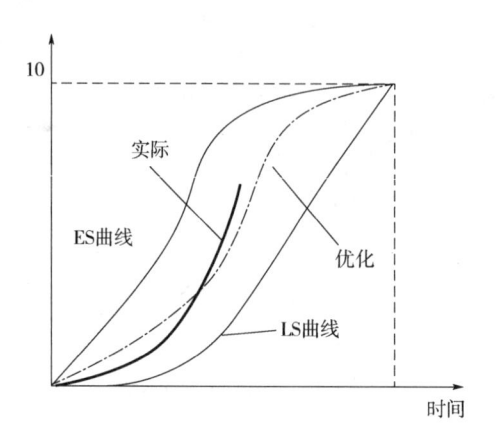

图7-39 "香蕉"形曲线比较图

利用"香蕉"形曲线进行比较，所获信息和S形曲线基本一致，但由于它存在按最早开始时间的计划曲线和最迟开始计划曲线构成的合理进度区域，从而使得判断实际进度是否偏离计划进度及对总工期是否会产生影响更为明确、直观。

7.5.2 进度计划的更新

进度计划更新主要包括两方面工作，即分析进度偏差的影响和进行项目进度计划的调整。

1. 分析进度偏差的影响

（1）分析产生进度偏差的活动是否为关键活动

若出现偏差的活动是关键活动，则无论其偏差大小，都会对总工期都会产生影响，必须进行进度计划更新；若为非关键活动，则需根据偏差值与总时差和自由时差的大小关系，确定其对后续活动和总工期的影响程度。

（2）分析进度偏差是否大于总时差

如果活动的进度偏差大于总时差，则必将影响后续活动和总工期，应采取相应的调整措施；若活动的进度偏差小于或等于该活动的总时差，表明对总工期无影响，但其对后续活动是否有影响，需要将其偏差与其自由时差相比较才能做出判断。

（3）分析进度偏差是否大于自由时差

如果活动的进度偏差大于该活动的自由时差，则会对后续活动产生影响，应根据后续活动允许影响的程度而定；若活动的进度偏差小于或等于该活动的自由时差，则对后续活动无影响，进度计划可不作调整更新。

经过上述分析，项目管理人员可以确认应该调整产生进度偏差的活动和调整偏差值的大小，以便确定应采取的更新措施，形成更新后的进度计划。

2. 项目进度计划的调整

项目进度计划的调整，一般有以下 5 种方法。

(1) 关键活动的调整

关键活动无机动时间，其中任一活动持续时间的缩短或延长都会对整个项目工期产生影响。因此，关键活动的调整是项目进度更新的重点。有以下两种情况：当关键活动的实际进度较计划进度提前时，可以选择后续关键活动中资源消耗量大或直接费用高的予以适当延长；当实际进度较计划进度落后时，需缩短后续关键活动的持续时间。

(2) 改变某些活动的逻辑关系

若实际进度产生的偏差影响了总工期，在一定条件下，可以改变关键线路和非关键线路上有关活动之间的逻辑关系，以缩短工期。这种方法调整的效果是显著的，例如，采用快速跟进的方法，即：将依次进行的活动变为平行（并行）或互相搭接的关系，以缩短工期；采取赶工的方法（见 7.4.1 节）。

(3) 重新编制计划

当采用其他方法仍不能奏效时，则应根据工期要求，将剩余活动重新编制网络计划，使其满足工期要求。

(4) 非关键活动的调整

为了充分地利用资源，降低成本，必要时可对非关键活动的时差做适当调整，但不得超出总时差。非关键活动的调整方法有：在总时差内延长非关键活动的持续时间；调整非关键活动的开始或完成时间。当非关键线路上某些活动的持续时间延长而超出总时差时，则必然影响整个项目工期，关键线路就会转移。这时，其调整方法与关键线路的调整方法相同。

(5) 增减活动

由于编制计划时考虑不周，或因某些原因需要增加或取消某些活动，则需重新调整网络计划，计算网络参数。增减活动不应影响原计划总的逻辑关系，以便使原计划得以实施。因此，增减活动只能改变局部的逻辑关系。增加活动，只是对原遗漏或不具体的逻辑关系进行补充；减少活动，只是对提前完成的工作或原不应设置的工作予以删除。

案例：船舶 C 集团如何突破项目管理的困境[一]

0　背景

2016 年 5 月，船舶重工集团有限公司 C（以下简称"C 集团"）与新加坡 CSPL 公司对 1 条 11 万吨成品油轮（PC113-1 船）进行了长达 1 个月的商务谈判，最终签订了 PC113-1 船合同及技术说明书。C 集团成立了 PC113-1 项目组，任命方某为项目经理。方经理组织项目组编制了 PC113-1 船的里程碑计划，以及设计计划、物资计划等专业计划。

1　项目进程三阻

PC113-1 船合同于 2016 年 7 月 1 日生效，交工时间为 2018 年 6 月 30 日。合同到期后，没有优惠期，直接进入罚款期，罚款金额为每天 2.2 万美元，上限为 200 万美元。如果没有按技术协议完工，船东弃船时间为 2018 年 10 月 30 日。合同签订后，营销部将合同生效通知发送至公司相关部门，生产管理部根据合同完工期编制了年度计划，开工时间为 2017 年 5 月 10 日，铺底时间为 2017 年 11 月 5 日，下水时间为 2018 年 2 月 28 日，交船时间为 2018 年 6 月 20 日。

一晃半年过去了，项目整体进展并没有达到预计进度，项目各级计划相互冲突，几乎每天都在调整；物资计划管理不当，造成"前期急需的材料无法满足，后期需要的材料堆积仓库"的局面；设计计划流程的烦琐和需求频繁变更导致设计延期，三个涉及项目计划制订、计划控制和项目管理的问题让项目经理一筹莫展。接下来的三个故事将围绕项目进展无法按期进行展开，案例主线如图 1 所示。

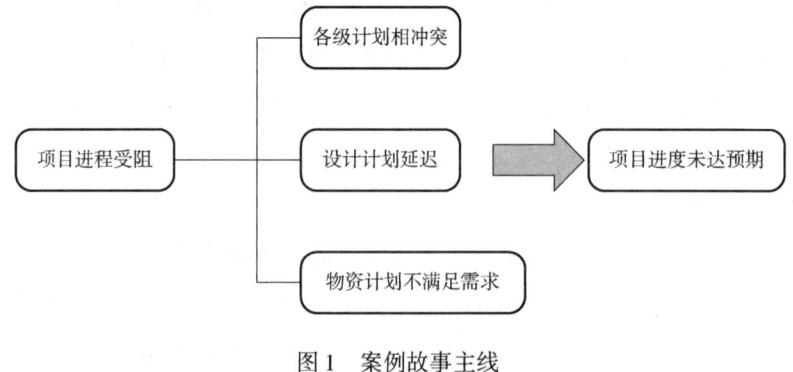

图 1　案例故事主线

[一] 案例源自中国管理案例共享中心（案例网址：http://www.cmcc-dlut.cn/Cases/Detail/5986），由大连理工大学经济管理学院的王宁、苏东阳、胡博撰写。

1.1 计划之误：此有异，彼冲突

项目各级计划相互冲突，在执行计划过程中只能不断调整计划，中日程计划、月度计划、图样下发计划、舾装件制作计划、总组合计划……计划越调越乱，前道工序一直拖期，后道工序反馈工期不够，整个计划已经没有任何头绪。无奈之下，方经理召集所有生产相关的部门主管半个小时后到会议室开会。

会议刚开始，各部门争论不止，抱怨不断。当方经理正想站出来维持秩序时，营销部许部长就给了方经理及生产管理部张部长当头一棒。"由于航运市场低迷，导致船东接船欲望不强，与 PC113-1 船同一生产线的前序船由于船东原因，交船时间推后 3 个月。"许部长说道。

"你说推后就推后，领导同意了吗？我整个厂区的生产怎么安排，资源怎么平衡？整条船完工后在码头放着，不着急的任务干完了，着急的任务干不出来，这活我没法干了，要不你来做生产管理部部长？"生产管理部张部长当场提出反驳。

整个会议陷入僵持，最后只能暂定 PC113-1 船提前 2 个月铺底，至于怎么调整，工厂资源怎么协调仍然没有达成一致。

一波未平一波又起，方经理对生产管理部张部长说："按照中日程计划里的实物量计划，2017 年 5 月的钢板加工实物量需要 5000 吨，但是年度计划里给我分配的只有 3000 吨，这势必会对后续的分段制作、总组合产生影响。"

"我现在明确告诉你们，2017 年 6 月我提供不了任何舾装件，现在给我的发图到需求时间只有 60 天，实际上需要 120 天。需求部门三月滚动计划与双周需求计划差距太大，经常出现加班抢工的情况。订货清单用量不准确，造成大量浪费和缺件的问题。产品报验工序多，影响生产的连续性，一旦关键环节延期，就会导致整个工期滞后。舾装公司内部人力资源策划不足，导致现场施工拖期于计划，严重影响后道工序的计划安排。"舾装公司冯经理插言道。

"唉，你都这样了，我也没比你好多少。今年分段制造部产品增多，其中涉及重大修改变更的产品数更是大幅增加。物量负荷较去年同期提升 40% 左右，劳动力与 2015 年同期持平。2016 年前两个季度，公司建造的 10 个产品中有 7 个产品受外部设计进度滞后、增加脱硫装置修改、板材到货延期、电缆到货滞后等因素影响，物量负荷大幅超出近三年水平，人力需求明显增加，现有人力不足，造成生产组织难度增加。这还只是今年的情况，预计明年会更差。每个项目基本上不能保证月度需求计划，你们愿意怎么安排就怎么安排吧，我能提供多少就提供多少。"分段部王部长诉苦道。

会议陷入无休止的抱怨和争吵，方经理从座位上站了起来，宣布会议结束，待项目组统一落实各部门的实际情况后，先调整一版计划，再开会讨论。此时，方经理陷入了沉思，各级计划本应是相互配合，顶层计划指导底层计划，现在却层层相扣、互相冲突。如图2所示，牵一发而动全身，计划该怎么调整，毫无思绪。

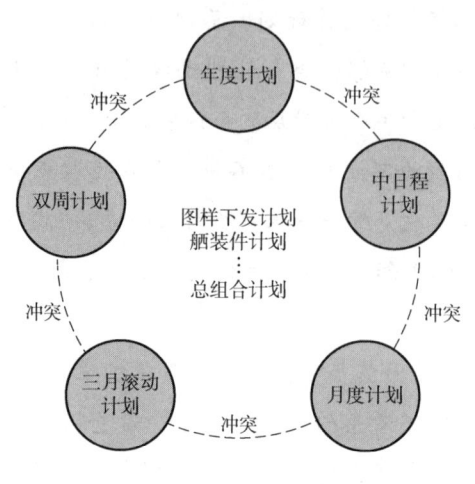

图2　各级计划相冲突

1.2　设计之难：事事慢，步步艰

"铃，铃，铃……"，短促的电话声将方经理从沉思中拉了出来，原来是采办周经理的电话。

"阀门遥控系统的阀头不能按期到货，预计拖期2个月，原因是设计院没有按时将退审图反馈给厂家，导致生产进度落后，目前正在进行船检……"，周经理在电话那头说道。

方经理挂掉电话后立即拨通了设计院张副院长的电话，询问具体情况。张副院长一肚子抱怨，"现在设计计划混乱，不仅阀头，还有好多设备都有问题"。

当天下午设计院张副院长带着各设计主管来到项目组会议室汇报问题和设计计划进展。

"原来设计的泵舱基于成本考虑，一半的蝶阀采用手动，船东迟迟没有把图样退审。上周突然要求全部修改为自动遥控蝶阀，技术、物资周期都不能满足。如果按照船东要求全部改为遥控蝶阀，预计成本需要增加15万美元，但船东不同意加账。由于船东一直没有退审，严重影响了设计进度。阀门清单、布置、电磁阀参数、液压单元排量、压力等通通不能确定，设备资料无法提供，设计进入停滞阶段。送审计划、厂家制作计划和生产计划都将全部拖期。"张副院长还没等方经理开口就抢先说道。

"除了这个问题，还有其他问题吗？"方经理无奈地问道。

"这还只是小问题，还有更严重的。由于船舶交工后的租约问题，船东要求，根据2016年1月巴拿马当局最新发布的新巴拿马运河规则，技术上要满足新公约。但在签订技术合约时没有明确提到这一点，如果要满足新规则将会导致大量的修改。"张副院长一边说着，一边把刚才整理好的修改项目表给方经理看。

1）涉及多份图样修改。更新总布置图，增加巴拿马盲区图，修改船体结构图样，包括艏部结构图、艉部结构图、甲板加强图、舷墙结构图、甲板室结构图、系泊布置图、应急拖带布置图等近20份设计图样。

2）增设巴拿马遮蔽棚及平台。

3）控制系统的修改。WHF电话、广播对讲、雾笛控制和两翼控制的修改。

4）满足巴拿马运河最小吃水要求。目前装载手册中压载状态不能满足巴拿马运河的最小吃水要求，若需要通航巴拿马运河，则需要额外修改船舶主要尺度信息、满足相关要求的压载状态操作性数据。

5）型材、板材和分段的修改。部分型材和板材需要重新订货，预计从设计启动修改到重新订货到厂需要4个月时间，分段的重新制作也需要2个月时间。

整个设计的进展缓慢，船东的订货确认、设备资料提供、图样的送审都比计划拖期近2个月，项目拖期汇总见表1。

表1 项目拖期汇总表

项目名称	现已落后计划时间（天）
锅炉	53
惰性气体系统	50
分油机	59
艉管轴承及密封	62
舵机	57
锚链	50
甲板机械	50
通讯导航设备	48
空调冷藏设备	59
阀门遥控系统	63

设计计划涉及设计院、船东、船检和厂家，每一步都有问题，现在已经处于混乱的状态。每个部门都有自己的计划，前后矛盾太多。方经理对此颇为无奈，奈何没有任何头绪，只能答应与船东沟通，尽量催要，并要求设计院加快解决问题，但是对于新的设计计划如何调整还没有明确的思路。

1.3 物资之愁：剪不断，理还乱

"PC113-1船于2017年5月20日准时按照公司节点开工，开工2个月后，分段已

经上了 80 个，生产节奏一直比较快，但物资部提供的阀门及设备不能按照我的需求提供，现在已经有 60 个分段的舾装停工了，大概率不能完成 9 月份的计划了。"分段部王部长走进项目经理的办公室说道。

"物资到货不是挺好的嘛！仓库都要放满了，怎么不能满足你的需求？"方经理问道。

"来的都不是我想要的，我想要的都没来，他们物资部乱七八糟的，将来肯定会影响我。"王部长提高了音量，继续说道。

方经理只能把物资部李部长叫到办公室来，李部长也是一脸委屈，埋怨道："我也没有办法，管理程序就是这样，都是按照计划来的，我也有苦衷啊，你也得给我评评理。"李部长扶了扶眼镜继续说道，"船东对设备资料意见太多，翻来覆去好几回，退审又不及时。比如滤器厂家发现周期不足，找我们物资部，我们再找设计院，再联系船东，这样一套程序下来就得 1 个月。厂家还不敢按照已有的图样订原材料，如果图样发生变更，额外的费用谁来承担？"。

"PC113-1 船的阀门约 2800 个，设计院下发一个订货清单，要求所有阀门一次性到货，没有合理的到货计划，导致阀门仓库管理混乱，现在连走廊都堆满了阀门，配送拖期也是没有办法的，把 1 个阀门装车 1 分钟就够了，但有时候找 1 个阀门需要 1 个小时，配送车还不能一直在仓库等着，只能提前发车送货，找不到的阀门只能第二天再说。"李部长连续一口气讲道。

"到货计划和物资管理一直都是这样吗？"方经理反问道。

"船舶建造过程中使用的钢材、管材，设计院都是一张订货单下发全船，我也不知道哪个需求早、哪个需求晚，只能要求厂家一批全部发货。你的船和其他项目组的船目前在我的仓库积压了 30,000 吨钢材、5000 吨管材和 10,000 多个阀门。仓库内挑料点货都挑不过来，我已经让各厂家暂停发货了，等到仓库缓解了再说。"

"集控台、驾控台、货控台上安装的电气设备，由很多厂家提供，每个厂家的到货期都不一致，这些设备到货后需要把包装打开验货，尤其是对于一些船套类物资，我的仓库员没有能力去分辨，发现缺少设备后很难查清，天天找设计问，设计院那边为什么不能提前把所有数量、型号、规格都写上？"

方经理的脸色变得越来越沉重。

"还有比这更严重的，发电机、锅炉、堕气、压载水、甲板机等大型设备都要求项目开始时就到货，而这些物资明明最后安装阶段才需要提供，现在这些设备都到货了，仓库也满了。这么早到货对设备的保修期也有影响，如果过了保修期，设备坏了，可就是大事了。"李部长说道。

"压载水滤器到货后，验货时发现产品质量问题，需要动火维修，很容易的事，1个工人10分钟就能干完。但公司要求仓库内不允许动火，验货不合格不允许出库，这样只能返厂维修，一去一回就得半个月，不能按时满足需求。我找质量部提议先出库，到分段处再进行维修，但质量部嫌麻烦不同意，看来这项需求计划我是无法完成了，月底考核的时候你可得帮我想想办法呀！"

"配送大件、危化品时需要使用专用车辆，还必须按需求部门要求的时间当日配送，要不然就没有场地和吊车。下周要开达沃斯会议了，货车限行的通知已经收到了，一周内不能配送。早就通知他们调整计划，但是一直没有人给我反馈，现在看来肯定会对生产部门产生影响。"李部长一股脑把所有的委屈都说了出来。

方经理端起办公桌上的茶杯，思考片刻，又放了下去，说道："好的，你们汇报的情况我都知道了，你们先去忙吧，我组织项目组成员尽快调整物资计划，再与你们进行商讨。"

2　方经理和C集团未完待续的翻盘

三个问题事件反映了PC113-1项目组在物资管理、设计计划管理和计划制订三个方面的问题，看似没有联系，但都是在项目管理过程中经常遇到的问题，处在项目全生命周期中的各个部分。如何实施有效的项目计划管理，保证项目的按期完成是项目组面临的最大难题。

无论用多么科学的理论方法制订计划、有多少项目实施经验，在项目实施过程中，总会遇到这样那样的突发情况，打乱项目开始前的计划。正如"唯一不变的，是变化本身"所描述的，这些突发状况是客观存在的，管理者能做的就是在制订计划时尽可能考虑意外情况，制订相对合理的计划，并在计划实施过程中不断进行调整，使项目能按期完成。方经理虽然也意识到了这一点，但在切身面对这些难题时，如何将项目管理的方法、手段和工具科学地应用到PC113-1船项目中，使其能够按期完工？想到这里，方经理深深地叹了一口气，意识到任务的艰巨和时间的紧迫。

附录1：C集团的生产计划体系

C集团的生产组织结构是职能部门管理与项目管理并存的拉动式生产体系。计划管理采取自上而下和自下而上相结合，建立拉动型计划管理模式，由五级计划组成，从高到低分别是：

1）线表计划（横道图计划）。线表计划是C集团的第一级计划，是公司的最高级生产计划，由营销部牵头，生产管理部、企划部共同编制。

2）年度计划。年度计划是公司的第二级计划，是对线表计划的年度部分内容的细化、分解和落实。由生产管理部组织各相关部门编制，进行总体平衡。汇总之后，报企划部审定。

3）中日程计划。各产品中日程计划是公司的第三级计划，由各产品项目组提出，生产管理部负责平衡、审定。项目组以产品建造为主线，按照线表计划和年度计划中的节点、实物量分配的要求，细化产品的建造内容。

4）三个月滚动计划。月度滚动计划是公司的第四级计划，由生产管理部组织各相关部门编制，针对中日程计划进一步明确具体的生产内容安排。

5）双周计划。产品周计划是公司的第五级计划，由各产品项目组提出，对产品具体工作细节的安排。

附录2：轮船发电机设计、生产工作分解结构

以发电机为例对设计院的工作进行WBS分解，如图3所示。

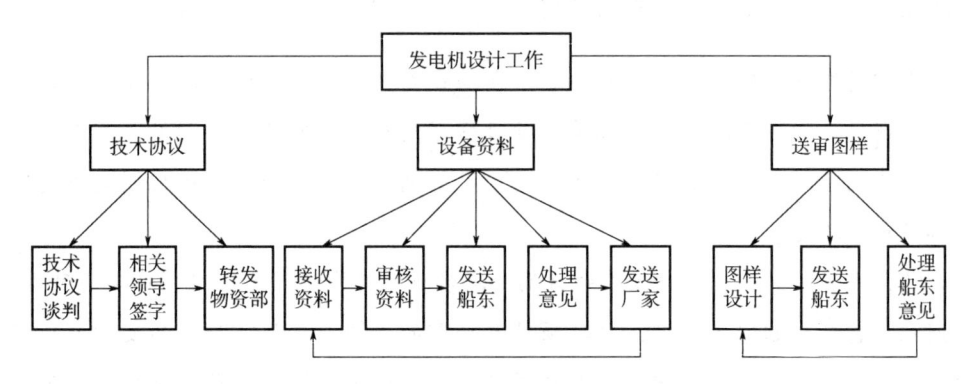

图3 发电机设计工作分解结构图

以发电机为例对设备厂家的工作进行WBS分解，如图4所示。

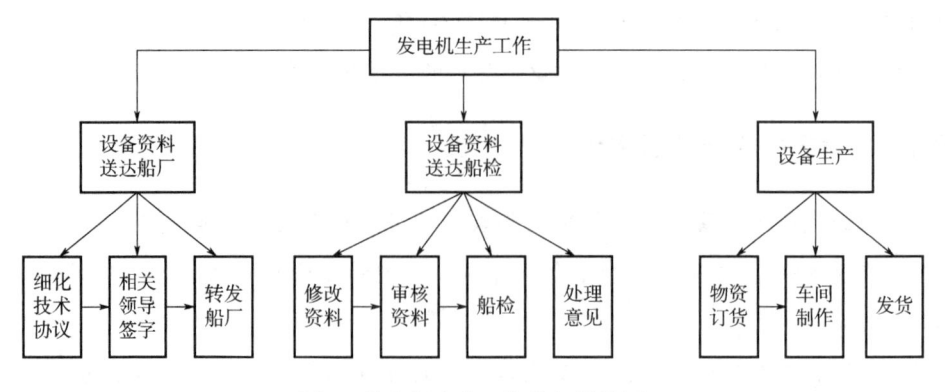

图4 发电机生产工作分解结构图

▶讨论题

1. C集团在PC113-1船项目实施中主要遇到了哪些问题？你认为造成这些问题的主要原因有哪些？

2. 如果你是一名项目经理，面对PC113-1船项目实施中遇到的这一系列问题，你将如何解决？

3. 通过对本案例的分析与讨论，根据所学知识，你能想到用哪些项目进度管理的工具和方法来分析案例问题？

4. 项目进度管理包括哪几个过程？

5. 网络计划技术的基本原理是什么？绘制网络图应遵循哪些基本原则？

▶思考题

1. 表2给出了一个项目各项工作之间的关系、工作持续时间。

表2　某项目各项工作之间的关系、工作持续时间

工作	持续时间	紧前工作
设备拆卸 A	2	—
电气检修 B	3	A
机件检查 C	1	A
零件修理 D	8	C
零件加工 E	5	C
设备组装 F	3	D、E
设备试车 G	1	B、F

求：①绘制双代号网络图；②计算活动的时间参数；③用粗线标明关键线路，并注明总工期。

2. 表3给出了一个项目各项工作之间的关系、工作持续时间。

表3　某项目各项工作之间的关系、工作持续时间

工作	持续时间	紧前工作
A	3	—
B	8	A
C	4	A
D	7	A
E	5	C, D

求：①绘制单代号或双代号网络图；②计算活动的时间参数；③用粗线标明关键线路，并注明总工期。

3. 表 4 给出了一个项目各项工作之间的关系、工作持续时间。

表 4　某项目各项工作之间的关系、工作持续时间

工作	持续时间	紧后工作
A	4	D
B	6	D、E、F
C	3	F
D	5	G、H
E	1	H
F	2	H
G	4	I
H	3	I
I	2	—

求：①绘制双代号网络图；②用图上计算法计算时间参数；③用粗线标明关键线路，并注明总工期。

4. 某项目双代号施工网络计划图见图 5，该进度计划已经监理工程师审核批准，合同工期为 23 个月。

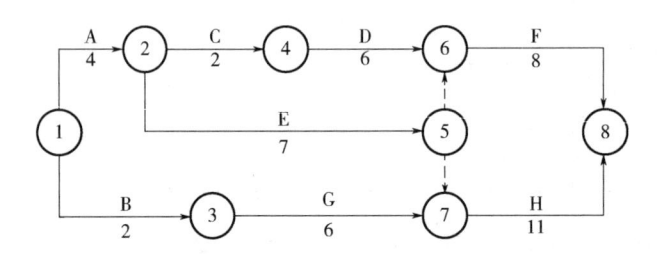

图 5　某项目双代号施工网络计划图

求：①计算该网络的时间参数，确定工期和关键线路；②如果工作 C 和工作 G 需共用一台施工机械且只能按先后顺序施工（工作 C 和工作 G 不能同时施工），该施工网络进度计划应如何调整较合理？

5. 要求你在最短的时间内做好一顿饭，有米饭、鸡蛋炒青菜、肉烩豆腐，请列出主要的活动，分析各活动之间的逻辑关系类型（如强制逻辑关系、组织关系和外部制约关系），并绘制单代号或双代号网络图、计算项目总的持续时间。

第8章 项目成本管理

8.1 概述

8.1.1 项目成本管理的目的与基本流程

项目成本管理（Project Cost Management），又称为项目费用管理，是为确保项目在批准的预算内完工，而对成本进行规划、估算、预算、融资、筹资、管理和控制的过程。项目成本管理应在关注完成项目活动所需成本的同时，考虑项目决策对项目产品、服务或成果使用成本、维护成本和支持成本的影响。

在工程项目管理中，进度、质量、成本三个要素缺一不可，其中，成本管理是工程项目管理的重要组成部分，"降本增效"是项目管理的重要目标。在市场经济日趋成熟的今天，产品的核心竞争力已不仅是技术水平和研发能力的竞争，更要转向适应市场变化的开拓经营和战略管理。成本是评价企业综合实力的关键指标之一，是企业经营管理水平的综合反映；战略成本管理将关注点扩大到整体企业，具有结果控制和过程控制相结合的特征，并通过过程控制将企业生产经营的各个环节和企业的整个目标相联系，具有更多的非财务性质。

随着科技的发展、竞争的加剧，以及客户需求日益呈现多元化、个性化的特点，企业为客户提供高性能、低成本的产品成为必然趋势。因此，必须确定一个能够参与市场竞争的目标成本，再将这个所允许的成本压力传递到项目/产品的设计、生产过程中。这种趋势要求任何参与项目研制的组织必须树立面向市场的成本观，按照现代企业制度建立和完善成本管理体系。但工程项目有着颇为复杂的内外因素，其成本控制不是单纯降低成本的问题，而是在保障进度和质量的前提下，如何利用技术、市场和资源三大要素优化成本结构，达到降本增效的目的。单纯以传统的成本管理方法去套用工程项目的成本管理可能收效甚微，建立一个适用于复杂工程项目特点、满足管理需求的成本管理系统非常必要。

项目成本管理过程包括：

1）规划成本管理。确定如何估算、预算、管理、监督和控制项目成本的过程，其作用是建立各成本管理过程的基本框架，以确保各过程的有效性及各过程之间的协调性。

2）项目资源计划。对项目各项工作所需资源的种类和数量进行明确描述的过程。

3）估算成本。对完成项目活动所需货币资源进行近似估算的过程。

4）制定预算。汇总所有单个活动或工作包的估算成本，建立一个经批准的成本基准的过程。

5）控制成本。监督项目状态，以更新项目成本和管理成本基准变更的过程。

上述各管理过程的逻辑顺序为：①规划成本管理工作发生在项目的早期，其目的是规定在项目管理过程中如何估算、预算、管理、监督和控制项目成本；②通过制定项目资源计划，确定项目的资源成本，在此基础上估算项目成本；③确定不同时间段的成本，得到项目的预算（成本基线）；④在项目控制过程中，以成本基线为依据，开展项目的成本控制。

本章重点介绍项目资源计划、估算成本、制定预算和控制成本过程。"规划成本管理过程"可以参阅《PMBOK®指南》的相关内容。

8.1.2 核心概念与术语

1. 全生命周期成本

虽然项目的成本管理主要关心的是完成项目活动所需资源的费用，但也必须考虑项目决策对项目产品、服务或成果的使用、维护和支持费用的影响。工程项目所有阶段支出的成本总和为其全生命周期成本（Life-Cycle Cost，LCC）。项目全生命周期成本有狭义和广义之分。狭义的LCC是指企业内部及相关联方发生的由生产者负担的成本，包括策划、开发、设计、制造、营销、物流等过程中的成本。广义的LCC成本不仅包括上述生产者及其相关联方发生的成本，还包括项目/产品在运营阶段发生的使用成本、废弃成本和处置成本等。如果从更广义的角度看LCC，还包括社会责任成本。社会责任成本并不是一种单一成本，它是贯穿在生产、使用、处理和回收等过程中的成本，主要是保持环境卫生、进行污染处理等所发生的成本支出。

在一般的项目成本管理中，主要关心的是完成项目活动所需资源的成本，而往往会忽视项目完成后在运营/使用阶段发生的成本。图8-1所示为典型的大型工程项目

(如飞机研制）全生命周期成本曲线，可见，在项目早前的概念研究阶段、论证和验证阶段，其选择的设计方案决定了 85% 以上的项目全生命周期成本；在项目全面研制、生产与部署阶段，尽管会花费大量的投入，但所能够决定的全生命周期成本非常有限。因此，产品一旦交付投入使用，正确的计划和设计就可为公司节约大量资金。

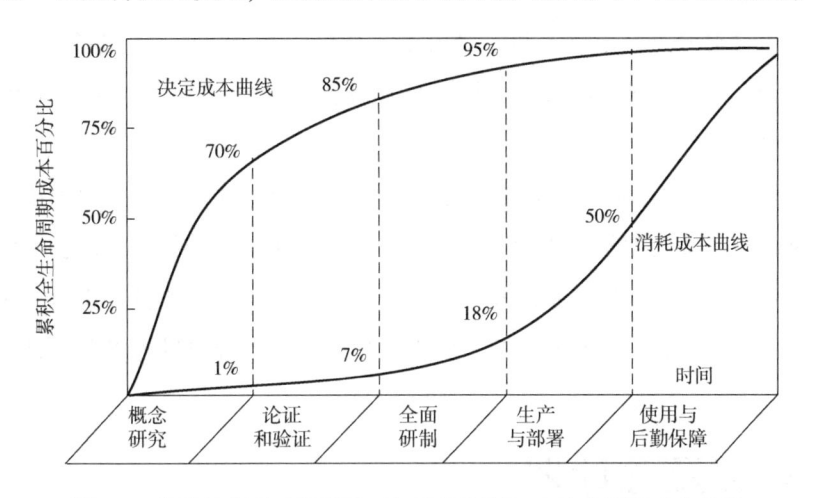

图 8-1 典型的大型工程项目（如飞机研制）全生命周期成本曲线

因此，理解、预估工程项目的生命周期成本对于项目的早前决策非常重要，如评价和选择设计方案、选择生产方法等。在进行决策时，要使项目全生命周期的成本最低，而不应仅仅关注项目建造/研制阶段的成本。

2. 费用分解结构

费用分解结构（Cost Breakdown Structure，CBS）是进行成本管理时对成本构成要素进行分类的详细描述，用以保证按 CBS 的成本分类进行成本的预计和分解。费用分解结构对工作分解结构（WBS）中每一个工作包成本扩展为更详尽直至满足信息需求和管理需求、能准确定义和一目了然的级次。费用分解结构比财务的成本科目更直观和易于理解。

设计费用分解结构 CBS 的原则如下：

1）依据 WBS 和成本科目进行归纳或细化。

2）在进行成本预算编制、核算时便于各类人员进行数据采集及分析。

3）CBS 一旦形成标准，对任何分承包单位、任何型号项目、任何工作包都适用，但不宜扩展到外协项目。

通过费用分解结构，可明确每一个工作包（成本对象）的成本构成、成本走向、成本性质。

3. 成本构成

成本构成是会计制度中所明确的成本科目或成本要素，是最终进行成本归集和核算的基准。通常，工程项目成本由设计费、材料费、外协费、试验费、专用费、设备费、工资费、管理费8个成本项目构成。

项目成本又可分为直接成本和间接成本。直接成本指可明确追溯到成本对象的支出，如材料费、外协费等；间接费用指不可追溯支出对象的公共费用，分摊计入成本对象，如管理费等。

可以依据 CBS 确定每个工作包的成本，因此，CBS 和成本构成两个维度相结合、可归集核算形成完整的型号成本报表。对于多个项目同时研制，这种复杂的成本信息统计必须依赖层次清晰的代码系统和计算机管理来实现。工程项目 WBS 和 CBS 的规范化、名词术语的标准化，以及制定统一的编码规则，对型号项目的成本集成非常重要。

8.2 项目资源计划

资源规划是项目成本管理的基础和前提，资源说明书直接影响项目成本管理的有效性。

8.2.1 项目资源说明书

项目资源说明书旨在明确描述项目各项具体工作所需资源的种类与数量，通常以各种形式的表格和图形体现，如资源计划矩阵、资源数据表、资源横道图、资源负荷图、资源累积需求曲线等。

1. 资源计划矩阵

资源计划矩阵是根据 WBS 对项目资源进行汇总和分析的结果，见表8-1，需注意该表可能无法对某些信息类的资源进行说明。

表8-1 资源计划矩阵

WBS 结果	资源需求量				备注
	资源1	资源2	…	资源 n	
工作包1					
工作包2					
⋮					
工作包 n					

2. 资源数据表

资源数据表主要描述各项目阶段的资源使用与安排情况，而不是对项目所需资源的统计说明，见表 8-2。

表 8-2 资源数据表

需求资源种类	需求资源总量	项目阶段（时间）					备注
		1	2	3	…	n	
资源 1							
资源 2							
⋮							
资源 n							

3. 资源横道图

资源横道图是资源数据表的图形化显示，可以直观显示各种资源在项目各阶段的消耗情况，如图 8-2 所示。它的缺点是不能显示资源利用效率方面的问题。

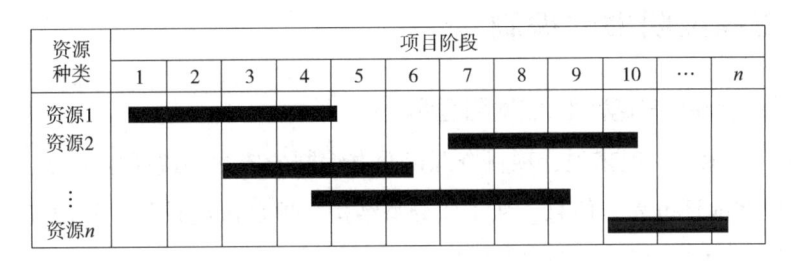

图 8-2 资源横道图

4. 资源负荷图

资源负荷图反映在各个时间点上某个资源的需求总量，如图 8-3 所示。资源负荷图可以很直观地显示资源在时间上的分布情况。

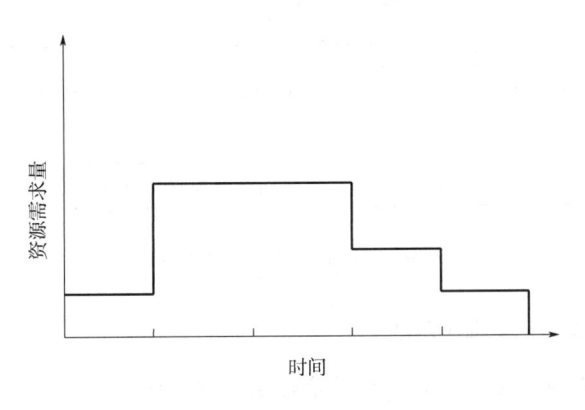

图 8-3 资源负荷图

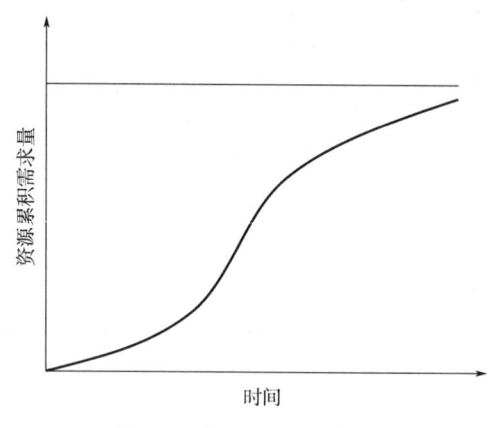

5. 资源累积需求曲线

资源累积需求曲线反映各个时间点上某个资源的累积需求总量，一般为一条 S 曲线，如图 8-4 所示。

图 8-4 资源累积需求曲线

8.2.2 资源说明书的编制

1. 项目资源说明书编制的依据和程序

如图 8-5 所示，一般来说，项目资源说明书编制的依据和遵循程序为：

1）收集准确且可靠的信息。从工作分解结构、项目进度计划、资源相关信息、类似项目的相关历史信息等方面收集信息。

2）综合考虑这些信息，形成项目资源库。

3）采用相应方法编制详细准确的资源说明书。

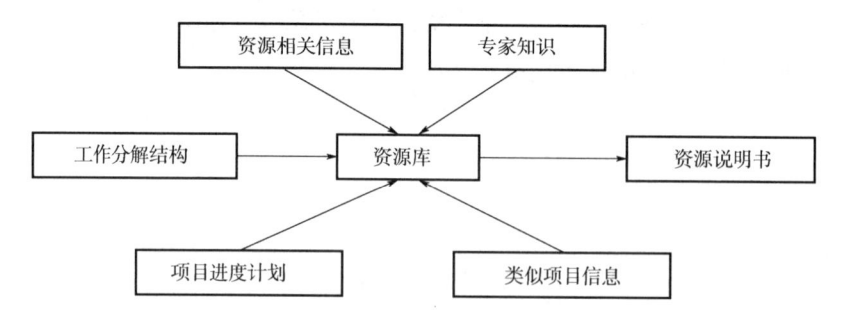

图 8-5 资源说明书编制的依据

2. 项目资源说明书编制的原则

（1）以 WBS 结构为主，结合项目进度计划编制资源计划

WBS 结构界定了项目所需完成的全部工作及其逻辑关系，因此，工作所需资源的

种类和数量也随之确定。在编制资源说明书时，必须以此为基础进行全盘考虑。此外，资源的分配与项目的进度计划紧密相关，关键路线上的工作应优先安排资源，非关键路线上的工作所需资源则可以机动安排。

(2) 内容必须准确详细，数据来源要可靠

资源规划是项目成本管理的基础和前提，资源说明书的详细与准确与否直接影响项目管理者对资源的评估。例如，在一个软件开发项目中，人力资源可以细化为系统分析员、编程员、测试员、文档管理员、培训员等。

同时，判断工作所需的资源种类和数量需要一个可靠的数据来源，需要综合相关专家、资源信息库、以往类似项目信息、当地法律法规等多方面，找到可靠且成本最低的信息来源。例如，建筑项目组织需要熟悉项目当地的有关法律法规，这些知识通常可以通过聘用当地员工而简单地获取，否则只能寻找相似的资源，可信度降低，影响成本管理。

(3) 注意资源计划的灵活性

项目运行时会遇到各种各样的风险，因而其对资源的需求也会发生变动，这在本质上是不可能避免的。在确定项目工作所需资源的时候，应同时考虑为应对风险而准备的应急资源（也可以在风险管理规划中考虑）。过分严格的资源需求说明往往会导致成本管理的僵化和不适应。

3. 编制资源计划的方法

(1) 专家评判法

专家评判法是编制资源说明书的一种常用方法，专家具有专业知识或经过特殊培训，他们可能来自：

- 专业技术协会
- 咨询顾问公司
- 本行业的专家、教授
- 本项目组的专业技术人员

(2) 多方案选择法

先编制多个可能的资源说明书方案，再由专家或技术人员选择。常用"头脑风暴法"。

(3) 数学模型法

对某些大型项目来说，有时必须通过建立一定的数学模型才能科学、准确地编制出其资源说明书，如资源均衡模型、资源分配模型等。

8.3 估算成本与制定预算

8.3.1 确定资源总成本

确定项目所需资源种类和数量是一项细致、复杂的工作,是在项目成本管理的资源规划阶段完成的。它的主要依据有项目的工作分解结构、项目进度计划、类似项目的有关信息、专家经验等,其中最基本的是项目工作分解结构和进度计划。

资源总成本的确定可以采用下面两个公式计算

$$资源总成本 = \sum(某种资源i的数量 \times 某种资源i的单位成本) \qquad (8\text{-}1)$$

$$某种资源i的数量 = 任务总量 \times 单位任务资源i的消耗 \qquad (8\text{-}2)$$

资源可以分为人力、材料和设备。其中,人力与材料可以采用单位费率,如一个工程师的单位成本为 100 元/小时、水泥的单位成本为 400 元/吨。设备可以是购置成本或租赁成本。

8.3.2 估算成本

估算成本是对完成项目工作所需资源成本进行近似估算的过程,主要作用是确定项目所需的资金。图 8-6 所示为本过程的输入、工具与技术和输出。

估算成本

输入
1. 项目管理计划
   ·成本管理计划
   ·质量管理计划
   ·范围基准
2. 项目文件
   ·经验教训登记册
   ·项目进度计划
   ·资源需求
   ·风险登记册
3. 事业环境因素
4. 组织过程资产

工具与技术
1. 专家判断
2. 类比估算
3. 参数估算
4. 自下而上估算
5. 三点估算
6. 数据分析
   ·备选方案分析
   ·储备分析
   ·质量成本
7. 项目管理信息系统
8. 决策
   ·投票

输出
1. 成本估算
2. 估算依据
3. 项目文件更新
   ·假设日志
   ·经验教训登记册
   ·风险登记册

图 8-6 估算成本:输入、工具与技术和输出

估算成本包括对完成项目工作可能需要的成本、应对已识别风险的应急储备,以

及应对计划外工作的管理储备的量化估算。估算成本可以是汇总的，也可以是详细分列的。估算成本应覆盖项目所使用的全部资源，包括但不限于：直接人工、材料、设备、服务、设施、信息技术，以及一些特殊的成本种类，如融资成本（包括利息）、通货膨胀补贴、汇率等。如果间接成本也包含在项目估算中，则可在活动层次或更高层次上计列间接成本。

估算成本的主要依据如图 8-7 所示。

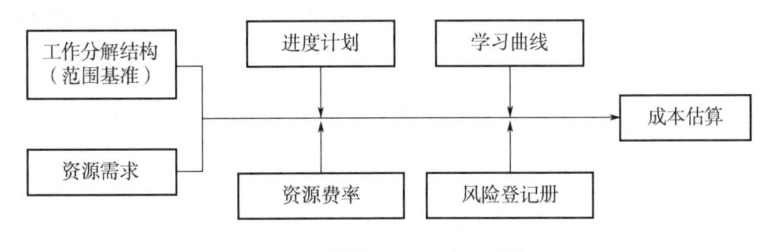

图 8-7 估算成本的主要依据

估算成本涉及确定完成项目工作所需资源费用的近似（估算）值。成本通常用货币单位表示，也可用工时等其他单位表示。

在项目过程中，应该随着更详细信息的呈现和假设条件的验证，对成本估算进行审查和优化。在项目生命周期中，估算成本的准确性亦将随着项目的进展而逐步提高。

1. 估算成本的主要方法

主要的成本估算方法包括：专家判断、类比估算、参数估算、自下而上估算法等。

（1）专家判断

专家判断也称为经验估算。负责估算的人应有专门知识和丰富的经验，据此提出一个近似的数字。这种方法是一种原始的方法，还称不上估算，只是一种近似的猜测。它仅适合于要求很快拿出一个大概数字的项目。

在项目的早期（如项目的机会分析时），可以采用专家判断的方法估算成本。

（2）类比估算

类比估算是一种使用相似项目的历史数据来估算当前项目成本（或持续时间）的技术。成本类比估算使用以往类似项目的参数值或属性来估算，项目的参数值和属性包括范围、成本、预算、持续时间和规模指标（如尺寸、重量），类比估算以这些项目参数值或属性为基础估算当前项目的成本。

需要注意，这是一种粗略的估算方法，有时需要根据项目的复杂性进行调整。类比估算通常成本较低、耗时较少，但准确性较低。类比估算可以针对整个项目或项目中的某个部分进行，也可以与其他估算方法联合使用。

在项目的早期（如可行性论证阶段），当对项目的总体规模有了大体的判断时，可以采用类比估算的方法快速估算成本。

（3）参数估算

参数估算是一种基于历史数据和项目参数，使用某种算法计算成本或持续时间的估算技术。它是指利用历史数据之间的统计关系和其他变量估算成本。

除了采用通常的统计分析方法，还可以采用大数据技术进行成本估算，其关键是找到影响成本的主要因素。参数估算的准确性取决于参数模型的成熟度和基础数据的可靠性。

一种最简单的情况是：把拟实施的工作量乘以完成单位工作量所需的工时，即可计算出持续时间。例如，对于设计项目，将图样的张数乘以每张图样所需的工时；对于电缆铺设项目，将电缆的长度乘以铺设每米电缆所需的工时。

在项目方案设计阶段，完成关键参数的设计时，可以采用参数估算的方法进行估算成本。

（4）自下而上估算法

自下而上估算法也称为工程法，是指参与项目工作的每一机构和基层单位都估算自己的成本，将估算结果相加，再加上各种杂项开支、一般性和行政性开支及合同费用，即得到该项目的整个估算成本。

该方法是一种工程的估算方法，具体可按照WBS体系从下而上估算各项工作的费用（主要依据是资源总费用），得到项目的直接费用估计，项目经理再在此基础上加上合理的间接费用，估算项目的总费用。当完成项目的详细设计，并建立项目的WBS后，就可以采用自下而上估算法比较准确地估算成本。

这种方法的缺点在于要保证所有的工作和任务都被考虑到，并且对每个工作单元都有过高估算的倾向，往往会导致最后的成本估算无法接受。

它的优点在于，相比于高层管理人员，底层直接参与项目工作的人员更清楚项目工作所需资源的种类和数量，成本估算更为精确，并且成本估算出自他们自己的估计，可以避免日后成本预算过程中的一些冲突和不满。

（5）储备分析

为应对项目的不确定性，成本估算中可以包括应急储备（有时称为应急费用）。应急储备用于应对已识别的风险，以及"已知-未知"风险。例如，当可以预知有些项目可交付成果需要返工，却不知道返工的工作量是多少时，就可以预留应急储备应对这些未知数量的返工工作。小至某个具体活动，大到整个项目，任何层级都可有其应急储备。应急储备可取成本估算值的某一百分比、某个固定值，或者通过定量分析来确定。

随着项目信息越来越明确，可以动用、减少或取消应急储备。应该在成本文件中清楚地列出应急储备。应急储备是成本基准的一部分，也是项目整体资金需求的一部分。

(6) 管理信息系统

利用某些项目管理软件进行项目成本估算。这种方法能够考虑许多备选方案，方便、快捷，是一种发展趋势。

2. 各种估算方法的比较

在工程项目管理实践中，估算成本可以综合采用多种方法。例如，对项目的主要部分进行自下而上的详细估算，其他部分则按过去的经验或用参数估算法进行估算。

无论选用何种方法都会不可避免地产生误差。成本估算不是一门精密学科，更注重方法和标准的一致性、延续性和数据来源的可支撑性。占有最广泛的数据资源是减少误差最有效的方法。采用什么估算方法与工程项目当时具备什么样的条件有很大的关系。一般来讲，在项目的可行性论证阶段只能根据用户要求明确总体技术指标、产品配套关系、框架式的技术实施途径和分系统划分、关键技术等，这时只能采取经验估算、类比估算或参数估算法粗略估算全生命周期成本，估算精度较低；但到立项完成，项目真正付诸实施时，随着阶段研究的不断深入，方案和配套表越来越细化，成本预测的方法也自然过渡到自下而上估算法，这对于阶段成本总量的控制会起到决定性的作用。各阶段采用的成本估算方法比较见表8-3。

表8-3 各阶段采用的成本估算方法比较

估算方法	可行性论证	方案论证	开发阶段	生产阶段
专家判断/经验估算	较多	较少	几乎不用	几乎不用
类比估算	较多	较少	几乎不用	几乎不用
参数估算	较少	较多	几乎不用	几乎不用
自下而上估算法	几乎不用	几乎不用	较多	较多

8.3.3 制定预算

制定预算是汇总所有单个活动或工作包的估算成本，建立一个经批准的成本基准的过程，其主要作用是确定可据以监督和控制项目绩效的成本基准。图8-8所示为本过程的输入、工具与技术和输出。

1. 本过程的输入

项目成本控制的主要输入包括：范围基准、成本估算、项目进度计划等。

```
┌─────────────────────────────────────────────────────────────┐
│                         制定预算                              │
└─────────────────────────────────────────────────────────────┘

  ┌──────────────┐    ┌──────────────┐    ┌──────────────┐
  │     输入      │    │   工具与技术   │    │     输出      │
  │              │    │              │    │              │
  │1.项目管理计划  │    │1.专家判断     │    │1.成本基准     │
  │ ·成本管理计划 │    │2.成本汇总     │    │2.项目资金需求 │
  │ ·资源管理计划 │    │3.数据分析     │    │3.项目文件更新 │
  │ ·范围基准     │    │ ·储备分析    │    │ ·成本估算    │
  │2.项目文件     │    │4.历史信息审核 │    │ ·项目进度计划│
  │ ·估算依据    │    │5.资金限制平衡 │    │ ·风险登记册  │
  │ ·成本估算    │    │6.融资         │    │              │
  │ ·项目进度计划│    │              │    │              │
  │ ·风险登记册  │    │              │    │              │
  │3.商业文件     │    │              │    │              │
  │ ·商业论证    │    │              │    │              │
  │ ·效益管理计划│    │              │    │              │
  │4.协议         │    │              │    │              │
  │5.事业环境因素 │    │              │    │              │
  │6.组织过程资产 │    │              │    │              │
  └──────────────┘    └──────────────┘    └──────────────┘
```

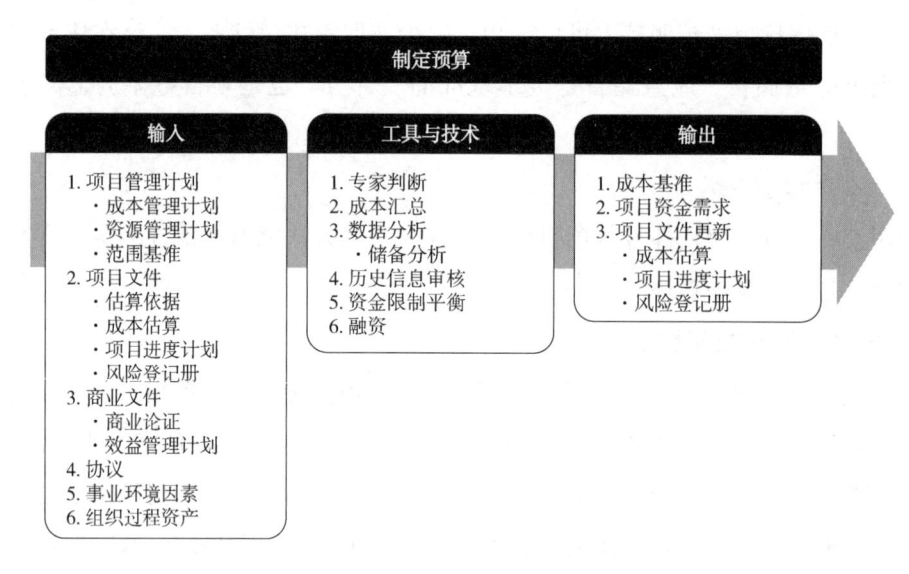

图 8-8　制定预算：输入、工具与技术和输出

2. 本过程的工具与技术

项目成本控制的主要工具与技术包括：成本汇总、储备分析等。

3. 本过程的输出

项目成本控制的主要输出包括：成本基线、项目资金需求等。

成本基准是经过批准的、按时间段分配的项目预算，不包括任何管理储备，只有通过正式的变更控制程序才能变更，用作与实际结果进行比较的依据。成本基准是不同进度活动经批准的预算的总和。

项目预算和成本基准的组成部分如图 8-9 所示。项目预算包括经批准用于执行项目的全部资金（包括应急储备）。在成本基准之上增加管理储备得到项目预算。

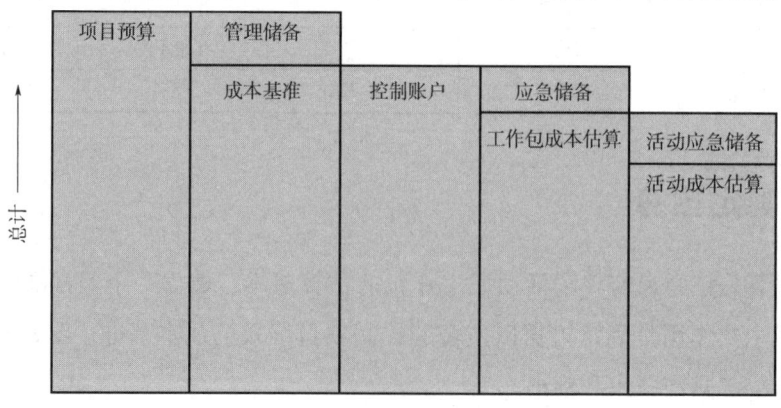

```
        ┌──────────┬──────────────────────────────────────┐
        │          │              管理储备                 │
        │          ├──────────┬───────────────────────────┤
        │          │          │         应急储备           │
        │  项目预算 │  成本基准 ├──────────┬────────────────┤
总      │          │          │控制账户   │  工作包成本估算 │
计      │          │          │          ├────────┬───────┤
│       │          │          │          │活动应急 │       │
↑       │          │          │          │储备    │       │
        │          │          │          ├────────┤       │
        │          │          │          │活动成本 │       │
        │          │          │          │估算    │       │
        └──────────┴──────────┴──────────┴────────┴───────┘
                         项目预算的组成
```

图 8-9　项目预算和成本基准的组成部分

成本基准的组成包括：①汇总各项目活动的成本估算及其应急储备，得到相关工作包的成本；②汇总各工作包的成本估算及其应急储备，得到控制账户的成本；③汇总各控制账户的成本，得到成本基准。当出现有必要动用管理储备的变更时，则应该在获得变更控制过程的批准之后，把适量的管理储备移入成本基准中。

建立项目成本基线的主要步骤如下：

步骤1：收集相关信息。成本估算的结果，以及项目管理计划、项目文件、协议等，都是制定预算的输入。

步骤2：建立项目费用分解结构（CBS）。将费用估算分配到WBS中，用费用代替其中的产品或服务，形成费用分解结构（Cost Breakdown Structure，CBS）。CBS是指将项目成本按照不同的层次进行分解的一种方法，通常由项目管理团队根据项目特点和需求进行设计和制定。

步骤3：与进度计划相结合，计算各时间段所需成本和累计成本。

步骤4：绘制成本基准。如前所述，成本基准是经过批准的、按时间段分配的项目预算。因此，需要根据项目费用分解结构和项目进度计划，计算每个时间区间内所有工作的费用预算并累加，将各区间的累积费用逐段累加，就可以得到成本基线。在挣值管理中，成本基准就是计划价值PV曲线。

【例8-1】

依据表8-4项目进度日程的预算数据，绘制项目的成本基线。

表8-4 项目进度日程的预算 （单位：万元）

各活动预算值	进度日程预算（项目日历：月）										
	1	2	3	4	5	6	7	8	9	10	11
A 400	100	200	100								
B 400		50	100	150	100						
C 550		50	100	250	150						
D 450			100	100	150	100					
E 1100					100	300	300	200	200		
F 600								100	100	200	200
3500	100	300	400	500	500	400	300	300	300	200	200
累计	100	400	800	1300	1800	2200	2500	2800	3100	3300	3500

【解】

1）由费用分解结构（图8-10）和项目进度计划，计算各时间段的费用/预算和累计费用/预算（表8-4的最后一行）。

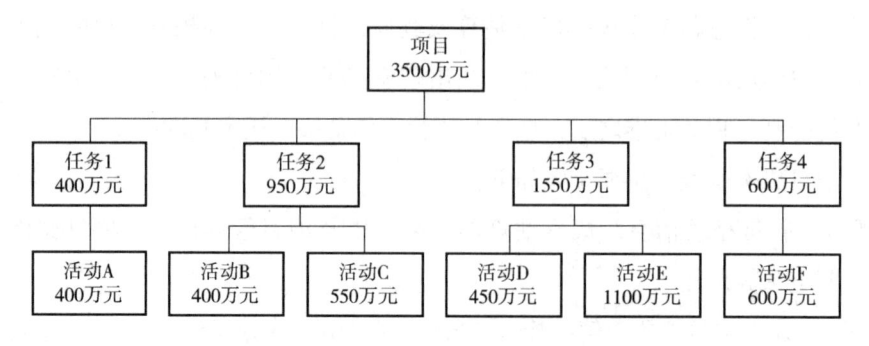

图8-10 项目费用分解结构（CBS）示例

2）根据表8-4中的数据绘制项目各时间段所需成本负荷（图8-11a），即按项目时间段分配的预算。

3）由累计费用/预算得到成本基线（S曲线）（图8-11b），在挣值分析中，该曲线就是累计的计划价值（PV）曲线。

a）项目各时间段所需成本（按项目时间段分配的预算）　　b）成本基线（S曲线）

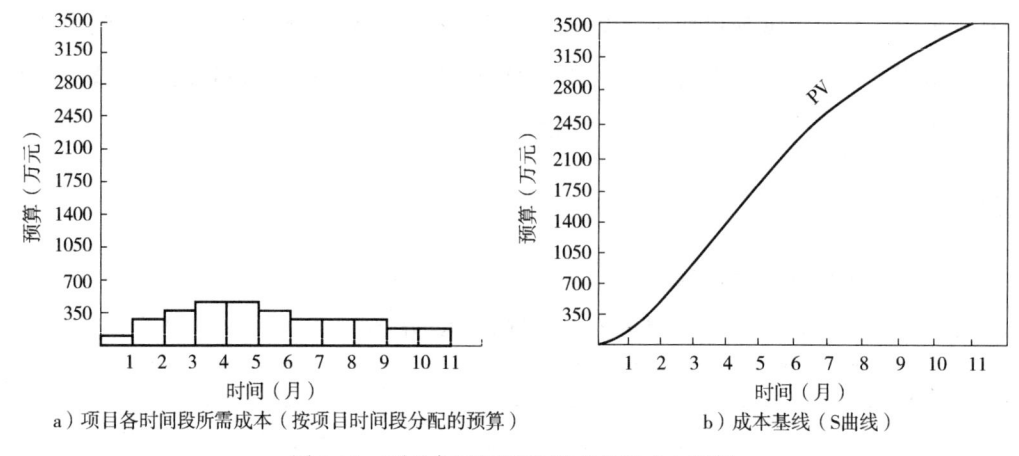

图8-11 项目各时间段所需成本和成本基线

8.4 挣值分析法

8.4.1 挣值分析法的产生背景

控制成本是监督项目状态，以更新项目成本和管理成本基准变更的过程。有效成本控制的关键在于管理经批准的成本基准。

项目成本控制的要点包括：

- 对造成成本基准变更的因素施加影响。
- 确保所有变更请求都能得到及时处理。
- 当变更实际发生时，管理这些变更。

项目成本控制与进度控制密切相关，离开进度控制而讨论成本控制，只监督资金的支出，而不考虑由这些支出所完成的工作的价值，对项目没有什么意义，最多只能跟踪资金流。因此，在项目成本控制中，应重点分析项目资金支出与相应完成的工作之间的关系。

美国国防部（DoD）在 1967 年提出了成本/进度控制系统准则（Cost/Schedule Control Systems Criteria，C/SCSC）。C/SCSC 是美国国防部选择私人承包商的强制要求，承包商必须按照准则要求建立成本/进度控制体系（系统），以便顺利实现发包方和承包方之间的管理对接与信息交流。在此基础上，逐渐演化为挣值管理（Earned Value Management，EVM），或译为挣得值管理、赢得值管理。

实际上，EVM 是一套在美国政府标准的基础上延伸出来的管理方法，其在美国国家标准学会/电子工业联合会的标准编号为 ANSI/EIA748。EVM 有 32 条准则，这 32 条准则对组织计划/进度与预算、记账体系、数据分析、项目目标修订 5 个方面提出了要求。1998 年，美国国家标准学会/电子工业联合会发布了 NSI/EIA-748-A-1998 标准，从此，EVM 不仅应用于美国国防军工行业，也在其他一些行业得到较广泛的应用。

EVM 是一套集合项目范围、进度计划与资源度量于一体的对项目完成情况与进展进行量化评价的方法论。PMI 在其出版的《PMBOK®指南》中对挣值（赢得值）管理的定义是：一种将范围、进度和资源度量相结合以评估项目性能和进度的方法。PMI 还专门制定了相应的实践标准，即《挣值管理实践标准》（*Practice Standard for Earned Value Management*）。

EVM 为组织提供了对项目范围、时间进度与成本进行综合管理的方法，使用 EVM 可以回答项目执行过程中的一些重要问题：

- 进度提前还是滞后？
- 项目何时完工？
- 当前项目成本是节约还是超支？
- 剩余工作还需要花费多少？
- 完工时的项目成本是否在预算范围内？
- 如果完工时的项目成本将超预算，那么会超支多少？
- 如果当前项目进度滞后，那么相较于原计划到底会拖延多久？
- ……

项目的进展评价与完工预测是一个复杂的、综合性的课题，是项目管理与控制的重要环节。上述问题最终还是要归结于项目进展评价与完工预测的问题。EVM 提供了回答这些问题、揭示问题缘由及解决问题的系统性方法。使用 EVM 可建立对项目进展评价的客观一致性标准与方法，可提供直观的项目执行监控图表，可根据当前数据预测项目完成时的情况，从而使得项目的进度、成本控制更加科学。

8.4.2 挣值分析法的原理与偏差分析

1. 挣值分析法的术语和步骤

挣值分析法（Earned Value Analysis，EVA）的独特之处在于将费用和进度统一起来考虑，用预算和成本衡量项目的进度，是项目成本/进度控制系统的重要组成部分。这种方法之所以称为挣值分析法是因为它使用了一个关键要素——挣值（也称为赢得值）。

挣值分析法的主要术语及其含义见表 8-5。

表 8-5 挣值分析法的主要术语及其含义

缩写	名称	词汇定义	使用方法	公式	结果说明
PV	计划价值	为计划工作分配的经批准的预算	某时间点（通常为数据日期或项目完成日期）计划完成工作的价值	—	—
EV	挣值	对已完成工作的测量，用已完成工作的批准预算来表示	某时间点（通常为数据日期）所有已完成工作的计划价值，与实际成本无关	EV = 已完成工作的计划价值之和	—
AC	实际成本	在给定时间段内，因执行项目活动而实际发生的成本	某时间点（通常为数据日期）所有已完成工作的实际成本	—	—
BAC	完工预算	为将要执行的工作所建立的全部预算的总和	总计划工作的价值，项目成本基准	—	—
CV	成本偏差	在某个给定时间内，预算亏空或盈余量，用挣值与实际成本之差表示	某时间点（通常为数据日期）已完成工作的价值与同一时间点的实际成本之差	CV = EV − AC	正值 = 低于计划成本 0 = 按计划成本 负值 = 超出计划成本
SV	进度偏差	在某个给定时间内，项目与计划交付日期相比的亏空或盈余量，用挣值与计划价值之差表示	某时间点（通常为数据日期）已完成工作的价值与同一时间点计划完成工作价值之差	SV = EV − PV	正值 = 比进度计划提前 0 = 按进度计划进行 负值 = 比进度计划滞后

(续)

缩写	名称	词汇定义	使用方法	公式	结果说明
VAC	完工偏差	对预算亏空量或盈余量的一种预测，是完工预算与完工估算之差	项目完成时的成本估算差距	VAC = BAC − EAC	正值 = 低于计划成本 0 = 按计划成本 负值 = 超出计划成本
CPI	成本绩效指数	测量预算资源的成本效率的一种指标，表示为挣值与实际成本之比	成本绩效指数（CPI）为1.0意味着项目完全按照预算进行，目前实际完成的工作与成本完全相同。其他值表示已完成工作的成本超出或低于预算的比例	CPI = EV/AC	大于1.0 = 低于计划成本 1.0 = 按计划成本进行 小于1.0 = 超出计划成本
SPI	进度绩效指数	测量进度效率的一种指标，表示为挣值与计划价值之比	进度绩效指数（SPI）为1.0意味着项目完全按进度计划进行，目前实际完成的工作与计划完成的工作完全相同。其他值表示计划的工作超出或低于预算成本的比例	SPI = EV/PV	大于1.0 = 比进度计划提前 1.0 = 按进度计划进行 小于1.0 = 比进度计划滞后
EAC	完工估算	完工所有工作所需的预算总成本，等于截至目前的实际成本加上完工尚需估算	如果预期项目剩余部分的CPI不变，完工估算（EAC）可利用以下方法进行	EAC = BAC/CPI	—
			如果未来工作将按计划速度就完成，则使用	EAC = AC + (BAC − EV)	
			如果最初计划不再有效，则使用	EAC = AC + 自下而上的ETC	
			如果CPI和SPI都会影响剩余工作，则使用	EAC = AC + (BAC − EV)/(CPI × SPI)	
ETC	完工尚需估算	完成所有剩余项目工作的预计成本	假设工作继续按计划进行，完成批准的剩余工作的成本可利用以下方法计算	ETC = EAC − AC	—
			重新自下而上估算剩余工作	ETC = 重新估算	
TCPI	完工尚需绩效指数	为了实现特定的管理目标，剩余资源的使用必须达成的成本绩效指标，是完成剩余工作所需成本与可用预算之比	为完成计划所必须保持的效率	TCPI = (BAC − EV)/(BAC − AC)	大于1.0 = 难以完成 1.0 = 完成 小于1.0 = 轻易完成
			为完成当前完工估算必须保持的效率	TCPI = (BAC − EV)/(EAC − AC)	大于1.0 = 难以完成 1.0 = 完成 小于1.0 = 轻易完成

应用挣值分析法的一般步骤是：

步骤1：在项目的检查点，确定挣值分析法的三个关键指标；根据成本基线，计算检查点上的计划价值 PV；记录到检查点为止项目成本使用的实际情况，确定实际成本 AC；度量到检查点为止项目任务的完成情况，计算挣值 EV。

步骤2：分析项目的成本绩效和进度绩效，开展偏差分析，计算项目的成本偏差和进度偏差，以及成本绩效指数 CPI 和进度绩效指数 SPI，判断项目执行情况。

步骤3：开展趋势预测。

步骤4：如果偏差超出允许范围，则需要找出原因，提出改正措施。

2. 挣值分析法的三个关键指标

挣值分析法将实际进度和成本绩效与绩效测量基准进行比较，把范围基准、成本基准和进度基准整合起来，形成绩效测量基准。它针对每个工作包和控制账户，计算并监测以下三个关键指标：PV（计划价值）、EV（挣值）和 AC（实际成本）。而挣值的计算需要使用一套被称为"挣值测量技术"的方法来判断进展中相关作业任务的完成百分比。PV、EV、AC 是开展 EVA 的基础参数。

为便于理解，本章以项目 P 为例解释挣值分析法的参数及基本原理。

【例 8-2】

假设项目 P 是在预定的时间和成本范围内建造一座办公大楼，项目于 2023 年年初动工，项目预算为 100 万美元，计划工期 12 个月，根据进度计划，项目在第 6 个月月底时应完成 50% 的工作量。而实际上，项目在第 6 个月月底时只完成了 40% 的工作量；在第 6 个月月底时，项目实际已支出 70 万美元。请对该项目进行挣值分析。

请注意，该例子的分析过程贯穿本章的始终。

（1）计划价值 PV

计划价值（Planed Value，PV），是为计划工作分配的经批准的预算，是为完成某活动或工作分解结构（WBS）组成部分而准备的一份经批准的预算，不包括管理储备。应该把该预算分配至项目生命周期的各个阶段；在某个给定的时间点，计划价值代表应该已经完成的工作。PV 的总和有时被称为绩效测量基准（PMB），项目的总计划价值又称为完工预算（Budget At Completion，BAC）。

以往，PV 也被称为 BCWS（Budgeted Cost of Work Scheduled），即根据进度计划，在某一时刻应当完成的工作（或部分工作），以预算为标准所需要的资金总额，又称"计划投资额"。

以【例 8-2】项目 P 为例，在第 6 个月月底时计划应完成 50% 的工作量，则计划价

值 PV 的计算公式如下

$$PV = 计划工作量 \times 预算定额 = 50\% \times 100 = 50（万美元）\tag{8-3}$$

(2) 挣值 EV

挣值（Earned Value，EV）是对已完成工作的测量值，用该工作的批准预算来表示，是已完成工作的经批准的预算。EV 是在某一时刻项目进展的体现，反映当时所完成工作对应的预算成本。EV 由工作包及作业任务上的预算成本乘以当时完成百分比并按时间分摊后累计汇总得出。项目经理既要监测 EV 的增量，以判断当前的状态，又要监测 EV 的累计值，以判断长期的绩效趋势。

以往，EV 也被称为 BCWP（Budgeted Cost of Work Performed），是指在某一时刻已经完成的工作（或部分工作），以批准认可的预算为标准所需要的资金总额，即"已完成投资额"。

以【例 8-2】项目 P 为例，在第 6 个月月底时已完成 40% 的工作量，则挣值 EV 的计算公式如下

$$EV = 已完成工作量 \times 预算定额 = 40\% \times 100 = 40（万美元）\tag{8-4}$$

(3) 实际成本 AC

实际成本（Actual Cost，AC）是在给定的时段内，执行某活动而实际发生的成本，是为完成与 EV 相对应的工作而发生的总成本。AC 的计算方法必须与 PV 和 EV 的计算方法保持一致（如都只计算直接小时数，都只计算直接成本，或都计算包含间接成本在内的全部成本）。AC 没有上限，为实现 EV 所花费的任何成本都要计算进去。

以往，AC 也被称为 ACWP（Actual Cost of Work Performed），即到某一时刻为止，已完成的工作（或部分工作）所实际花费的总金额，又称"消耗投资额"。

以【例 8-2】项目 P 为例，在第 6 个月月底时已实际支出 70 万美元，则实际成本 AC 为 70 万美元。

图 8-12 所示为用挣得值法分析得到的评价曲线，PV、AC 和 EV 都是 S 曲线。上述三个费用值实际上是三个关于时间（进度）的函数，即

- $PV(t)$，$(0 \leqslant t \leqslant T)$
- $EV(t)$，$(0 \leqslant t \leqslant T)$
- $AC(t)$，$(0 \leqslant t \leqslant T)$

式中，T 表示项目完成时点；t 表示项目进展中的监控时点。

在正常状态下，PV、AC 与 EV 三条 S 曲线应该靠得很紧密，平稳上升，表明项目按照人们所期望的进行。如果三条曲线的离散度很大，则表示项目实施过程中有重大的问题隐患或已经发生了严重问题，应该对项目进行重新评估和安排。

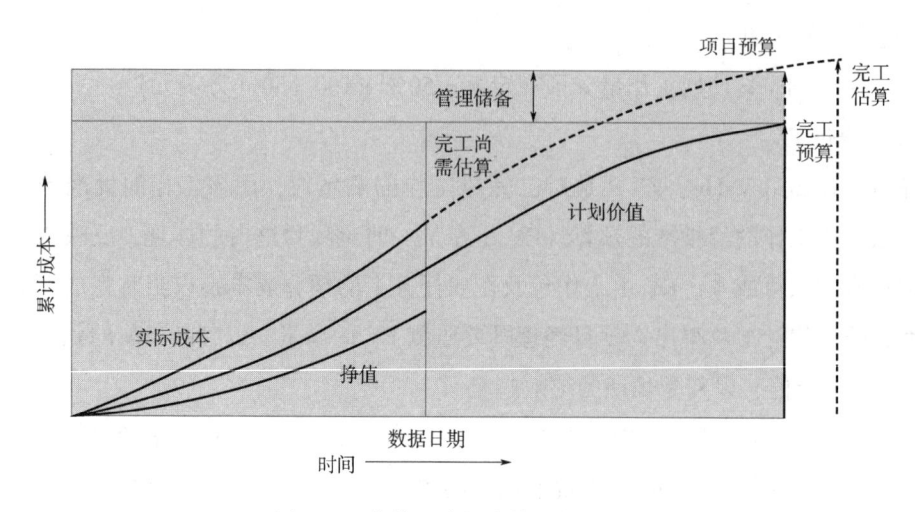

图 8-12 挣值、计划价值和实际成本

3. 偏差分析和绩效分析

依据 PV、EV、AC 三个数值，可以运用挣值法开展偏差分析、趋势分析和储备分析。在 EVA 中，偏差分析用包括：成本偏差、进度偏差和完工偏差（VAC = BAC – EAC）。

（1）成本偏差 CV

成本偏差（Cost Variance，CV）是在某个给定时点的预算亏空或盈余量，它是测量项目成本绩效的一种指标，等于挣值 EV 减去实际成本 AC。项目结束时的成本偏差，就是完工预算（BAC）与实际成本之间的差值。CV 的计算公式如下

$$CV = EV - AC \tag{8-5}$$

当 CV 为负值时，表示项目运行超支，实际费用超出预算费用；当 CV 为正值时，表示项目运行节支，实际费用没有超出预算费用。

以【例 8-2】项目 P 为例，在第 6 个月月底时已完成 40% 的工作，对应的预算成本为 40 万美元，而实际上已支出 70 万美元，费用超支，即

$$CV = EV - AC = 40 - 70 = -30（万美元）（费用超支） \tag{8-6}$$

（2）进度偏差 SV

进度偏差（Schedule Variance，SV）是测量进度绩效的一种指标，它是指在某个给定的时点项目提前或落后的进度，等于挣值 EV 减去计划价值 PV。SV 的计算公式如下

$$SV = EV - PV \tag{8-7}$$

当 SV 为负值时，表示进度延误，即实际进度落后计划进度；当 SV 为正值时，表示进度提前，即实际进度快于计划进度。

对【例 8-2】项目 P 而言，在第 6 个月月底时，计划完成 50% 的工作量，对应的计

划价值为 50 万美元，而实际已完成 40% 的工作，对应的预算成本为 40 万美元，项目进度落后，即

$$SV = EV - PV = 40 - 50 = -10 \text{（万美元）（进度落后）} \tag{8-8}$$

（3）成本绩效指数 CPI

成本绩效指数（Cost Performance Index，CPI）是测量预算资源的成本效率的一种指标，表示挣值 EV 与实际成本 AC 之比。它是最关键的挣值分析评价指标，用来测量已完成工作的成本效率。CPI 的计算公式如下

$$CPI = EV/AC \tag{8-9}$$

当 CPI 小于 1.0 时，说明已完成工作的成本超支；当 CPI 大于 1.0 时，则说明到目前为止成本有结余。

以【例 8-2】项目 P 为例，截至第 6 个月月底，项目实际投入 70 万美元，仅完成价值 40 万美元的工作，资源的使用效率低，即

$$CPI = EV/AC = 40/70 = 0.571 \text{（费用超支）} \tag{8-10}$$

该项目的 CPI = 0.571 表示该项目到目前为止花的每 1 美元实际上仅完成了价值 0.57 美元的工作。

（4）进度绩效指数 SPI

进度绩效指数（Schedule Performance Index，SPI）是测量进度效率的一种指标，表示挣值 EV 与计划价值 PV 之比，反映了项目团队完成工作的效率。有时与成本绩效指数 CPI 一起使用，以预测项目的最终完工估算。SPI 的计算公式如下

$$SPI = EV/PV \tag{8-11}$$

当 SPI 小于 1.0 时，说明已完成的工作量未达到计划要求，项目拖期；当 SPI 大于 1.0 时，则说明已完成的工作量超过计划，项目提前。

以【例 8-2】项目 P 为例，截至第 6 个月月底，项目完成价值 40 万美元的工作，而计划完成 50 万美元的工作量，实际执行效率仅有 80%，即

$$SPI = EV/PV = 40/50 = 0.80 \text{（进度拖期）} \tag{8-12}$$

此外，由于 SPI 测量的是项目的总工作量，严格来说，为了判断项目进度是否拖期，需要对项目关键路径上所有活动的绩效进行单独分析，以确认项目是否将比计划完成日期提前或推迟完工。

在这 4 个指标中，前两者和后两者的基本作用是相同的，都是综合起来判断项目在检查点上的执行情况。不同的是前两者是绝对指标，仅适用于项目内判断；后两者是相对指标，还可用于项目之间的比较。

【例8-3】

某项目已完成任务的预算成本为850美元，截至目前的实际成本为550美元；活动完成了70%，但计划完成80%。请计算该项目的成本与进度偏差，以及成本与进度绩效。

【解】

1) 计算PV、EV、AC，公式如下

PV = 0.8 × 850 美元 = 680 美元

EV = 0.7 × 850 美元 = 595 美元

AC = 550 美元

2) 计算项目的成本与进度偏差，以及成本与进度绩效，公式如下

成本偏差 = EV − AC = 595 美元 − 550 美元 = 45 美元（费用节约）

进度偏差 = EV − PV = 595 美元 − 680 美元 = −85 美元（进度拖期）

CPI = EV/AC = 1.082（费用节约）

SPI = EV/PV = 0.875（进度拖期）

表8-6给出了采用挣值法时可能出现的情况及应采用的措施。

表8-6 采用挣值法时可能出现的情况及应采用的措施

序号	图例	参数关系	分析	应采用的措施
1		AC > PV > EV CV < 0, SV < 0	效率低 进度较慢 投入超前	用高效率人员替换低效率人员
2		PV > AC > EV CV < 0, SV < 0	效率较低 进度慢 投入延后	增加高效人员的投入
3		EV > AC > PV CV > 0, SV > 0	效率较高 进度快 投入超前	抽出部分人员放慢进度
4		EV > PV > AC CV > 0, SV > 0	效率高 进度较快 投入延后	如果偏离不大，可以维持原状

(续)

序号	图例	参数关系	分析	应采用的措施
5		AC > EV > PV CV < 0, SV > 0	效率较低 进度较快 投入超前	抽出部分人员，增加少量骨干人员
6		PV > EV > AC CV > 0, SV < 0	效率较高 进度较慢 投入延后	迅速增加人员投入

8.4.3 趋势分析

1. 完成尚需估算（完成剩余的工作预计还需要多少费用）

随着项目的进展，项目团队需要根据项目绩效重新对完工估算（Estimate At Completion，EAC）进行预测。EAC 是指完成所有工作所需的预期总成本，等于截至目前的实际成本加上完工尚需估算。

依据项目的进展状况，如果最初的完工预算 BAC（Budget At Completion）已明显不再可行，则项目经理应考虑对 EAC 进行预测。预测 EAC 是根据当前掌握的绩效信息和其他知识预计项目未来的情况和事件。预测要根据项目执行过程中所提供的工作绩效数据来产生、更新和重新发布。工作绩效信息包含项目过去的绩效，以及可能在未来对项目产生影响的任何信息。

在计算 EAC 时，通常用已完成工作的实际成本加上剩余工作的完工尚需估算（Estimate To Complete，ETC），ETC 表示剩余工作将消耗的费用。在估算 ETC 时，项目团队可以根据已有的经验，考虑实施剩余工作可能遇到的各种情况，将挣值分析与手工预测 EAC 方法联合起来使用，由项目经理和项目团队手工进行的自下而上汇总方法（也称为管理估算），就是一种最普通的 EAC 预测方法。项目经理所进行的自下而上的 EAC 估算，就是以已完成工作的实际成本为基础，并根据已积累的经验来为剩余项目工作编制一个新估算。

以【例 8-2】项目 P 为例，在第 6 个月月底，AC 为 70 万美元，项目经理根据经验认为剩余工作需要支出 50 万美元，则完工估算 EAC 为

EAC = AC + 自下而上的 ETC = 70 + 50 = 120（万美元）

为了检验上述管理估算，组织可以用一个计算估算的 ETC（Calculated ETC）与之

进行比对。在计算 EAC 值时，经常会使用累计 CPI 和累计 SPI 值。可以很方便地把项目经理手工估算的 EAC 与计算得出的一系列 EAC 做比较，这些计算得出的 EAC 代表不同的风险情景。下面介绍三种常用的 EAC 估算方法。

1）假设以当前 CPI 完成剩余工作（ETC）。这种方法假设项目将按截至目前的情况继续进行，即 ETC 工作将按项目截至目前的累计成本绩效指数 CPI 实施。通过计算估算的 ETC 还可以得出完工估算（EAC），用来与管理估算的 EAC 进行比较，具体如下

$$ETC = (BAC - EV)/CPI$$

$$EAC = AC + ETC$$

以【例 8-2】项目 P 为例，计算估算的 ETC 和 EAC 的计算方式分别如下

$$ETC = (BAC - EV)/CPI = (100 - 40)/0.571 = 105.1（万美元）$$

$$EAC = AC + ETC = 70 + 105.1 = 175.1（万美元）$$

请注意，上述 EAC 公式与下面这个 EAC 公式是等价的，即假设项目按照当前成本绩效指数完成剩余工作，则

$$EAC = BAC/CPI = AC + [(BAC - EV)/CPI]$$

以【例 8-2】项目 P 为例，假设按照当前成本绩效指数完成剩余工作，则完工估算 EAC 为

$$EAC = BAC/CPI = 100/0.571 = 175.1（万美元）$$

2）假设将按最初的预算完成剩余工作（ETC）。这种方法承认以实际成本表示的累计实际项目绩效，并预计未来的全部 ETC 工作都将按最初的预算（BAC）单价完成。如果目前的实际绩效不好，则只有在进行项目风险分析并取得有力证据后，才能做出"未来绩效将会改进"的假设。

以前述【例 8-2】项目 P 为例，假设按最初的预算完成剩余工作，则完工估算 EAC 为

$$EAC = AC + (BAC - EV) = 70 + (100 - 40) = 130（万美元）$$

3）假设 SPI 与 CPI 将同时影响剩余工作（ETC）。在这种预测中，需要计算一个由成本绩效指数与进度绩效指数综合决定的效率指标，并假设 ETC 工作将按该效率指标完成。如果项目进度对 ETC 有重要影响，这种方法最有效。使用这种方法时，还可以根据项目经理的判断，分别给 CPI 和 SPI 赋予不同的权重，如 80/20、50/50 或其他比率。

以【例 8-2】项目 P 为例，假设成本与进度同时影响效率，完工估算 EAC 为

$$EAC = AC + (BAC - EV)/(CPI \times SPI) = 70 + (100 - 40)/(0.571 \times 0.80)$$
$$= 201.3（万美元）$$

在控制成本过程中，可以采用储备分析监督项目中应急储备和管理储备的使用情况，从而判断是否还需要这些储备，或者是否需要增加额外的储备。随着项目工作的进展，这些储备可能已按计划用于支付风险或其他应急情况的成本；反之，如果抓住机会节约了成本，那么节约下来的资金可能会增加到应急储备中，或作为盈利/利润从项目中剥离。如果已识别的风险没有发生，就可能要从项目预算中扣除未使用的应急储备，为其他项目或运营腾出资源。同时，在项目中开展进一步风险分析，可能会发现需要为项目预算申请额外的储备。

2. 完工偏差（费用将会超支还是会有结余）

在计算出 EAC 后，项目经理就可以计算出完工时总的成本偏差（Variance at Completion，VAC）。完工偏差能帮项目团队预测，当项目工作全部完成时，项目的总费用会超支，还是会有结余，其值等于 BAC 减去 EAC 之差。对【例8-2】项目 P 而言

$$VAC = BAC - EAC = 100 - 175.1 = -75.1（万美元）$$

换言之，如果保持目前的绩效水平不变，项目完工时将比原计划多消耗 75.1 个单位的资源。这个值也可以用 VAC 与 BAC 的百分比形式表示

$$VAC\% = VAC/BAC = -75.1/100 = -75.1\%$$

3. 完工时间估算（将在什么时候完成工作）

假设项目的时间利用率还将保持同样的趋势，项目团队就可以利用进度绩效指数（SPI）和单位时间的计划价值（PV），对项目的完工时间做出一个粗略的估算，并把它与原计划的完工时间进行比较。对于【例8-2】项目 P 而言

$$EAC_t = (BAC/SPI)/(BAC/ 原计划完工的月数)$$
$$= (100/0.80)/(100/12) = 15（月）$$

该项目最初预计的完工时间为 12 个月，如果继续保持当前的工作节奏，项目经理现在就可以预期到项目将延期 3 个月完成。需要着重指出的是，这种方法所产生的只是一个非常粗略的估算，因此，必须时常与那些基于时间的进度方法（如关键路径法等）所反映的情况进行对比。因为当挣值分析显示进度偏差为零时，项目还是有可能发生进度滞后的。例如，按计划应该在项目后期完成的任务，却被提前到关键路径中的任务之前完成。

4. 完工尚需绩效指数（应该以怎样的利用率使用剩余的资源）

另一个非常有用的指标就是完工尚需绩效指数（To-Complete Performance Index，TCPI）。TCPI 是指为了实现具体的管理目标（如 BAC 或 EAC），剩余工作的实施必须达到的成本绩效指标，是完成剩余工作所需的成本与剩余预算之比。如果 BAC 已明显

不再可行，则项目经理应考虑使用预测的 EAC。经过批准后，就用 EAC 取代 BAC。基于 BAC 的 TCPI 计算公式如下

$$TCPI = (BAC - EV)/(BAC - AC)$$

TCPI 的概念可用图 8-13 表示。其计算公式在图的左下角，用剩余工作（BAC - EV）除以剩余资金（可以是 BAC - AC，或 EAC - AC）。

以【例 8-2】项目 P 为例，基于 BAC 的 TCPI 为

$$TCPI = (BAC - EV)/(BAC - AC) = (100 - 40)/(100 - 70) = 2.0$$

这个值意味着，为了使项目 P 能够在完工时实现完工预算，在执行剩余工作时，必须将工作绩效从 CPI 为 0.571 的水平提高到 TCPI 为 2.0 的水平。

如图 8-13 所示，如果累计 CPI 低于基准，那么项目的全部剩余工作都应立即按 TCPI（完工预算 BAC）（图 8-13 中最高的那条线）执行，才能确保实际总成本不超过批准的 BAC。至于所要求的这种绩效水平是否可行，就需要综合考虑多种因素（包括风险、项目剩余时间和技术绩效）后才能判断；如果不可行，就需要把项目未来所需的绩效水平调整为如 TCPI（完工估算 EAC）线所示。基于 EAC 的 TCPI 公式为

$$TCPI = (BAC - EV)/(EAC - AC)$$

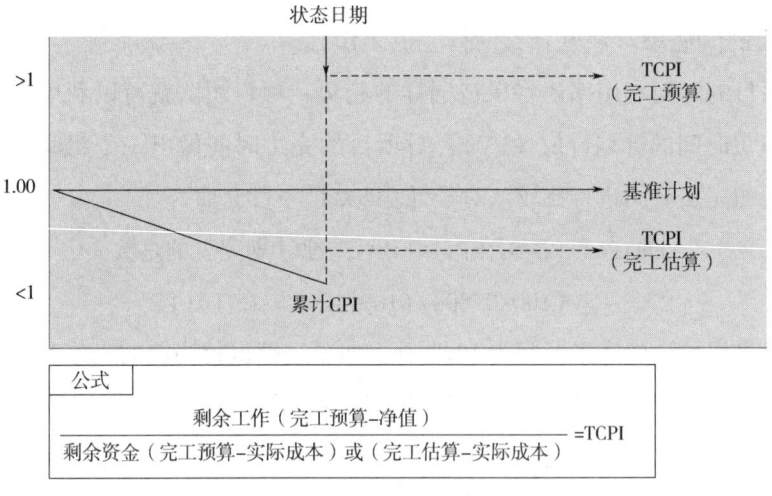

图 8-13 完工尚需绩效指数（TCPI）

【例 8-4】

如图 8-14 所示，某工程项目总预算是 100 万元，计划在第 6 周完成 60% 的工作量，实际在第 6 周检查时，发现已完成 70% 的工作量，实际成本花费了 75 万元。请对其：①分析项目的进度、成本偏差和绩效指数；②计算项目的完工尚需绩效指数，假设项目后续仍将以当前 CPI 完成剩余工作，请计算完工尚需估算 ETC、完工估算 EAC 和完

工偏差 VAC。

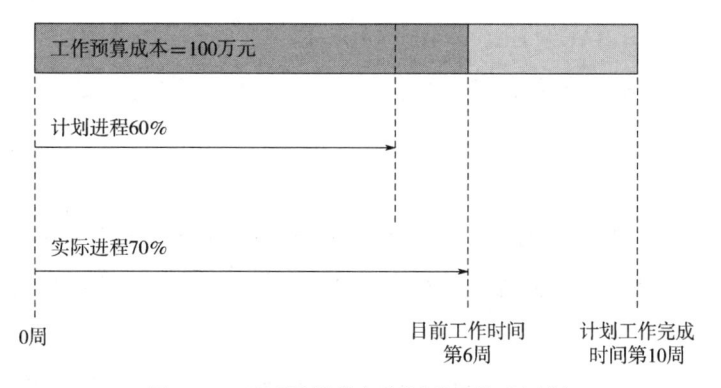

```
工作预算成本=100万元
计划进程60%
实际进程70%
0周                目前工作时间    计划工作完成
                   第6周          时间第10周
```

图 8-14 项目计划值与实际进展情况图例

【解】

(1) 分析项目当前的进度、成本偏差和绩效指数

1) 按基线计划，项目完工预算 BAC = 100 万元。

2) 在检查点，应完成 60% 的工作量，即计划价值 PV = 60% × 100 = 60（万元）。

3) 实际完成了 70% 的工作量，即挣值 EV = 70% × 100 = 70（万元）。

4) 实际成本 AC = 75 万元。

因此，在检查点，项目的成本偏差 CV = EV − AC = 70 − 75 = −5（万元），项目的成本绩效指数 CPI = EV/AC = 70/75 = 0.933,3。成本偏差为负代表项目费用超支，成本绩效指数小于 1.0 则说明截至检查点花的每 1 元钱实际上仅完成了价值为 0.933,3 元的工作，项目资源的使用效率低。

在检查点，项目的进度偏差 SV = EV − PV = 70 − 60 = 10（万元），进度绩效指数 SPI = EV/PV = 70/60 = 1.17。进度偏差为正值，代表截至检查点，项目进度超前；进度绩效指数大于 1.0 意味着已完成的工作量超过计划要求，实际执行率为 117%，项目提前。

(2) 分析项目的未来趋势

若要求该项目需在完工时实现完工预算，则完工尚需绩效指数为

   TCPI = (BAC − EV)/(BAC − AC) = (100 − 70)/(100 − 75) = 1.2

这意味着，为使项目在完工时实现完工预算，在执行剩余工作时，必须将工作绩效从 CPI 为 0.933,3 的水平提高到 TCPI 为 1.2 的水平。

若项目将按照检查点的 CPI 继续实施，则

完工尚需估算 ETC = (BAC − EV)/CPI = (100 − 70)/0.933,3 = 32.14（万元）

完工估算 EAC = AC + ETC = 75 + 32.14 = 107.14（万元）或者 EAC = BAC/CPI =

107.14（万元）

完工偏差 VAC = BAC - EAC = 100 - 107.14 = -7.14（万元），即项目完工时将比原计划多消耗 7.14 万元的资源。

【例 8-5】

假设你是一名负责安装机场的安全系统项目经理，你的基线计划如下：

- 第一周，派出一个团队在天津机场安装 10 个系统，该工作包的预算是每个系统 1500 元。
- 第二周，该团队将在首都机场安装 10 个系统，该工作包的预算是每个系统 2200 元。
- 第三周，该团队将在上海虹桥机场安装 10 个系统，该工作包的预算是每个系统 3000 元。

在进行到一个半星期时检查该项目，发现已安装 13 个系统，已发生的实际成本累计 24,500 元。

请对其：①分析项目的进度、成本偏差和绩效指数；②分析项目未来趋势，即完工尚需绩效指数，并针对各种可能的不同情况计算 VAC、EAC 和 ETC。

【解】

（1）分析项目的进度、成本偏差和绩效指数

1）按基线计划，项目完工预算 BAC = 10 × 1500 + 10 × 2200 + 10 × 3000 = 67,000（元）。

2）在检查点，应完成 15 个系统的安装，即计划价值 PV = 10 × 1500 + 5 × 2200 = 26,000 元。

3）实际仅完成 13 个系统的安装，即挣值 EV = 10 × 1500 + 3 × 2200 = 21,600 元。

4）实际成本 AC = 24,500 元。

因此，在检查点，项目的成本偏差 CV = EV - AC = 21,600 - 24,500 = -2900 元，成本绩效指数 CPI = EV/AC = 21,600/24,500 = 0.881,6。成本偏差为负代表项目费用超支，成本绩效指数小于 1.0 说明截至目前花的每 1 元钱实际上仅完成了价值为 0.881,6 元的工作，项目资源的使用效率低。

在检查点，项目的进度偏差 SV = EV - PV = 21,600 - 26,000 = -4400 元，进度绩效指数 SPI = EV/PV = 21,600/26,000 = 0.831。进度偏差为负代表截至目前项目进度落后，进度偏差绩效指数小于 1.0 则说明已完成的工作量未达到计划要求，实际执行效率仅有 83.1%，项目拖期。

(2) 分析项目未来趋势

若要求该项目需在完工时实现完工预算，则完工尚需绩效指数为

TCPI = (BAC - EV)/(BAC - AC) = (67,000 - 21,600)/(67,000 - 24,500) = 1.1

这意味着，为使项目在完工时实现完工预算，在执行剩余工作时，必须将工作绩效从 CPI 为 0.881,6 的水平提高到 TCPI 为 1.1 的水平。

ETC、EAC 的估算可以分为三种情况：

1) 若项目将按照检查点的 CPI 继续实施，则

完工尚需估算 ETC = (BAC - EV)/CPI = (67,000 - 21,600)/0.881,6 = 51,497（元）

完工估算 EAC = AC + ETC = 24,500 + 51,497 = 75,997（元）

或者 EAC = BAC/CPI = 67,000/0.881,6 = 75,997（元）

完工偏差 VAC = BAC - EAC = 67,000 - 75,997 = -8997（元），即项目完工时将比原计划超支 8997 元。

2) 若项目剩余的工作将按照最初的预算完成，则

$$ETC = BAC - EV = 67,000 - 21,600 = 45,400（元）$$
$$EAC = AC + ETC = 24,500 + 45,400 = 69,900（元）$$

VAC = BAC - EAC = 67,000 - 69,900 = -2900（元），即项目完工时将比原计划超支 2900 元。

3) 假设 SPI 与 CPI 共同影响项目剩余工作的完成，则

ETC = (BAC - EV)/(CPI × SPI) = (67,000 - 21,600)/(0.881,6 × 0.831) = 61,970（元）
$$EAC = AC + ETC = 24,500 + 61,970 = 86,470（元）$$

VAC = BAC - EAC = 67,000 - 86,470 = -19,470（元），即项目完工时将比原计划超支 19,470 元。

8.4.4 异常管理

挣值管理为组织在项目中实施"异常管理"奠定了基础。异常管理能够帮助项目经理及其他工作人员专注于项目的实施过程，并只在必要的时候启动必要的控制与调整程序，能有效地提高项目管理的效率与效益。挣值管理的绩效测量指标与项目的工作分解结构（WBS）一起使用，能为实施"异常管理"提供所需的客观数据。

通过使用挣值管理，组织可以明确项目及其工作任务绩效的可接受范围。偏差百分比与效率指数都是最常用的指标。例如，某组织可将一个成本偏差（CV）正负 10% 的范围作为项目管理计划可接受的偏差范围。也就是说，只有当项目的成本偏差超出

这个可接受范围时，组织才会采取相应的管理行动。一般而言，负的偏差预示着潜在的问题，而正的偏差则可能预示着某种机遇。

由于挣值管理的第一对象是项目的任务层，因此，挣值管理就在该层上对工作的范围、进度和费用进行规划和控制，而"异常管理"也是从这一层开始着手的。项目管理人员利用挣值管理的绩效测量指标，来判断各任务和控制账目的绩效是否达到了需要采取纠偏行动的临界值。同时，通过工作分解结构，可将整个项目的所有任务和控制账目结合起来，从而能在项目的（尤其是WBS中）任何一个层次上实施挣值管理和"异常管理"。

尽管偏差和效率临界值在挣值管理中很常用，但抛开这些临界值不说，单是一个项目绩效测量指标的趋势，就已经能帮项目经理解释或预测出一些潜在的问题了。例如，某个成本绩效指数（CPI）已经在几个绩效测量周期内均保持下降的趋势，尽管这个CPI始终维持在可接受的范围之内，但这种持续下降的趋势还是应该引起项目管理者足够的重视，或对其发生的原因进行检查。如果这种趋势发生在项目层，那么通过使用WBS就能帮助项目经理深入到更低的层次中，以研究引起这种趋势的深层原因。

在开展上述这些挣值分析时，各种根据偏差和效率数据所绘制的图形是非常有用的工具。例如，绘制出CV百分比或CPI随时间变化而变化的曲线，就能体现出这些数据的走势。计算机软件（尤其是那些专门为项目管理和挣值管理开发的软件）一般都具备自动生成这些图形的功能。

挣值管理能为项目的主要利益相关方提供大量有用的项目信息。然而，不同利益相关方对于所需信息的层次和类型却可能大不相同。客户、业主或高层管理者可能只需要一份简单的摘要报告，用来说明项目当前是否正在按进度、按预算运作。相比之下，项目经理所需的报告就要详细得多，因为项目经理需要据此来决定是否要对项目做出任何调整。

已经有很多种不同的方法可以用来呈现挣值管理数据，而这些方法都被用于满足利益相关方的各种需求。其中一些方法可以用在同一个项目中，从而能同时满足不同利益相关方的不同需求。最常用的一些方法包括：

● 横道图法。横道图可以作为一种用来进行数据间比较（如将计划价值与挣值相比较）的有效工具。

● 表格。表格是一种用来表示项目不同组成部分挣值管理结果的有效形式。例如，可以将项目的各个组成部分列成一竖列，将不同的挣值管理计算结果排成一横行，包括计划价值、挣值、实际成本、成本偏差、进度偏差、成本绩效指数、进度绩效指数、完工尚需绩效指数、完工预算、完工估算和完工偏差。表格能够帮助项目经理及其他高层利益相关方完整且清晰地了解项目各个组成部分目前的状况。通常表格可以作为 S 曲线的补充，用于进一步详细说明各个给定时点上项目的细节信息。

- S 曲线。S 曲线是用来表示挣值管理的累计绩效指标。挣值管理中最常用的 S 曲线是以一个 X-Y 坐标系为基础的曲线，该曲线以"时间"为横轴，以"资源"为纵轴。图 8-16 即为 S 曲线的一个例子，图中的三条曲线分别表示项目的计划价值、挣值和实际费用。这种图示能快速、有效地表示一项任务、一个控制账目或一个项目的整体绩效。

【例 8-6】

请以【例 8-2】项目 P 为例，采用横道图法、表格和 S 曲线，对其进行挣值分析。

如前所述，该项目于 2023 年年初开始动工，项目预算为 100 万美元，计划工期 12 个月，根据进度计划，项目在第 6 个月底时应完成 50% 的工作量，而实际上，项目在第 6 个月底时只完成了 40% 的工作量；在第 6 个月月底时，项目实际已支出 70 万美元。

【解】

1）由项目 P 的数据，如图 8-15 所示，采用横道图进行挣值分析，横道图上的数据是每个月计划完成的金额，图中黑色的倒三角表示在检查时间点（6 月底）计划应完成的工作。

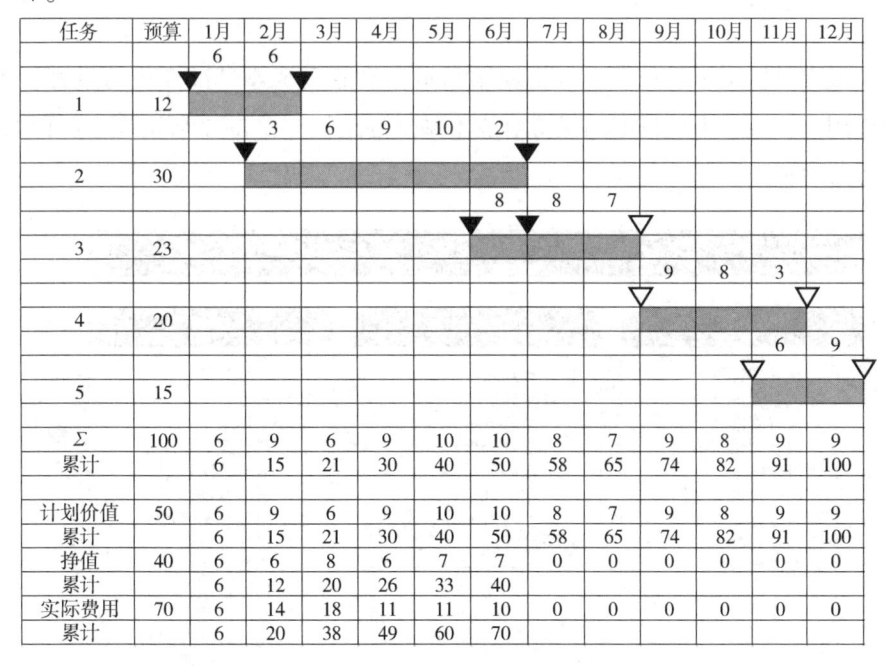

任务	预算	1月	2月	3月	4月	5月	6月	7月	8月	9月	10月	11月	12月
1	12	6	6										
2	30		3	6	9	10	2						
3	23						8	8	7				
4	20									9	8	3	
5	15											6	9
Σ	100	6	9	6	9	10	10	8	7	9	8	9	9
累计		6	15	21	30	40	50	58	65	74	82	91	100
计划价值	50	6	9	6	9	10	10	8	7	9	8	9	9
累计		6	15	21	30	40	50	58	65	74	82	91	100
挣值	40	6	6	8	6	7	7	0	0	0	0	0	0
累计		6	12	20	26	33	40						
实际费用	70	6	14	18	11	11	10	0	0	0	0	0	0
累计		6	20	38	49	60	70						

图 8-15 以项目 P 为例，采用横道图对项目进行挣值分析

2）由图 8-15 横道图，得到图 8-15 中项目 P 的 PV、EV、AC 数据。其中，挣值和实际费用都是由项目的进展数据得到。

3）由图 8-15 中数据得到图 8-16 所示的 PV、EV、AC 曲线。

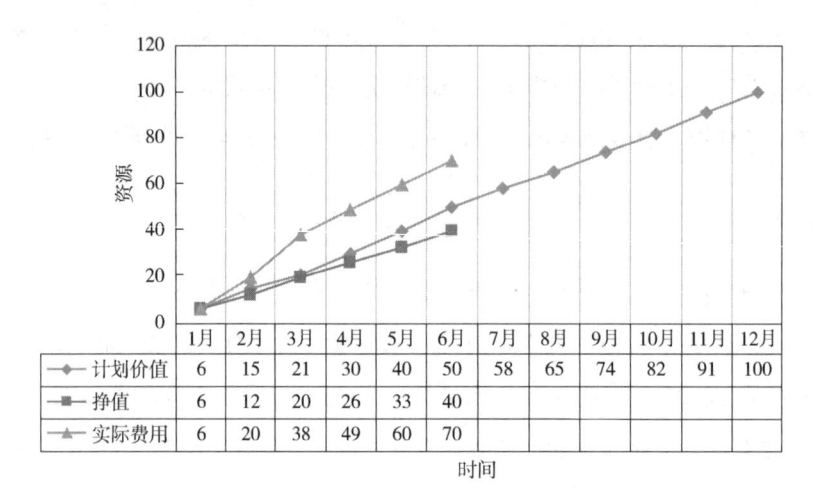

	1月	2月	3月	4月	5月	6月	7月	8月	9月	10月	11月	12月
计划价值	6	15	21	30	40	50	58	65	74	82	91	100
挣值	6	12	20	26	33	40						
实际费用	6	20	38	49	60	70						

图 8-16　项目 P 的 S 曲线

8.5　控制成本

控制成本是监督项目状态，以更新项目成本和管理成本基准变更的过程。本过程的主要作用是，在整个项目期间保持对成本基准的维护。图 8-17 所示为本过程的输入、工具与技术和输出。

控制成本

输入
1. 项目管理计划
  ·成本管理计划
  ·成本基准
  ·绩效测量基准
2. 项目文件
  ·经验教训登记册
3. 项目资金需求
4. 工作绩效数据
5. 组织过程资产

工具与技术
1. 专家判断
2. 数据分析
  ·挣值分析
  ·偏差分析
  ·趋势分析
  ·储备分析
3. 完工尚需绩效指数
4. 项目管理信息系统

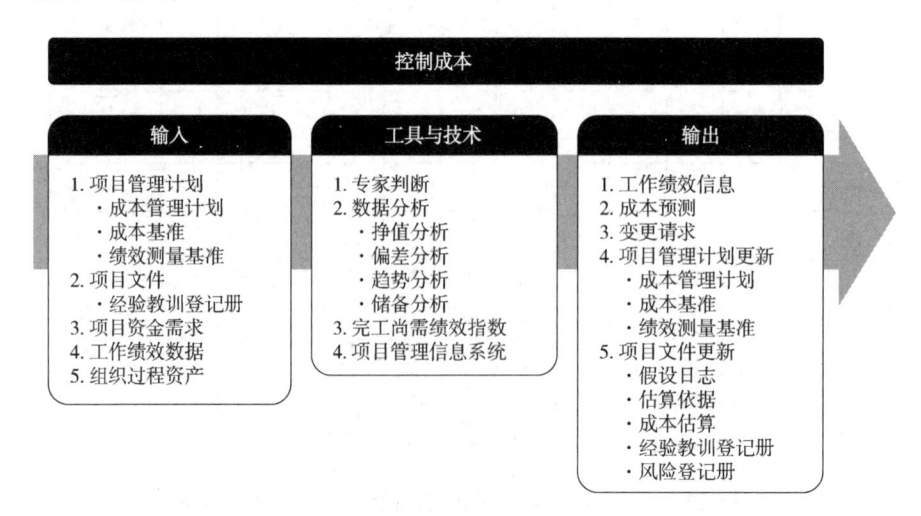

输出
1. 工作绩效信息
2. 成本预测
3. 变更请求
4. 项目管理计划更新
  ·成本管理计划
  ·成本基准
  ·绩效测量基准
5. 项目文件更新
  ·假设日志
  ·估算依据
  ·成本估算
  ·经验教训登记册
  ·风险登记册

图 8-17　控制成本：输入、工具与技术和输出

控制成本的主要工作内容包括：

- 对造成成本基准变更的因素施加影响。
- 确保所有变更请求都得到及时处理。
- 当变更实际发生时，管理这些变更。
- 确保成本支出不超过批准的资金限额，既不超出按时段、按 WBS 组件、按活动分配的限额，也不超出项目总限额。
- 监督成本绩效，找出并分析与成本基准间的偏差。
- 对照资金支出，监督工作绩效。
- 防止在成本或资源使用报告中出现未经批准的变更。
- 向利益相关方报告所有经批准的变更及其相关成本。
- 设法把预期的成本超支控制在可接受的范围内。

1. 本过程的输入

控制成本的主要输入包括：成本基准、绩效测量基准等。

2. 本过程的工具与技术

控制成本的主要工具与技术包括：挣值分析、偏差分析、趋势分析等。

3. 本过程的输出

控制成本的主要输出包括。

（1）工作绩效信息

工作绩效信息包括有关项目工作实施情况的信息（对照成本基准），可以在工作包层级和控制账户层级上评估已执行的工作和工作成本方面的偏差。对于使用挣值分析的项目，CV、CPI、EAC、VAC 和 TCPI 将记录在工作绩效报告中。

成本偏差的产生原因是很复杂的，往往需要对特定项目进行特定分析。对于费用预算，无论为一个合理和准确的预算付出了多少努力，预算依然只是在各种不确定情况和假设条件下做出的估算。只要未来情况的发展偏离了假设，预算就有可能需要变更。

（2）成本预测

无论是计算得出的 EAC 值，还是自下而上估算的 EAC 值，都需要记录下来，并传达给利益相关方。

（3）变更请求

分析项目绩效后，可能会就成本基准和进度基准或项目管理计划的其他组成部分提出变更请求。应该通过实施整体变更控制过程对变更请求进行审查和处理。

一般来说，引起预算变更的主要原因有三种：

1）技术的不确定。例如，由于所采用的技术成熟度低而导致不断进行技术攻关、新技术替代原有的技术等。

2）项目团队或客户对项目的需求有了新的变化。

3）竞争环境的变化，或相关法律、法规的变化。

项目预算变更经历的一般程序是：提出正式的书面更改申请，除非在紧急情况下进行口头申请，否则必须在处理之前形成书面文件；成本审批部门根据实际情况审查更改申请的合理性，做出同意、补充修改或拒绝申请的决策，如果通过，变更的预算将融入原来的预算中，同时一定要将新预算通知到相关部门。

案例：挣值管理在商用航空发动机项目管理中的应用[一]

案例详细介绍了中航商用航空发动机公司（以下简称"公司"）试点推行项目挣值管理的具体实施步骤。自试点推行项目挣值管理工作以来，公司在推进思路及具体细节方面逐步积累了一定的经验，研究并总结了一系列可供复制的工具和方法，本案例就此进行分析。

1 明确管理项目

项目管理部门通过对比挣值管理研究要求，确定挣值管理项目，挣值管理研究要求包括：项目经理全面负责项目计划进度和预算；项目工作范围清晰、完整；项目工作分解结构清晰可监控；项目控制账目明确，项目范围、预算和进度可整合；项目执行的计划进度和预算可监控。

2 编制控制账目计划

项目管理部门通过项目范围说明书分解工作任务，包括项目关键活动所需的资源种类、数量和里程碑点，并制定工作分解结构（WBS）和控制账目（CAP）。CAP是在项目WBS适当层次上设立的管理控制点，通过建立详细的CAP，对挣值项目进行有效整合。基于CAP制定项目计划和预算，是进行有效的进度、预算控制和挣值管理的基础。

项目管理部门明确项目控制账户，并在控制账目上按照"远粗近细"的原则建立并维护分阶段的预算基准（表1），项目预算分为差旅费、会议费、合同费和运行辅助费4个维度。成本基准一经核准审批，就必须由项目经理进行控制和维护，任何基准

[一] 案例源自：张秦牛. 挣值管理在商用航空发动机项目管理中的应用［J］. 财务与会计，2016，505（1）：58-60.

变更只有经过项目经理的批准才能予以实施,而所有经过批准的变更都必须立即加入原基准。

本案例选取商用航空发动机某预研项目进行操作介绍,该项目于 2015 年年初开始,在 2016 年 6 月结束。该项目的项目控制账目计划见表 1。

表 1　项目控制账目计划表

序号	活动	计划完工比例(%) 2015年1月	...	计划完工比例(%) 2015年12月	计划完工比例(%) 2016年6月	预算(万元) 2015年1月	...	预算(万元) 2015年12月	预算(万元) 2016年6月
1	气动设计技术研究	48.41	...	100.00	100.00	140.79	...	290.83	290.83
2	一体化设计技术研究	3.88	...	100.00	100.00	9.29	...	239.83	239.83
3	功能系统设计技术研究	1.89	...	84.34	100.00	17.99	...	133.63	158.44
4	反推力装置设计技术研究	2.27	...	76.64	100.00	6.29	...	212.13	236.94
5	风洞试验研究	0.44	...	100.00	100.00	2.29	...	527.23	527.23

挣值项目测量包括加权里程碑法、固定任务公式法、完成百分比估算法、以里程碑为控制点的完成百分比估算法、等价单元法、挣值标准、基于其他独立工作包的分配式绩效测量法和投入水平 8 种方法。为了对项目进行周期性的估算,同时避免完成百分比估算法主观性强的缺陷,公司选取以里程碑为控制点的完成百分比估算法来进行挣值测量,即在一整段主观绩效测量过程中,间歇地设立若干个里程碑作为绩效控制"关卡"。只有在达到一定的预设标准后,主观估算值才能越过一个里程碑。

3　建立项目成本基线

在项目计划表确定后,将各项任务对应的累计预算对应的点用光滑曲线连接起来,即构成成本基线,即 PV (图 1),该课题的总计划价值 BAC 是项目中各活动的预算加和,为 1,453.27 万元,公式如下

$$BAC = \sum 各活动预算 = 290.83 + 239.83 + 158.44 + 236.94 + 527.23 = 1,453.27（万元）$$

4　项目执行和跟踪

研究开发人员按照项目计划表开展研发活动。而计划应当从项目的角度统筹考虑,由项目主责部门负责评估供应商计划执行情况。

公司要求研发人员需于次月 3 号前,将任务交付完成情况提交项目负责人和项目管理部门审核。公司项目管理部门根据评估的任务交付完成情况,于次月 5 号前填写项目计划执行表。经评估,该项目 4 月的项目计划执行表见表 2。

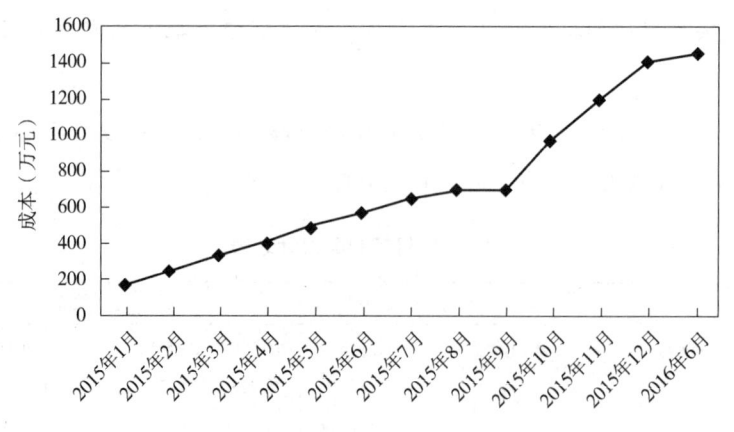

图1 项目成本基线（预算）

表2 该项目4月计划执行表

序号	活动	计划完工比例（%）	实际完成比例（%）
1	气动设计技术研究	73.64	73.65
2	一体化设计技术研究	25.09	25.09
3	功能系统设计技术研究	18.42	18.41
4	反推力装置设计技术研究	12.71	12.71
5	风洞试验研究	11.98	11.98

5 项目挣值监控和计算

财务部门于次月7号前，根据公司项目管理部门提供的项目计划表和项目执行表，以及项目实际成本的发生情况，计算EV、CPI、SPI、SV、CV、EAC等挣值指标并描绘挣值曲线，向项目管理部门提供挣值管理分析表和分析图，作为项目检查会的重要内容，综合分析项目进展、成本和预计资源使用状况。

以4月底为检查点，则该项目在4月底时各活动实际完成比例见表2，各活动计划价值见表1，已知在4月底时已实际支出422.11万元，经计算，得到该项目4月的挣值管理分析表（表3）。

表3 4月挣值管理分析表 （单位：万元）

预算 PV	实际花费 AC	挣值 EV	进度绩效指标 CPI	成本绩效指标 SPI	进度偏差 SV	成本偏差 CV	完工估算 EAC	完工尚需估算 ETC
401.88	422.11	396.82	0.99	0.94	−5.06	−25.29	1,471.80	1,049.69

表3中，挣值EV的计算公式如下

挣值 EV = $\sum$ 各活动实际完工比例 × 各活动计划价值 = 396.82（万元）

6 项目挣值分析

公司项目管理部门于次月15号前，综合项目进度、预算和挣值分析，对项目执行情况进行偏差分析，按照偏差幅度进行分类管理：

1）对于5%以内的偏差，会给予少量关注。

2）对于5%～10%的偏差，当月给予适度关注，要求分析原因，并重点关注下月指标是否好转，若下月仍无好转，转为10%以上偏差进行关注。

3）对于10%以上的偏差，给予重点关注，要求找出产生偏差的原因并采取相应的纠正措施和整改计划，形成项目执行情况分析报告。

在实际操作过程中，公司发现在预算编制准确的情况下，成本偏差的产生多是由进度偏差导致，因此，成本纠偏措施多数情况下会反映为进度纠偏措施。对于进度偏差，项目管理部门会要求主责部门投入资源、加快进度；如果不是因发生项目变更等因素产生的成本差值，项目管理部门会要求主责部门制定成本管控措施，防止寅吃卯粮的现象，以保证在有限的经费范围内完成项目任务。

▶讨论题

1. 通读案例并讨论，成本基准包括哪些内容？建立成本基线的主要步骤是什么？

2. 项目挣值分析的基本过程是什么？为什么采用挣值分析可以同时对项目的进度和成本进行管控？

3. 作为项目经理，面对案例中已发生的偏差与异常，可以如何解决？

4. 在项目挣值分析中，什么是控制账目？其作用是什么？

▶思考题

1. 假设你是某市政项目的项目经理，未来8个月的时间内，该项目需完成土地勘测与测量、方案评审、施工前准备三项任务，主要进行土地勘测与测量、设计方案评审、施工图设计、施工方案评审、施工前准备等五项活动，活动日程与预算见表4，请绘制未来8个月该项目的成本基线。

表4 项目进度日程的预算　　　　　　　　　（单位：万元）

各活动预算值	进度日程预算（项目日历：月）							
	1	2	3	4	5	6	7	8
土地勘测与测量1000	700	300						
设计方案评审200		80	120					
施工图设计1500			500	800	200			
施工方案评审500			100	150	250			
施工前准备4000					500	1500	1500	500

2. 某房地产项目总工作量30,000m², 预算造价（计划价格）为800元/m², 工期计划300天完成（注：每天应完成100m², 实现投资额8万元）。开工后的第30天, 业主的项目管理人员到现场核查, 发现已完工2500m², 而此时建筑商实际花费的工程款为300万元。试用挣得值法对项目进度及费用支出情况进行分析。

3. 假设你是一位负责老旧小区绿化改造的项目经理, 你的基线计划如下：

第一周, 派出一个团队负责移栽1000棵树, 该工作包的预算是每棵树200元。

第二周, 该团队将负责铺设1500m²草坪, 该工作包的预算是40元/m²。

第三周, 该团队将负责修剪1500棵树, 该工作包的预算是每棵树200元。

在进行到一个半星期时检查该项目, 发现已完成1000棵树的移栽, 并铺设了500m²草坪。到目前为止的成本累计是245,000元。

请分析项目的成本偏差/成本绩效、进度偏差/进度绩效、BAC、EAC和ETC。

4. 假设安装一个新的发电站合同, 管道由三个操作团队完成, 承包商为工作定价, 双方就工作进度达成一致。每个团队都有同样的目标：每星期安装1000m管道, 这是项目定价时估计者假定的产出速度, 管道的定价是100元/m。

请依据表5中的实际产出和实际成本计算成本和进度偏差, 并分析项目的进展状态。

表5 项目挣值分析数据

星期	团队	目标产出/m	实际产出/m	实际成本	BCWS	BCWP	CV	SV
1	1	1000	1000	10				
1	2	1000	1200	13				
1	3	1000	800	10				
2	1	2000	2000	20				
2	2	2000	2600	26				
2	3	2000	1800	20				
3	1	3000	3000	30				
3	2	3000	3800	40				
3	3	3000	2600	33				
4	1	4000	4000	40				
4	2	4000	5500	60				
4	3	4000	3200	43				

5. 某项目的挣值分析相关数据见表6（其中包括分解可交付成果）。

要求：识别该项目目前存在任何问题, 并确定一个可能的解决方案。

表 6　某项目的挣值分析数据

	BAC($)	PV($)	AC($)	EV($)	SV($)	SPI	CV($)	CPI
项目可交付成果	2,000,000	639,763	652,634	629,707	(10,056)	0.98	(22,927)	0.96
项目可交付成果设计	43,570	43,570	42,963	43,570	0	1.00	607	1.01
二级可交付成果(SD)1	692,590	332,750	319,675	307,847	(24,903)	0.93	(11,828)	0.96
SD1 设计	15,000	15,000	15,450	15,000	0	1.00	(450)	0.97
SD1-二级可交付成果(SS)1.1	253,820	123,410	123,325	123,410	0	1.00	85	1.00
SD1-SS1-设计	7560	7560	7600	7560	0	1.00	(40)	0.99
SD1-SS1-三级可交付成果1.1.1	123,750	61,875	63,120	61,875	0	1.00	(1245)	0.98
SD1-SS1-三级可交付成果1.1.2	65,450	32,725	31,855	32,725	0	1.00	870	1.03
SD1-SS1-三级可交付成果1.1.3	42,500	21,250	20,750	21,250	0	1.00	500	1.02
SD1-SS1-综合测试	14,560	0	0	0	0		0	
SD1-二级可交付成果(SS)1.2	198,620	97,360	98,450	98,600	1240	1.01	150	1.00
SD1-SS2-设计	5600	5600	5500	5600	0	1.00	100	1.02
SD1-SS2-三级可交付成果1.2.1	75,000	37,500	36,700	36,000	(1500)	0.96	(700)	0.98
SD1-SS2-三级可交付成果1.2.2	29,560	14,780	15,250	15,000	220	1.01	(250)	0.98
SD1-SS2-三级可交付成果1.2.3	78,960	39,480	41,000	42,000	2520	1.06	1000	1.02
SD1-SS2-综合测试	9500	0	0	0	0		0	
SD1-二级可交付成果(SS)1.3	200,150	96,980	82,450	70,837	(26,143)	0.73	(11,613)	0.86
SD1-SS3-设计	8560	8560	8400	8560	0	1.00	160	1.02
SD1-SS3-三级可交付成果1.3.1	56,000	28,000	27,350	22,400	(5600)	0.80	(4950)	0.82
SD1-SS3-三级可交付成果1.3.2	76,500	38,250	30,450	25,245	(13,005)	0.66	(5205)	0.83
SD1-SS3-三级可交付成果1.3.3	44,340	22,170	16,250	14,632	(7538)	0.66	(1618)	0.90
SD1-SS3-综合测试	14,750	0	0	0	0		0	
SD1-综合测试	25,000	0	0	0	0		0	

(续)

子可交付成果(SD)2	1,207,040	263,443	289,996	278,289	14,846	1.06	(11,707)	0.96
SD2 设计	16,750	16,750	16,856	16,750	0	1.00	(106)	0.99
SD2-二级可交付成果(SS)2.1	366,080	92,770	111,625	100,936	8166	1.09	(10,689)	0.90
SD2-SS1-设计	4400	4400	4000	4400	0	1.00	400	1.10
SD2-SS1-三级可交付成果2.1.1	236,000	59,000	75,875	66,080	7080	1.12	(9795)	0.87
SD2-SS1-三级可交付成果2.1.2	54,280	13,570	15,750	14,656	1086	1.08	(1094)	0.93
SD2-SS1-三级可交付成果2.1.3	63,200	15,800	16,000	15,800	0	1.00	(200)	0.99
SD2-SS1-综合测试	8200	0	0	0	0		0	
SD2-二级可交付成果(SS)2.2	470,000	120,000	120,320	120,000	0	1.00	(320)	1.00
SD2-SS2-设计	8500	8500	7695	8500	0	1.00	805	1.10
SD2-SS2-三级可交付成果2.2.1	146,000	36,500	37,000	36,500	0	1.00	(500)	0.99
SD2-SS2-三级可交付成果2.2.2	45,000	11,250	12,125	11,250	0	1.00	(875)	0.93
SD2-SS2-三级可交付成果2.2.3	255,000	63,750	63,500	63,750	0	1.00	250	1.00
SD2-SS2-综合测试	15,500	0	0	0	0		0	
SD2-二级可交付成果(SS)2.3	306,710	33,923	41,195	40,604	6681	1.20	(591)	0.99
SD2-SS3-设计	5000	5000	5200	5000	0	1.00	(200)	0.96
SD2-SS3-三级可交付成果2.3.1	56,400	5640	6995	7050	1410	1.25	55	1.01
SD2-SS3-三级可交付成果2.3.2	210,830	21,083	26,675	26,354	5271	1.25	(321)	0.99
SD2-SS3-三级可交付成果2.3.3	22,000	2200	2325	2200	0	1.00	(125)	0.95
SD2 综合测试	12,480	0	0	0	0		0	
项目可交付成果系统/验收测试	47,500	0	0	0	0		0	
	56,800							

第 9 章　项目质量管理

9.1　概述

9.1.1　项目质量管理的目的与基本过程

项目质量管理的目的：把组织的质量政策应用于规划、管理、控制项目和产品质量要求，以满足利益相关方目标。

满足项目的质量要求，是项目管理的重要目标。"质量就是生命""质量就是效益"，不论是从一个项目、一个组织还是从整个国家的角度，质量管理都是至关重要的，高质量发展是全面建设社会主义现代化国家的首要任务。2023 年 2 月中共中央、国务院印发的《质量强国建设纲要》指出，建设质量强国是推动高质量发展、促进我国经济由大向强转变的重要举措，是满足人民美好生活需要的重要途径。该纲要提出到 2025 年，中国的质量整体水平将进一步全面提高，中国品牌影响力稳步提升，人民群众质量获得感、满意度明显增强，质量推动经济社会发展的作用更加突出，质量强国建设取得阶段性成效。

高质量的工程项目是质量强国的主要组成部分。项目质量管理对于项目的成败至关重要。项目质量管理的对象涉及项目可交付成果与项目管理两个方面，即产品的质量和工作的质量。无论什么项目，若未达到质量要求，都会给项目的某个或全部利益相关方带来严重的负面后果，例如：

• 为满足项目进度要求而让项目团队超负荷工作，就可能导致员工疲劳、出错或返工，进而导致质量下降、整体项目风险增加。

• 为满足项目进度目标而仓促完成预定的质量检查，就可能造成检验疏漏、利润下降，以及后续风险增加。

因此，需要综合权衡项目管理措施对项目质量、进度、成本的影响，避免通过牺牲质量来赶工或压缩成本。

项目质量管理的主要过程包括：

1）规划质量管理。识别项目及其可交付成果的质量要求和/或标准，并书面描述项目将如何证明符合质量要求和/或标准的过程。

2）管理质量。把组织的质量政策用于项目，并将质量管理计划转化为可执行的质量活动的过程。

3）控制质量。为了评估绩效，确保项目输出完整、正确，并满足客户期望，而监督和记录质量管理活动执行结果的过程。

上述各项目质量管理过程的联系与区别在于：规划质量管理过程关注工作需要达到的质量要求，管理质量则关注管理整个项目期间的质量；在规划质量管理过程中识别的质量要求，成为测试与评估工具，将用于管理质量和控制质量过程，以确认项目是否达到这些质量要求；控制质量关注工作成果与质量要求的比较，核实项目可交付成果和工作已经达到主要利益相关方的质量要求，以确保项目的结果可接受；管理质量关注对项目过程的管理，并使用控制质量过程的数据和结果，向利益相关方展示项目的总体质量状态。

虽然各项目质量管理过程通常以界限分明、相互独立的形式出现，但在实践中，它们会相互交叠、相互作用。

9.1.2 核心概念与术语

1. 质量

国际标准化组织发布的 ISO 9000：2015《质量管理体系——基础和术语》中将质量概括为"一组固有特性满足要求的程度"。

该定义包括以下内涵：

1）质量的主体是产品、体系、项目或过程，质量的客体是客户和其他相关方。一方面，质量的主体不仅指产品，也可以是某项活动或过程的工作质量，还可以是质量管理体系运行的质量；另一方面，客体不同，对同一主体的评价也不同。

2）质量的关注点是一组固有的特性，而不是赋予的特性。对产品来说，例如，水泥的化学成分、细度、凝结时间、强度是固有特性，而价格是赋予特性。

3）质量是满足要求的程度，要求包括明示的、隐含的和必须履行的要求和期望。这里，明示的要求表示规定的要求，是由客户明确提出的要求或需要，通常是指产品的标准规范、图样、技术参数等，由供需双方以合同的方式签订，要求供方保证实现。

隐含是指组织、客户和其他利益相关方的惯例或一般做法，是公认的、不言而喻的、必须履行的要求。例如，汽车尾气排放必须达到国家标准，就是汽车生产厂商必须履行的要求。在项目范围内，质量管理的重要方面是通过项目范围管理把隐含需要转变为明确需要项目是应业主的要求进行的，不同的业主有着不同的质量要求，其意图已反映在项目合同中。因此，项目合同是进行项目质量管理的主要依据。因此，质量就是主体中能够满足明确和隐含需要能力特性的总和。

4）质量的动态性。质量要求不是固定不变的，随着技术的发展和生活水平的提高，人们会对产品、项目、过程或体系提出新的质量要求。因此，应定期评定质量要求，修订规范，不断开发新产品、改进老产品，以满足已变化的质量要求。

5）质量的相对性。不同国家、不同地区，由于自然环境条件、技术发达程度、消费水平和风俗习惯不同，会对产品（项目）提出不同的要求，产品（项目）应具有这种环境适应性。

2. 质量与等级的区分

质量与等级是不同的概念。质量是实现的性能或成果。等级是设计意图，是对用途相同但技术特性不同的可交付成果的级别分类。项目经理及项目管理团队负责权衡，以便同时达到所要求的质量与等级水平。质量水平未达到质量要求肯定是一个问题，而低等级产品不一定是一个问题。例如：

- 一个低等级（功能有限）产品具备高质量（无明显缺陷），也许不是一个问题。该产品适合一般使用。
- 一个高等级（功能繁多）产品质量低（有许多缺陷），也许是一个问题。该产品的功能会因质量低劣而无效和/或低效。

3. 质量保证

质量保证是传统质量管理的重要方法，理解它们的含义对于正确理解项目质量管理非常重要。质量保证是审计质量要求和质量控制测量结果，确保采用合理的质量标准和操作性定义的过程。

可见，项目质量管理中的管理质量过程与质量保证的原理与方法基本类似。质量保证的主要目的是促进质量过程改进，而管理质量的主要目的是提高实现质量目标的概率，以及识别无效过程和导致质量低劣的原因。因此，管理质量的定义比质量保证的范围更广。质量保证着眼于项目过程，旨在高效地执行项目过程，包括遵守和满足标准，向利益相关方保证最终产品可以满足他们的需求、期望和要求。管理质量不仅包括所有质量保证活动，还与产品设计和过程改进有关。

9.2 规划质量管理

规划质量管理是识别项目及其可交付成果的质量要求和（或）标准，并书面描述项目将如何证明符合质量要求和（或）标准的过程。该过程的主要作用是：为在整个项目期间如何管理和核实质量提供指南和方向。

质量规划应与其他规划过程并行开展。例如，为满足既定的质量标准而对可交付成果提出变更，可能需要调整成本或进度计划，并就该变更对相关计划的影响进行详细风险分析。图9-1所示为本过程的输入、工具与技术和输出。

```
规划质量管理

输入
1. 项目章程
2. 项目管理计划
   · 需求管理计划
   · 风险管理计划
   · 利益相关方参与计划
   · 范围基准
3. 项目文件
   · 假设日志
   · 需求文件
   · 需求跟踪矩阵
   · 风险登记册
   · 利益相关方登记册
4. 事业环境因素
5. 组织过程资产

工具与技术
1. 专家判断
2. 数据收集
   · 标杆对照
   · 头脑风暴
   · 访谈
3. 数据分析
   · 成本效益分析
   · 质量成本
4. 决策
   · 多标准决策分析
5. 数据表现
   · 流程图
   · 逻辑数据模型
   · 矩阵图
   · 思维导图
6. 测试与检查的规划
7. 会议

输出
1. 质量管理计划
2. 质量测量指标
3. 项目管理计划更新
   · 风险管理计划
   · 范围基准
4. 项目文件更新
   · 经验教训登记册
   · 需求跟踪矩阵
   · 风险登记册
   · 利益相关方登记册
```

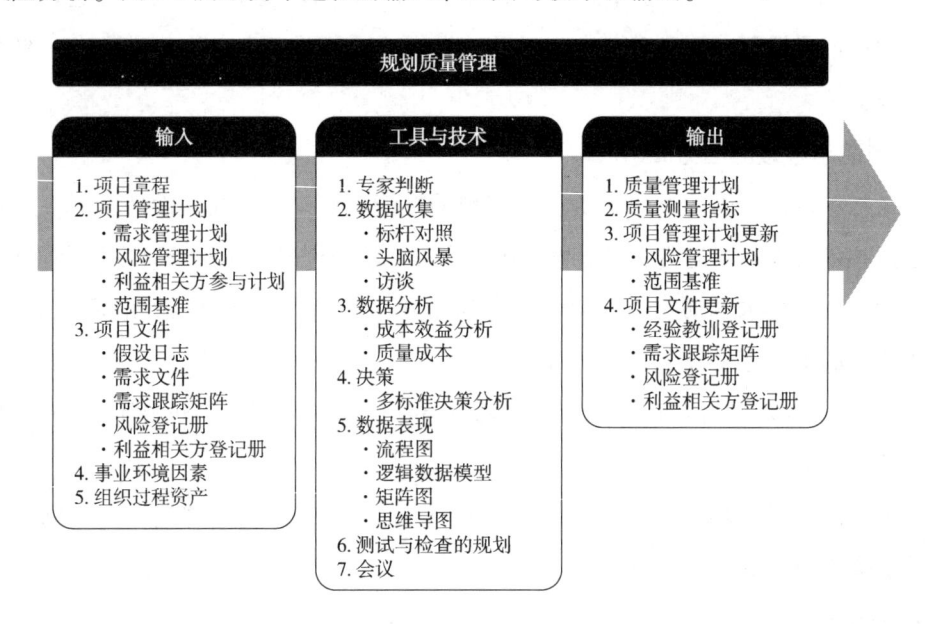

图9-1 规划质量管理：输入、工具与技术和输出

9.2.1 规划质量管理的输入

规划质量管理的输入包括：项目章程、项目管理计划、项目文件、事业环境因素、组织过程资产。

项目章程中包含对项目和产品特征的高层级描述，还包括可以影响项目质量管理的项目审批要求、可测量的项目目标和相关的成功标准。

项目管理计划组件包括但不限于：需求管理计划、风险管理计划、利益相关方参与计划、范围基准。

可作为本过程输入的项目文件包括但不限于：假设日志、需求文件、需求跟踪矩阵、风险登记册、利益相关方登记册。

能够影响规划质量管理过程的事业环境因素包括但不限于：政府法规、特定应用领域的相关规则、标准和指南、地理分布、组织结构、市场条件、项目或可交付成果的工作条件或运行条件、文化观念。

能够影响规划质量管理过程的组织过程资产包括但不限于：组织的质量管理体系，包括政策、程序及指南；质量模板，包括核查表、跟踪矩阵及其他；历史数据库和经验教训知识库。

9.2.2 规划质量管理的工具与技术

规划质量管理的工具与技术主要包括：基准对照法、流程图分析、成本效益分析、质量成本分析、质量功能展开法等。

1. 基准对照法

基准对照法（benchmarking），也称为标杆法、标杆对照，其基本思想是将自己需要改进的内容与竞争者或行业领先者所的做法进行比较，以产生改进的思想，进而提供一套衡量业绩改进的目标和标准。简单地说，标杆就是榜样，这些榜样在业务流程、制造流程、设备、产品和服务方面所取得的成就就是后进者瞄准和赶超的目标。例如：

- 要求对客户提供服务的时间不低于最有效的竞争者
- 要求产品的可靠性至少与被替代产品或者竞争者最可靠的产品的可靠性等同

对标的关键，在于选择和确定被学习和借鉴的对象和标准。作为标杆对象可以是执行组织内部的项目，也可以是其外部的项目；可以是同一个应用领域的项目，也可以是其他应用领域的项目。对标的实践鼻祖、施乐公司的 Robert Camp 曾指出，对标是对产生最佳效果的行业最优经营管理实践的一种探索。因此，对标要求的是在经营管理实践方面"优中选优"，要求达到最优模式和最优标准，也就是盯住世界水平。只有盯住世界水平，才能把企业发展的压力和动力传递到企业中每一层级的员工和管理人员身上，从而提高企业的整体凝聚力。

2. 流程图分析

流程图是反映与一个系统相联系的各部分之间相互关系的图，它将项目全部实施过程按其内在逻辑关系通过箭线勾画出来，可针对流程中质量的关键环节和薄弱环节进行分析。流程图分析是一种非常有效的分析过程现状及能力的方法，是用来认识过程进而对其进行改善的有力工具。流程图分析在质量管理中的应用主要包括：系统流程图、关联图、鱼刺图、决策过程程序图等。

流程图分析的主要作用为：

1）简化分析过程。用简单的目视方式表现复杂的过程，便于理解整体情况。小组的每一个成员都能充分了解整体及自己这一部分的情况。

2）识别改进的机会。详细了解过程的瓶颈，发现无附加值的过程，使观察过程很难发现、很难理清的东西明朗化。通过对过程改善前后的流程图进行对比，可以使所有人直观地看到变化和改善。

3）使边界更加清楚。每一个过程都与其他过程及公司的外部过程有着这样那样的关系，直接影响公司的全过程，所以要根据判断建立一个基础边界，而流程图为建立边界提供了图形。

图9-2所示为一种高阶的流程图，即SIPOC（供应商、输入、过程、输出和客户）模型。

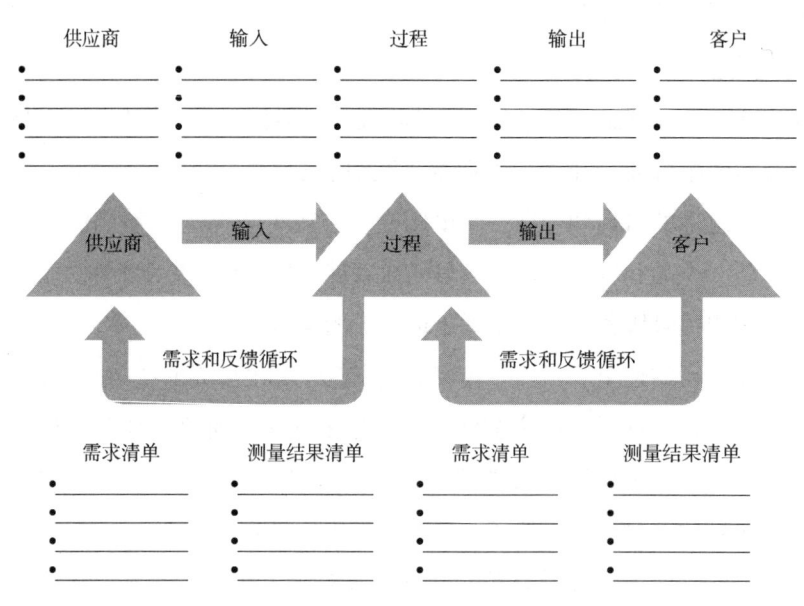

注：本图可根据情况选取任意方向灵活构建。

图9-2 SIPOC模型

3. 成本效益分析

质量计划编制过程必须考虑收益和成本之间的平衡。达到质量要求的主要成本是项目质量管理相关活动所发生的成本。符合质量要求根本的好处在于降低返工率，这意味着较高的生产率、较低的成本和利益相关方满意度的提高。

4. 质量成本分析

质量成本的概念是在20世纪50年代由美国质量管理专家朱兰、菲根堡姆等人首先提出的。质量成本也称为质量费用，其定义是：为了确保和保证满意的质量而发生的费用及没有达到满足的质量所造成的损失。它是企业生产总成本的一个组成部分。

组织（项目）追求质量的最终目标是获得利润，而利润和成本是紧密相连的，高质量的生产者也应是最低成本的生产者。质量成本比例的高低体现了一个公司整个流程能力的高低和获利能力的高低。

如图 9-3 所示，与项目有关的质量成本（COQ）包含：预防成本、评估成本、内部失败（损失）成本、外部失败（损失）成本。

```
        一致性成本                        不一致成本
┌─────────────────────────┐    ┌─────────────────────────┐
│ 预防成本                │    │ 内部失败（损失）成本    │
│ （打造某种高质量产品）  │    │ （项目中发现的失败）    │
│   ·培训                 │    │   ·返工                 │
│   ·文件过程             │    │   ·报废                 │
│   ·设备                 │    │ 外部失败（损失）成本    │
│   ·完成时间             │    │ （客户发现的失败）      │
│ 评估成本                │    │   ·债务                 │
│ （评估质量）            │    │   ·保修工作             │
│   ·测试                 │    │   ·失去业务             │
│   ·破坏性试验损失       │    │                         │
│   ·检查                 │    │                         │
└─────────────────────────┘    └─────────────────────────┘
    项目花费的资金（规避失败）     项目前后花费的资金（由于失败）
```

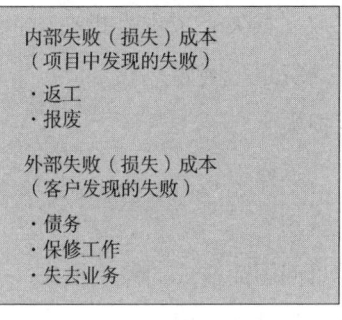

图 9-3　质量成本构成

各质量成本的含义为：

（1）预防成本

预防成本是指预防特定项目的产品、可交付成果或服务质量低劣所带来的相关成本，即：用于预防产生不合格品与故障所需的各项费用。例如：

- 质量工作费（企业质量体系中为预防发生故障、保证和控制产品质量所需的各项费用）
- 质量培训费
- 质量奖励费
- 质量改进措施费（制定和贯彻各项质量改进措施的费用）
- 质量评审费（新产品开发或老产品质量改进的评审费用）
- 工资及附加费（质量管理专业人员的工资及附加费用）
- 质量情报及信息费等

（2）评估成本

评估成本是指评估、测量、审计和测试特定项目的产品、可交付成果或服务所带来的相关成本，即：为了确保项目质量达到质量标准的要求，而对项目本身及对材料、构配件、设备等进行试验、检验和检查所需费用。例如：
- 进货检验费
- 工序检验费
- 成品检验费
- 试验材料等费用
- 检验试验设备校准维护费、折旧费及相关办公费用
- 工资及附加费（专职检验、计量人员的工资及附加费用）

（3）内部失败（损失）成本

内部失败（损失）成本是指在项目交付前，由于项目产出物不能满足规定的质量要求而支付的费用。例如：
- 报废损失
- 返工、返修损失
- 复检费用
- 因质量问题而造成的停工损失
- 质量事故处置费用
- 质量降等降级损失等

（4）外部失败（损失）成本

外部失败（损失）成本是指在项目交付后，因产品未能满足质量要求所发生的费用。例如：
- 索赔损失
- 退货或退换损失
- 保修费用
- 诉讼费用损失
- 降价处理损失等

内部失败（损失）成本和外部失败（损失）成本构成了总的失败（损失）成本。

质量成本分析的目的是：①降低总的质量成本，以提高利润；②合理平衡一致性成本（预防成本、评估成本）与失败成本，通过寻找合适的质量合格率，达到最小化总质量成本的目的。

5. 质量功能展开法

质量功能展开法（Quality Function Deployment，QFD）产生于20世纪60年代。当时日本作为世界低成本钢材的生产大国，希望向造船业发展。面对Kobe造船厂建造巨型油轮的挑战，它的承包商之一三菱重工请求日本政府给予帮助。日本政府委托了几

名大学教授开发了一个系统，以确保船舶建造的每一过程都能满足客户的需要。在这样的背景下，水野滋（Mizuno）教授于1966年首先提出了QFD。1972年，赤尾洋二（Yoji Akao）教授撰写了题为《新产品开发和质量保证——质量展开系统》的论文，全面阐述了质量展开的方法和步骤。

赤尾洋二教授对质量功能展开的定义如下：

"将客户的要求转换为质量特性，通过系统地展开这些需求和特性之间的关系确保产品设计质量。这一过程从展开每一功能元件的质量开始，然后扩展到各部件的质量和工序质量，整个产品的质量通过这些相互关系的网络来实现。"

QFD 是一种"客户驱动"的方法，由于质量展开的结果——质量展开表类似于房子，因此它又被称为"质量屋"（Quality of House，QOH）。图 9-4 所示为一种典型的"质量屋"，它由 6 个部分组成。

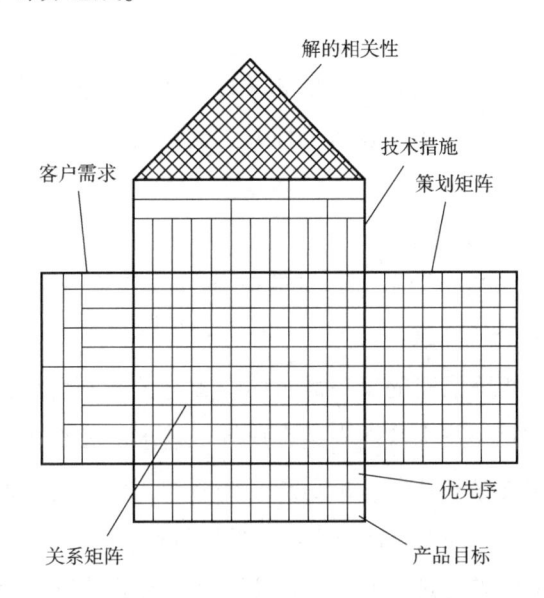

图 9-4 典型的"质量屋"组成部分

下面通过依次介绍"质量屋"的每一个"房间"分析 QFD 的生成过程。

（1）获得客户需求（What）

QFD 最重要的一步就是确定客户需要即产品的目标，得到客户对产品的所有需求信息（包括对产品的直接需求和长期战略发展方向），并以结构化、层次化的形式表述，信息来源涉及项目的各利益相关方。这一过程通常被称为明确来自"客户的声音"。

（2）策划矩阵（Planning Matrix）

其工作过程是：首先量化客户对各种需求的优先序和他们对现有产品的理解，然后依据企业和产品长期发展战略及竞争对手情况适当调整这些目标的优先序；最终得到各需求的权重，它反映了客户对各目标的关注程度或各目标的竞争性。

（3）技术措施（Hows）

确定采用合适的可测度的技术特性实现客户的需求，通常一个技术特性可为多个需求服务，同样，一个需求也可能包含多个技术措施。这一阶段的工作常被称为"工程师的声音"。

（4）关系矩阵（Relationship）

该阶段的工作是QFD的主体，它的作用是将客户的需求转换为技术特性。工作过程是首先，判断每一技术特性与客户特定需求之间是否有因果关系，然后评价其满足客户特定需求的程度，如果某一技术特性的变化对需求影响大，那么是强相关，依此类推。其评价有定性和定量两种描述方法。

（5）解的相关性

该矩阵描述了所对应技术特性之间的相关性。相关性强度可分为：正相关、负相关、强正相关或强负相关。正相关表示一种方法支持另一种方法；负相关表示一种方法与另一种方法相抵触。

（6）产品目标（How Much）

它是"质量屋"的最后一部分，是对整个QFD工作进行总结并得出相应的结论，通常包括技术优先序和产品目标。

技术优先序由策划矩阵描述的每一需求的权重与关系矩阵中的值相乘后按列相加得到，它反映了产品的每一技术特性满足客户特定需求的相对重要性；QFD最后输出的是在综合考虑技术优先序和竞争基准后得到的一组工程目标，它全面反映了设计师对客户需求的理解、竞争产品的性能及企业的发展战略。

可见，质量展开的结果就是质量展开表或称为"质量屋"。其实质是建立一个矩阵来分析客户需求（产品的属性）和工程特性之间的关系，体现了从"客户的世界"策划产品、从"技术的世界"设计质量的思路，两者的变换关系通过"质量屋"形象地表现出来。

通常，QFD法是一个连续的过程，从客户的需求—产品的功能特征、产品的功能特征—产品特性、产品特性—过程特征、过程特征—过程控制特征逐层展开（图9-5），这4个过程分别称为产品规划（矩阵Ⅰ）、产品设计（矩阵Ⅱ）、过程规划（矩阵Ⅲ）和制造规划（矩阵Ⅳ）。在实际使用过程中，可以根据问题的要求做适当的调整，选用其中的一个或几个矩阵，也可以根据"WHATS"与"HOWS"的实际情况展开，见例9-1。

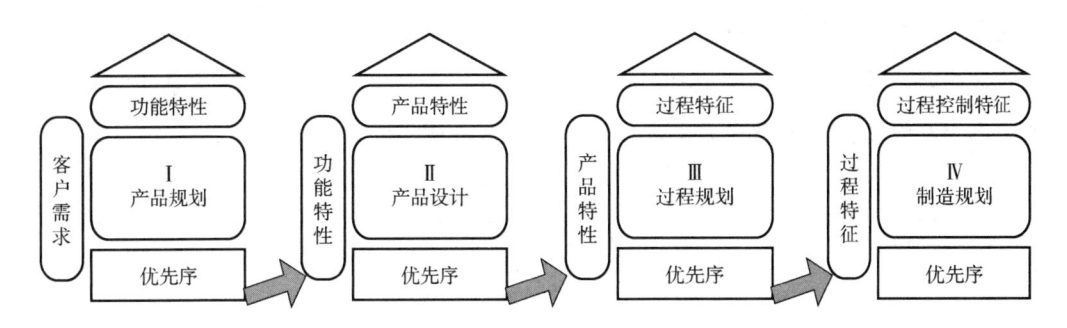

图 9-5　制造业中连续的 QFD 过程

【例 9-1】

研发一种新型的打印机，该打印机的用户是所有消费者，目标是确定哪些是个人电脑用户需要的打印机关键部件与工艺特性，以便对其进行重点控制，最大限度满足客户对产品的需求。

【解】

采用三个连续的 QFD 矩阵，即产品规划矩阵、产品设计矩阵、部件与工艺特性矩阵，以逐步确定对客户来说哪些是主要的功能特性、设计特性及关键部件与工艺特性。具体步骤为：

(1) 建立打印机产品规划矩阵，如图 9-6 所示。

步骤 1：清晰地陈述项目目标。该步骤要求：清晰地陈述项目目标要求。确定的目标不要太笼统；目标要细分，每一目标可根据需要分解到可操作的层次；确保在合适的层次上工作。

步骤 2：识别目标客户。使用价值链（过程图）识别目标客户。此外，客户还应包括各个层次和各职能部门——市场部、采购部、销售部、技术部、制造部。在 QFD 分析过程中需要倾听他们的声音。

步骤 3：确定客户需求。

步骤 4：让客户确定每一需求的相对重要性（权重）。各需求重要度的标度范围：设最主要的为 5，其他与最主要的相比取 1~5 之间的数。

步骤 5：采用竞争的思维识别竞争产品，包括现有的产品及正在被提议的概念中的产品。

步骤 6：识别竞争性的产品是如何满足客户需求的，其权重是多少。分值范围：5 = 很重要；4 = 重要；3 = 一般；2 = 不重要；1 = 很不重要。一旦赋权重的工作完成，得到每一竞争产品的加权和。由权重和可对竞争产品排序，反过来重新考虑："我们得到的排序合理吗？""我们希望我们的产品应该排列在什么位置？""与竞争产品相比我们的优势在哪里？""与竞争产品相比我们的劣势在哪里？"

		产品功能需求								竞争产品			
Maximize, minimize, or target		Min	Min	Max	Min	Min	Max	Min	Max				
用户需求	重要度权重	传送失效率	粘纸率（百万张纸）	夹纸率（百万张纸）	复印数量（分钟）	时间（秒）	损坏率（百万张纸）	维护成本（台）	外形设计	占地空间	抗震测试	Honey-I-Lied 2300	Zeerox 345	BoxBoy 200	Photo Maniac 100	Iripuoff 5130
能够复印	3	3	3	3								4	2	2	3	3
没有空白的纸张	1	3	9	3	1							1	1	2	2	3
不夹纸	4	9	3	9	3		1					2	5	2	2	3
快速复印	2	9	3	9	9	9						1	1	3	4	1
易于清理	3	3	3	3								2	4	1	4	3
不损坏纸张	5	9	3	1	1		9					2	4	2	2	3
低的复印成本	5			3		1	9					4	4	2	3	5
外观好	2						1	9				3	2	1	2	1
结构紧凑	2			1			3		9			3	2	3	2	1
机器抗振	3						1			9		2	2	3	4	3
重要度原始得分		120	60	80	53	18	54	56	18	18	27	77	95	62	84	102
目标范围		≤70, UTL=100	≤30, UTL=50	≤100, UTL=120	≥70, LTL=60	≤20, UTL=25	≤100, UTL=110	≤$6k, UTL=$9k	≥6, LTL=5.9	≤20, UTL=27	≥70, LTL=60					

图 9-6　某型打印机产品规划矩阵

步骤7：在客户需求的基础上识别重要的产品功能需求。采用头脑风暴法识别满足客户需求的关键的输出（产品功能需求）

步骤8：建立客户需求与产品功能需求之间的关系矩阵。确定每一个功能需求是如何满足客户需求的，关系分值通常不超过4级。通常使用：0，1，3和9。各级表示的关系为：

- 0（空白）＝没有关系
- 1＝功能与客户需求有较小的关系
- 3＝功能与客户需求有中等的关系
- 9＝功能对客户需求有直接和明显的影响

客户需求与产品功能需求之间的关系矩阵 R 可表示为

$$R = \begin{pmatrix} r_{11} & r_{12} & \cdots & r_{1n} \\ r_{21} & r_{22} & \cdots & r_{2n} \\ \vdots & \vdots & & \vdots \\ r_{m1} & r_{m2} & \cdots & r_{mn} \end{pmatrix}$$

式中，r_{ij} 为第 j 个产品功能需求对第 i 个客户需求的贡献程度。

步骤9：计算各功能需求的优先序。首先计算关系矩阵值与客户需求的积，然后各列相加得到各功能需求的满足客户需求的总得分。即：各功能需求满足客户需求的总得分值为

$$B = W \cdot R = (w_1, w_2, \cdots, w_m) \cdot \begin{pmatrix} r_{11} & r_{12} & \cdots & r_{1n} \\ r_{21} & r_{22} & \cdots & r_{2n} \\ \vdots & \vdots & & \vdots \\ r_{m1} & r_{m2} & \cdots & r_{mn} \end{pmatrix} = (b_1, b_2, \cdots, b_n)$$

式中，$w_1, w_2, \cdots, w_m$ 为各客户需求的权重。

最后，依据各功能需求的得分对所有的功能排列优先序。得到初步的排序后，还需要反思："这种排序合理吗？"

步骤10：确定各关键功能需求的目标值，并说明各关键功能需求的目标值的范围。

(2) 建立打印机产品设计矩阵，如图9-7所示。

Maximize, minimize, or target		Targ	Targ	Targ	Targ	Targ	Targ	Targ	Targ	Targ	Max	竞争产品				
产品功能	重要度	滚筒摩擦系数	滚筒半径	滚筒制动扭矩	弯曲角	皮带张力	触发时间	滚轮动作时间	打开夹	UMC分解	发动机扭矩	Honey-1-Lied 2300	Zeerox 345	BoxBoy 200	Photo Maniac 100	Iripuoff 5130
传送失效率	5	3										4	2	2	3	3
粘纸率	3	9	3	3	1			1				1	1	2	2	3
夹纸率	4			9	3		1					2	5	2	2	3
复印数量	3			3	9	9	3					1	3	4	1
每张复印时间	1	1		3			9				3	2	4	1	4	3
纸张损坏率	3	1		1		9			1			2	4	2	2	3
维修成本	3				3	1	9				9	4	4	2	3	5
外形设计	1						1	9	9			3	2	1	2	3
占地空间	1											3	2	3	2	3
抗震测试	2											2	2	3	4	3
相对重要度		46	9	60	45	36	43	37	12	12	30	64	72	56	72	82

图9-7 某型打印机产品设计矩阵

步骤11：如图9-8所示，将产品功能需求矩阵从产品规划矩阵转化到产品设计矩阵。

步骤 12：为每一个产品功能需求分配权值。将在产品规划矩阵中得到的各功能需求的重要度原始得分转化为 1～5 之间的值。例如，若某产品功能参数在产品规划矩阵中的相对重要度为 120，则在产品设计矩阵中其重要度是 5。

步骤 13：评价竞争产品是如何满足这些产品功能需求。

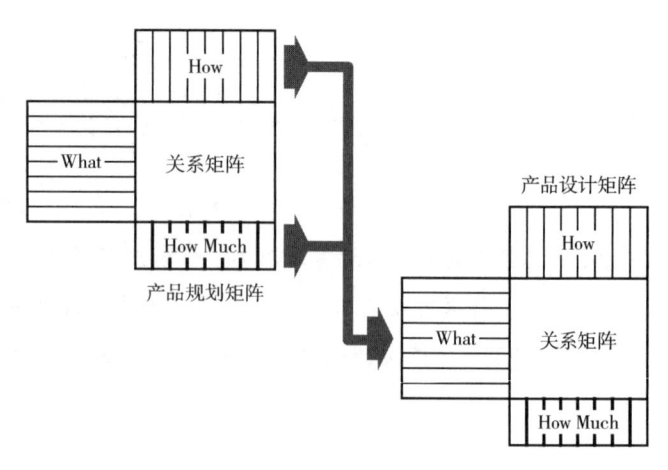

图 9-8　矩阵之间的转换

给每一竞争产品满足产品功能需求的程度附值，与第 6 步同理，给出 1～5 之间的值。

步骤 14：识别实现产品功能需求的主要设计参数。

步骤 15：与步骤 8 同理，建立每一功能需求与设计参数之间的关系矩阵。

步骤 16：与步骤 9 同理，得到设计参数的优先序。

步骤 17：确定每一设计参数的目标值，并说明每一设计参数的测量方法和计量单位。

（3）建立部件与工艺特性矩阵

与步骤 12～17 相类似，将设计参数从产品设计矩阵转化到部件与工艺矩阵，得到如图 9-9 所示的部件和工艺特性优先序。

设计参数	Maximize, minimize, or target	重要度	滚筒距离 Targ	刀尖半径 Targ	弹簧负载张力 Targ	滚筒锥度 Targ	张力调节 Targ	I/O板设计	斜度 Targ	间隙测量	单位圈数 Targ	面具类型 Min	Honey-I-Lied 2300	Zeerox 345	BoxBoy 200	Photo Maniac 100	Iripuoff 5130
													竞争产品				
滚筒摩擦系数		3	3										4	2	2	3	3
滚筒半径		1	9	3	1				1				1	1	2	2	3
滚筒制动扭矩		4			9	3		1					2	5	2	3	3
弯曲角		2			3	9	9	3					1	1	3	4	1
皮带张力		3	1		3			9			3		2	4	1	4	3
触发时间		5	1		1	1		9		1			2	4	2	2	5
滚筒动作时间		5				3	1	9				9	4	4	2	3	5
打开夹		2						1	9	9			3	2	1	2	1
UMC分解		2											3	2	3	2	3
发动机扭矩		3											2	2	3	4	3
相对重要度			26	3	59	36	33	60	74	19	23	54	77	95	62	84	102

图 9-9　某型打印机产品部件与工艺特性矩阵

通过以上分析，在产品的初步设计阶段即可通过识别客户需求及其重要度，将它们转化为可量化的、可实现的功能需求、设计参数、部件与工艺特性的优先序，以便将有限的资源集中于高优先序的产品特性，以最大限度满足客户的需求，最终达到使该产品收益最大化的目标。

9.2.3 规划质量管理的输出

规划质量管理的输出包括：质量管理计划、质量测量指标、项目管理计划更新、项目文件更新。

质量管理计划是项目管理计划的组成部分，描述如何实施适用的政策、程序和指南以实现质量目标。它描述了项目管理团队为实现一系列项目质量目标所需的活动和资源。质量管理计划可以是正式或非正式的、非常详细或高度概括的，其风格与详细程度取决于项目的具体需要。应该在项目早期就对质量管理计划进行评审，以确保决策是基于准确信息的。这样做的好处是，更加关注项目的价值定位，降低因返工而造成的成本超支金额和进度延误次数。

质量测量指标专用于描述项目或产品属性，以及控制质量过程将如何验证符合程度。质量测量指标的例子包括：按时完成的任务的百分比、以 CPI 测量的成本绩效、故障率、识别的日缺陷数量、每月总停机时间、每个代码行的错误、客户满意度分数，以及测试计划所涵盖的需求的百分比（测试覆盖度）。

9.3 管理质量

管理质量是把组织的质量政策用于项目，并将质量管理计划转化为可执行的质量活动的过程。该过程的主要作用是：提高实现质量目标的概率，以及识别无效过程和导致质量低劣的原因。管理质量使用控制质量过程的数据和结果向利益相关方展示项目的总体质量状态。

管理质量有时被称为"质量保证"，但"管理质量"的定义比"质量保证"更广，因其可用于非项目工作。在项目管理中，质量保证着眼于项目使用的过程，旨在高效地执行项目过程，包括遵守和满足标准，向利益相关方保证最终产品可以满足他们的需求、期望和要求。管理质量包括所有质量保证活动，还与产品设计和过程改进有关。

管理质量被认为是所有人的共同职责，包括项目经理、项目团队、项目发起人、执行组织的管理层，甚至是客户。所有人都在管理项目质量方面扮演一定的角色。图 9-10 所示为本过程的输入、工具与技术和输出。

```
管理质量

输入
1. 项目管理计划
   ·质量管理计划
2. 项目文件
   ·经验教训登记册
   ·质量控制测量结果
   ·质量测量指标
   ·风险报告
3. 组织过程资产

工具与技术
1. 数据收集
   ·核对单
2. 数据分析
   ·备选方案分析
   ·文件分析
   ·过程分析
   ·根本原因分析
3. 决策
   ·多标准决策分析
4. 数据表现
   ·亲和图
   ·因果图
   ·流程图
   ·直方图
   ·矩阵图
   ·散点图
5. 审计
6. 面向X的设计
7. 问题解决
8. 质量改进方法

输出
1. 质量报告
2. 测试与评估文件
3. 变更请求
4. 项目管理计划更新
   ·质量管理计划
   ·范围基准
   ·进度基准
   ·成本基准
5. 项目文件更新
   ·问题日志
   ·经验教训登记册
   ·风险登记册
```

图 9-10　管理质量：输入、工具与技术和输出

9.3.1　管理质量的输入

管理质量的输入包括项目管理计划、项目文件、组织过程资产。

项目管理计划组件包括但不限于质量管理计划。质量管理计划定义了项目和产品质量的可接受水平，并描述了如何确保可交付成果和过程达到这一质量水平。质量管理计划还描述了不合格产品的处理方式及需要采取的纠正措施。

可作为本过程输入的项目文件包括但不限于：经验教训登记册、质量控制测量结果、质量测量指标、风险报告。

能够影响管理质量过程的组织过程资产包括但不限于：包括政策、程序及指南的组织质量管理体系；质量模板，如核查表、跟踪矩阵、测试计划、测试文件及其他模板；以往审计的结果；包含类似项目信息的经验教训知识库。

9.3.2 管理质量的工具与技术

管理质量的工具与技术主要包括核对单、根本原因分析（RCA）、多标准决策分析，以及亲和图、因果图、流程图、直方图、矩阵图、散点图等数据表现技术。

1. 核对单

核对单可作为本过程的数据收集技术。核对单是一种结构化工具，通常列出特定组成部分，用于核实所要求的一系列步骤是否已得到执行或检查需求列表是否已得到满足。基于项目需求和实践，核对单可简可繁。许多组织都有标准化的核对单，用于规范地执行经常性任务。在某些应用领域，核对单也可从专业协会或商业性服务机构获取。质量核对单应涵盖在范围基准中定义的验收标准。

2. 根本原因分析

根本原因分析（RCA）可作为本过程的数据分析技术。根本原因分析是确定引起偏差、缺陷或风险的根本原因的一种分析技术。一项根本原因可能引起多项偏差、缺陷或风险。根本原因分析还可以作为一项技术，用于识别问题的根本原因并解决问题。消除所有根本原因可以杜绝问题再次发生。

3. 多标准决策分析

多标准决策分析适用于本过程的决策技术。在讨论影响项目或产品质量的备选方案时，可以使用多标准决策评估多个标准。"项目"决策可以包括在不同执行情景或供应商中加以选择，"产品"决策可以包括评估生命周期成本、进度、利益相关方的满意程度，以及与解决产品缺陷有关的风险。

4. 数据表现技术

适用于本过程的数据表现技术包括但不限于：亲和图、因果图、流程图、直方图、矩阵图、散点图。

- 亲和图。亲和图可以对潜在缺陷成因进行分类，展示最应关注的领域。
- 因果图。因果图又称"鱼骨图""Why-Why 分析图""石川图"，将问题陈述的原因分解为离散的分支，有助于识别问题的主要原因或根本原因。
- 流程图。流程图展示了引发缺陷的一系列步骤。
- 直方图。直方图是一种展示数字数据的条形图，可以展示每个可交付成果的缺陷数量、缺陷成因的排列、各个过程的不合规次数，或项目或产品缺陷的其他表现形式。

● 矩阵图。矩阵图在行列交叉的位置展示因素、原因和目标之间的关系强弱。

● 散点图。散点图是一种展示两个变量之间的关系的图形，它能够展示两支轴的关系，一支轴表示过程、环境或活动的任何要素，另一支轴表示质量缺陷。

9.3.3 管理质量的输出

管理质量的输出包括：质量报告、测试与评估文件、变更请求、项目管理计划更新、项目文件更新。

质量报告可能是图形、数据或定性文件，其中包含的信息可帮助其他过程和部门采取纠正措施，以实现项目质量期望。质量报告的信息可以包含团队上报的质量管理问题，针对过程、项目和产品的改善建议，纠正措施建议（包括返工、缺陷/漏洞补救、100%检查等），以及在控制质量过程中发现的情况的概述。

可基于行业需求和组织模板创建测试与评估文件。它们是控制质量过程的输入，用于评估质量目标的实现情况。这些文件可能包括专门的核对单和详尽的需求跟踪矩阵。

9.4 控制质量

控制质量是为了评估绩效，确保项目输出完整、正确且满足客户期望，而监督和记录质量管理活动执行结果的过程。该过程的主要作用是：核实项目可交付成果和工作已经达到主要利益相关方的质量要求，可供最终验收。控制质量过程确定项目输出是否达到预期目的，这些输出需要满足所有适用标准、要求、法规和规范。控制质量过程的目的是在用户验收和最终交付之前测量产品或服务的完整性、合规性和适用性。

在整个项目期间应执行质量控制，用可靠的数据证明项目已经达到发起人和/或客户的验收标准。控制质量的努力程度和执行程度可能会因所在行业和项目管理风格而不同。例如，相比于其他行业，制药、医疗、运输和核能产业可能拥有更加严格的质量控制程序，为满足标准付出的工作也会更广；在敏捷项目中，控制质量活动可能由所有团队成员在整个项目生命周期中执行，而在瀑布式项目中，控制质量活动由特定团队成员在特定时间点或者项目或阶段快结束时执行。图9-11所示为本过程的输入、工具与技术和输出。

```
                    控制质量
┌─────────────┬──────────────┬──────────────┐
│   输入      │  工具与技术   │    输出      │
│ 1.项目管理计划│ 1.工具与技术  │1.质量控制测量结果│
│  ·质量管理计划│  ·核对单     │2.核实的可交付成果│
│ 2.质量管理计划│  ·核查表     │3.工作绩效信息 │
│  ·经验教训登记册│ ·统计抽样   │4.变更请求    │
│  ·质量测量指标│  ·问卷调查   │5.项目管理计划更新│
│  ·测试与评估文件│2.数据分析  │  ·质量管理计划│
│ 3.批准的变更请求│  ·绩效审查 │6.项目文件更新 │
│ 4.可交付成果 │  ·根本原因分析│  ·问题日志   │
│ 5.工作绩效数据│3.检查       │  ·经验教训登记册│
│ 6.事业环境因素│4.测试/产品评估│ ·风险登记册  │
│ 7.组织过程资产│5.数据表现   │  ·测试与评估文件│
│             │  ·因果图     │              │
│             │  ·控制图     │              │
│             │  ·直方图     │              │
│             │  ·散点图     │              │
│             │6.会议        │              │
└─────────────┴──────────────┴──────────────┘
```

图 9-11 控制质量：输入、工具与技术和输出

9.4.1 控制质量的输入

控制质量的输入包括：项目管理计划、项目文件、可交付成果、工作绩效数据、事业环境因素、组织过程资产等。

1）项目管理计划组件包括但不限于：质量管理计划。质量管理计划定义了如何在项目中开展质量控制。

2）可作为本过程输入的项目文件包括但不限于：经验教训登记册、质量测量指标、测试与评估文件。

3）可交付成果指的是在某一过程、阶段或项目完成时，必须产出的任何独特并可核实的产品、成果或服务能力。作为指导与管理项目工作过程的输出的可交付成果将得到检查，并与项目范围说明书定义的验收标准做比较。

4）工作绩效数据包括产品状态数据，例如观察结果、质量测量指标、技术绩效测量数据，以及关于进度绩效和成本绩效的项目质量信息。

5）能够影响控制质量过程的事业环境因素包括但不限于：项目管理信息系统；政府法规；特定应用领域的相关规则、标准和指南。

6）能够影响控制质量过程的组织过程资产包括但不限于：质量标准和政策；质量模板，如核查表、核对单等；问题与缺陷报告程序及沟通政策。

9.4.2 控制质量的工具与技术

控制质量的工具与技术涵盖数据收集、数据分析、检查、测试/产品评估、数据表现、会议等方面。

其中,数据收集技术主要包括:核对单、核查表、统计抽样、问卷调查;数据分析技术包括:绩效审查、根本原因分析(RCA);数据表现技术包括:因果图、控制图、直方图、散点图。

1. 核查表

核查表,又称计数表,用于合理排列各种事项,以便有效收集关于潜在质量问题的有用数据。在开展检查以识别缺陷时,用核查表收集属性数据特别方便,如关于缺陷数量或后果的数据。核查表示例如图 9-12 所示。

天	时间	缺陷类型				
		遗漏标签	贴偏标签	油墨污迹	脱落和卷曲	其他
M	8~9	IIII	II			
	9~10		III			
	10~11	I	III	I		
	11~12		II		I	I(撕裂)
	1~2		I			
	2~3		II	IIII	I	
	3~4		II	IIII		
	总计	5	14	10	2	1

图 9-12 核查表示例

2. 直方图

(1) 直方图的定义及作用

直方图是一种条形图,用来显示过程结果在一个连续值域的分布情况。直方图是一个坐标图,横坐标表示质量特性(如尺寸、强度),纵坐标表示频数或频率,还有若干直方块组成的图形,每个直方块底边长度即产品质量特性的取值范围,直方块的高度即落在这个质量特性值范围内的产品有多少。

直方图的主要作用是:整理杂乱无章的数据,以显示质量特性数据分布状态;观察数据的分布、过程的中心、散布和形状;估计过程的能力以满足用户的规格需求,估算生产过程不合格率；验证产品质量的稳定性。

（2）绘制直方图的步骤

下面以某蛋糕的重量的实测值为例，介绍直方图的画图步骤。

【例9-2】

测量得到50个蛋糕的重量，数据见表9-1。请绘制蛋糕重量的直方图。

表9-1 蛋糕的重量统计表

1	308	317	306	314	308
2	315	306	302	311	307
3	305	310	309	305	304
4	310	316	307	303	318
5	309	312	307	305	317
6	312	315	305	316	309
7	313	307	317	315	320
8	311	308	310	311	314
9	304	311	309	309	310
10	309	312	316	312	318
列最大	315	317	317	316	320
列最小	304	306	302	303	304

【解】

1）找出数据中的最大值（L=320）与最小值（S=302）。

2）计算极值：R = L − S = 320 − 302 = 18。

3）确定组数与组距。

- 组数：K = 7
- 组距：h = R/K = 18 ÷ 7 = 2.57，取 h = 3

4）确定分组界限。

- 第一组下界 = S − （S个位数×0.5） = 302 − 1 = 301
- 第一组上界 = 301 + h = 304

对于每一组，下界为开区间，上界为闭区间，即：304在第1组，307在第2组，依此类推。

323

5）整理数据，得到表9-2。

表 9-2 整理后的数据表

组	组界	中心值	频数
1	301～304	302.5	4
2	304～307	305.5	10
3	307～310	308.5	13
4	310～313	311.5	9
5	313～316	314.5	8
6	316～319	317.5	5
7	319～322	320.5	1

6）画直方图，如图9-13所示。

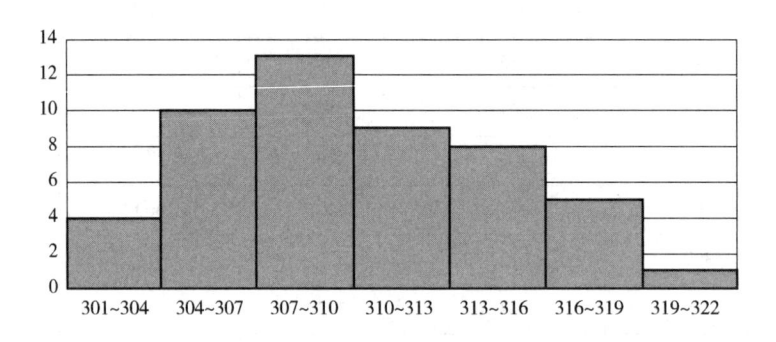

图 9-13 直方图示例

(3) 直方图的表现形式

通常来说，直方图呈中间高、两边低的正态分布，被称为直方图的标准型。除此之外，直方图还有多种表现形式，如图9-14所示。

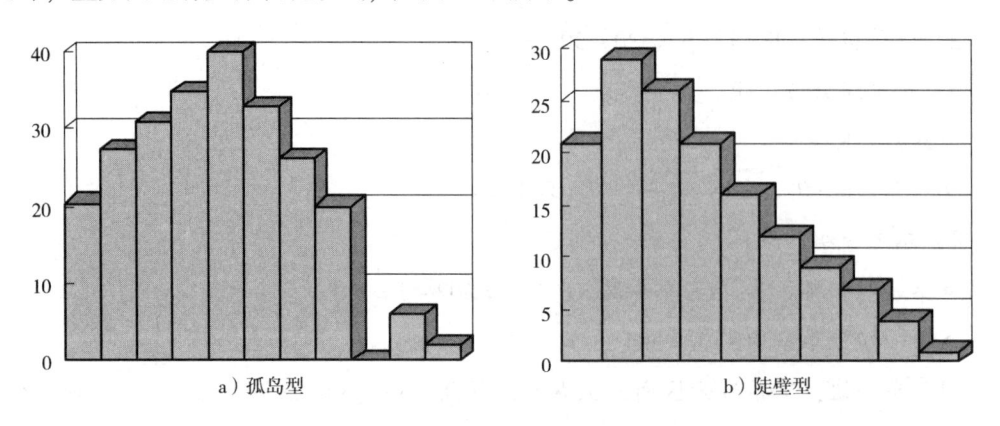

a）孤岛型　　b）陡壁型

图 9-14 直方图形式

c）双峰型　　　　　　　　　d）锯齿型

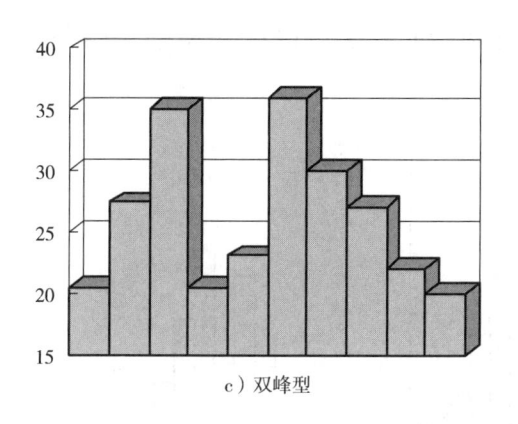

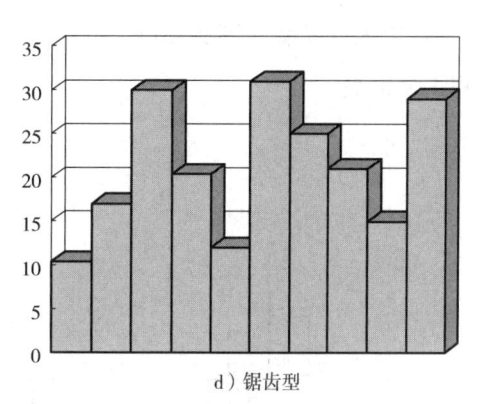

图9-14　直方图形式（续）

1）孤岛型，如图9-14a所示。这是由于生产出现异常，不合格的产品混入，形成跳动。使用这种直方图时，用跳动分离的数据调查它们形成的原因，给出相应的处理措施。

2）陡壁型，如图9-14b所示。造成这种图形的原因是在整个检查过程中将不符合规定的数据混入符合规定的数据中。

3）双峰型，如图9-14c所示。双峰型是由两组不同数据分别平均而形成的，每组数据分别作图，每组数据有相互混淆现象。

4）锯齿型，如图9-14d所示。整个图形为凹凸状，形成原因是每个分布的宽没有取整数倍数或测量的刻度读取时有偏差。

(4) 直方图与标准规格比较

在直方图中标出标准值（$T_L - T_U$），可以分析过程能力与标准规格要求之间的关系（图9-15）。

1）正常型（图9-15a）。分布范围比标准界限宽度窄，分布中心在中间，工序处于正常管理状态。

2）双侧压线型（图9-15b）。分布范围汀标准界限完全一致，没有余量，一旦出现微小变化，就可能出现超差、出现废品。

3）能力富余型（图9-15c）。分布范围满足标准要求，但余量过大，属控制过严，不经济。

4）能力不足型（图9-15d）。分布范围太大，上下限均已超过标准，已产生不合格品，应分析原因，采取措施加以改进。

5）单侧压线型（图9-15e）。分布范围虽在标准界限内，但一侧完全没有余量，一旦稍有变化，就会出现不合格品。

6）单侧过线型（图9-15f）。分布中心偏离标准中心，有些部分超过了上限标准，出现不合格品。

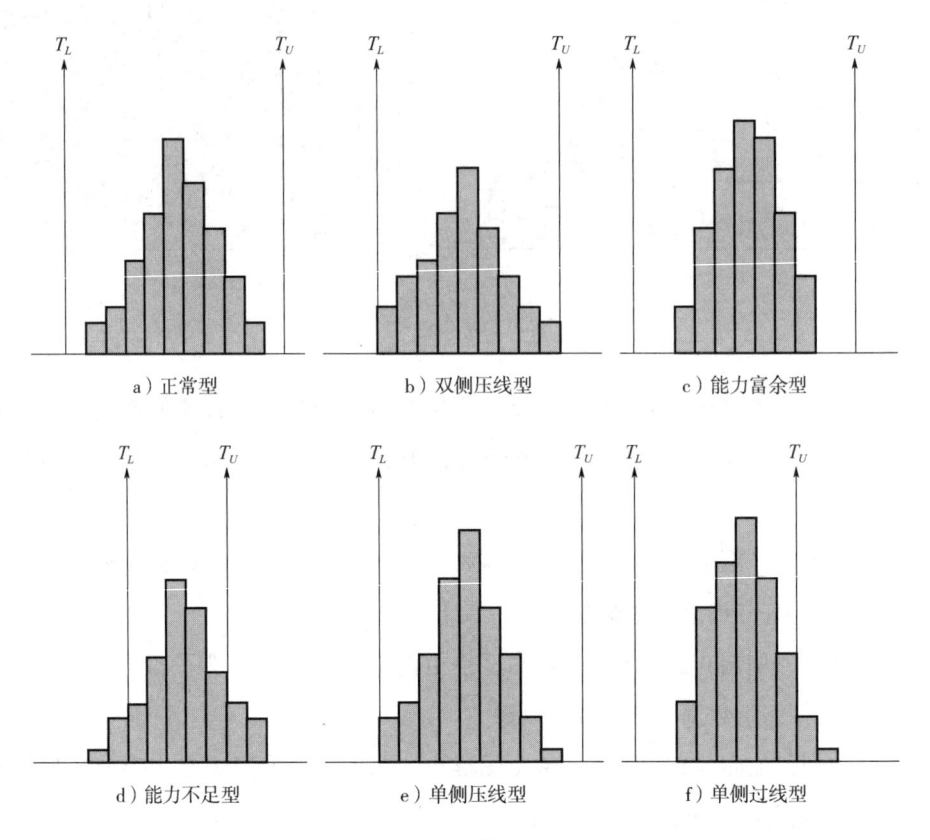

图 9-15 直方图同标准规格对比

a）正常型　b）双侧压线型　c）能力富余型　d）能力不足型　e）单侧压线型　f）单侧过线型

3. 排列图

排列图又称帕累托图，它是一种寻找影响质量主次因素的方法。该方法认为80%的质量问题源于20%的起因，20%的质量问题源于80%的起因，即所谓的80/20法则。因此，要确定并解决那些导致大多数质量问题的关键少数起因，而不是致力于解决那些导致少数问题的大多数起因（不重要的多数）。当已经解决了那些关键的少数起因，就可以把注意力集中放到解决剩余部分中最重要的起因，不过它们的影响是逐减的。

影响质量的主要因素通常分为以下三类：

- A类为累计百分数在70%～80%范围内的因素，是主要因素。
- B类是除A之外的累计百分数在80%～90%范围内的因素，是次要因素。
- C类为除A、B两类外百分比在90%～100%范围的因素，是一般因素。

因此，排列图法又称为ABC分析图法。

缺点、制品不良也可以换算成金额来表示，以金额大小按顺序排列，对占总金额

80%以上的因素加以处理。

图9-16中,左侧的纵坐标表示频数,也就是各种影响质量因素发生或出现的次数;右侧的纵坐标表示累积频率;横坐标表示影响质量的各种因素,按其影响程度的大小从左向右依次排列,每个影响因素都用一个矩形表示,矩形高度表示影响质量因素的大小。除此以外,排列图上还有一条曲线,即帕累托曲线,它表示影响质量因素的累计百分数。

【例9-3】

某建筑物地坪起砂原因调查表见表9-3,画出排列图,并找到影响地坪起砂的主要原因、次要原因和一般原因。

表9-3 某建筑物地坪起砂原因调查表

地坪起砂原因	出现房间数
砂含泥量过大	16
砂粒径过细	45
砂浆配合比不当	7
后期养护不良	5
水泥标号太低	3
砂浆终凝前压光不足	2
其他	2

【解】

1)填写排列表,见表9-4。

表9-4 排列表

编号	地坪起砂原因	频数	累计频数	累计频率(%)
A	砂粒径过细	45	45	56.2
B	砂含泥量过大	16	61	76.2
C	砂浆配合比不当	7	68	85
D	后期养护不良	5	73	91.3
E	水泥标号太低	3	76	95.1
F	砂浆终凝前压光不足	2	78	97.5
G	其他	2	80	100

2)画出排列图,如图9-16所示。

图 9-16　排列图

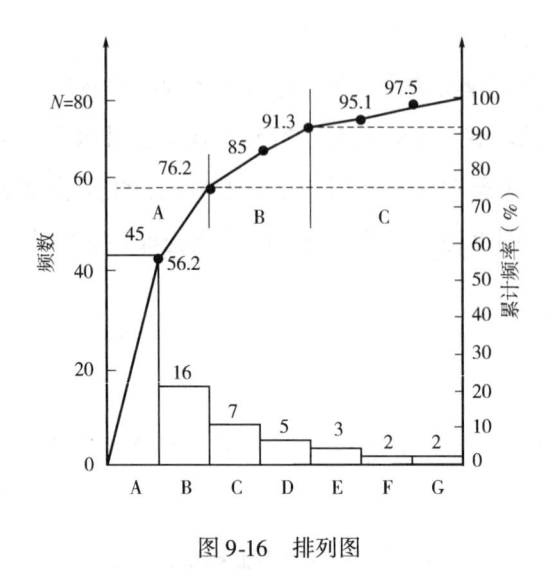

由图 9-16 可见，A 和 B 为主要原因，C 和 D 为次要原因，E、F 和 G 为一般原因。

4. 因果图

因果图也称为鱼刺图或石川图，是一种逐步深入研究和讨论质量问题的图示方法，由日本质量管理学者石川馨于 1943 年提出。因果图致力于通过征兆和结果而找到问题的根源，它是通过人们不断地问"为什么"和"有哪些原因"这两个问题形成的。当某一个问题被发现，人们会问"为什么会发生这种情况"或"这是什么原因造成的"。一旦已经找到了问题的主要起因，人们会重复这些问题去找那些潜在的、次要的原因，直至找到所发现的问题的根源。显然，当把它和排列图法一起使用时，可以确定那些导致大多数问题的关键少数原因。

【例 9-4】

某打字复印社得到客户反映："复印不清楚，复印质量不如别的地方好。"请绘制鱼刺图。

【解】

为找出问题发生的原因，可按以下步骤进行（图 9-17）：

步骤 1：把复印不清楚作为最终结果，在它的左侧画一个自左向右的粗箭头。

步骤 2：把复印不清楚的原因分成人员、机器、原辅材料、方法和环境 5 类，即 4M1E，框以方框，并用线段与步骤 1 画出的箭线连接起来。

步骤 3：对每一类原因做进一步深入细致的调查分析，每一类原因由若干个因素造成，而某一因素可能又受到更细微因素的影响，逐层细分，直至能采取具体可行的措施。

步骤4：必要时，应用帕累托图找出主要原因，以重点解决。

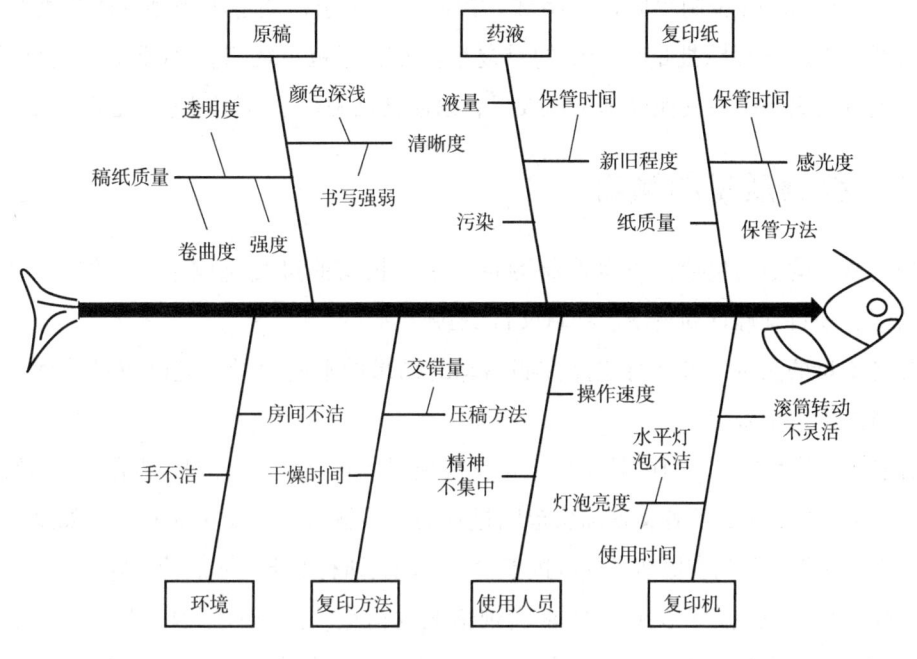

图 9-17　因果分析图示例

5. 散点图

散点图又称为散布图、相关图，是分析、判断、研究两个相对应的变量之间是否存在相关关系并明确相关程度的方法。产品质量与影响质量的因素之间常有一定的依存关系，但一般不是函数关系，即不能由一个变量的值精确地求出另一个变量的值，这种依存关系成为相关关系。图9-18所示为散点图示例，该散点图表明空气湿度和每小时所出现的差错之间存在着正的关系，湿度大与差错多相对应，反之亦然。

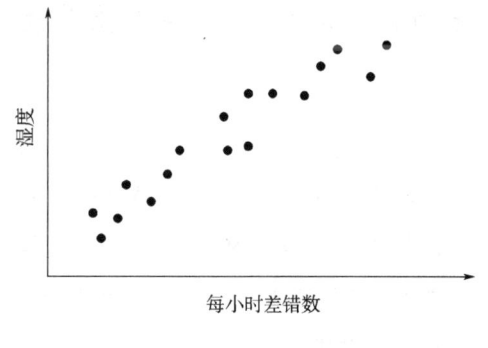

图 9-18　散点图示例

两种变量间的相互关联性越高（正的或负的），图中的点越趋于集中在一条直线附近。相反，如果两种变量间相关性很少或没有相关性，那么点将完全散布开来。

6. 控制图

控制图用于确定一个过程是否稳定或者是否具有可预测的绩效。规格上限和下限是根据要求制定的，反映了可允许的最大值和最小值。上下控制界限不同于规格界限。控制界限根据标准的统计原则，通过标准的统计计算确定，代表一个稳定过程的自然波动范围。项目经理和利益相关方可基于计算出的控制界限，识别须采取纠正措施的检查点，以预防不在控制界限内的绩效。控制图可用于监测各种类型的输出变量。虽然控制图最常用来跟踪批量生产中的重复性活动，但也可用来监测成本与进度偏差、产量、范围变更频率或其他管理工作成果，以便帮助确定项目管理过程是否受控。

9.4.3 控制质量的输出

控制质量的输出包括：质量控制测量结果、核实的可交付成果、工作绩效信息、变更请求、项目管理计划更新、项目文件更新。

控制质量的测量结果是对质量控制活动的结果的书面记录，应以质量管理计划所确定的格式加以记录。

控制质量过程的一个目的就是确定可交付成果的正确性。开展控制质量过程的结果是核实的可交付成果，后者又是确认范围过程的一项输入，以便正式验收。如果存在任何与可交付成果有关的变更请求或改进事项，可能会执行变更、开展检查并重新核实。

工作绩效信息包含有关项目需求实现情况的信息、拒绝的原因、要求的返工、纠正措施建议、核实的可交付成果列表、质量测量指标的状态，以及过程调整需求。

案例1：福特公司"金牛座"型号车的质量策划

0 背景

20世纪80年代早期，福特公司开始策划一种新型福特车——前轮驱动、中等车型，预计在20世纪80年代末生产出来。该型号的汽车决定了公司的未来，因为国外的竞争对手已经抢走了公司的很多市场份额，公司已经连续几年严重亏损。这种新型车称为"金牛座"。

公司上层管理者确定"金牛座"车的质量战略目标是最优级，即该车应当等于或超过国外本级别中任何一个有竞争力的车型。为了实现该车的质量目标，福特公司做了以下工作。

1 确定谁是客户

福特公司对谁是客户、谁将受到该项目的影响等做了仔细的调查。例如，保险公司会受到任何新车的影响。当车由于交通事故损坏时，他们要支付维修费，他们要寻找减少修理费的途径。这些费用部分地取决于车本身的设计。"金牛座"小组提供了有助于修车的一些特征，因此帮助了受到影响的客户——保险公司。

类似的，交通管理部门也会受到影响，福特公司知道他们没有重视这个新型车"高亮度"的刹车灯。尽管在当时还没有这样的要求，但公司为防止意外而预先设计了该灯，这样可降低交通事故的发生率。

2 项目式组织结构

过去福特公司采用传统的职能型的组织结构按顺序设计新车型，每个职能部门（市场研究、生产设计等）执行自己的职能，然后把结果传到下一个职能部门，研发周期长。福特公司在设计"金牛座"时采用了一种新方法，即以项目为导向的方式，称为"金牛座"小组。图1表示传统的组织结构形式，图2表示"金牛座"小组的组织结构形式。

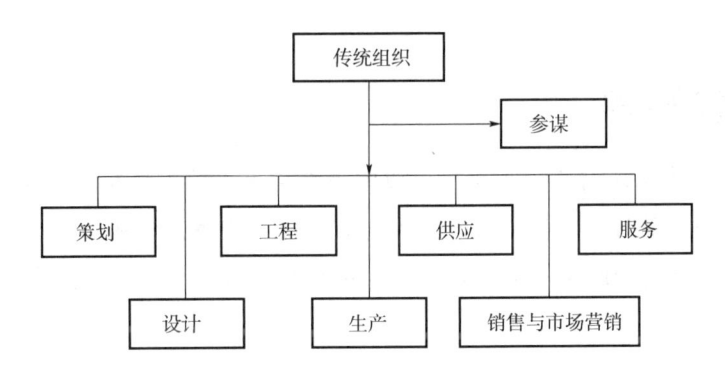

图1 传统的组织结构形式

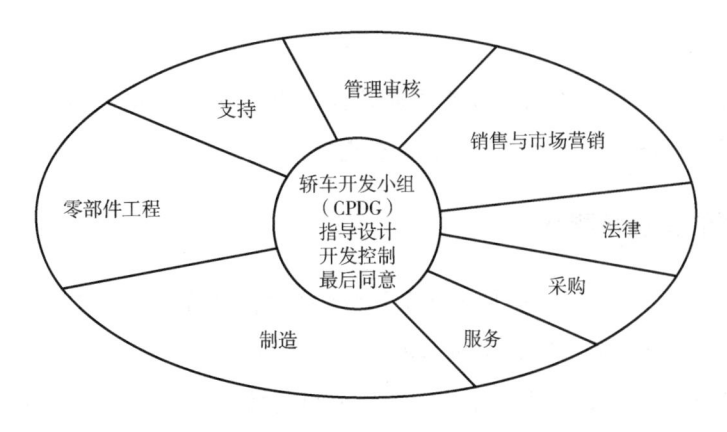

图2 "金牛座"小组的组织结构形式

所有与"金牛座"策划有关的职能部门共同组成了"金牛座"小组，目的是让这些部门同时策划而不是顺序进行，与此同时扩大受此项目影响的参与面。

3　为什么买"金牛座"？客户需求：产品特征

主要的客户当然是车的买主。福特公司深入地提出这样的问题：为什么买"金牛座"？什么样的产品特征决定了客户购买的车型？在设计、生产、销售和售后服务等方面有数以千计的质量特征，其中哪些是被客户所感知并由此影响了他们的购买决定？此外，福特公司从专家那里获取意见，还要考虑客户和许多公司部门的意见来补充市场调查。从这些特征中，福特公司就可以选择那些对主要客户感知有直接影响的几个主要特征了。这些主要特征有400多个，其中最主要的包括：

- 提起发动机罩所需的力量
- 后储箱的高度
- 刹车制动距离
- 噪声

4　最优级概念的效果

为了确保"最优级"，"金牛座"小组需要有竞争力的车型款式，从400多个主要特征中确定哪个是最好的。接下来的工作是如何使"金牛座"等于或超过本级别最好的车型。这项工作由400多个项目构成，每个项目都需要：

- 质量目标
- 对目标的实现承担责任的组织
- 预算
- 进度表

福特公司以后的情况表明：最优级的目标与400多项产品特征中的绝大多数相吻合。对于余下的特征，经过权衡利弊，以避免次优。

5　质量特征的转换和测量

400多个质量特征开始是以客户的语言来表达的，因而通常是定性的。工程师需求将它们全部转换为技术的、可测量的术语，如用"度"来测量气温，用"米"来测量距离，用"分钟"来测量时间，用"分贝"来测量噪声。这个转换是质量策划的主要部分，并且由于在清单上的定性术语太多，使得这个转换非常复杂。

在福特公司内部，为确保工厂的意见在过程开发时就予以充分的考虑而做了大量的工作，征求了所有来自生产现场和生产一线职工的意见，1400多项意见被识别、评价并融入产品设计。对于外部的供应商，"金牛座"小组采取了实质性的步骤执行公司新的措施——与供应商建立合作伙伴关系，原型车的零部件试验由生产零部件的供应商进行，以更早地提供高质量的零部件。

以上措施保证了客户的质量需求能够反映到产品的实现过程中。

6 最终效果

"金牛座"在市场上取得了令人瞩目的成功，福特公司成为美国汽车业中获利能力最高的企业，作为美国质量领先者的形象相应地提高了。从该案例可以看出项目质量策划中的一些措施：

- 上层管理的领导作用
- 以客户为中心
- 跨职能的小组
- 项目方法
- 联合策划而不是顺序策划

▶讨论题

1. 通读案例，请分析福特公司是如何开展"金牛座"型号车的质量策划（质量规划）的？
2. 质量规划的主要工具和方法有哪些？在"金牛座"型号车中采用了哪些方法？

案例2：某高架桥工程的钻孔灌注桩施工质量控制

0 背景

随着交通基础设施建设的快速发展，钻孔灌注桩广泛应用于公路桥梁和城市道路立交桥基础施工，但钻孔灌注桩（尤其是深桩）施工质量控制坏节较多，若不抓住重点有效控制施工质量，往往会造成断桩、缩径等质量事故，严重影响工期，并给施工单位带来较大经济损失。本文以高架桥桩基施工质量控制为案例，分析施工中遇到的质量问题及质量控制措施。

1 乐清湾高架桥的建设规模和工程地质情况

乐清湾高架桥位于乐清市天成乡境内，全长8777m，基础设计为深钻孔灌注混凝土摩擦桩，下部构造设计为双柱式墩台，上部设计为20m预制混凝土组合箱型梁。基础共有1754根桩。工程所在位置为温州海域乐清湾，海滨相地质情况，勘探资料的描述为：地面浅层为近期海潮冲积淤泥，地面以下：5~20m位置为沉积淤泥，20~40m位置为亚黏土，40~60m位置为黏土，60m以下位置为卵石层。鉴于上述地质情况，设计单位根据大桥设计荷载标准，设计单桩承载力为800t，桩径1500mm，桩长为62~70m，平均长66m。

2 施工最初阶段的质量控制情况

根据常规的开工程序，施工单位编报分项开工报告，监理工程师检查、核实施工准备工作情况，认可后批准同意开工。大桥12墩3号桩作为第一根桩开始施工。12-3号桩桩长68m，刚开始钻进时非常顺利，以3m/h的速度匀速钻进，但当钻机钻进至标高-60.136m时，钻进速度迅速降低，在钻头最大加压的情况下，钻杆依然下不去并且开始摇晃，按地质资料说明，钻机的钻头位置还没有钻到卵石层，在场的有经验监理工程师分析为遇到较大的漂石，需采用冲抓钻将漂石抓上来。此外，与12-3号桩同一批施工的7根桩在钻孔、下钢筋笼和灌注混凝土过程中均遇到阻碍施工进展的各类问题。其中，第一批7根桩的小应变检测结果如下：Ⅰ类桩数量3，Ⅱ类桩数量2，Ⅲ类桩数量2。

根据招标文件规定，Ⅰ类桩明确可以投入使用；Ⅱ类桩如果是在桩长的上部20m内出现问题，必须加以处理，达到Ⅰ类桩的小应变检测波速，可以投入使用，如果是在桩长20m以下部位出现问题，无须处理即可投入使用；Ⅲ类桩按报废处理。施工伊始就出现这种严重的质量事故，施工单位、监理与业主都意识到大桥桩基施工质量控制不容忽视，立即召集勘察、设计、施工单位及监理人员分析钻孔、灌注等施工记录，寻找引发质量事故的内在原因。

3 钻孔灌注桩施工质量事故原因分析与改进措施

在多角度分析问题桩的施工记录后，认为：

1）勘察单位对大桥所在位置的地质钻探频率不够，勘探取点不合理，提交的勘探资料与实际地质情况不符合，造成对实际地质情况了解不够。

2）施工单位的现场准备工作不充分，没有做好质量预控措施。

3）监理人员对开工审批程序执行不严格，对施工单位现场情况不了解。

以上这三点是引发质量问题的主要原因。

分析得出原因后，提出以下4点改进措施：

1) 勘察单位补加地质钻探，对特殊地段增加钻探频率，弥补地质情况的真实性。

2) 设计单位根据新的地质勘探资料重新设计桩底标高，对桩底标高抬高 3m 以上的地段，补加桩底后压浆设计。

3) 施工单位重新编报钻孔灌注桩质量目标组织设计和质量预控措施，务必增加投入质量预控硬件设备。

4) 监理人员编报钻孔灌注桩重点分项工程监理计划，增加现场旁站人员，全过程动态监理施工。

4 质量控制技术措施的改进和取得的效果

4.1 完善施工工艺流程

主流程线不变，仍是：钻机就位→开钻→钻进→检孔→清孔→安装钢筋笼→安装导管→灌注混凝土→钻机移位→小应变检测→转入下导流程。完善工作着重于：①检查钢护筒埋设深度、栓桩点位是否正确，钻机平台是否搭设牢固，是否根据地质情况建立质量预控措施和硬件设施；②下达开钻令前检查钻机垂直度和转盘中心点位；③能否保证钢筋笼的安全运输，确保动到现场不变形；④检查导管的密封性、管底高度，斗的容量和阻水胆囊；⑤检查施工配合比，坍落度和混凝土搅拌时间；⑥填写水下混凝土灌注记录，控制灌注速度，防止钢筋笼上浮和埋管太深。

4.2 建立质量预控对策

钻孔灌注桩质量预控对策见表 1。

表 1 钻孔灌注桩质量预控对策

序号	可能发生的施工问题	质量控制对策
1	地质情况与设计不符	立即联系设计代表，申请设计变更
2	遇到漂石或孤石	用冲抓钻冲抓
3	钻头脱落，钻杆扭断	加强钻机检修工作，准备打捞绳具
4	孔斜	开钻前检查并整平钻机
5	混凝土搅拌机失常	加强检修并准备足够量的混凝土供应机构
6	混凝土强度不够	随时抽查原料质量、检查施工配合比，搅拌机构的自动计量系统
7	停电等	加强施工的现场管理

4.3 履行工序检验即时签字手续

履行工序检验即时签字手续，增强工作人员的质量责任意识，落实质量责任制。质量控制技术措施的落实，最终要靠技术人员、施工操作者的责任心。履行工序检验即时签字手续，直接提高了工作人员的责任心，有力地推动了质量责任制的落实。

4.4 落实技术改进措施

通过对引发施工质量事故的原因分析和各单位相应提出的技术改进措施，施工质量明显上升，6~8月桩基础的质量统计为：Ⅰ类桩数量224，Ⅱ类桩数量37，Ⅲ类桩数量0。其中有1根Ⅱ类桩（103-1）在桩长的上部14.820m处检测为缩径。处理方法为：利用千斤顶将预制好的混凝土护筒套着桩体加压沉入，将桩长15m以上部分的混凝土凿除，重新浇筑混凝土。经小应变检测，处理后达到Ⅰ类桩标准。所有Ⅱ类桩均在20m以下出现问题，无须处理。

4.5 对前阶段施工中出现的问题做统计分析

得出孔灌注桩施工的质量控制重点，并提出相应的预控措施和实施方法。

乐清湾高架桥5~8月桩基施工中出现诸多问题。分析表明，灌注混凝土与安装钢筋笼施工中出现问题的概率较大。在这两者中，孔斜造成钢筋笼不能安装及搅拌站故障停转导致灌注待料的概率较大，故可以认为质量控制的重点在于：①钻孔的垂直度；②搅拌设备的良好运转；③对地质情况的准确判断。据此，修正质量预控对策表，突出重点预控措施。

通过突出质量预控重点，重新进行技术交底，钻孔灌注桩施工质量大大提高，达到全线第一的水平。按照上述桩基础施工质量预控措施，在武宁至吉安高速公路A6合同路段施工中，取得104根钻孔灌注桩100%Ⅰ类桩的优良成绩。

▶讨论题

1. 在本案例中，哪些环节需要重点进行质量控制？
2. 在进行质量问题分析时，本案例采用了什么工具方法？
3. 为保持质量改进的成果，可采用什么方法？
4. 本案例中，质量控制的主要因素包括哪些？

▶思考题

1. 简述项目质量控制的基本原理和主要内容。
2. 简述管理质量的输入和输出是什么？可以采用哪些主要的工具与技术？
3. 什么是直方图，怎样观察和使用直方图？
4. 某手机生产厂采取了一系列措施提高手机质量。为分析产生手机不合格品的原因，对手机的最终工序进行检查。表2是该厂2022年4个季度的不合格品数据（按不合格内容进行统计），请采用排列图分析造成不合格品的主次因素。

表 2 手机不合格品数量统计表

不合格内容	不合格品数量			
	1 季度	2 季度	3 季度	4 季度
高频音质不佳	22	23	24	25
信号不佳	15	20	18	19
外观不佳	13	12	9	14
接合动作不佳	10	8	7	6
灵敏度不佳	7	5	4	7
低频音质不佳	2	4	5	3
其他	4	5	3	6

第 10 章 项目风险管理

10.1 概述

10.1.1 项目风险管理的目的与基本流程

项目风险是由项目的独特性和不确定性导致的,任何项目都存在风险。项目风险管理的目标在于提高正面风险的概率和(或)影响,降低负面风险的概率和(或)影响,从而提高项目成功的概率。

项目风险管理是一个主动的过程,可帮助项目团队预测、评估和应对不确定性,确保项目按时、在预算范围内以所需的质量水平交付产品/服务。如果不妥善管理项目风险,这些风险有可能导致项目偏离计划,无法达成既定的项目目标。因此,项目风险管理的有效性直接关乎项目成功与否。

工程项目风险的特点如下。

(1) 风险的客观性

风险的客观性,首先表现在它的存在是不以个人的意志为转移的。许多大型工程项目(尤其是复杂研发项目)需要采用新技术、新工艺和新方法,没有以往的数据基础和经验,项目的设计、研制、建造过程中必然存在各种风险。

(2) 风险的不确定性

风险的不确定性是指风险的发生是不确性的,即风险的程度有多大、风险何时何地由可能转变为现实均是不确定的。由于人们对客观世界的认识受各种条件的限制,不可能准确预测工程项目的风险。虽然根据长期的经验和类似项目的数据统计可以发现许多风险的发生规律,但这只是统计规律,每种风险事件的发生都有偶然性。

不确定类型包括:"已知的未知"(Known-unknowns)、"未知的已知"(Unknown-knowns)和"未知的未知"(Unknown-unknowns)。"已知的未知"是指人们清楚意识到自己尚未了解的东西。"未知的已知"是指人们不知道,但其他人(团队、组织)

知道。"未知的未知"是指人们没有意识到,人们不知道的东西,它完全无法预测,是最需要警惕的地方。因此,项目团队应通过各种手段和方法,最大限度地识别出项目中的"未知的未知"风险。

(3) 风险的不利性

工程项目的风险一旦发生,常常导致严重的后果,会使风险主体产生挫折、失败甚至损失,这对风险主体是极为不利的。风险的不利性要求人们在承认风险、认识风险的基础上做好决策,最大限度地避免风险,将风险的不利性降至最低。

(4) 风险的可变性

风险的可变性是指在一定条件下风险可以转化。风险的可变性包括以下内容:风险性质的变化(包括项目不利的方面转变为有利的方面,即出现新的机会)、风险量的变化,某些风险在一定空间和时间范围内被消除,以及产生新的风险。

(5) 风险的相互关联性

风险通常是相互关联的,这意味着一种风险的发生可能会引发或加剧其他风险,孤立地解决风险可能会忽略潜在的级联效应。

(6) 风险的可控性和规律性

绝大部分风险的发生具有渐进性和阶段性,只要采取正确的方法,大多数风险都可以得到控制,减少风险带来的损失。

虽然单个风险事件的发生是不确定的,但是风险的发生具有统计规律。例如,采用大量新技术必然会成为技术风险,不良的项目管理也必然会带来大量风险。

风险的发生具有渐进性和阶段性特点,项目各阶段可能出现的风险类别不同,随着项目的进展,风险发生的概率(含机会)逐渐降低,处理风险的成本大幅升高。风险随项目生命周期变化规律示例图如图 10-1 所示。

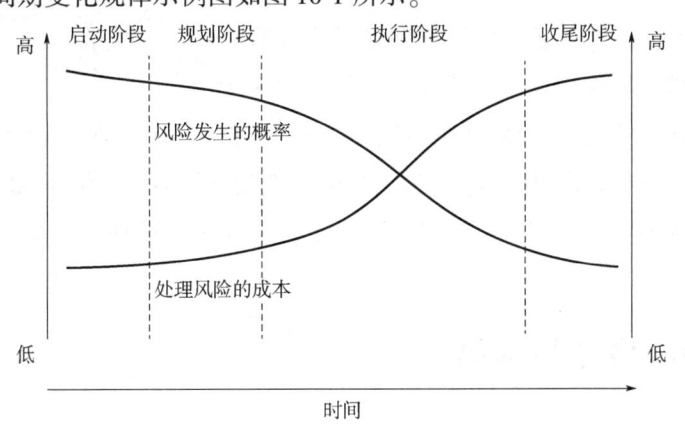

图 10-1 项目风险随项目生命周期变化规律示例图

因此，应采取有效的项目风险管理措施，做到以预防为主，而不是亡羊补牢。同时，要通过开展风险定性和定量分析，分清风险事件的主次，对重要风险采取有效措施，防止重大风险事件的发生，或降低重大风险事件发生的概率和影响程度。

项目风险管理包括规划风险管理、识别风险、开展风险分析、规划风险应对、实施风险应对和监督风险的各个过程。项目风险管理的过程是：

1）规划风险管理。规划和设计如何实施项目风险管理活动的过程。

2）识别风险。识别单个项目风险，以及整体项目风险的来源，并记录风险特征的过程。

3）实施定性风险分析。通过评估单个项目风险发生的概率和影响及其他特征，对风险进行优先级排序，从而为后续分析或行动提供基础的过程。

4）实施定量风险分析。就已识别的单个项目风险和其他不确定性的来源对整体项目目标的综合影响进行定量分析的过程。

5）规划风险应对。为处理整体项目风险敞口，以及应对单个项目风险，而制定可选方案、选择应对策略并商定应对行动的过程。

6）实施风险应对。执行商定的风险应对计划的过程。

7）监督风险。在整个项目期间，监督商定的风险应对计划的实施、跟踪已识别风险、识别和分析新风险，以及评估风险管理有效性的过程。

上述各管理过程的逻辑顺序为：规划风险管理发生在项目的早期，其目的是规定在项目管理过程中，将如何实施项目风险管理（如风险管理的方法论、角色与职责、时间安排等），当组织有相关的风险管理规定时，项目团队可以依据相关规定执行。如图10-2所示，具体来说，项目的风险管理过程是：①开展风险识别；②进行风险评价（包括定性和定量风险分析），依据评价结果对各风险因素进行排序，以识别出主要的风险；③制订风险应对计划；④在项目执行和监控过程中，做好风险的追踪和控制，并监督风险的变化和可能出现的新风险。

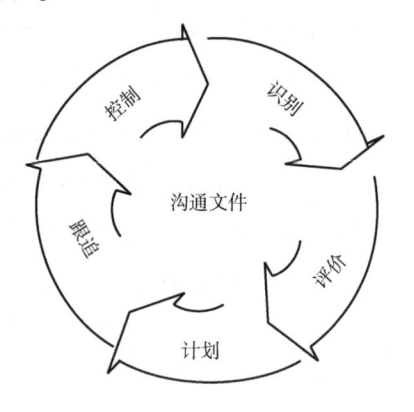

图 10-2 连续的风险管理过程

由图10-2可见，上述风险管理过程是一个循环往复的过程，应持续地识别可能出现的新风险。

10.1.2 核心概念与术语

（1）风险（Risk）

风险通常涉及未来发展的不确定性，可能对项目的目标（如质量、进度、成本等）

产生负面影响。近年来，人们对项目风险管理的观念发生了转变，由于威胁与机会常常并存，"危"与"机"常常相互转化。因此，项目经理在关注降低威胁影响的同时，也应关注对机会的把握。

风险可定义为：风险是指一旦发生就会对一个或多个项目目标产生积极或消极影响的不确定事件或条件。通常，风险由损失（或收益）和不确定性两个要素决定。损失是指事件或条件可能导致的负面后果，它可能涉及对项目目标的负面影响，以及经济损失、声誉损害、错失机会或其他不利影响；相反，收益意味着承担一定程度的风险可能产生的积极结果，如增加利润、提高效率或增加市场份额。因此，将损失（或收益）和不确定性结合起来，一个风险因素/事件的风险值可以表述为下式

$$风险 = 损失/收益(一旦发生所导致的影响程度) \times 不确定性(发生概率)$$

可见，某风险因素的发生概率越大，或一旦发生所导致的影响程度越大，则该风险越大。判断风险值大小的因素，有时也可能包含其他指标（可控性、紧迫性、可监测性等）。例如，可控性越低、紧迫性越高，则风险值越大。

每个项目都在两个层面上存在风险：影响项目达成目标的单个风险，以及由单个项目风险和其他的不确定性来源联合导致的整体项目风险。项目风险管理要同时兼顾这两个层面的风险，它们的定义为：

● 单个项目风险——一旦发生，会对一个或多个项目目标产生正面或负面影响的不确定事件或条件。

● 整体项目风险——不确定性对项目整体的影响，是利益相关方面临的项目结果正面和负面变异区间，它源于包括单个风险在内的所有不确定性。

具体而言，单个项目风险一旦发生，会对项目目标产生正面或负面的影响。项目风险管理旨在利用或强化正面风险（机会），规避或减轻负面风险（威胁）。未妥善管理的威胁可能引发各种问题，如工期延误、成本超支、绩效不佳或声誉受损。把握好机会则能获得众多好处，如工期缩短、成本节约、绩效改善或声誉提升。

类似地，整体项目风险也有正面影响和负面影响之分。管理整体项目风险旨在通过削弱负面变异的驱动因素，加强正面变异的驱动因素，以及最大化实现整体项目目标的概率，把项目风险敞口保持在可接受的范围之内。

（2）风险敞口（Risk Exposure）

风险敞口是指在某个项目、项目集或项目组合中，针对任一特定对象，而适时做出的对所有风险的潜在影响的综合评估。在有些场景下，风险敞口也称为风险暴露度，是指受险主体对风险的暴露程度。例如，高空坠物伤人风险，受险主体是人或设备，即使高空坠物风险发生的概率很大，但如果在高空作业下方没有人或设备，那么风险

暴露程度是0。

为有效管理特定项目的风险，项目团队需要知道，相对于要追求的项目目标，可接受的风险敞口究竟是多大，这通常用可测量的风险临界值来定义。风险临界值反映组织与项目利益相关方的风险偏好程度，是项目目标可接受的变异程度。应明确规定风险临界，并传达给项目团队，同时反映在项目的风险影响级别定义中。

(3) 风险临界值

风险临界值指的是针对目标可接受的偏差范围，它反映组织和利益相关方的风险偏好。

既然项目是为交付收益而开展的、具有不同复杂程度的独特性工作，那自然就会充满风险。开展项目，不仅要面对各种制约因素和假设条件，还要应对可能相互冲突和不断变化的利益相关方期望。组织应该有目的地以可控方式去冒项目风险，以便平衡风险和回报，并创造价值。

(4) 项目韧性（Project Resilience）

项目韧性是指项目在面对变化、不确定性和风险时，能够适应、恢复和保持稳定状态的能力。韧性强的项目能够在困难时刻保持灵活性，迅速适应环境变化，以及有效地管理和应对各种风险和挑战。

随着对所谓"未知-未知"风险意识的增强，人们也越来越明确地知道确实存在突发性风险。这就要求每个项目：

• 不仅要为已知风险列出具体风险预算，还要为突发性风险预留合理的应急预算和时间。

• 采用灵活的项目过程，包括强有力的变更管理，以便在保持朝项目目标推进的正确方向的同时，应对突发性风险。

• 授权目标明确且值得信赖的项目团队在商定限制范围内完成工作。

• 经常留意早期预警信号，以尽早识别突发性风险。

• 明确征求利益相关方的意见，以明确为应对突发性风险而可以调整项目范围或策略的领域。

(5) 整体风险管理

项目存在于组织背景中，可能是项目集或项目组合的一部分。在项目、项目集、项目组合和组织这些层面上都存在风险，应该在适当的层面上承担和管理风险。在较高层面识别出的某些风险，将被授权给项目团队进行管理；而在较低层面识别出的某些风险，又可能上交给较高层面进行管理（如果在项目之外管理更有效）。应该采用协调式企业级风险管理方法，以确保所有层面风险管理工作的一致性和连贯性。这样就能使项目集和项目组合的结构具有风险效率,有利于在给定的风险敞口水平下创造最大的整体价值。

10.2 规划风险管理

规划风险管理是规划和设计如何实施项目风险管理活动的过程。它涉及确定和制定如何识别、评估、应对、监控和沟通项目风险的方法和策略。本过程的主要作用是,确保风险管理的水平、方法和可见度与项目风险程度,以及项目对组织和其他利益相关方的重要程度相匹配。图 10-3 所示为本过程的输入、工具与技术和输出。

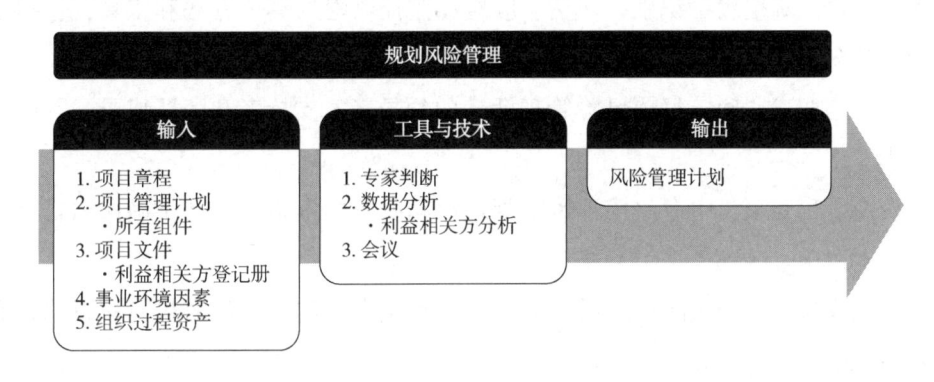

图 10-3 规划风险管理:输入、工具与技术和输出

规划风险管理过程在项目构思阶段就应开始,并在项目早期完成。在项目生命周期的执行阶段,可能有必要重新开展本过程。例如,在发生重大阶段变更时,在项目范围显著变化时,或者后续对风险管理有效性进行审查且确定需要调整项目风险管理过程时。

10.2.1 本过程的输入

规划风险管理过程的主要输入包括:项目章程、利益相关方登记册、项目 WBS、项目流程等。

项目章程定义了项目的总体目标、背景和高层级需求。利益相关方登记册包含项目利益相关方的详细信息,如需求、利益和对项目风险的态度等,有助于项目团队更好地了解和管理与项目相关的各方利益、需求和期望,以及为项目设定风险临界值。

10.2.2 本过程的工具与技术

规划风险管理过程的主要工具与技术包括：专家判断、数据分析和会议。

10.2.3 本过程的输出

风险管理计划是项目管理计划的组成部分，描述如何安排与实施风险管理活动。风险管理计划包括以下部分内容或全部内容：

• 风险管理策略。明确每种重要风险的应对策略，包括风险上报、避免、减轻、转移和接受策略。

• 方法论。确定用于识别、评估、应对和监控风险的具体方法和工具，包括定性和定量风险分析技术。

• 角色与职责。确定每项风险管理活动的领导者、支持者和团队成员，并明确他们的职责。

• 资金。确定项目中专门用于风险管理活动所需的资金，有助于确保项目有足够的资源应对风险。

• 时间安排。确定风险管理活动应该在项目生命周期中的何时进行，以确保有效管理项目风险。

• 风险类别。确定对单个项目风险进行分类的方式。通常借助风险分解结构（RBS）构建风险类别。风险分解结构是潜在风险来源的层级展现（示例见表10-1）。通过将风险分类为不同的类别，项目团队可以更有针对性地识别、评估和应对各种类型的风险。

表 10-1 风险分解结构（RBS）

RBS 0 级	RBS 1 级	RBS 2 级
0. 项目风险所有来源	1. 技术风险	1.1 范围定义
		1.2 需求定义
		1.3 估算、假设和制约因素
		1.4 技术过程
		1.5 技术
		1.6 技术联系
		……
	2. 管理风险	2.1 项目管理
		2.2 项目集/项目组合管理

(续)

RBS 0 级	RBS 1 级	RBS 2 级
0. 项目风险所有来源	2. 管理风险	2.3 运营管理
		2.4 组织
		2.5 提供资源
		2.6 沟通
		……
	3. 商业风险	3.1 合同条款和条件
		3.2 内部采购
		3.3 供应商与卖方
		3.4 分包合同
		3.5 客户稳定性
		3.6 合伙企业与合资企业
		……
	4. 外部风险	4.1 法律
		4.2 汇率
		4.3 地点/设施
		4.4 环境/天气
		4.5 竞争
		4.6 监督
		……

- 利益相关方风险偏好。利益相关方对项目风险的容忍程度和对风险的态度会影响规划风险管理过程的细节，不同的利益相关方可能有不同的风险偏好。
- 风险概率和影响定义。根据具体的项目环境，组织和关键利益相关方的风险偏好和临界值，以制定风险概率和影响定义。项目可能自行制定关于概率和影响级别的具体定义，或者用组织提供的通用定义作为出发点。应根据拟开展项目风险管理过程的详细程度确定概率和影响级别的数量，即：更多级别（通常为五级）对应更详细的风险管理方法，更少级别（通常为三级）对应更简单的方法。

表 10-2 是风险对项目各目标的影响度评价示例。

表 10-2 风险对项目各目标的影响度评价示例

项目目标	很低（0.05）	低（0.1）	中（0.2）	高（0.4）	很高（0.8）
成本	不明显的成本增加	成本增加 <5%	成本增加介于 5%～10%	成本增加介于 10%～20%	成本增加 >20%
进度	不明显的进度拖延	进度拖延 <5%	总体项目拖延 5%～10%	总体项目拖延 10%～20%	总体项目拖延总 >20%

(续)

项目目标	很低（0.05）	低（0.1）	中（0.2）	高（0.4）	很高（0.8）
范围	范围减少几乎察觉不到	范围的很少部分受到影响	范围的主要部分受到影响	范围的减少不被业主接受	项目的最终产品实际上没用
质量	几乎察觉不到质量降低	只有在要求很高时应用才会受到影响	质量的降低应得到业主批准	质量降低到无法被业主接受	项目的最终产品实际上不能使用

10.3 识别风险

识别风险是识别单个项目风险及整体项目风险的来源，并记录风险特征的过程。本过程的主要作用是，记录现有的单个项目风险，以及整体项目风险的来源；同时，汇集相关信息，以便项目团队能够恰当应对已识别的风险。图 10-4 所述为本过程的输入、工具与技术和输出。

识别风险

输入
1. 项目管理计划
   · 需求管理计划
   · 进度管理计划
   · 成本管理计划
   · 质量管理计划
   · 资源管理计划
   · 风险管理计划
   · 范围基准
   · 进度基准
   · 成本基准
2. 项目文件
   · 假设日志
   · 成本估算
   · 持续时间估算
   · 问题日志
   · 经验教训登记册
   · 需求文件
   · 资源需求
   · 相关方登记册
3. 协议
4. 采购文档
5. 事业环境因素
6. 组织过程资产

工具与技术
1. 专家判断
2. 数据收集
   · 头脑风暴
   · 核对单
   · 访谈
3. 数据分析
   · 根本原因分析
   · 假设条件和制约因素分析
   · SWOT分析
   · 文件分析
4. 人际关系与团队技能
   · 引导
5. 提示清单
6. 会议

输出
1. 风险登记册
2. 风险报告
3. 项目文件更新
   · 假设日志
   · 问题日志
   · 经验教训登记册

图 10-4 识别风险：输入、工具与技术和输出

识别风险时，要同时考虑单个项目风险，以及整体项目风险的来源。风险识别活动的参与者可能包括：项目经理、项目团队成员、项目风险专家（若已指定）、客户、

项目团队外部的主题专家、最终用户、其他项目经理、运营经理、利益相关方和组织内的风险管理专家。风险识别活动通常是一个团队合作的过程，吸引各种参与者的专业知识和经验，以确保全面地识别项目可能面临的各种风险。这有助于培养和保持参与者对已识别单个项目风险、整体项目风险级别和相关风险应对措施的主人翁意识和责任感。

应采用统一的风险描述格式描述和记录单个项目风险，以确保每一种风险都被清楚、明确地理解，从而为有效地分析风险和制定风险应对措施提供支持。可以在识别风险过程中为单个项目风险指定风险责任人，待实施定性风险分析过程确认。也可以识别和记录初步的风险应对措施，待规划风险应对过程审查和确认。

在整个项目生命周期中，单个项目风险可能随项目进展而不断出现，整体项目风险的级别也会发生变化。因此，识别风险是一个迭代的过程，迭代的频率和每次迭代所需的参与程度因情况而异，应在风险管理计划中做出相应规定，可能涉及重新评估现有风险、识别新风险、调整风险应对策略等。

10.3.1　本过程的输入和输出

识别风险过程的输入包括：项目管理文件（如项目 WBS、进度计划等）、假设日志、经验教训登记册、协议等。

识别风险过程的主要输出如下。

1. 风险登记册

风险登记册是在项目风险管理中使用的一种文档或记录，它用于集中记录和跟踪单个项目风险的详细信息。随着实施定性风险分析、规划风险应对、实施风险应对和监督风险等过程的开展，这些过程的结果也要记进风险登记册。根据具体的项目变量（如规模和复杂性），风险登记册可能包含有限或广泛的风险信息。

当完成识别风险过程时，风险登记册的内容可能包括：

• 已识别风险的清单。在风险登记册中，列出了项目团队已经鉴别和确认的潜在风险。对每种风险进行详细描述，包括风险的性质、潜在的原因、可能的影响等。这个清单通常是项目风险管理的一部分，用于追踪项目可能面临的问题和机会。可以使用结构化的风险描述，把风险本身与风险原因及风险影响区分开来。

• 风险责任人。指负责监视、管理或应对特定潜在风险的个人或团队。潜在的风险责任人的选择通常基于其专业领域的知识，与特定风险相关的经验及其在项目中的角色。

● 潜在风险应对措施清单。风险登记册中记录了可能用于管理项目中已识别的潜在风险的具体措施，用于指导项目团队在面对各种风险时采取合适的行动。

根据风险管理计划规定的风险登记册（表10-3为示例），可能还要记录关于每项已识别风险的其他数据，包括：简短的风险名称、风险类别、当前风险状态、一项或多项原因、一项或多项对目标的影响、风险触发条件（显示风险即将发生的事件或条件）、受影响的WBS组件，以及时间信息（风险何时识别、可能何时发生、何时可能不再相关，以及采取行动的最后期限）。

需要注意，风险登记册是一个不断完善的过程，在风险识别阶段，风险登记册可能主要列出了识别出来的风险因素/风险事件。风险发生的概率、影响、等级划分等，需要在风险分析过程中进行完善、更新。

表10-3 风险登记册示例

风险登记册										
一．项目基本情况										
项目名称					项目编号						
制作人					审核人						
项目经理					制作日期						
二．项目风险管理										
风险编号：					准备日期：						
风险编号	风险描述	发生概率	当前风险状态	影响程度	风险触发条件	风险等级	受影响的WBS组件	风险应对措施	责任人	

2. 风险报告

风险报告包含有关项目风险的详细信息，以及关于如何管理和应对这些风险的建议和相关记录。在项目风险管理过程中，风险报告的编制是一项渐进式的工作。随着实施定性风险分析、实施定量风险分析、规划风险应对、实施风险应对和监督风险过程的完成，这些过程的结果也需要记录在风险登记册中。在完成识别风险过程时，风险报告的内容可能包括：

● 整体项目风险的来源。说明哪些是整体项目风险敞口的最重要驱动因素。例如，法律法规变化可能对项目造成法律责任，自然灾害（如地震、洪水、飓风）等可能导致项目整体进度延误。

• 关于已识别单个项目风险的概述信息。例如，已识别的威胁与机会的数量、风险在风险类别中的分布情况、测量指标和发展趋势。

根据风险管理计划中规定的报告要求，风险报告中可能还包含其他信息。

10.3.2 本过程的工具与技术

风险识别的方法多种多样，常用的有效方法包括。

1. 根本原因分析

根本原因分析旨在识别项目或组织中潜在风险的根本原因，以便能够开展更有效的风险管理和预防措施。可以以问题陈述（如项目可能延误或超支）作为出发点，探讨哪些威胁可能导致该问题，从而识别相应的威胁。也可以以收益陈述（如提前交付或低于预算）作为出发点，探讨哪些机会可能有利于实现该效益，从而识别相应的机会。

2. 假设条件分析法

侧重于识别项目中的关键假设和前提条件，并考虑这些假设可能不成立的风险。针对每个不成立的假设条件，分析可能导致的风险，如成本增加、项目延期、资源短缺等。

3. WBS 或计划流程图核检法

风险工程师和风险管理工作组依据项目的 WBS 和计划流程图，使用预先编制好的项目风险核检表识别 WBS 中每一项任务是否存在进度、质量、成本等风险，填写风险识别单（项目风险检查表），汇总形成项目风险清单。这种方法系统性强、结构化程度高，对于识别项目的系统风险和各种风险要素十分有效。在各个不同层次和不同阶段，应利用相应层次和相应阶段的 WBS 和计划流程。

4. 情景分析法

用于识别和评估项目或组织面临的潜在风险，并探索不同情景下可能发生的不同风险事件。一般是先给出项目情景描述，然后变动项目某个要素，再分析变动后项目情况变化和可能的风险与风险后果。通过考虑不同情景下的风险事件，团队可以更好地应对不确定性，提前做好准备，从而降低风险对项目或组织的不利影响。

5. SWOT 分析法

SWOT 分析法是战略分析工具，有助于分析组织层面的风险与机会。该方法是对项目的优势、劣势、机会和威胁（SWOT）进行逐一检查。在识别风险时，它会将内部产生的风险包含在内，从而拓宽识别风险的范围。首先，关注项目、组织或一般业务领域，识别出组织的优势和劣势；然后，找出组织优势可能为项目带来的机会，以及组织劣势可能造成的威胁。此外，还可以分析组织优势能在多大程度上克服威胁，组织劣势是否会妨碍机会的产生。

6. 访谈、会议法/头脑风暴法

一组用于识别和收集风险信息的工具和技术，它们有助于团队合作和集思广益，以便更全面地了解项目或组织面临的潜在风险。通过与具有丰富知识、经验的专家进行访谈或召开会议，借鉴其他项目或已完成的同类其他项目的工程经验、数据和报告，为本项目的风险识别提供信息。这些方法有助于促进信息共享、团队协作和创新，从而提高风险识别的有效性。

7. 核对单

用于系统识别和记录项目或组织可能面临的潜在风险。利用从类似项目和其他信息来源积累的历史信息和知识，列出可能的风险类别，在每个风险类别下列出特定的潜在风险事件或问题，对应每个潜在风险事件列出可能导致其发生的相关因素或触发条件。由此生成的核对单，有助于确保不遗漏任何可能的威胁，并为风险管理计划的制订提供依据。

【例 10-1】

识别某复杂研发项目不同阶段的典型风险事件。

由访谈和头脑风暴法得到复杂研发项目各阶段的典型风险事件，见表 10-4。

表 10-4　各阶段的典型风险事件

序号	阶段	典型风险事件
1	可行性论证阶段	对用户需求界定不清
		缺少相应的专家
		缺少管理层的支持
		政治影响
		竞争对手的活动
2	方案阶段	没有风险管理计划
		拙劣的时间和成本估计
		项目队伍没有经验
		职能界定不清
		关键技术攻关

(续)

序号	阶段	典型风险事件
3	研制阶段	队伍技术和管理成熟度不足
		元器件和单机的采购不满足进度
		技术状态的变更
		多项目冲突
		不良的项目管理
		技术安全管理不到位
		质量预防不足
		经费不到位
		子承包商的违约

10.4 实施定性风险分析

实施定性风险分析是通过评估单个项目风险发生的概率和影响及其他特征（如风险影响范围、风险发生时间等），对风险进行优先级排序，从而为后续分析或行动提供基础的过程。本过程的主要作用是：对风险进行排序，以便关注高优先级的风险。图 10-5 所述为本过程的输入、工具与技术和输出。

实施定性风险分析

输入
1. 项目管理计划
   · 风险管理计划
2. 项目文件
   · 假设日志
   · 风险登记册
   · 利益相关方登记册
3. 事业环境因素
4. 组织过程资产

工具与技术
1. 专家判断
2. 数据收集
   · 访谈
3. 数据分析
   · 风险数据质量评估
   · 风险概率和影响评估
   · 其他风险参数评估
4. 人际关系与团队技能
   · 引导
5. 风险分类
6. 数据表现
   · 概率和影响矩阵
   · 层级型
7. 会议

输出
项目文件更新
· 假设日志
· 问题日志
· 风险登记册
· 风险报告

图 10-5 实施定性风险分析：输入、工具与技术和输出

10.4.1 本过程的输入和输出

实施定性风险分析的输入包括：风险登记册、风险管理计划、假设日志、风险报

告等。其中，风险登记册是风险定性分析的主要输入。

实施定性风险分析的目的是使用项目风险的发生概率、风险发生时对项目目标的相应影响及其他因素，评估已识别单个项目风险的优先级。因此，实施定性风险分析过程的主要输出是更新的风险登记册。风险登记册需要更新的内容可能包括：每项单个项目风险的概率和影响评估、优先级别或风险分值、指定风险责任人、风险紧迫性信息或风险类别，以及低优先级风险的观察清单或需要进一步分析的风险。

定性风险分析基于项目团队和其他利益相关方对风险的感知程度，从而具有主观性。所以，为了实现有效评估，就需要认清和管理本过程关键参与者对风险所持的态度。风险感知会导致评估已识别风险时出现偏见，所以应该注意找出偏见并加以纠正。

10.4.2 本过程的工具与技术

1. 专家判断

应考虑具备以下专业知识或接受过相关培训的个人或小组的意见：

- 以往类似项目
- 定性风险分析

专家判断往往可通过引导式风险研讨会或访谈获取。应注意，专家可能持有偏见。

2. 数据分析

适用于本过程的数据分析技术包括但不限于：

（1）风险数据质量评估

风险数据是开展定性风险分析的基础。风险数据质量评估旨在评价关于单个项目风险的数据的准确性和可靠性。使用低质量的风险数据，可能会导致定性风险分析对项目来说基本没用。

（2）风险概率和影响评估

风险概率评估考虑的是特定风险发生的概率，而风险影响评估考虑的是风险对一项或多项项目目标的潜在影响，如进度、成本、质量或绩效。威胁将产生负面的影响，机会将产生正面的影响。

（3）其他风险参数评估

为了便于未来分析和行动，在对单个项目风险进行优先级排序时，项目团队可能考虑除概率和影响以外的其他风险特征。此类特征可能包括但不限于：

- 紧迫性。为有效应对风险而必须采取应对措施的时间段。时间短就说明紧迫性高。

- 邻近性。风险在多长时间后会影响一项或多项项目目标。时间短就说明邻近性高。
- 可控性。风险责任人（或责任组织）能够控制风险后果的程度。如果后果很容易控制，可控性就高。
- 可监测性。对风险发生或即将发生进行监测的容易程度。如果风险发生很容易监测，可监测性就高。
- 连通性。风险与其他单个项目风险存在关联的程度大小。如果风险与多个其他风险存在关联，连通性就高。
- 战略影响力。风险对组织战略目标潜在的正面或负面影响。如果风险对战略目标有重大影响，战略影响力就大。

3. 数据表现形式

适用于本过程的数据表现形式包括但不限于。

（1）概率和影响矩阵

概率和影响矩阵是把每个风险发生的概率和一旦发生对项目目标的影响映射起来的表格。此矩阵对概率和影响进行组合，以便于把单个项目风险划分成不同的优先级组别（图10-6）。基于风险的概率和影响，对风险进行优先级排序，以便未来进一步分析并制定应对措施。采用风险管理计划中规定的风险概率和影响定义，逐一对单个项目风险的发生概率及其对一项或多项项目目标的影响（若发生）进行评估。基于所得到的概率和影响的组合，使用概率和影响矩阵，为单个项目风险分配优先级别或风险分值。

			威胁					机会			
很高 0.90	0.05	0.09	0.18	0.36	0.72	0.72	0.36	0.18	0.09	0.05	很高 0.90
高 0.70	0.04	0.07	0.14	0.28	0.56	0.56	0.28	0.14	0.07	0.04	高 0.70
中 0.50	0.03	0.05	0.10	0.20	0.40	0.40	0.20	0.10	0.05	0.03	中 0.50
低 0.30	0.02	0.03	0.06	0.10	0.24	0.24	0.12	0.06	0.03	0.02	低 0.30
很低 0.10	0.01	0.01	0.02	0.04	0.08	0.08	0.04	0.02	0.01	0.01	很低 0.10
	很低 0.05	低 0.10	中 0.20	高 0.40	很高 0.80	很高 0.80	高 0.40	中 0.20	低 0.10	很低 0.05	
			消极影响					积极影响			

图10-6 概率-影响矩阵示例

表10-5是用深灰色、灰色、浅灰色三色表示的概率-影响矩阵，图中的概率和影响的严重度采用1~5之间的数值，数值越低，表示概率/影响越小。

表 10-5　概率-影响矩阵示例（用 1~5 之间的值表示）

概率	一个具体风险的风险值					
	风险值 = 概率(P) × 影响(I)				
5	5	10	15	20	25
4	4	8	12	16	20
3	3	6	9	12	15
2	2	4	6	8	10
1	1	2	3	4	5
影响	1	2	3	4	5

注：每一风险的值是根据其发生的概率和它如果发生将会产生的影响来计算的。上面矩阵中，对低、中、高风险的承受限度分别用深灰色、灰色和浅灰色表示，这些限度值决定了风险值。

表 10-6 和表 10-7 是用深灰色、灰色、浅灰色三色表示风险事件汇总，以及对各级风险事件的措施建议示例。

表 10-6　更新的风险登记册示例

项目名称：			单位：			日期：期别：		
风险等级	序号	事件名称	高(严重度×概率)	中(严重度×概率)	低(严重度×概率)	类别	措施

注：1. "高""中""低"栏填写风险评价的综合值，即概率与严重度的乘积。
　　2. 类别是指技术、成本、进度等。

表 10-7　对各等级风险事件的建议措施

风险指数	风险大小	建议措施
$R \geq 20$	极高风险	不可接受的风险：执行新的过程或更改基线，寻求上级关注，制订管理计划
$15 \leq R < 20$	高风险	同上
$10 \leq R < 15$	中风险	不可接受的风险：积极管理，考虑变更过程和基线，寻求上级关注，制订管理计划
$4 < R < 10$	低风险	可接受风险：控制、监测，要求有关工作包执行者的注意
$R \leq 4$	极低风险	可接受风险：控制、监测，要求有关工作包执行者的注意

(2) 层级图

概率和影响矩阵只能从两个维度划分风险,有两个以上参数时并不适用,需要使用其他图形,如气泡图能显示三维数据。在气泡图中,把每个风险绘制成一个气泡,并用 x 轴值、y 轴值和气泡大小表示风险的三个参数。图 10-7 是气泡图的示例,其中,x 轴代表可监测性,y 轴代表邻近性,影响值则以气泡大小表示。

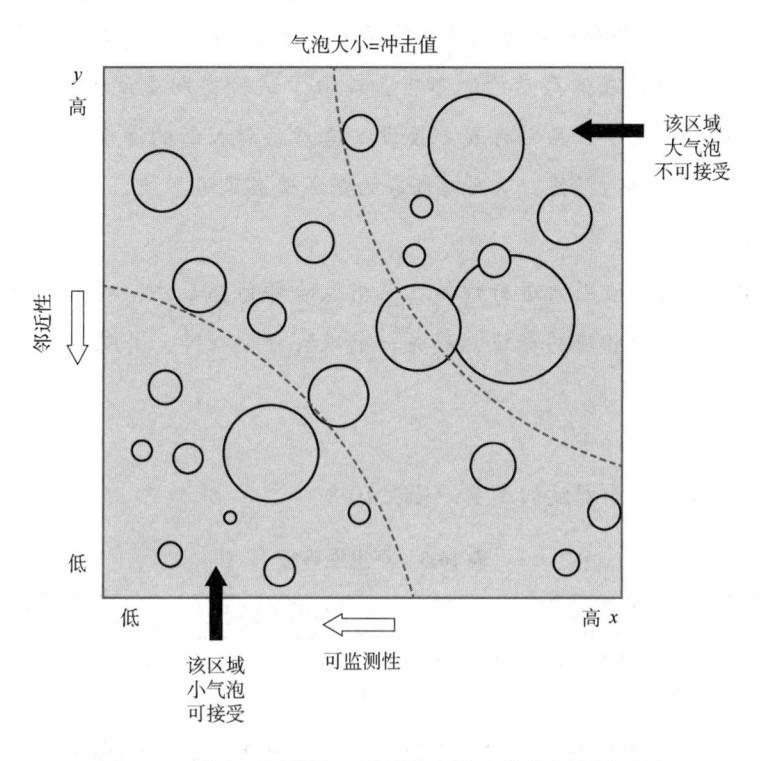

图 10-7 列出可监测性、邻近性和影响值的气泡图示例

【例 10-2】

针对长期储存环境对航天产品使用上所产生的风险,进行风险识别和风险评估。

1. 风险识别

经过专家分析,长期储存可能对航天产品产生的风险因素主要包括:

风险因素 1:某些元器件、部件或设备在地面失效,需要再次更换设备或部件。由于环境控制不严、潮气侵入、尘粒的污染等因素,造成某些元器件、部件或设备失效,原材料性能退化,导致需要更换设备或部件,延误进度,影响发射任务的风险。

风险因素 2:长期储存造成故障隐患,产品上天后发生故障。由于长期储存环境或其他因素的影响,对产品造成潜在的故障隐患,但通过储存期间检测或储存后测试或试验并未暴露出来,有可能在产品上天后发生故障,对完成任务造成不同程度的影响

（依故障部位不同而影响后果不同）。

风险因素3：有限使用寿命的元部件上天后未达到使用寿命期限，提前失效。由于增加了储存时间，对于一些使用寿命较短的元件或材料，可能会导致产品上天后某些元件已经达到使用寿命期限，在整星尚未达到设计寿命时，就已提前失效。根据失效部位的不同，对整个产品造成程度不同的不利影响。

风险因素4：测试不当引入潜在的失效模式，有可能在产品上天后发生故障。由于储存过程中操作、测试或储存后检测不当，或由于试验类别或试验量级定得不适当，量级过低不能检测出由于产品储存或更换设备给产品引入新的潜在失效模式，量级过高又有可能造成不必要的损伤，从而对任务的完成造成风险。

2. 风险评估

对以上识别出的风险因素进行评估：采用风险评估指数法，对风险的评估按危险严重性和可能性划分为相应的等级，形成一个风险评估矩阵，并赋予一定的量值衡量风险大小。

（1）严重性等级

严重性等级是对严重程度的度量，见表10-8。

表10-8 严重性等级

程度	等级	后果严重性
灾难的	I	人员死亡或系统毁坏或发射任务失败，或造成巨大经济损失，或生态环境遭受严重破坏
严重的	II	人员严重伤害或系统严重损坏造成重大经济损失，或发射进度延后三个月以上，或生态环境受到破坏
轻度的	III	人员轻度伤害或系统轻度损坏，或发射进度稍有延后，或轻度影响生态环境
轻微的	IV	轻于III类的人员伤害或系统损坏或不影响任务完成，对计划进度影响可忽略不计

（2）可能性等级

可能性等级是对事件发生的可能程度的度量，见表10-9。

表10-9 可能性等级

程度	等级	产品个体	产品总体（或系统）
频繁	A	频繁发生	连续发生
很可能	B	在生命期内出现若干次	频繁发生
有时	C	在生命期内可能有时发生	出现若干次
极少	D	在生命期内不易发生，但有可能	不易发生但有理由预期可能发生
不可能	E	很不容易发生，可以认为不会发生	不易发生，但仍有极小概率发生

（3）风险评估

表 10-10 为风险评估指数矩阵。

表 10-10　风险评估指数矩阵

可能性等级	严重性等级			
	I	II	III	IV
A	1	3	7	13
B	2	5	9	16
C	4	6	11	18
D	8	10	14	19
E	12	15	17	20

风险接受准则如下：

1）指数 1~5 为不可接受的风险，采取新的措施。

2）指数 6~9 为不希望有的风险，积极地管理和考虑备选措施。

3）指数 10~17 为有控制的接受，控制和监控管理。

4）指数 18~20 不经评审即可接受，控制和监控管理。

根据以上的风险评估方法和原则，对前面提出的风险因素进行评估，详见表 10-11。

表 10-11　风险评估结果

风险因素	危险严重性等级	危险可能性等级	风险评估指数	风险接受准则	备注
某些元器件、部件或设备在地面失效，需要再次更换设备或部件	II 或 III	D	10 或 14	准则③	此风险主要对计划进度产生影响
长期储存造成故障隐患，产品上天后发生故障	I 到 IV 均有可能	D	8 或 10 或 14 或 19	准则②~④	此风险依据故障隐患的部位不同而影响后果不同
有限使用生命的元部件上天后未达到使用生命期限，提前失效	I 到 IV 均有可能	D	8 或 10 或 14 或 19	准则②~④	此风险依据故障隐患的部位不同而影响后果不同
测试不当引入潜在的失效模式，有可能在产品上天后发生故障	I 到 IV 均有可能	D	8 或 10 或 14 或 19	准则②~④	此风险依据故障隐患的部位不同而影响后果不同

由以上的风险评估结果可见，风险因素 1 属于有控制的接受的风险，需要控制和

监控风险，风险因素 2~4 风险级别根据故障部位的不同而不同，但总的来说，都需要加强风险管理。

10.5 实施定量风险分析

实施定量风险分析是就已识别的单个项目风险和不确定性的其他来源对整体项目目标的影响进行定量分析的过程。本过程的主要作用是：量化整体项目风险敞口，并提供额外的定量风险信息，以支持风险应对规划。本过程并非每个项目必需，但如果采用，它会在整个项目期间持续开展。图 10-8 所示为本过程的输入、工具与技术和输出。

```
实施定量风险分析

输入                      工具与技术              输出
1. 项目管理计划           1. 专家判断             项目文件更新
   ·风险管理计划          2. 数据收集                ·风险报告
   ·范围基准                 ·访谈
   ·进度基准             3. 人际关系与团队技能
   ·成本基准                 ·引导
2. 项目文件              4. 不确定性表现方式
   ·假设日志             5. 数据分析
   ·估算依据                 ·模拟
   ·成本估算                 ·敏感性分析
   ·成本预测                 ·决策树分析
   ·持续时间估算             ·影响图
   ·里程碑清单
   ·资源需求
   ·风险登记册
   ·风险报告
   ·进度预测
3. 事业环境因素
4. 组织过程资产
```

图 10-8 实施定量风险分析：输入、工具与技术和输出

10.5.1 本过程的输入和输出

实施定量风险分析的输入包括：风险登记册、风险管理计划、假设日志、风险报告等。其中，风险登记册是风险定量分析的主要输入。

本过程输出的项目文件包括但不限于风险报告。更新风险报告，反映定量风险分析的结果，通常包括：

1. 对整体项目风险敞口的评估结果

整体项目风险主要有两种测量方式：

1）项目成功的概率。基于已识别的单个项目风险和其他不确定性来源，项目实现其主要目标（如既定的结束日期或中间里程碑、既定的成本目标）的概率。

2）项目固有的变异性。在开展定量分析之时，可能的项目结果的分布区间。

2. 项目详细概率分析的结果

列出定量风险分析的重要输出，如 S 曲线、龙卷风图和关键性指标，以及对它们的叙述性解释。定量风险分析的详细结果可能包括：

1）所需的应急储备，以达到实现目标的特定置信水平。

2）对项目关键路径有最大影响的单个项目风险或其他不确定性来源的清单。

3）整体项目风险的主要驱动因素，即：对项目结果的不确定性有最大影响的因素。

3. 单个项目风险优先级清单

根据敏感性分析的结果，列出对项目造成最大威胁或产生最大机会的单个项目风险。

10.5.2 本过程的工具与技术

1. 模拟

风险模拟通常采用蒙特卡洛法。蒙特卡洛法于 20 世纪 40 年代，由美国"曼哈顿计划"成员乌拉姆和冯·诺伊曼提出。为象征性表明白该方法的概率统计特征，冯·诺伊曼用驰名世界的赌城——摩纳哥的 Monte Carlo 来命名这一方法。

蒙特卡洛法是一种随机模拟方法，它是以概率和统计理论方法为基础的一种计算方法。所求解的问题与一定的概率模型相联系，用计算机实现统计模拟或抽样，以获得问题的近似解。对成本风险进行蒙特卡洛分析时，使用项目成本估算作为模拟的输入；对进度风险进行蒙特卡洛分析时，使用进度网络图和持续时间估算作为模拟的输入；开展综合定量成本-进度风险分析时，同时使用这两种输入。

蒙特卡洛法的输出就是定量风险分析模型。用计算机软件数千次迭代运行定量风险分析模型。每次运行，都要随机选择输入值（如成本估算、持续时间估算或概率分支发生频率）。这些运行的输出构成了项目可能结果（如项目结束日期、项目完工成本）的区间。典型的输出包括：表示模拟得到特定结果的次数的直方图，或表示获得等于或小于特定数值的结果的累积概率分布曲线（S 曲线），如图 10-9 所示。

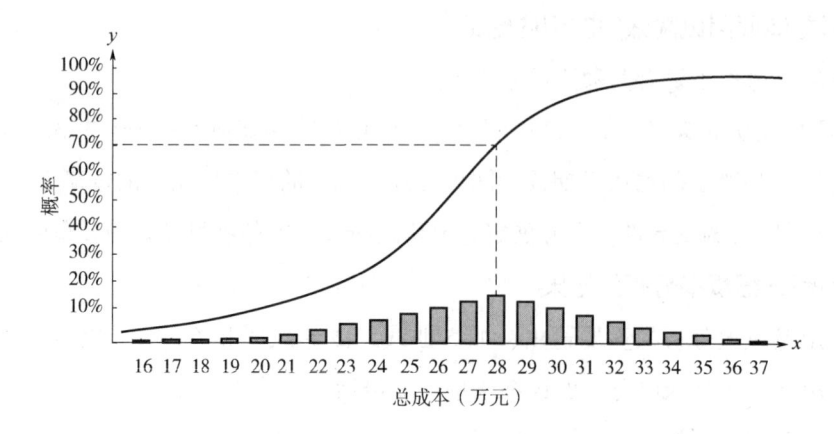

图 10-9 项目总成本概率分布

蒙特卡洛模拟方法的一般步骤是：

1) 对每一项不确定性事件或活动，输入最小、最大和最可能估计数据，并为其选择一种合适的先验分布模型（如正态分布、三角分布）。

2) 计算机根据上述输入，利用给定的某种规则，快速实施充分大量的随机抽样。

3) 对随机抽样的数据进行必要的数学计算，求出结果。

4) 对求出的结果进行统计学处理，求出最小值、最大值、期望值、标准偏差。

5) 根据求出的统计学处理数据，让计算机自动生成概率分布曲线，依据累计概率曲线进行项目风险分析。

【例 10-3】

某项目包含三项活动，其最乐观、最可能和最悲观的成本信息见表 10-12。假设这三项活动的预估成本的概率是正态分布。求用蒙特卡洛模型预测项目的总成本。

表 10-12　各活动的成本信息　　　　　　　　　　（单位：万元）

活动	最乐观成本	最可能成本	最悲观成本
活动 A	4	8	12
活动 B	7	12	18
活动 C	5	8	11

【解】

1) 输入三项活动的最乐观、最可能和最悲观成本，设定其先验分布模型（如三角分布），由计算机依据此分布，随机生成三项活动的成本。

2) 把三项活动的成本求和得到整个项目的成本，这样就完成了一次模拟。

3）将第一步和第二步重复进行，模拟一定次数（如1000次），得到每次模拟的项目成本数值，见表10-13。

表10-13 蒙特卡洛模拟数据

模拟次数	总成本
1	26
2	25
3	29
4	30
5	29
⋮	⋮

4）对这些成本值进行统计分析，得出最终的项目总成本概率分布。

项目总成本概率分布如图10-9所示，其中，柱状图是整个项目估计刚好花多少成本完工的概率数据。例如，28万元对应的概率大约是14%，表示整个项目刚好花28万元完工的概率是14%。

图10-9中的S曲线是总成本的累计概率分布，由每个柱状图概率的累计值得到。仍以28万元这个点为例，x轴28万元，曲线在y轴上对应的累计概率是70%。这表示该项目完工时，总成本在28万元以内的概率为70%。

2. 敏感性分析

敏感性分析有助于确定哪些单个项目风险或其他不确定性来源对项目结果具有最大的潜在影响。它在项目结果的波动与定量风险分析模型中的要素的波动之间建立联系，即：采用定量分析的方法，量化各风险要素的变动对项目结果的变动的影响。

敏感性分析的结果通常用龙卷风图来表示，如图10-10所示。在该图中，标出定量风险分析模型中的每项要素与其能影响的项目结果之间的关联系数。这些要素可包括单个项目风险、易变的项目活动，或具体的不明确性来源。每个要素按关联强度降序排列，形成典型的龙卷风形状。

3. 决策树

决策树是一种有用的风险决策工具，它可以将风险决策的备选方案、决策实施中可能出现的状态及各状态出现带来的效益或损失等风险决策涉及的因素，以树形图直观地展现在决策者面前，非常适合决策者特别是多个决策者对决策方案进行分析和讨论。

决策树分析表示项目所有可供选择的行动方案、行动方案之间的关系、行动方案的后果，以及这些后果发生的概率。

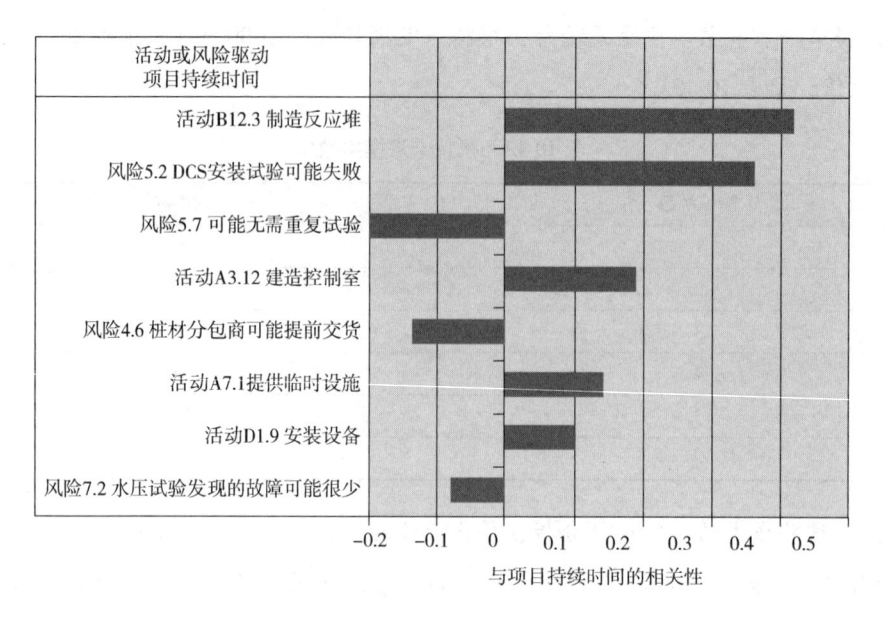

活动或风险驱动项目持续时间	
活动B12.3 制造反应堆	
风险5.2 DCS安装试验可能失败	
风险5.7 可能无需重复试验	
活动A3.12 建造控制室	
风险4.6 桩材分包商可能提前交货	
活动A7.1 提供临时设施	
活动D1.9 安装设备	
风险7.2 水压试验发现的故障可能很少	

与项目持续时间的相关性

图 10-10　龙卷风图示例

决策树是形象化的一种决策方法，用逐级逼近的计算方法，从出发点开始不断产生分枝以表示所分析问题的各种发展概率，并以各分枝的损益期望值中最大者（如求极小，则为最小者）作为选择的依据。

决策树由决策节点、事件节点和终端节点组成。决策节点跟随若干备选的决策方案分支，事件节点跟随若干可能出现的状态分支，每个可能出现的状态分支标注相应状态出现的概率。单层决策树可能每个出现的状态对应相应的终端节点，每个终端节点标注相应状态出现时将会带来的收益值（用正值表示）或损失值（用负值表示）。而在多层决策树中，可能状态后面可以是第二层的决策节点。决策树分为单层决策树和多层决策树。

决策树的画法是：

1) 画一个方框作为出发点，称为决策点。

2) 从决策点向右引出若干条线，每条线代表一个方案，称为方案枝。

3) 在每个方案枝的末端画一个圆圈，称为状态点；在每个枝上都注明该种后果出现的概率，叫作概率枝。

4) 如果问题只需要一级决策，在概率枝末端画△表示终点，并写上各个自然状态的损益值。

5) 如果是多级决策，则用决策点□代替终点△，重复上述步骤继续画出决策树（图 10-11）。

```
                           概率枝
                          (0.85)  △ 终点
              状态点  ○
    方案枝            概率枝
                    (0.15)  △ 终点
决策点 □
         方案枝        概率枝
                    (0.8)   △ 终点
                 ○
                    概率枝
                    (0.2)   △ 终点
```

图 10-11　决策树示例

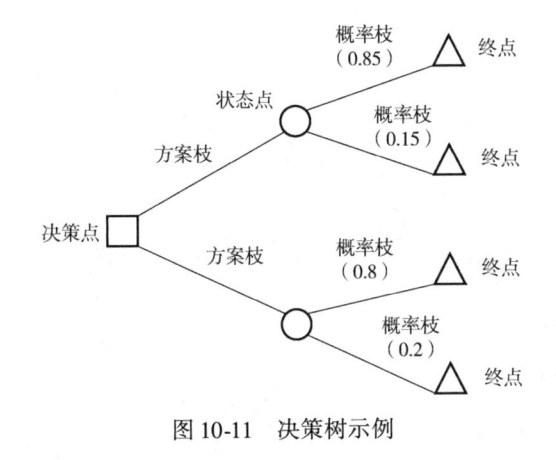

【例 10-4】

某集团拟在海外建设新的工厂，有两种互斥的投资方案（项目的生命期都是 10 年）：一种是在 A 地建厂，需要投资 2000 万美元（包括生产成本），如果市场情况好，10 年总的盈利估计为 4800 万美元；如果市场情况不好，10 年总的盈利为 2200 万美元。另一种则是在 B 地建厂，需要投资 3000 万美元（包括生产成本），如果市场情况好，10 年总的盈利估计为 6500 万美元；如果市场情况不好，10 年总的盈利为 3100 万美元。假设未来 10 年市场预期好与市场预期不好情况的概率分别为 60% 和 40%，试用决策树法做出决策。

【解】

由题可知，该集团提出的两种投资方案分别面临市场情况好与不好两种情况，即共有四种不同的情况组合，分别为 A 地建厂且未来 10 年市场情况预期好、A 地建厂且未来 10 年市场情况预期不好、B 地建厂且未来 10 年市场情况预期好、B 地建厂且未来 10 年市场情况预期不好，以此绘制决策树，如图 10-12 所示。

若选择在 A 地建厂，则 10 年预期收益为 $4800 \times 60\% + 2200 \times 40\% = 3760$（万美元），去除投资成本 2000 万美元，在 A 地建厂可获得的净收益为 $3760 - 2000 = 1760$（万美元）。因此，机会点②的期望值为 1760 万美元。

若选择在 B 地建厂，则 10 年预期收益为 $6500 \times 60\% + 3100 \times 40\% = 5140$（万美元），去除投资成本 3000 万美元，在 B 地建厂可获得净收益为 $5140 - 3000 = 2140$（万美元）。因此，机会点③的期望值为 2140 万美元。

对比机会点②和③的期望值可知，机会点③的期望值更高。因此，应舍弃在 A 地建厂的方案，选择在 B 地建厂。

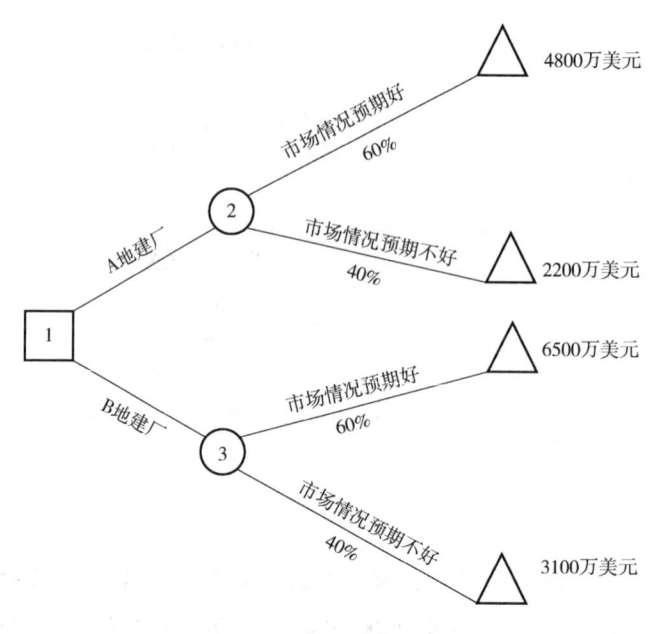

图 10-12　投资方案决策树

4. 不确定条件下的决策方法

这一类问题是指决策环境是完全不确定的,即决策者无法估计决策环境中各种可能情况出现的概率。这类问题的决策方法有悲观准则、乐观准则、等可能准则、乐观系数准则和后悔值准则。

1) 悲观准则。也称为"最小-最大"准则,是指在最坏的情况下争取最好的结果。

2) 乐观准则。也称为"最大-最大"准则,是指在最好的情况下争取最好的结果。

3) 等可能准则。是指均等对待各种可能的结局,既不特别追求最好的结局,也不特别回避最坏的结局。

4) 乐观系数准则。系数准则是对悲观准则和乐观准则的折中,即对悲观和乐观情况给出不同的系数,其中系数代表决策者对乐观程度的估计。

5) 后悔值准则。是以最大后悔值中的最小值为决策标准。所谓后悔值,是指可能出现的最好结果与决策的结果之差。

【例 10-5】

某工厂决定投产一种新产品。投产以后销售情况有需求大、需求中、需求小三种可能,但厂家目前完全无法估计这三种情况出现的概率。产品的生产批量有大批量、中批量、小批量三种选择,不同情况下的企业收益见表 10-14。

表 10-14 不同情况下的企业收益

收益（万元）	需求大（N_1）	需求中（N_2）	需求小（N_3）
大批量（S_1）	500	300	−250
中批量（S_2）	300	200	80
小批量（S_3）	200	150	100

【解】

1）依据悲观准则的决策。根据悲观准则，首先对同一批量中的三种需求量的收益进行比较，求出最小的收益，然后比较三种批量的最小收益，得出最坏情况中的最大收益，即为最优决策。不同情况下的企业收益最小值见表10-15。

表 10-15 悲观准则决策

收益（万元）	需求大（N_1）	需求中（N_2）	需求小（N_3）	$\min(N_1,N_2,N_3)$	$\max\{\min(N_1,N_2,N_3)\}$
大批量（S_1）	500	300	−250	−250	100
中批量（S_2）	300	200	80	80	
小批量（S_3）	200	150	100	**100**	

因此，根据悲观准则，该工厂的最大收益是100万元，最优决策为小批量生产。容易看出，悲观准则是一种保守的决策准则，目标是避免最坏结局的发生。

2）依据乐观准则的决策。乐观准则下，先对同一批量中的三种需求量的收益进行比较，求出最大收益，然后比较三种批量的最大收益，得出最好情况中的最大收益，即为最优决策。不同情况下的企业收益最大值见表10-16。

表 10-16 乐观准则决策

收益（万元）	需求大（N_1）	需求中（N_2）	需求小（N_3）	$\max(N_1,N_2,N_3)$	$\max\{\max(N_1,N_2,N_3)\}$
大批量（S_1）	500	300	−250	**500**	500
中批量（S_2）	300	200	80	300	
小批量（S_3）	200	150	100	200	

因此，根据乐观准则，该工厂的最大收益为500万元，最优决策为大批量生产。容易看出，乐观准则是一种冒进的决策准则，目标是争取最好结局的实现。

3）依据等可能准则的决策。考虑等概率情况，首先对同一批量中的三种需求量的收益和概率求出期望值，然后比较三种批量中的期望值，得出最优决策，即最大期望值。不同情况下的企业收益期望值见表10-17。

表 10-17　等可能准则决策

收益（万元）	需求大（N_1）	需求中（N_2）	需求小（N_3）	期望值	最大期望值
概率（p_i）	1/3	1/3	1/3		
大批量（S_1）	500	300	−250	183.33	
中批量（S_2）	300	200	80	**193.33**	193.33
小批量（S_3）	200	150	100	150.00	

因此，根据等可能性准则，该工厂的最大收益为 193.33 万元，最优决策为中批量生产。

4）依据乐观系数准则的决策。系数准则是对悲观准则和乐观准则的折中，判断公式如下

$$\mathrm{CV}_i = \alpha \max_j(S_i, N_j) + (1-\alpha) \min_j(S_i, N_j)$$

式中，α 为乐观系数，$0 \leqslant \alpha \leqslant 1$。$\alpha$ 值越接近 1，决策方法越接近乐观准则；反之，则越接近悲观准则。

例：对于 $\alpha = 0.7$，$1-\alpha = 0.3$，有

$\mathrm{CV}_1 = 0.7\max(500, 300, -250) + 0.3\min(500, 300, -250) = 350 - 75 = 275(万元)$

$\mathrm{CV}_2 = 0.7\max(300, 200, 80) + 0.3\min(300, 200, 80) = 210 + 24 = 234(万元)$

$\mathrm{CV}_3 = 0.7\max(200, 150, 100) + 0.3\min(200, 150, 100) = 140 + 30 = 170(万元)$

不同情况下企业的收益见表 10-18。

表 10-18　系数准则决策

收益（万元）	需求大（N_1）	需求中（N_2）	需求小（N_3）	CV_i
大批量（S_1）	500	300	−250	**275**
中批量（S_2）	300	200	80	234
小批量（S_3）	200	150	100	170

因此，根据乐观系数准则，该工厂最大收益为 275 万元，最优决策为大批量生产。

5）依据后悔值准则的决策。后悔值准则，是以最大后悔值中的最小值为决策标准。所谓后悔值，是指可能出现的最好结果与决策的结果之差。通过对比每种需求下的收益，确定企业最大收益，见表 10-19。

表 10-19　后悔值准则决策

收益（万元）	需求大（N_1）	需求中（N_2）	需求小（N_3）
大批量（S_1）	500	300	−250
中批量（S_2）	300	200	80
小批量（S_3）	200	150	100
最好结果 $\max(S_i, N_j)$	500	300	100

根据以上准则，构造后悔值矩阵，见表10-20。

表10-20 后悔值矩阵和最大后悔值

后悔值（万元）	需求大（N_1）	需求中（N_2）	需求小（N_3）	最大后悔值
大批量（S_1）	0	0	350	350
中批量（S_2）	200	100	20	**200**
小批量（S_3）	300	150	0	300

因此，根据后悔值准则，最优决策为中批量生产，因为中批量生产的最大后悔值最小，仅为200万元。

10.6 规划风险应对

规划风险应对是为处理整体项目风险敞口，以及应对单个项目风险，而制定可选方案、选择应对策略并商定应对行动的过程。本过程的主要作用是，制定应对整体项目风险和单个项目风险的适当方法。

10.6.1 威胁应对策略

针对威胁，可以考虑下列5种备选策略。

1. 上报

如果项目团队或项目发起人认为某威胁不在项目范围内，或提议的应对措施超出项目经理的权限，就应该采取上报策略。被上报的风险将在项目集层面、项目组合层面或组织的其他相关部门加以管理，而不在项目层面。项目经理确定应就威胁通知哪些人员，并向该人员或组织部门传达关于该威胁的详细信息。对于被上报的威胁，组织中的相关人员必须愿意承担应对责任，这一点非常重要。威胁通常要上报给其目标会受该威胁影响的那个层级。威胁一旦上报，就不再由项目团队做进一步监督，虽然仍可出现在风险登记册中供参考。

2. 规避

考虑到风险事件的存在和发生的概率，主动放弃或拒绝实施可能导致风险损失的方案。通过规避风险，可以在风险事件发生之前完全彻底地消除某一特定风险可能造成的种种损失，而不仅仅是减少损失的影响程度。回避风险是对所有可能发生的风险尽可能地规避，这样可以直接消除风险损失。规避风险具有简单、易行、全面、彻底的优点，能将风险的概率保持为零，从而保证项目的安全运行。

规避风险的具体方法有两种：一是放弃或终止某项活动的实施，在尚未承担风险的情况下，拒绝承担风险；二是改变某项活动的性质，在已承担风险的情况下，通过改变工作地点、工艺流程等途径避免未来生产活动中发生风险。

在采取规避风险时，应注意以下几点：

1）当风险可能导致损失频率和损失幅度极高，且对此风险有足够的认识时，这种策略才有意义。

2）当采用其他风险策略的成本和效益的预期值不理想时，可采用回避风险的策略。

3）不是所有的风险都可以采取回避策略，如地震、洪灾、台风等。

4）由于规避风险只是在特定范围内及特定的角度上才有效，因此，避免了某种风险，又可能产生另外新的风险。

3. 转移

转移涉及将应对威胁的责任转移给第三方，让第三方管理风险并承担威胁发生的影响。转移风险有控制型非保险转移、财务型非保险转移、保险与担保三种形式。

（1）控制型非保险转移

控制型非保险转移转移的是损失的法律责任，它通过合同或协议消除或减少转让人对受让人的损失责任和对第三者的损失责任。有三种形式：

1）出售。通过买卖合同将风险转移给其他单位和个人。这种方式的特点是：在出售项目所有权的同时也就把与之有关的风险转移给了受让人。

2）分包。转让人通过分包合同，将认为项目风险较大的部分转移给非保险业的其他人。例如一个大跨度网架结构项目，对总包单位来讲，他们认为高空作业多、吊装复杂、风险较大，因此，可以将网架的拼装和吊装任务分包给有专用设备和经验丰富的专业施工单位承担。

3）开脱责任合同。通过开脱责任合同，风险承受者免除转移者对承受者承受损失的责任。

（2）财务型非保险转移

财务型非保险转移是转让人通过合同或协议寻求外来资金补偿其损失。有两种形式：

1）免责约定。免责约定是合同不履行或不完全履行时，如果不是由于当事人一方的过错引起，而是由不可抗力的原因造成，违约者可以向对方请求部分或全部免除违约责任。例如，《经济合同法》第三十四条第二款第四项规定：建筑工程项目未验收，发包方提前使用，发现质量问题，承包方享有免除责任的权利；再如，建筑安装工程承包合同中，发包方无故不按合同规定的期限验收合格的建设工程项目而造成损失的，承包方可免除责任，并有权要求发包方偿付逾期违约金。

2）保证合同。保证合同是由保证人提供保证，使债权人获得保障。通常保证人以被保证人的财产抵押来补偿可能遭受到的损失。

（3）保险与担保

1）保险是通过专门的机构，根据有关法律，运用大数法则，签订保险合同，当风险事故发生时，就可以获得保险公司的补偿，从而将风险转移给保险公司。例如，建筑工程一切险、安装工程一切险和建筑安装工程第三者责任险。

2）担保是指为他人的债务、违约或失误负间接责任的一种承诺。在项目管理上的担保是指银行、保险公司或其他非银行金融机构为项目风险负间接责任的一种承诺。例如，建设项目施工承包商请银行、保险公司或其他非银行金融机构向项目业主承诺，为承包商在投标、履行合同、归还预付款、工程维修中的债务、违约或失误承担间接责任。常用的担保方式为保证、抵押、质押、留置和定金。提供担保者和被担保者之间经常签订担保合同。

4. 减轻

减轻是指采取措施来降低威胁发生的概率和（或）影响，即：降低风险事件发生的概率，以及风险事件一旦发生降低损失的程度。主要措施包括。

（1）损失预防

损失预防是指损失发生前为了消除或减少可能引起损失的各种因素而采取的各种具体措施，也就是设法消除或减少各种风险因素，以降低损失发生的频率。

1）工程法。以工程技术为手段，通过对物质因素的处理，达到损失控制的目的。具体措施包括：预防风险因素的产生，减少已存在的风险因素，改变风险因素的基本性质，改善风险因素的空间分布，加强风险单位的防护能力等。

2）教育法。通过安全教育培训，消除人为的风险因素，防止不安全行为的出现来达到损失控制的目的。例如，进行安全法教育、安全技能教育和风险知识教育等。

3）程序法。以制度化的程序作业方式进行损失控制，其实质是通过加强管理，从根本上对风险因素进行处理。例如，制定安全管理制度、制定设备定期维修制度和定期进行安全检查等。

（2）损失抑制

损失抑制是指损失发生时或损失发生后，为了缩小损失幅度所采取的各项措施。

1）分割。将某一风险单位分割成许多独立的、较小的单位，以达到减小损失幅度的目的。例如，同一公司的高级领导员不同时乘坐同一交通工具，这是一种化整为零的措施。

2）储备。增加风险单位。例如，储存某项备用财产或人员，以及备份另一套资料或拟订另一套备用计划。当原有财产、人员、资料及计划失效时，这些备用的人、财、物、资料可立即使用。

3）拟定减小损失幅度的规章制度。例如，在现场建立巡逻制度。

5. 接受/自留风险

风险接受是指承认威胁的存在，但不主动采取措施。风险接受又称为自留风险，它是一种由项目组织自己承担风险事故所致损失的措施。此策略可用于低优先级威胁，也可用于无法以任何其他方式加以经济有效地应对的威胁。

（1）自留风险的类型

1）主动自留风险与被动自留风险。主动自留风险又称为计划性承担，是指经合理判断、慎重研究后，将风险承担下来。被动自留风险又称非计划性承担，指当事人没有意识到风险的存在，被动地承担风险。

2）全部自留风险和部分自留风险。全部自留风险是对那些损失频率高、损失幅度小，且当最大损失额发生时，项目组织有足够的财力来承担时采取的方法。部分自留风险是依靠自己的财力处理一定数量的风险。

（2）自留风险的资金筹措

1）建立内部意外损失基金。建立一笔意外损失专项基金，当损失发生时，由该基金补偿。

2）从外部取得应急贷款或特别贷款。应急贷款是在损失发生之前，通过谈判达成应急贷款协议，一旦损失发生，项目组织就可立即获得必要的资金，并按已商定的条件偿还贷款。特别贷款事故发生后，以高利率或其他苛刻条件接受贷款，以弥补损失。

10.6.2 机会应对策略

针对机会，可以考虑下列 5 种备选策略。

1. 开拓

如果组织想确保把握住高优先级的机会，就可以选择开拓策略。此策略将特定机会的出现概率提高到 100%，确保其肯定出现，从而获得与其相关的收益。开拓措施可能包括：把组织中最有能力的资源分配给项目来缩短完工时间，或采用全新技术或技术升级来节约项目成本并缩短项目持续时间。

2. 上报

如果项目团队或项目发起人认为某机会不在项目范围内,或提议的应对措施超出项目经理的权限,就应该取用上报策略。被上报的机会将在项目集层面、项目组合层面或组织的其他相关部门加以管理,而不在项目层面。项目经理确定应就机会通知哪些人员,并向该人员或组织部门传达关于该机会的详细信息。

3. 分享

分享涉及将应对机会的责任转移给第三方,使其享有机会所带来的部分收益。必须仔细为已分享的机会安排新的责任人,让那些最有能力为项目抓住机会的人担任新的责任人。分享措施包括建立合伙关系、合作团队、特殊公司或合资企业来分享机会。

4. 提高

提高策略用于提高机会出现的概率和(或)影响。提前采取提高措施通常比机会出现后尝试改善收益更加有效。通过关注其原因,可以提高机会出现的概率;如果无法提高概率,那么可以针对决定其潜在收益规模的因素提高机会发生的影响。机会提高措施包括为早日完成活动而增加资源。

5. 接受

接受机会是指承认机会的存在,但不主动采取措施。此策略可用于低优先级机会,也可用于无法以任何其他方式加以经济有效地应对的机会。接受策略又分为主动或被动方式。最常见的主动接受策略是建立应急储备,包括预留时间、资金或资源,以便在机会出现时加以利用;被动接受策略则不会主动采取行动,而只是定期对机会进行审查,确保其并未发生重大改变。

10.7 实施风险应对与监督风险

项目风险管理在执行和监控过程中需要开展的工作分别是:实施风险应对与监督风险。

10.7.1 实施风险应对

实施风险应对是执行商定的风险应对计划的过程。本过程的主要作用是,确保按计划执行商定的风险应对措施,管理整体项目风险敞口、最小化单个项目威胁,以及最大化单个项目机会。

风险应对计划是整个项目管理计划的一部分，其执行与其他计划的执行具有共同之处，只是风险事件一旦产生，其后果是严重的，并且有些风险事件有可能是突然发生的。因此，必须给予更多的关注，要将风险应对措施落到实处，特别是应对计划所需资源，如在费用、技术、人员等方面尽可能给予保证；在组织上进行落实，如对风险的分析、跟踪、反馈、决策由哪些部门和人负责。

在编制风险应对计划时，很难预见到一切变化的因素，因此，只有风险责任人以必要的努力实施商定的应对措施，项目的整体风险敞口和单个威胁及机会才能得到主动管理。

在风险应对计划执行过程中，如果所发生的风险事件是事先未能预料到或其后果比预期的严重，风险应对计划中预定的应对措施无法满足要求，必须调整或更新原有的风险应对计划，使之能适应新的情况，尽量减少风险导致的损失。

10.7.2 监督风险

监督风险的主要作用是：使整体项目风险敞口和单个项目风险都处于受控状态。该过程的主要工作内容包括：在整个项目期间，监督商定的风险应对计划的实施、识别项目风险发生的征兆、跟踪已识别风险、识别和分析新风险，以及评估风险管理有效性、应对和处理已发生的风险事件、消除或缩小项目风险事件的后果、管理和使用项目不可预见费用等。

为了确保项目团队和关键利益相关方了解当前的风险敞口级别，应该通过监督风险过程对项目工作进行持续监督，发现新出现、正在变化和已发生的单个项目风险。监督风险过程采用项目执行期间生成的绩效信息，以确定：

- 实施的风险应对是否有效
- 整体项目风险级别是否已改变
- 已识别单个项目风险的状态是否已改变
- 是否出现新的单个项目风险（次生风险、残余风险）
- 风险管理方法是否依然适用
- 项目假设条件是否仍然成立
- 风险管理政策和程序是否已得到遵守
- 成本或进度应急储备是否需要修改
- 项目策略是否仍然有效

表10-21和表10-22所列为实施风险应对和监控风险过程中，更新的风险登记册和

风险事件跟踪控制单示例。

表 10-21 更新的风险登记册示例

风险编号	风险因素	风险事件	初始风险		风险处理措施	残余风险		风险处理人	日期
			概率等级	风险等级		概率等级	风险等级		

表 10-22 风险事件跟踪控制单示例

项目名称：　　　　　　　　　研制阶段：　　　　　　　　编号：
风险编号：　　　　　风险事件名称：
控制责任单位：　　　　　　直接责任人：　　　　　　登记时间：
诱因：　　　　　　　　　　　　　　　　后果：
严重度：　　　　　　　　　发生概率：　　　　　　　综合值：
风险种类：　　　　　　　　　　　　　　可否接受：
控制方案：
验证手段：　　　　　　　　控制目标（严重度、概率、综合值）：
控制过程记录：
风险控制结果：
风险控制结果确认：
风险管理责任人签名：　　　　　　　　　　　　　　　　日期：
备注：

风险监控的技术和方法如下。

（1）建立项目风险监控体系

项目风险监控体系的建立，包括制定项目风险监控的方针、项目风险控制的程序、项目风险责任制度、项目风险信息报告制度、项目风险预警制度和项目风险监控的沟通程序等。

（2）项目风险审核

项目风险审核是确定项目风险监控活动和有关结果是否符合项目风险管理计划和项目风险应对计划的安排，以及这些安排是否有效地实施并适合于达到预定目标的、有系统的检查。项目风险审核是开展项目风险监控的有效手段，也是作为改进项目风险监控活动的一种有效机制。

（3）挣值分析

挣值分析就是将计划工作与实际完成工作进行比较，从而确定是否符合计划费用和进度的要求。如果产生偏差较大，则需要进一步对项目的风险进行识别、评估和量化。

(4) 附加风险应对计划

在项目实施过程中，如果出现事前未预料到的风险，或者该风险对项目目标的影响较大，并且原有的风险应对措施又不足以应付，为了控制风险，有必要编制附加风险应对计划。

(5) 项目风险评价

项目风险评价按评价的阶段不同可分为：事前评价、事中评价、事后评价和跟踪评价；按项目风险管理的内容不同可分为：设计风险评价、风险管理有效性评价、设备安全可靠性评价、行为风险评价、作业环境评价和项目筹资风险评价等。

【例10-6】

某软件开发公司正在为一家知名客户开发一个复杂的软件应用程序。该项目涉及复杂的工程、多个利益相关方和紧迫的时间表，软件需要满足严格的质量和安全标准。项目团队确定了几个潜在的风险，包括供应商风险、人才流失风险、法规遵从性风险、技术集成风险、利益相关方沟通风险和范围蔓延风险。根据不同场景，公司采取不同的监控和应对措施。

(1) 供应商风险

● 场景。项目依靠关键供应商提供基本组件。供应商的财务稳定性一直令人担忧，并且有传言称可能破产。

● 监控和应对。使用公开数据或直接沟通持续监控供应商的财务状况。建立风险触发因素指标，如供应商信用评级的显著下降，以促使立即做出应对。制订应急计划，以便在需要时快速切换到替代供应商。

(2) 人才流失风险

● 场景。该项目需要一支高技能和专业的团队。竞争对手向关键团队成员提供了诱人的工作机会。

● 监控和应对。定期审查团队的满意度和参与度。进行一对一的会议，以了解团队成员的关注点和职业抱负。实施人才策略，如提供有竞争力的薪酬待遇、职业发展机会和成就认可。

(3) 法规遵从性风险

● 场景。项目必须遵守最近颁布的新环境法规，不合规可能会导致重大处罚。

● 监控和应对。监控监管机构和行业协会的更新，以随时了解新法规。进行定期审核以确保项目保持合规。制订应对计划，及时解决任何不合规问题。

(4) 技术集成风险

● 场景。该项目涉及集成来自不同供应商的多个软件系统。集成很复杂,存在数据兼容性问题的风险。

● 监控和应对。定期执行集成测试,以识别和解决任何数据兼容性或功能问题。与技术专家接洽,排除故障并解决集成挑战。与软件供应商保持开放的沟通,在必要时寻求帮助。

(5) 利益相关方沟通风险

● 场景。与主要利益相关方发生沟通中断,导致误解和决策延迟。

● 监测和应对。与利益相关方建立定期沟通渠道,并保持明确的更新和进度报告时间表。监测利益相关方的反馈并进行调查,以评估他们对沟通的满意度。实施问题升级流程,及时解决通信故障。

(6) 范围蔓延风险

● 场景。项目范围已大大超出原计划,影响了项目的时间表和预算。

● 监控和应对。定期审查当前项目范围并将其与初始基线进行比较。实施正式的变更控制流程,以系统地管理范围变更。在批准前对进度、预算和资源的范围变更进行影响评估。

案例:澳大利亚新南方铁路项目风险管理[一]

0 背景

PPP 项目在技术、法律、政策和经济上的复杂性,导致项目风险在公共部门和私营部门之间进行分配时,常常无法被有效地分配给项目各参与方,容易造成成本增加、项目延误等问题,无法为项目带来物有所值的收益。本案例主要分析澳大利亚新南方铁路项目,从风险识别、承担主体、应对措施等方面分析项目建设运营过程中风险分配存在的问题,旨在为类似项目进行有效的风险分配管理提供参考。

1 澳大利亚新南方铁路项目

澳大利亚新南方铁路项目是一条长约 10km 的地下两轨铁路(包括 4 个新的地下车站),旨在提供悉尼机场和悉尼中央车站之间的铁路服务。该项目始于 1995 年,由澳

[一] 案例源自:缪林,王豪. 基于 PPP 项目的风险分配管理研究——以澳大利亚新南方铁路项目为例 [J]. 项目管理技术, 2021, 19 (7): 28-33.

大利亚国家铁路局（SRA）与车站管理公司（CRI）、股权投资者（Trans-field/Bouygues）组成的联合体签订特许经营合同，于2000年5月完工，共耗资约9.2亿澳元。其中，新南威尔士州政府出资7亿澳元，澳大利亚国民银行提供1.9亿澳元，股东权益提供0.3亿澳元。该项目的特许经营期为30年，特许合同为BOOT协议。根据特许经营合同，机场连接公司（ALC）同意在30年内为轨道、隧道和4个新车站进行融资、设计、建造和运营，并通过出售车票的方式收回初始投资成本。此外，也可从车站的各种零售活动中获得收入。该项目还可获得税收优惠，直至还本付息结束。澳大利亚新南方铁路项目参与方构成如图1所示。

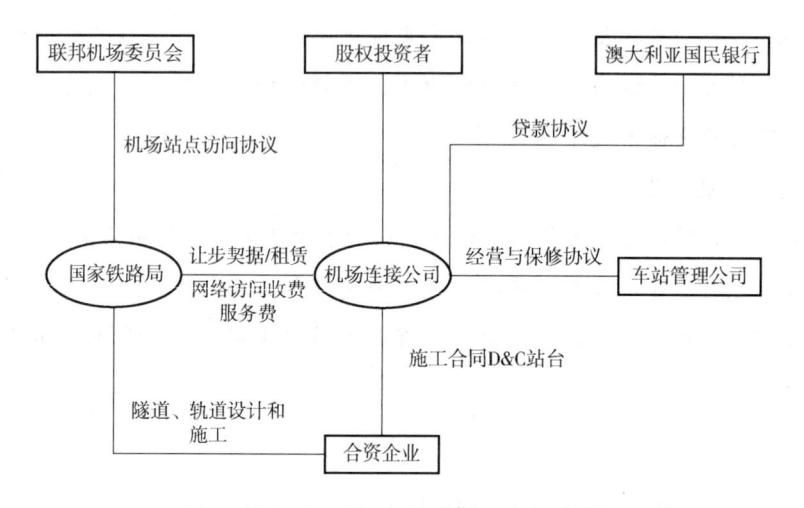

图1 澳大利亚新南方铁路项目参与方构成

2 项目风险分析

2.1 不同阶段的风险分配

在初步设计阶段，该项目审批流程复杂，国家铁路局（SRA）承担了所有的批准风险，这是签订该项目合同的先决条件。鉴于立法审批程序的复杂性，项目计划部简化了决策流程，并制定了新的州环境规划政策。在设计阶段，SRA承担与联邦机场委员会（FAC）有关的延误和相关的成本风险。该项目采用了总价承包合同，机场连接公司（ALC）承担了轨道、隧道和车站基础设施全套的设计风险。

在施工阶段，SRA购买了沿路线的土地，可以在必要时使用政府的强制购买权，将征地风险降到最低。为了保证在约定时间内将场地交付给ALC，SRA与FAC签订了单独协议，规定在某日期之前提供车站和隧道所需的土地，以减轻SRA延长特许期限或应予赔偿的风险。此外，SRA还承担了不可抗力和针对政府政策的一般性工业纠纷的风险。ALC承担了施工风险，即按总价承包的方式和约定的质量标准按时交付车站、轨道、隧道和相关基础设施，同时承担了施工过程中直接因其行动而引起的劳资纠纷风险。SRA 承担了运营火车、售票并达到约定的服务标准的风险，以及可能直接或间接影响铁路连接使用的需求变更、法律或政府政策变更的风险。

在运营阶段，由于 ALC 要向 SRA 支付债务，SRA 面临一定的利率风险。ALC 负责与轨道、隧道、车站和相关基础设施有关的车站运营和维护成本，ALC 可通过利率互换的方式规避利率风险，并承担汇率风险。合同约定，ALC 承担 30 年特许期内持续的市场/收入风险，因为收入水平直接取决于使用火车线路的乘客量。但是，如果乘客量下降到预期的每 48,000 人次以下，SRA 可以对 ALC 进行补偿，从而最大限度地降低风险。

2.2 风险分析与总结

该项目运营一段时间后，出现了票价昂贵、可使用空间不大、服务质量不高、旅客舒适感较差等问题，加之人们的出行意愿不强等因素，导致 ALC 仅在线路开通 6 个月后就拖欠澳大利亚国民银行（NAB）2 亿澳元，最终陷入破产危机。SRA 为此承担的合同补偿费额外增加了约 2 亿澳元。最后，该项目交付私营公司运营。但是，目前项目收入仍达不到预期值的 30%，私营公司继续获得补偿。

澳大利亚新南威尔士州政府于 2004 年再次为该项目提供 9830 万澳元贷款，至今仍处于继续补偿私营公司的困境。该项目失败的主要原因在于项目利益相关方对项目风险的不良管理。

2.2.1 项目风险识别不完整

项目风险识别应着眼于项目的全生命周期，应涵盖项目从立项到运营的所有阶段。从澳大利亚新南方铁路案例可以看出，该项目风险一是源于其管理方式和自然环境事件；二是由相关法规、法律和经济事件引起。该项目涉及的征地风险、施工风险、技术风险、经济风险、组织管理风险、财务风险及合同变更风险等涵盖目前 PPP 项目涉及的各种风险。

2.2.2 风险承担主体分配不合理

项目的利益相关方涉及国家铁路局（SRA）、机场连接公司（ALC）、澳大利亚国民银行（NAB）、股权投资者、车站管理公司、Trans-field/Bouygues 合资企业。其中，国家铁路局（SRA）是政府方，机场连接公司（ALC）是项目公司，澳大利亚国民银行（NAB）、股权投资者是社会资本方，Transfield/Bouygues 合资企业是设计、施工方。

该项目基于项目生命周期对风险进行分配，确定了风险承担主体，但仍存在风险承担主体分配不合理的现象。澳大利亚新南方铁路项目风险分析表见表 1。

表1　澳大利亚新南方铁路项目风险分析表

项目生命周期	风险类型	风险来源	风险承担主体	合理承担主体
初步设计阶段	政策风险	项目审批风险，如审批程序复杂、审批人多变，以及批准风险	国家铁路局	国家铁路局
设计阶段	政策风险	与联邦机场委员会交往有关的延误或成本的风险	国家铁路局	国家铁路局
	技术风险	设计不符合预期用途，未能高效运行	机场连接公司	机场连接公司、合资企业
施工阶段	土地获取风险	场地不能使用、征地延误、延长特许经营期或应予赔偿	国家铁路局	国家铁路局
		不可抗力	国家铁路局	国家铁路局、机场连接公司
	施工风险	延迟完成、成本超标、未达到质量标准	机场连接公司	机场连接公司、合资企业
运营阶段	通货膨胀风险	固定的通货膨胀津贴	机场连接公司	机场连接公司
	运营风险	火车的运营、售票达不到约定的服务标准	国家铁路局	国家铁路局
		运营成本增加	机场连接公司	机场连接公司
	财务风险	利率下降，债务减少	国家铁路局	国家铁路局
		部分进口物品存在汇率风险	机场连接公司	机场连接公司
	市场/收入风险	产品、服务不能满足使用者需求，乘客量少	国家铁路局	机场连接公司、国家铁路局、社会资本方
	变更风险	需求变更、法律或政府政策变更	国家铁路局	国家铁路局

项目风险分配原则规定：①风险应由对风险最具有控制性的项目参与方承担；②参与方承担的风险量与所得收益相匹配；③承担的风险有上限。该项目在进行最初风险分配时，部分风险分配违背了以上原则。

1）由于PPP项目的时限较长、管理难度较大，其风险具有复杂性、模糊性等特点，风险分配难度极大。在设计、施工阶段，项目公司与设计施工方签订了设计施工合同，设计施工方对设计、施工风险具有控制能力，同时项目公司要对项目的设计、施工负责，因此，设计风险、施工风险应由项目公司和施工单位共同承担。

2）在施工阶段，对于双方或多方均不可控的风险，如不可抗力等，应由政府、项目公司、设计施工方共同承担。

3）在运营阶段，由于较难预测收入和光顾率，加之政府未对消费者市场进行充分的调研就同意赔偿私营公司在光顾水平上的任何不足，故政府承担了大部分的市场/收入风险。国家铁路局承担的各项费用和合同补偿费额外增加了约 2 亿澳元，并面临继续补偿私营公司的局面。但是，该项目出现的线路利用率不高、不符合社区消费者需求、服务质量不高、光顾率低等问题并不是由政府造成的，而是由项目公司、设计施工方、不可抗力等因素共同造成的，故市场/收入风险应由政府、项目公司、社会资本方共同承担。

2.2.3 风险分配不合理且未及时调整

该项目的审批周期较长，合同签订较为仓促。当地政府部门未结合项目实际情况对风险类别、风险发生范围、风险源的识别、风险分配的对策和原则等内容进行充分的论证与调研，导致市场/收入风险分配结果不科学、不合理、不公平。当项目出现重大损失时，合同中缺少调整条款，无法较好地解决出现的问题。

2.2.4 缺乏项目风险应对措施

有效的项目风险应对措施是 PPP 项目风险分配的重要组成部分。在该项目案例中，铁路开通并不能满足人们的出行需求，消费者无法感受到物有所值。线路每天的乘客量仅为 12,000 人次，远远达不到预期的 46,000 人次。针对该问题，政府方和项目公司采取了车票、机票组合优惠和关闭巴士服务等措施，但只能暂时解决问题。同时，在项目初期，缺乏详细的风险应对措施对项目风险进行针对性的管理，最终必然影响该项目的顺利进行。

3 提升项目风险分配效率的建议

在 PPP 项目中，政府和社会资本方之间是一种互惠的合作关系。PPP 项目投资大、建设运营周期长、涉及的利益相关方多、合同关系复杂，导致项目过程中存在的风险繁杂，难以管理。同时，在项目全生命周期中，风险分配往往更多地受到经济、商业要求、债务融资人的要求以及公司的文化和政策的影响，很难制定可以妥善管理所有风险的整体风险分配方案。基于对澳大利亚新南方铁路案例的实际分析，针对 PPP 项目风险分配提出以下建议。

3.1 深入分析项目实际情况，全面、清晰地识别项目风险

在项目前期准备阶段，应深入分析项目自身所处的内部与外部环境，对市场进行全面分析，最大限度地做好风险识别。将风险溯源、风险量化、风险监控和预先应对措施的制定落实到位，以此作为项目风险分配的基础。具体来说：

1）综合分析项目所处的经济和政治环境、项目的具体特点等。

2）整理和分析同类项目或同区域项目存在的风险。

3）不断列举项目各阶段存在的风险，尤其是项目的一般风险和普通风险。

4）分析项目自身特殊性，详细识别项目特有的风险。

3.2 合理区分风险承担主体层次

在PPP项目中，虽然融资、设计、施工、设备与材料采购等过程涉及众多参与方，但项目公司仍是实施主体。同时，社会资本方在项目融资方面比项目公司更具掌控力，社会资本方的日常业务范围、信用等因素也决定了其在工程质量把控、维护项目平稳运营等方面更具优势。因此，可将政府、项目资本方、社会资本方作为风险的承担主体。

根据上述案例分析，基于风险分配的基本原则，将风险分配涉及的利益相关方划分为三个层次：第一个层次是政府部门和项目部门，两者基于PPP项目进行合作，由此在两者间进行合理的风险分配；第二个层次是政府部门和社会资本方，双方基于PPP项目的公司股东等利益关系承担相应的风险；第三个层次是政府实施机构、项目公司、社会资本方，对于任何一方都无法承担的风险可由三方共同承担。

在风险分配过程中，应对项目普遍存在的风险进行谈判沟通，进行风险的初步分配；对于难以分配的风险，需要进行再沟通和谈判，基于风险分配的原则，公平、公正、公开地进行风险再分配。

3.3 优化风险分配原则，建立风险动态管理机制

结合项目实际情况，综合考虑项目风险发生的概率及损失、风险分配的可谈判性、执行阶段的风险再分配可能性等因素。例如，在合同中设置动态条款对风险进行动态的监控与预防，使项目利益相关方达到纳什平衡，实现项目总体风险最小化，确保项目顺利实施。具体可表述为：针对社会资本、政府、项目公司三方对风险分配结果存在异议、执行时发生的风险明显超过承担方上限、新风险的出现等情况，需要建立风险动态分配的触发机制、谈判机制、确认机制、争议机制。

4 对项目风险管理的启示

通过对澳大利亚新南方铁路案例的研究发现，目前很难制定一套完善的风险分配协调机制确保在整个项目过程中有效管理所有风险。项目所涉及的风险十分复杂，需要进行抽丝剥茧式的分析和研究。因此，在保障项目平稳运转的同时，项目各参与主体必须建立统一的管理机制和理念，运用科学合理、切实有效的风险分配机制进行风险分配，这也是未来进行项目风险管理的重点和难点。

▶ 讨论题

1. 通读案例，分析澳大利亚新南方铁路项目风险体现在哪些方面？

2. 根据案例，讨论澳大利亚新南方铁路项目的风险识别应该考虑哪些因素或方面？

3. 结合项目在技术、法律、政策和经济上的复杂性，分析澳大利亚新南方铁路项目风险分配中存在的问题。

4. 选择案例中的任一风险，提出应对策略和方法。

第11章 工程项目管理信息化

11.1 概述

在工程项目中，信息管理是项目管理的一个重要内容。有效的信息管理，不仅可以帮助实现建设工程项目的目标，还可以提升工程项目自身价值。我国通过多年来项目管理领域的工程实践，在项目管理理论、组织、方法和手段等方面积累了不少经验并取得了一定成绩，然而工程项目（尤其是工程建设项目）的信息管理水平仍然比较落后，在信息管理的组织、方法和手段等方面仍然停留在传统模式，信息管理也成为我国建设工程项目管理中的薄弱环节。因此，通过数字化技术提升工程项目管理效率，提高项目管理的组织水平和能力，是促进工程建设行业发展的重要因素。

项目信息管理是指对信息传输过程的合理组织与控制，包括信息的收集、加工、整理、存储、传递和应用过程。在建设项目工程中，业主方、施工方在项目的决策、招投标、设计、施工准备、施工、竣工验收及运营维护期间会形成大量信息，包括组织类信息、经济类信息、管理类信息、技术类信息及法规类信息等，在项目各参与方和各部门间流转，并进行信息的存储和调用。该过程实现了信息传输的整个过程，并在该过程中进行信息传输过程的有序组织和合理控制。

当前，工程建设项目信息化存在的主要问题是：

1）建筑行业向数字化、信息化方向转型的发展时间相对较短，在工程项目管理中企业对工程信息软件的应用程度和深度与国外发达国家具有较大的差距；我国在工程项目领域已开发的信息管理系统及相关软件缺少通用性与标准性，软件之间缺乏兼容性，导致信息管理工作、整体工程项目信息化管理水平难以提升。

2）信息化技术目前主要应用于工程项目中的造价管理过程，而在工程项目的招投标阶段、安全管理和质量管理等方面，企业对信息化技术、数字化技术的开发和应用仍然较为局限，无法发挥信息化技术的优势。

3）在信息化技术的应用中，需要管理人员对相关的系统、软件进行推广使用，而在目前的工程项目管理工作中，管理人员对信息化技术的使用方法掌握程度有限，难以实现数字信息的高效利用。

4）在工程项目管理工作中，各个部门可能使用不同的信息化管理系统，如造价管理部门通常使用 BIM 数字化平台、材料采购管理部门通常使用 ERP 系统、人力管理部门通常使用人力资源信息化管理系统，而不同的平台或系统之间难以实现数字信息的高效流通，难以提升项目管理水平。

通过信息化技术在工程项目管理中的开发和应用，能够实现信息存储数字化和存储相对集中、信息透明度提高、信息流扁平化。

工程项目管理信息化是指通过开发和利用信息资源，在工程项目管理中开发和应用信息化技术的过程。

在工程项目管理中开发和应用信息化技术的意义在于：

1）通过工程项目信息化技术的应用，能够快速实现工程建设领域企业的数字化转型，建立统一的技术标准、突破数字化难题，促进工程项目管理的标准化和数字化。

2）对于工程建筑行业，可以提高行业相关主管部门的决策水平，有效提高工程建设项目的监管效能，并进一步落实企业的主体责任。

3）对于工程建筑企业，通过工程项目的数字化和信息化管理，能够有效提升企业的生产工作效率，同时节约项目实施成本、提高工程质量，降低项目的安全事故发生率。

4）工程项目管理的标准化和数字化，能够满足社会和经济快速发展的需要，对于促进整个建筑行业的可持续发展具有重大意义。

综上，工程项目管理信息化对于提高工作效率、节约成本、提高内部协调协作能力、提高工程项目信息化管理水平等有重要的作用。

11.2 工程项目信息管理

11.2.1 工程项目信息管理的任务

工程项目包含不同的项目参与方，而各参与方的信息管理任务存在差异。

首先，业主方和各项目参与方完成各自相应的信息管理任务。以规范的信息管理手册为指导，利用信息资源，开展信息管理工作，实现信息的科学管理。其中，信息管理手册详细定义并描述了信息管理的相关任务、执行人员（部门）、执行时间及工作成果等，主要包含如下内容：

1）明确信息管理的各项任务。

2）明确各项任务分工表和管理职能分工表。

3）明确信息的分类、编码体系和编码，绘制信息输入输出模型。

4）形成各个信息管理工作过程的流程图。

5）形成信息处理流程图。

6）明确信息处理工作平台（局域网或门户网站）。

7）明确各类报表、报告的格式及报告周期。

8）明确工程项目进展月报、季报、年报和总报告的内容、编制原则及方法。

9）制定档案管理制度。

10）制定信息管理保密制度及其他相关制度。

其次，信息管理部门是从事信息管理的专门工作部门，其工作内容和任务主要包括以下方面：

1）编制信息管理手册，在项目实施过程中检查和监督信息管理工作，并对信息管理手册及时进行修改和补充。

2）对项目管理各部门的信息处理工作进行组织和协调。

3）建立信息处理工作平台并负责运行和维护。

4）协同其他部门进行信息的收集和处理工作，并形成相应的报表与报告以反映项目进展和目标实现情况。

5）负责工程项目档案管理等工作。

11.2.2 工程项目信息的分类与信息结构

信息是指通过口头、书面或电子的方式进行传输（传达、传递）的知识、新闻或可靠/不可靠的情报，表达形式主要包括声音、文字、数字和图像等。

1. 工程项目信息分类

信息可按照不同的分类方法进行分类，如按信息内容、信息表现形式、信息的时间状态和信息的空间状态，如图 11-1 所示。

在建设工程项目中，项目的实施不仅需要人力资源和物质资源，也需要信息这一项目实施的重要资源。工程项目中的信息主要包括如下类型：

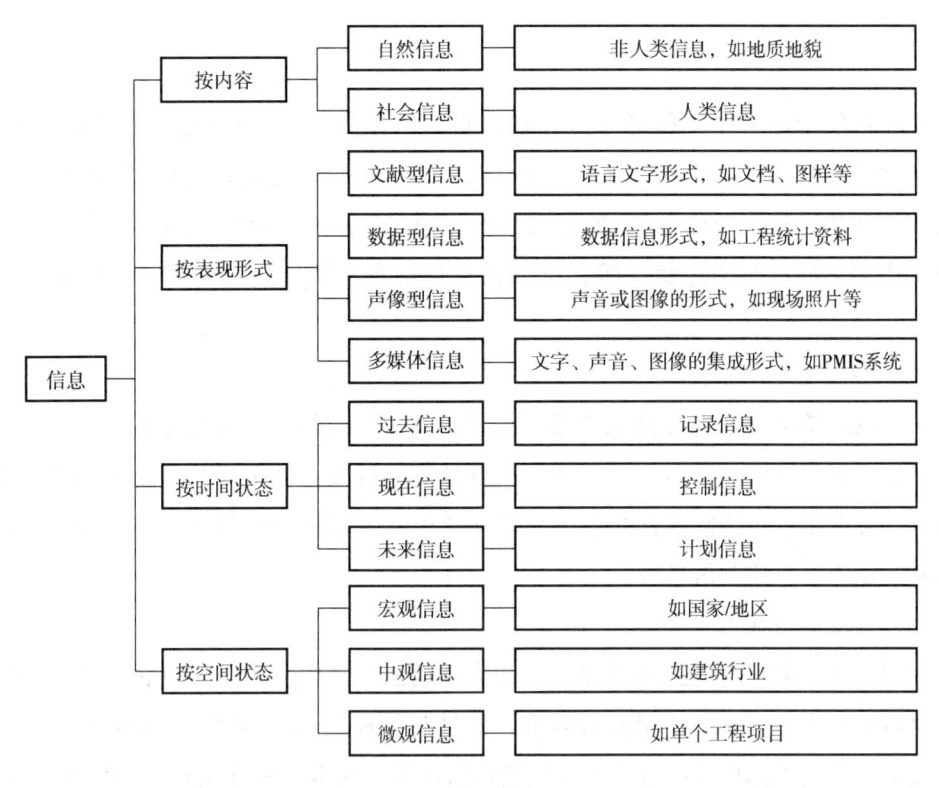

```
                            ┌─ 自然信息 ──── 非人类信息,如地质地貌
              ┌─ 按内容 ─────┤
              │             └─ 社会信息 ──── 人类信息
              │
              │             ┌─ 文献型信息 ── 语言文字形式,如文档、图样等
              │             ├─ 数据型信息 ── 数据信息形式,如工程统计资料
              ├─ 按表现形式 ─┤
              │             ├─ 声像型信息 ── 声音或图像的形式,如现场照片等
              │             └─ 多媒体信息 ── 文字、声音、图像的集成形式,如PMIS系统
 信息 ────────┤
              │             ┌─ 过去信息 ──── 记录信息
              ├─ 按时间状态 ─┤─ 现在信息 ──── 控制信息
              │             └─ 未来信息 ──── 计划信息
              │
              │             ┌─ 宏观信息 ──── 如国家/地区
              └─ 按空间状态 ─┤─ 中观信息 ──── 如建筑行业
                            └─ 微观信息 ──── 如单个工程项目
```

图 11-1　工程项目的信息分类

（1）按管理目标分类

按管理目标可分为成本控制信息、质量控制信息、进度控制信息和安全控制信息。其中，成本控制信息主要包括工程项目施工任务单、项目成本计划、施工定额、成本统计报表、人工费、材料费、杂费等；质量控制控制信息主要是指由国家、地方政府相关部门所颁布的质量相关的政策、法律、法规与标准等；进度控制信息主要包括项目的进度计划、进度目标分解图、进度控制的工作流程与制度、分部分项工程的进度计划等；安全控制信息主要包括工程项目的安全目标、安全控制体系、组织和技术措施、安全检查制度、安全教育制度、事故统计、事故调查和分析等。

（2）按生产要素分类

按生产要素可分为劳动力管理信息、材料管理信息、机械设备管理信息、技术管理信息和资金管理信息。其中，劳动力管理信息可分为项目劳动力需求用量计划、劳动力的流动与调配等；材料管理信息包括材料供应计划、材料的储备与消耗、材料库存、材料定额、材料发放和回收等；机械设备管理信息包括机械设备的需求计划、使用情况、保养和维修情况等；技术管理信息主要包括各技术管理组织体系、制度、技术交底、技术复核、工程验收记录等；资金管理信息主要包括资金收支情况、资金来源的渠道与筹措方式。

(3) 按项目的管理工作流程分类

按项目的管理工作流程可分为计划信息、执行信息、检查信息和反馈信息。其中，计划信息包括各项计划的相应指标、工程项目预测指标等；执行信息包括工程项目施工和执行过程中的各项指示、命令等；检查信息包括工程项目实际施工进度情况、成本、质量等实际状况等；反馈信息包括项目执行过程中的调整措施、改进方案等。

(4) 按信息来源分类

按信息来源可分为内部信息和外部信息。其中，内部信息包括工程项目概况、成本、质量、进度目标、项目施工方案、进度计划、各技术经济指标、组织体系、管理制度等；外部信息包括监理方的通知、设计变更、国家相关政策和法律法规、市场价格信息、竞争对手相关信息等。

(5) 按信息稳定程度分类

按照信息稳定程度可分为固定信息和流动信息。其中，固定信息包括项目施工定额、材料消耗定额、施工质量验收标准、质量验收规范、项目现场管理制度、国家政府相关部门的技术标准等；流动信息包括项目质量、成本、进度信息、计划执行情况、材料库存量、材料消耗量、人工工时数、机械设备台班数量等。

(6) 按信息性质分类

按信息性质可分为生产信息、技术信息、经济信息和资源信息。其中，生产信息包括项目进度计划、材料消耗量等；技术信息包括施工方案、技术规范和技术交底等；经济信息包括项目的成本计划、成本报表、资源消耗情况等；资源信息包括资金的来源、材料供应、劳动力供给等。

(7) 按信息的层次分类

按信息的层次可分为战略信息、策略信息和业务信息。其中，战略信息是指提供给上层领导的重要决策信息；策略信息是指提供给中层领导和部门的管理信息；业务信息是指基层部门在例行性工作中需要或产生的日常工作信息。

2. 工程项目信息结构

工程项目信息结构包括工程项目公共信息和工程项目个体信息两部分。其中，工程项目公共信息和工程项目个体信息分别包含如下具体内容：

(1) 工程项目公共信息

工程项目公共信息包含政策法规信息、自然条件信息、市场信息和其他公共信息。

1) 政策法规信息。政策法规信息是指国家颁布的相关政策、法规、法律，以及企业内部的规章制度等。

2）自然条件信息。自然条件信息是指工程项目所在地区的地貌、气象、地质、水文资源等。

3）市场信息。市场信息包括可为项目提供材料和设备的供应商、相关材料设备的价格，以及新技术和新工艺等。

4）其他公共信息。其他公共信息是指与工程项目相关的其他信息。

（2）工程项目个体信息

工程项目个体信息主要包含工程项目概况、商务信息、组织协调信息、施工记录信息、技术管理信息、进度控制信息、质量控制信息、成本控制信息、安全控制信息、合同管理信息、资源管理信息、现场管理信息、风险管理信息、行政管理信息、竣工验收信息、考核评价信息和其他信息等。

1）工程概况信息。工程概况信息包含工程项目实体概况、造价计算书、施工场地和交通、环境概况、建设参与各方概况、社会环境及项目合同等。

2）商务信息。商务信息包括工程项目施工预算、投标书、工程合同、工程款及索赔等。

3）组织协调信息。组织协调信息包括工程项目内部关系的协调及项目相关部门与外部关系的协调等。

4）施工记录信息。施工记录信息主要涉及项目施工日志记录、材料和设备的进场与使用记录、质量检查记录、项目施工和监理下达的指令、设计变更等。

5）技术管理信息。技术管理信息主要是指与材料、构配件、半成品、成本和设备相关的出厂质量证明，以及施工试验、预检、基础验收、结构验收、隐蔽工程验收记录，设备安装记录，施工组织设计、技术交底、设计变更、项目验收、竣工验收资料、竣工图等。

6）进度控制信息。进度控制信息主要包括项目的进度计划、WBS 工作包等。

7）质量控制信息。质量控制信息是指国家和地方政府相关部门颁布的质量有关政策、法规、法律和标准等，以及质量目标分解图、质量控制相关工作流程和制度、质量关系体系、材料和设备的合格证明、质量抽查数据报告、检测报告等。

8）成本控制信息。成本控制信息主要涉及成本控制计划、责任成本目标、项目的实际成本及成本分析报告等。

9）安全控制信息。安全控制信息包含项目安全管理制度和组织体系、方案，安全交底、安全教育、安全检查、安全设施的验收、复查整改以及安全事故处理等。

10）合同管理信息。合同管理信息包括项目中合同履约情况和合同变更等。

11）资源管理信息。资源管理信息包括项目材料、构件、半成品、机械设备和劳动力等资源的需求计划和使用消耗统计，以及资金计划和使用。

12）现场管理信息。现场管理信息包括项目施工现场的管理规定和法律法规相关规定，环境保护规定、文明施工规章制度、防火保安、卫生防疫等相关要求和规定，以及现场管理评比记录等。

13）风险管理信息。风险管理信息包括项目相关风险识别、风险分析和风险防范等。

14）行政管理信息。行政管理信息包括项目会议记录、往来信函、文件等。

15）竣工验收信息。竣工验收信息包括工程项目竣工质量核定表、竣工验收证明、项目质量合格证、技术资料移交表、资金结算、项目回访和维护保修等。

16）考核评价信息。考核评价信息涉及对项目进行工期、质量、成本的评价分析，以及经济效益统计分析、针对项目经理部的考核评价等。

17）其他信息。与工程项目个体信息相关的其他信息。

11.2.3 工程项目信息编码

编码是由一系列符号和数字的代码组成，可以表示事物的名称、属性和状态。通过编码，可以将事物用精炼的记号表示，同时可以有效节省数据处理的时间，提高效率，降低存储空间。编码是信息处理的一项重要基础性工作。

在工程项目管理工作中，考虑到信息具有不同的类型和不同的用途，为了有效地组织和存储信息、便于信息的检索和整理加工，需要对项目信息进行编码。建立编码体系可使建设工程项目的管理过程更为科学和有效，并能够规范项目参与人员的行为。因此，信息编码可提升项目参与方对项目执行各个阶段中工作内容的控制能力，同时可以为项目的数据收集与整理提供标准化的方法，为日后搜索和使用信息提供保证。例如，通过信息编码可以对项目总造价进行有效管理与控制，为项目各参与方，包括建设单位、设计方、施工方之间进行有效信息沟通提供通用的语言，有效表达和传递信息并消除误解。

1. 项目信息编码体系

在信息编码中，项目信息具有编码体系。工程项目信息编码体系如图11-2所示。

2. 项目信息编码方法

工程项目的信息编码方法包括顺序编码法、分组编码法、多面编码法、十进制编码法和文字编码法等。

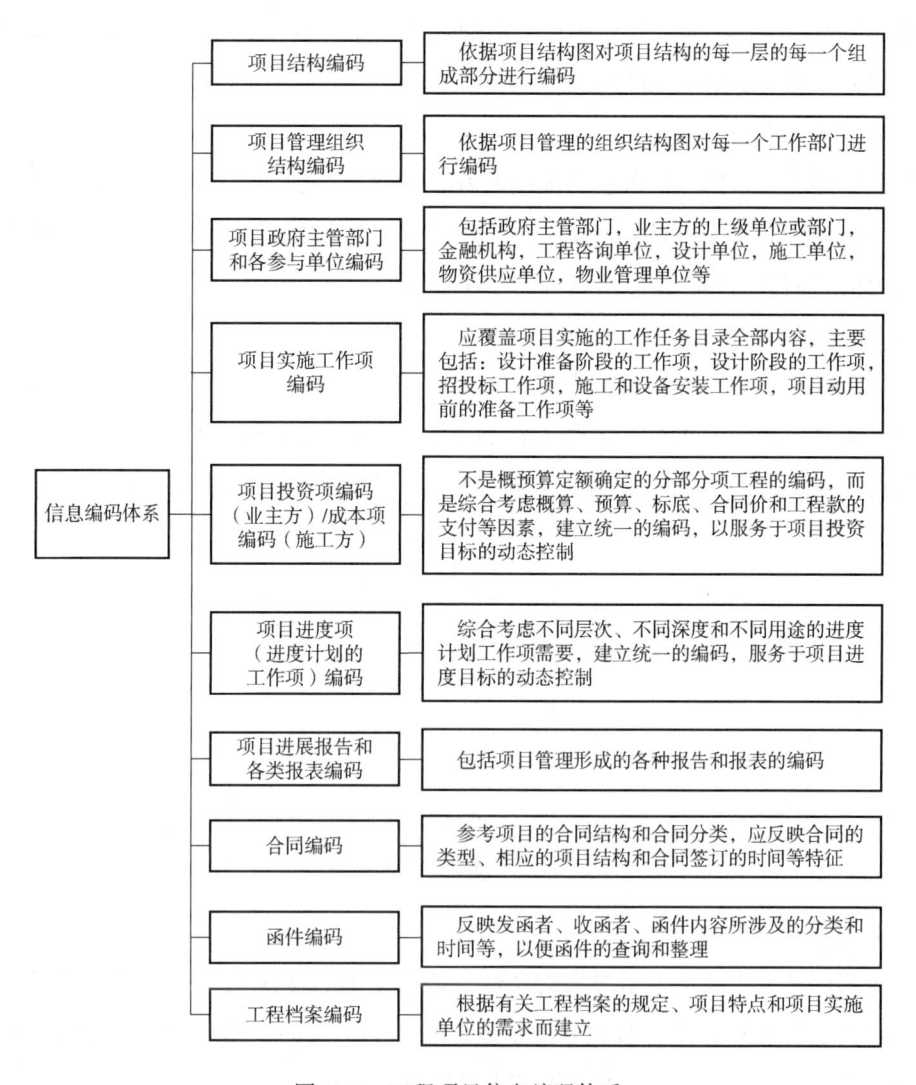

```
                         ┌──────────────┬─────────────────────────────────────┐
                         │  项目结构编码 │ 依据项目结构图对项目结构的每一层的每一个组 │
                         │              │ 成部分进行编码                       │
                         ├──────────────┼─────────────────────────────────────┤
                         │ 项目管理组织 │ 依据项目管理的组织结构图对每一个工作部门进 │
                         │   结构编码   │ 行编码                              │
                         ├──────────────┼─────────────────────────────────────┤
                         │项目政府主管部门│ 包括政府主管部门，业主方的上级单位或部门， │
                         │和各参与单位编码│ 金融机构，工程咨询单位，设计单位，施工单位， │
                         │              │ 物资供应单位，物业管理单位等          │
                         ├──────────────┼─────────────────────────────────────┤
                         │ 项目实施工作项│ 应覆盖项目实施的工作任务目录全部内容，主要 │
                         │    编码      │ 包括：设计准备阶段的工作项，设计阶段的工作项， │
                         │              │ 招投标工作项，施工和设备安装工作项，项目动用 │
                         │              │ 前的准备工作项等                     │
    ┌──────────┤         ├──────────────┼─────────────────────────────────────┤
    │信息编码体系├─────────┤ 项目投资项编码│ 不是概预算定额确定的分部分项工程的编码，而 │
    └──────────┤         │ （业主方）/成本项│ 是综合考虑概算、预算、标底、合同价和工程款的 │
                         │  编码（施工方）│ 支付等因素，建立统一的编码，以服务于项目投资 │
                         │              │ 目标的动态控制                       │
                         ├──────────────┼─────────────────────────────────────┤
                         │  项目进度项  │ 综合考虑不同层次、不同深度和不同用途的进度 │
                         │ （进度计划的 │ 计划工作项需要，建立统一的编码，服务于项目进 │
                         │  工作项）编码│ 度目标的动态控制                     │
                         ├──────────────┼─────────────────────────────────────┤
                         │项目进展报告和│ 包括项目管理形成的各种报告和报表的编码     │
                         │ 各类报表编码 │                                      │
                         ├──────────────┼─────────────────────────────────────┤
                         │   合同编码   │ 参考项目的合同结构和合同分类，应反映合同的 │
                         │              │ 类型、相应的项目结构和合同签订的时间等特征 │
                         ├──────────────┼─────────────────────────────────────┤
                         │   函件编码   │ 反映发函者、收函者、函件内容所涉及的分类和 │
                         │              │ 时间等，以便函件的查询和整理          │
                         ├──────────────┼─────────────────────────────────────┤
                         │  工程档案编码│ 根据有关工程档案的规定、项目特点和项目实施 │
                         │              │ 单位的需求而建立                     │
                         └──────────────┴─────────────────────────────────────┘
```

图 11-2 工程项目信息编码体系

（1）顺序编码法

顺序编码法依据对象的出现顺序进行编码。例如，从 001（或 0001、00001 等）数字开始依次排序，直至最后一个对象。

目前，各个定额站编制的定额一般采用这种方法。该方法的优点是简单易行，代码较短；缺点是代码本身不具有任何含义和特征，缺少逻辑基础，并且该编码只能在最后追加，若删除中间的代码会产生空码。因此，该方法通常只用于其他分类编码后再进行细分。

（2）分组编码法

分组编码法是先进行分组，在每组内从头开始进行数据编号。由于在每批同类型的数据后留有一定的余量，每组内可以添加新的数据。该方法是基于顺序编码的方法，因此，也存在缺少逻辑基础的问题。

(3) 多面编码法

多面编码法是依据一个事物可能同时存在多个属性，将多个属性在编码结构中各规定一个位置，形成多面码。该方法具有逻辑基础，且便于编号的扩充。但因为该方法中代码的位数可能比较多，所以可能存在较多的空码。

(4) 十进制编码法

十进制编码法将编码对象分为若干大类，并通过若干位十进制代码进行编码，再将每一大类细分为若干小类，也通过若干位十进制代码进行编码。依次编码，直至不能再进行分类。图 11-3 所示为通过十进制编码法建立的某建筑材料的编码体系。

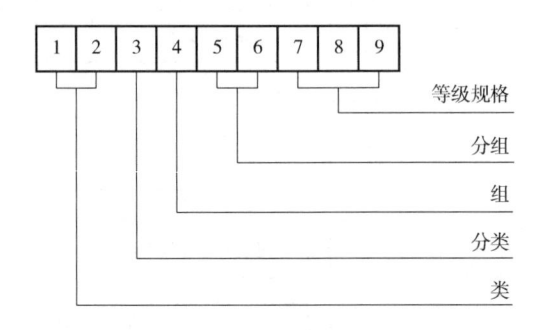

图 11-3 十进制编码法示意图

(5) 文字编码法

文字编码法采用文字表示对象的属性，该文字通常采用英文编写或采用汉字拼音字头。该方法具有较好的直观性，便于记忆和使用。然而，当数据量较大时，不同数据可能使用同一字头，容易引起误解和含义模糊。

总之，不同的编码方法具有不同的优缺点。在实际的工作和管理中，可以根据具体情况进行方法的选用，也可以根据实际情况进行编码方法的组合使用。

11.3　工程项目管理信息化技术

信息化技术是指在信息科学的指导下，能够实现信息管理的技术。其以计算机科学与技术为技术基础，并以网络控制技术为主要支撑，对信息资源进行开发、管理和利用。利用信息化技术可使分散、孤立的信息集成并整合为具有价值的重要资源，为经济、生产、生活等方面带来重大转变。

工程项目信息化技术在跨学科、跨领域的理论和技术支持下，进行技术的集成与整合，在工程项目中发挥了重要作用。工程信息化技术是涵盖多学科、多领域的技术并进行整合，以支持和提升项目的管理能力，提高项目的生产效率。

现代信息技术基于对海量数据、信息的挖掘与分析，克服了传统数据处理模式下的低效率和局限性。其主要特征如下：

1) 网络化与智能化特征。通过网络化可将通信技术、计算机、信息数据实现相互之间的关联，并以大数据、物联网、AI技术等为手段，实现自分析、自适应、自决策等智能数据处理过程。

2) 数字化与数据化特征。可将复杂信息转变为数字及数据，并构建数字化模型，利用计算机进行数据处理。

3) 集成化与虚拟化特征。通过物联网等信息化技术将项目集成化，如技术集成、产品集成、管理集成等，并通过将现实世界在计算机虚拟空间内实现视觉形式呈现的信息空间。

建筑信息模型（BIM）是建筑行业数字化的第一步。另外，随着多项技术的不断发展，互联网和数字化技术的广泛使用，可利用数字化和互联网技术的潜力，逐渐改变建筑行业的工作模式。目前，建筑信息化技术可以分为以下三种类型：

1) 工程设计相关的应用技术。
2) 施工相关的现场和非现场数字化技术。
3) 数字化施工管理方法。

这些数字化技术可通过各自的工作方式来协同配合以提升建筑行业的工作效率，相关概念和应用方法在如下章节进行具体介绍。

11.4 设计相关的数字化应用技术

11.4.1 建筑信息模型（BIM）技术

1. BIM 技术简介

（1）BIM 的概念

由于对项目成本和进度管理的需求不断提升，工程信息的控制技术也在不断发展。建筑行业正在向数字化集成设计团队项目交付模式转型，如在 Trimble Connect （www.connect.trimble.com）或 Bentley ProjectWise 平台上，可实现不同工程信息（模型、点云、图样、报告等）的实时调用。依据实际的工作要求和内容，可以确定项目设计团队的多个参与方。例如，设计团队可由客户、架构师、工程师、MEP（机械、电气和管道）设计方、承包商等多方组成。而支持工程信息管理技术发展的方式之一是建筑信息模型（Building Information Modeling，BIM）。BIM 不是一个单一的 3D 应用程序，而是一项简化产品模型内容和产品交付的活动。工程建筑项目 BIM 模型如图 11-4 所示。

BIM 的核心建模软件如图 11-5 所示。

图 11-4　工程建筑项目 BIM 模型

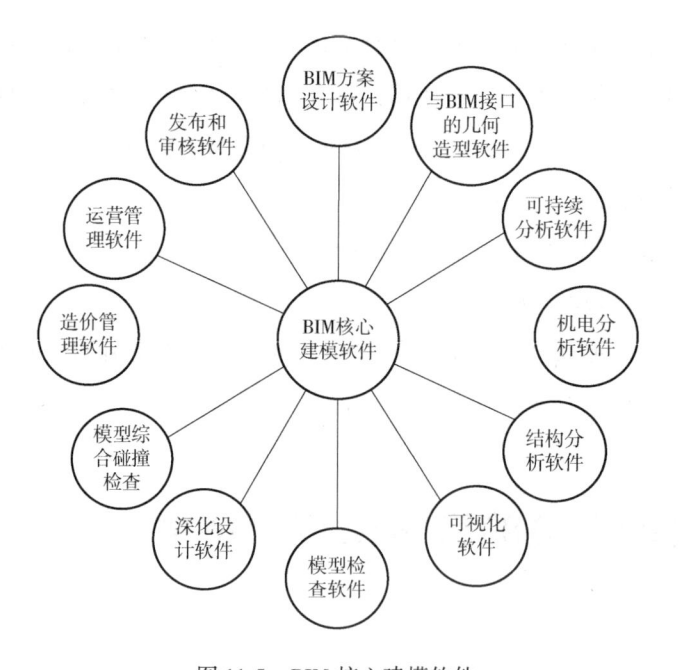

图 11-5　BIM 核心建模软件

（2）BIM 的作用

1）BIM 中，I 代表信息，在基于 BIM 的管理活动中，信息这部分至关重要。信息需要在物理对象或系统中进行收集、存储和读取。在传统方法中，该过程可以从图样或"项目库"中完成。BIM 中也是通过该方式进行，但在 BIM 中整个项目的信息的存储不仅类似在线百科全书，而且分解到对象层级的信息快，便于查找。这些信息意味着在项目早期可以开展更多工作，并支持绿色建造，减少浪费、节省材料和能源，提升综合设计和施工管理的能力。

2) BIM 可以创建多维模型。模型包括空间、时间、成本、材料、设计和制造信息等，并支持基于信息的实时协作。BIM 中的信息可推动其他新技术的应用，包括施工现场的增强现实设备、从制造现场到施工现场构件跟踪的射频识别（RFID）标签，以及 3D 打印机。

3) 在 BIM 应用中，可使三维集成协同设计成为可能。建筑师构建的 BIM 模型主要包括结构构件，钢结构承包商所需的 BIM 模型需包括构件制造细节及订购、制造、交付和安装构件所需的所有信息，以及组件运抵现场时间、固定或浇筑位置及项目成本等信息。因此，不同参与方需要在各自的应用程序中创建相应模型，并作为参考模型与其他参与方成员进行模型共享。该参考模型通常采用 IFC（Industry Foundation Class）文件进行数据交换。IFC 标准是开放的建筑产品数据表达与交换标准，可在工程勘察、设计、施工、运营的全生命周期中应用。IFC 标准是面向对象的方法描述，其体系架构如图 11-6 所示。

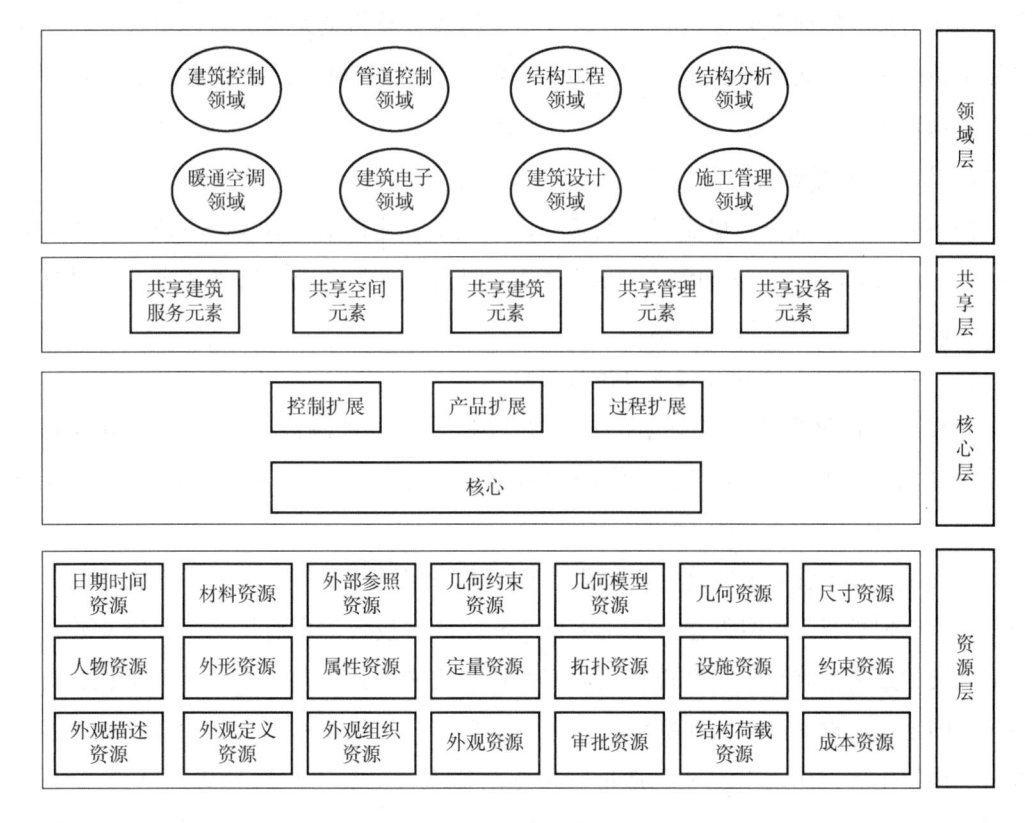

图 11-6 IFC 标准的体系架构

(3) BIM 的发展

自 20 世纪 90 年代初以来，主要利用二维作图系统作为"电子绘图板"，通过复制、粘贴或"图块"等操作进行图样绘制。与传统手工方式相比，采用二维作图系统的效率更高。但从互操作性角度而言，二维作图系统则没有明显优势。

在工程项目中，随着计算机辅助设计（CAD）工具推广使用一段时间后，根据行业及每个设计团队成员的要求开发了定制解决方案。在建筑和施工领域，"信息建模"通常定义为建筑物或结构的一种计算机表示，包括制造和建造元素所需的所有相关信息。这些元素或对象具有特定属性和相互之间的关系。例如，地基垫层中的钢筋，若地基尺寸发生变化，则所嵌入的钢筋也会随之更新并重新定位。

钢结构行业是三维建模领域的领先行业。例如，Tekla Structures 软件可对三维钢架进行建模，并通过用户定义的宏进行连接，从而自动生成总布置图和细节图。

三维建模技术扩展到参数建模后，随之开发了冲突检测系统。通过构件之间的硬性或软性冲突检测，可识别材料的重叠或存在于同一空间的构部件。

在 BIM 的初始阶段，只有图样和报告可供他人使用，因为实际的 BIM 模型总是局限于功能更强大的计算机所在的办公室。但是随着计算机的发展，现在可以在笔记本电脑上访问模型，甚至可以在现场使用的平板电脑上访问模型，既可以在设备上访问，也可以从云端访问。

2. BIM 技术的应用

2010 年，美国宾夕法尼亚州立大学的计算机集成化建造研究团队发表了 *BIM Project Execution Planning Guide* 指南。该指南对美国建筑行业市场 BIM 的主要应用功能进行了分类和总结，如图 11-7 所示。

(1) 基于 BIM 技术的工程项目造价管理

工程项目造价管理通过科学的技术方法和手段，对建设工程项目的造价和建安工程的价格进行全过程、全方位的业务管理和组织活动，从而保证项目的经济效益。

工程项目造价管理主要是针对建设项目的总投资进行管理。其中，建设项目总投资是为了实现投资方预期收益、保证项目顺利完成而投入的所有资金。我国对建设项目总投资的定义是流动资产投资与固定资产投资之和。其中，流动资产投资包含流动资金，固定资产投资包含工程费用、建设期利息和工程建设的其他费用等。随着我国经济的快速发展，建筑工程项目造价管理逐渐建立了一套工程造价管理体系。目前，工程项目造价管理过程包括投资决策、设计、招投标、施工及竣工结算审计 5 个阶段的阶段性管理过程。

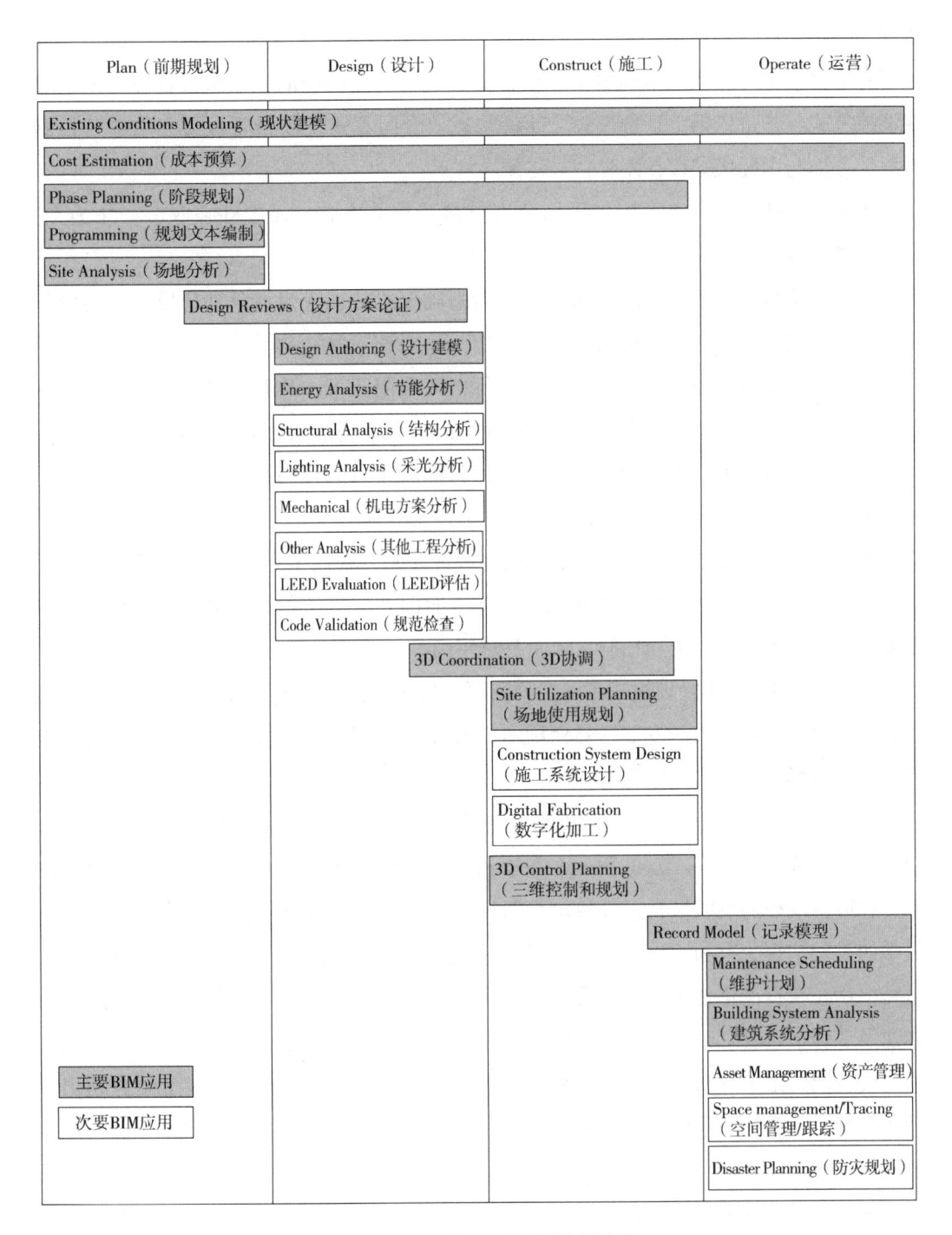

Plan（前期规划）	Design（设计）	Construct（施工）	Operate（运营）
Existing Conditions Modeling（现状建模）			
Cost Estimation（成本预算）			
Phase Planning（阶段规划）			
Programming（规划文本编制）			
Site Analysis（场地分析）			
	Design Reviews（设计方案论证）		
	Design Authoring（设计建模）		
	Energy Analysis（节能分析）		
	Structural Analysis（结构分析）		
	Lighting Analysis（采光分析）		
	Mechanical（机电方案分析）		
	Other Analysis（其他工程分析）		
	LEED Evaluation（LEED评估）		
	Code Validation（规范检查）		
		3D Coordination（3D协调）	
		Site Utilization Planning（场地使用规划）	
		Construction System Design（施工系统设计）	
		Digital Fabrication（数字化加工）	
		3D Control Planning（三维控制和规划）	
			Record Model（记录模型）
			Maintenance Scheduling（维护计划）
			Building System Analysis（建筑系统分析）
			Asset Management（资产管理）
			Space management/Tracing（空间管理/跟踪）
			Disaster Planning（防灾规划）

主要BIM应用

次要BIM应用

图 11-7　BIM 的 25 项不同应用功能

1）国内外工程项目造价管理模式的区别。在工程项目造价管理中，国内外存在不同的管理模式。通常，在国际造价管理模式中，首先对工程项目进行结构分解，进而确定项目工程造价。通过 WBS，项目经过概括和描绘，结合各项活动的进度计划与安排确定每项工序活动所需不同资源，包括人工、材料、机械设备等。在此基础上，利用所有工序活动的最低成本确定工程项目的总造价。而国内的工程造价管理模式在宏观调控方式、计价依据、计价模式、计价状态、合同方式及项目管理过程中造价控制方式等方面与国际模式存在差异，具体差异如下：

● 在宏观调控方式上，国内采用政府直接调控的方式，而国外采取市场化为主、政府间接调控的方式。

● 在计价依据方面，国内采取以定额为基础形式的工程量清单计价模式，而国外采用的计价定额、指标是根据地区特点而由工程咨询公司确定的。

● 在计价状态方面，国内采用静态计价，即采用国家、政府相关部门确定的计价定额，而国外采用以市场为中心的动态控制方式，以市场活动为基础控制工程造价。

● 在合同方式上，国内以国家、政府相关部门颁布的合同规范文本作为参考，而国外采用通用合同文本，如以 FIDIC 合同文本作为合同文本。

● 在项目过程中造价控制方式上，国内造价控制方式通常引起技术与经济相分离，无法实现信息和数据的共享，协同能力较差，而国外造价控制方式采取动态控制，在事前、事中、事后能够主动控制，从而及时纠偏。

2）工程项目造价管理模式中存在的问题。虽然在我国市场经济发展过程中，工程项目管理模式得到了快速发展，然而随着工程项目规模日趋增大，在工程项目造价管理中不同阶段仍然存在一些问题。

● 在项目决策阶段，主要存在成本控制重视不足、三超现象（概算超估算、预算超概算、决算超预算）严重的问题。在项目的前期决策阶段，投资和管理者对投资决策工程造价的控制不够重视，导致决策阶段的投资估算管理薄弱。而在决策阶段进行科学的投资估算，有利于整个工程项目造价的有效控制。因此，我国工程项目的实践过程中存在投资严重超预算、投资膨胀的现象，导致造价提高、工期拖延。三超现象在建设工程项目管理中是一个典型隐患问题，对整个项目目标产生重要影响。三超现象主要表现为施工图预算超出设计概算、竣工结算超出施工图预算、竣工结算超出设计概算等。出现这些现象对工程项目的造价控制产生不良影响，并影响项目投资效益的发挥。

● 在项目设计阶段，主要存在两方面问题，包括设计收费不合理、三边工程（边勘测、边设计、边施工）频出问题。由于当前设计收费方式通常根据建筑安装工程造价或根据总投资一定比例进行收费，若设计人员的设计比较保守则会造成浪费，建设单位需承担所有费用，若出现质量事故，设计人员需承担责任。因此，在该制度下，设计人员需侧重技术分析，较大程度上影响设计的经济合理性。另一方面，由于建设单位留给设计方的设计时间不足，容易导致三边工程问题的出现，在施工中设计不断变更，引起设计概算和施工预算之间的差异。

• 在招标阶段，容易出现发包条件不成熟、行政干预过度及评价方法不完善的问题。在项目实际招投标过程中，存在不具备发包条件就进入招投标的问题。因此，招标文件和资料内容不能满足施工要求，施工单位无法报价，导致整体项目后期进度的延误。同时，由于工程项目造价管理涉及多个部门，而不同部门之间再造价管理方面缺少协调机制，容易受到行政管理分工的严重影响。另外，在实际评标过程中，评标方法不科学、不完善均会导致招投标实际过程的随意性。

• 在施工阶段，主要存在施工准备不足、监理体制不健全及发包合同重视度不够等问题。施工前，为了保证施工的顺利进行需要进行大量准备工作，从而有效地控制项目造价。而在实际项目中，容易出现施工准备工作造价管理工作被忽视的情况，从而无法进行准确的工程估算。同时，工程监理的效果会直接影响项目的造价控制。目前，工程监理还经常出现合同管理及信息管理不到位的情况，无法真正实现工程造价的有效监控。另外，在工程项目中，由于对发包合同的重视度不够，业主通常只在与施工方确定项目范围、进度和质量等条款时签订合同，而到项目竣工结算时发现发包合同缺少结算要求及工程价款，从而导致造价上升、工程结算没有约束力等问题。

• 在竣工阶段，存在的主要问题有工程高估冒算、工程计量违规及结算单价随意等。在项目的实际竣工阶段，容易出现不允许增加造价的项目反而大幅增加的问题，导致最终造价明显提高，甚至超出预算。同时，在工程计量计算过程中，往往不严格按照国家规定的统一计算规则和竣工尺寸进行计算。例如，在脚手架计算过程中应按照建筑面积进行计算，而实际计算中存在重叠交叉、少扣或多计算工程量的情况，导致竣工计算的工程量提高、价款上升，从而导致项目的工程造价提高。另外，在实际造价管理工作中，容易出现定额单价的制定不合理、随意高套的问题，导致结算投资大幅升高。

在工程项目造价管理中，以上不同阶段中出现的问题会给整个工程项目的造价带来严重影响。在工程项目造价管理的各个阶段，需要注意的控制要点如图11-8所示。

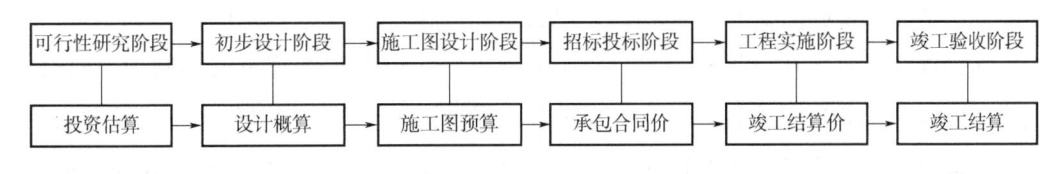

可行性研究阶段	→	初步设计阶段	→	施工图设计阶段	→	招标投标阶段	→	工程实施阶段	→	竣工验收阶段
投资估算		设计概算		施工图预算		承包合同价		竣工结算价		竣工结算

图11-8 工程项目造价管理各个阶段的控制要点

3）基于BIM的工程项目造价管理。工程项目造价管理涉及项目投资决策阶段、设计阶段、招投标阶段、施工阶段及竣工验收阶段等不同阶段，各阶段造价管理效果将直接影响项目整体的经济效益。因此，建立一体化的信息管理模式，是有效控制工程项目造价的方法和手段，而BIM技术可以针对上述问题实现造价管理的信息化控制和管理。

BIM技术可以通过3D布尔核算进行工程实体的扣减，从而提高工程量计算的准确性与高效性。在项目全生命周期管理过程中将造价相关数据与资料形成电子文档，并存储在BIM系统的服务器中。同时，BIM技术可将项目各参与方、各个专业的参与者连接在同一个系统中，打破了传统造价管理中相互割裂的关系。利用BIM 5D模型，从空间、时间、成本等维度展开分析，在BIM系统中有效存储、提取、调用、更新、共享数据与信息，使各个专业参与者之间的协同能力更强，实现精细化、动态化的全过程工程项目造价管理。另外，在项目竣工后，BIM模型可存储竣工结算相关数据资料，以便以后发现问题时直接在系统中调用所有相关信息，从而有效提高造价管理工作效率，实现协同管理。BIM技术在工程项目造价管理中的应用主要体现在造价管理的不同阶段，具体应用如下：

● 投资决策阶段。在工程项目投资决策阶段，BIM模型可直接提供成本信息，作为造价估算的主要依据，从而严格控制成本。由于项目前期规划阶段业主对信息的掌握不够全面，造成决策难度增大。而通过BIM技术可以构建工程项目多维模型，经过模拟分析可以为决策者提供全面的数据支持，在前期规划阶段确定项目投资估算，指导后期的项目造价管理过程。

● 设计概算阶段。在设计概算阶段，通过BIM模型可以提取工程量，并使用工程计量计价软件计算工程总概算。然而在工程项目实施过程中，由于前期设计不完善，在项目后期执行过程中经常出现设计变更，而设计变更会引起项目成本造价的变化，甚至影响项目的进度和质量。同时，由于工程项目涉及多专业的分工协作，而各个专业之间的信息壁垒会引发施工冲突或矛盾，影响项目既定目标。而BIM技术可以有效实现协同设计，从而实现数据共享、信息共享，解决不同专业之间的协同工作问题。另外，BIM技术可以实现三维碰撞检测，在计算机辅助下进行不同专业模型之间的碰撞识别，从而有效避免施工冲突和设计变更，有效控制成本并缩短工期。

● 招投标阶段。在招投标阶段，BIM模型可以应用在招标清单的编制中。同时，投标方可以利用BIM模型直接确定工程量及工程量清单。在招标过程中，建设单位及工程咨询单位通过BIM技术快速提取BIM模型信息并实现构件分析，根据BIM模型和项目情况确定工程量清单，从而有效避免因工程量问题而引发的纠纷。另外，投标单位可以利用BIM模型中精准的模型数据，将预估的成本与招标资料相比较，完善自身招标策略，提高工作效率与工作质量。

- 施工阶段。在施工阶段，BIM 技术可以在施工成本管理、施工进度管理、施工质量管理中提供数据和信息方面的支持，从而为施工过程中的造价管理提供技术支撑。

在项目施工成本管理中，BIM 模型可以自动识别工程量，将工程进度与施工方案相结合，通过将材料、资源的数量与价格关联从而快速计算实际发生成本，并将成本计划信息存储到 BIM 全生命周期模型中，为项目管理及参与人员提供历史数据和信息，方便工程数据的管理。同时，基于 BIM 5D 技术可以建立实际成本数据库，使实际成本数据及时有效地存储于 5D 数据库，并在此基础上进行多维施工模拟，便于后续成本分析。另外，通过 BIM 技术可实现施工现场材料及机械设备的信息化管理。通过 BIM 系统对拟购材料、机械设备、构件进行有效的信息管理，将材料的加工生产、出厂检验、运输和进场过程中的信息录入产品信息标签，实现管理人员对材料运输过程进行实时监控。同时，BIM 5D 模型中的每个构件可以生成二维码，在施工阶段对每个产品粘贴相应的二维码，通过扫描二维码可以提供工程量、材质、坐标等物理和空间信息，通过结合工程实际，及时对材料进行调度和施工安装，从而有效节省成本、费用，提高项目的工作效率。

在项目施工进度管理中，BIM 技术可以将工程项目的三维空间模型与时间进度数据相关联，构建四维模型，从而建立高效的进度计划，并监督进度计划的实施，从而达到缩短工期、控制项目成本的目标。

在项目质量安全管理中，利用 BIM 技术可实现可视化模块的虚拟施工，在项目前期规划和准备阶段进行有效的空间规划和安排，进而实现材料安放、施工通道、定位、测量等过程的科学合理规划，从而减少返工、降低安全支出，控制项目成本。

- 运营维护阶段。在运营维护阶段，BIM 技术可为管理者提供全面的维护数据和模型数据，并在后续运营维护管理过程中实现数据的更新和动态维护。在早期的项目运营维护管理中，施工阶段数据信息与运营维护系统难以衔接，管理者缺少有效的数据信息库，为后期项目主体的运营管理、社会运营及物业的监督维护等过程带来了极大困难。而 BIM 技术可以通过动态的运营维护管理，实时跟踪项目的运行状态，使项目运营管理人员有效地开展工作，提高运营维护阶段的工作效率，从而节省运营维护成本和管理成本。

4）基于 BIM 的工程造价软件。基于 BIM 的工程造价软件利用 BIM 模型，并集成工程项目相关信息，进行工程造价的信息化管理。在国内和国外有一系列 BIM 造价软件，具体如下：

- 国内的 BIM 造价软件。国内的 BIM 造价软件包括广联达软件、鲁班软件、斯维尔软件等。

• 国外的 BIM 造价软件。国外的 BIM 造价软件包括 Beck Technology 公司开发的 Dprofiler 软件、Autodesk 公司开发的 Quantity Takeoff（QTO）算量工具和 Trimble 公司开发的 Vico 软件等。

（2）BIM 技术在进度管理中的应用

基于 BIM 技术的工程项目进度控制过程如图 11-9 所示。在传统的工程项目管理中，由于受二维的限制，进度管理的效率较低。利用 BIM 技术，工程项目进度管理在很多方面均有较大突破。首先，基于 BIM 技术的进度管理可以提升项目全过程管理的协同效率。在 BIM 技术平台下，所有参与方可以在 BIM 协同平台上进行信息和数据交换，项目参与人员可获取最新、准确的工程数据，大幅提升人员之间的沟通效率。在传统项目管理中，由于参与方众多，人员之间传递信息多为点对点的传递方式，效率低下。而在 BIM 技术的支持下，信息传递转变为一对多的方式，有效提高了信息传递效率。同时，利用 BIM 技术可以有效进行项目的碰撞检测，从而减少由设计变更、返工等导致的工期延误。

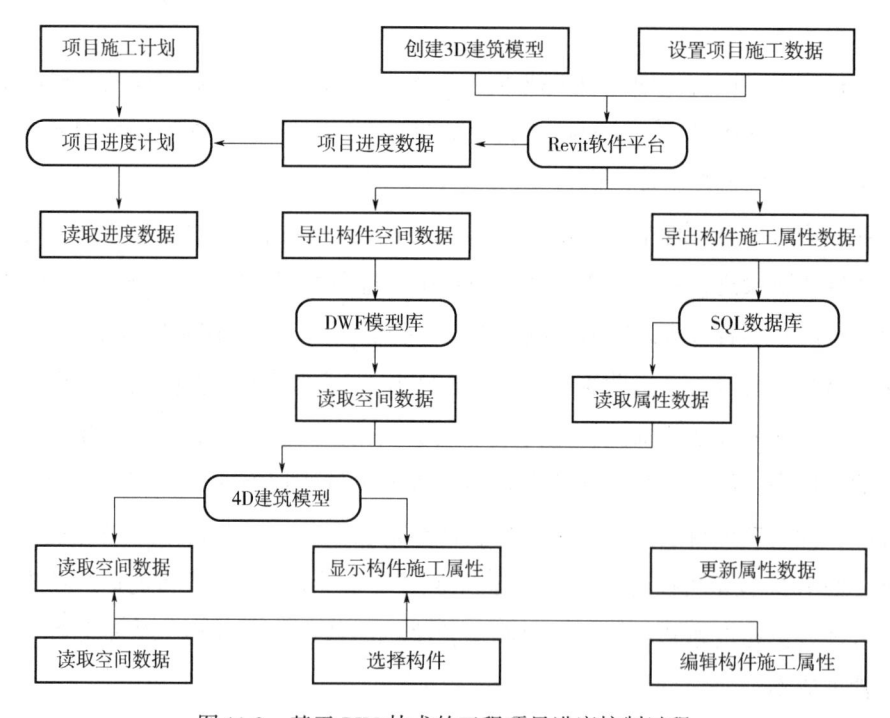

图 11-9 基于 BIM 技术的工程项目进度控制过程

在项目的招投标过程中，基于 BIM 技术进行算量计算和工程量清单的编制，可有效节省计算时间，提升计算结果的准确度，从而节省项目时间。另外，在项目编制生产计划和采购计划等计划的过程中，利用 BIM 技术获取材料相关的数据更加快捷、准确，从而有效控制了项目进度，加快了施工速度。而在项目竣工交付阶段，由于BIM模型中包含项目实施过程中的完整数据与信息，在竣工时项目所有资料均可即时形成，从而有效控制了项目的竣工验收时间。

基于BIM技术的项目进度管理应用涉及项目实施过程中的很多方面，具体应用如下：

首先，基于BIM技术可以实现工程项目的4D进度模拟。在工程项目管理的进度管理中，通常使用甘特图进行进度计划。但该方法难以通过可视化方式清晰表示项目进度及施工过程的动态变化。利用BIM技术，可以将3D空间模型与时间相结合，从而形成可视化的4D模型。BIM 4D模型可以清楚、直观地呈现项目的实施过程，并能对进度的状态、影响因素等进行有效的分析和实时追踪，从而有效保证项目的进度，制定合理的应对措施。在4D BIM模型创建中，通常使用工程项目进度模拟软件，如Navisworks软件等。通过Navisworks软件进行项目施工进度模拟过程如图11-10所示，具体过程如下：①通过Revit软件构建工程项目的三维施工模型，并获取构件属性信息；②通过Project软件制订项目的施工进度计划，并将该进度计划导入Navisworks的Timeliner作为数据源；③在Navisworks中将进度与BIM模型进行链接；④通过Animator编辑器制定动画，利用视点动画进行动画录制；⑤输出项目的4D施工模拟动画。

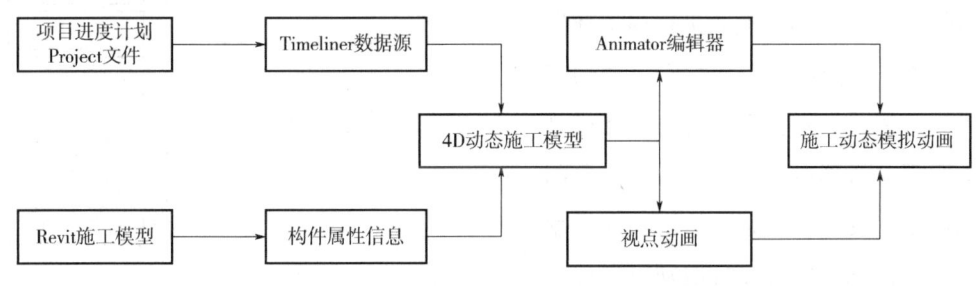

图 11-10　Navisworks软件创建4D施工模拟动画的技术路线

其次，BIM技术可以实现项目的施工优化。利用BIM技术和离散事件模拟可以对项目不同工序进行模拟计算，确定最优工期及人力、设备、场地等资源的占用情况，从而对项目工期、资源、场地布置进行方案的优化调整。同时，通过4D施工进度模拟可以实现数据集成和施工优化。另外，通过可视化技术实现三维技术交底并提供安装过程指导，尤其是在钢结构节点施工及管道安装施工过程中，三维BIM模型可以将关键构件的空间特点、空间关系和安装过程展示给施工人员，方便施工过程的实施。此外，通过将BIM技术与移动终端管理技术相结合，可以实现可视化管理，并提高进度管理的效率。例如，将Web、RFID技术与BIM模型集成，可有效缩短项目工序的执行时间，控制项目进度。

(3) BIM 技术在安全管理中的应用

基于 BIM 技术的工程项目安全管理可以通过信息创建、信息共享及信息管理等数字化管理方式，实现工程项目基础数据的共享和控制。通过 BIM 技术进行 4D 虚拟建造可以在施工前准备阶段识别施工问题，并提前进行调整和修改，制定应对方案。同时，通过 BIM 可对火灾等安全隐患和突发事件进行及时快速地应对及处理，能够迅速更新建筑物的运营情况和数据。

BIM 技术在工程项目安全管理中有多方面应用，在设计、施工及运营维护等不同阶段可以有效地控制风险，实现安全施工和生产。BIM 技术在各阶段中的具体应用如下：

1) 施工准备阶段。利用 BIM 技术可以在工程项目施工准备阶段进行安全分析，从而降低项目安全事故的发生率。例如，在工程项目中施工现场的空间可以划分为不同类型的空间，包括可使用空间、施工过程空间和施工产品空间，施工空间分类如图 11-11 所示。通过 BIM 技术可对施工空间进行虚拟环境模拟，识别安全隐患，并制定有效的安全管理方案。另外，可以利用 BIM 模型与有限元分析平台进行力学分析，控制项目的施工安全。同时，基于 BIM 模型的危险源识别管理可及时识别出工程项目施工现场的不同危险源，保障施工现场的人员安全。

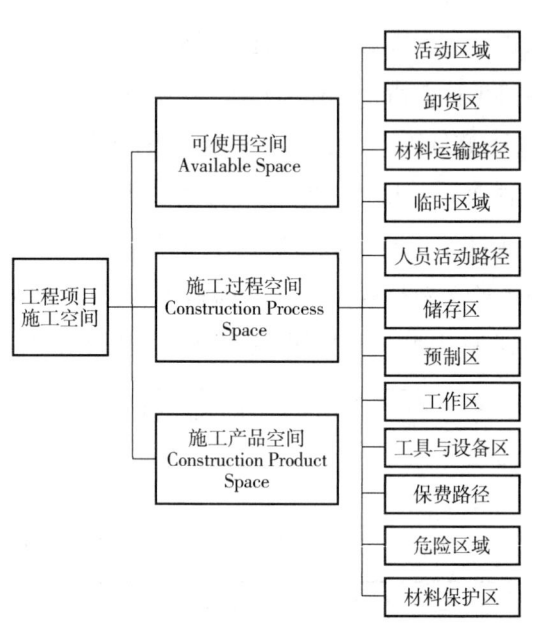

图 11-11 工程项目施工现场空间分类

2) 施工模拟仿真。基于 BIM 技术可以构建施工方案的模拟，对项目的结构、施工方案仿真试验，从而验证施工的合理性和安全性。同时，在施工过程中，可以通过 BIM 的三维可视化技术实时监测施工过程，建立结构动态监测系统，从而分析结构受力情况和项目运行的状态。另外，通过三维可视化动态监测系统可提前识别项目现场的潜在危险源，并能监测现场不同位置的应力和应变状态，实现自动预警。此外，通过 BIM 技术可以对项目现场进行有效的防坠落管理，建立项目现场安全防护栏杆的防坠落模型，识别不同位置的坠落风险，有效提高防坠落的安全水平。在 BIM 模型中，还可对大型施工机械设备建立安全管理模型，识别塔吊等大型施工设施的安全工作范围，减少并降低塔吊引起的施工碰撞事故及意外事故风险。

3. BIM 应用常用设计软件

在 BIM 应用市场中，较为常用的 BIM 应用软件有 Revit、Tekla Structures、Autodesk Navisworks 等。

（1）Revit 软件

Revit 软件的各项功能主要围绕建筑专业，可将二维图样转为三维建筑模型视角进行建筑设计。在三维模式下，可以更加直观地识别构件之间的空间冲突，实现建筑模型的三维可视化和直观化。在 BIM 的正向设计中，通过 Revit 软件实现"先协同建模，后整体出图"的设计理念和模式，建筑、结构、设备各专业工程设计师可利用 Revit 软件进行三维模型的协同设计，并输出二维图样、效果图和造价等。三维 Revit 模型如图 11-12 所示。

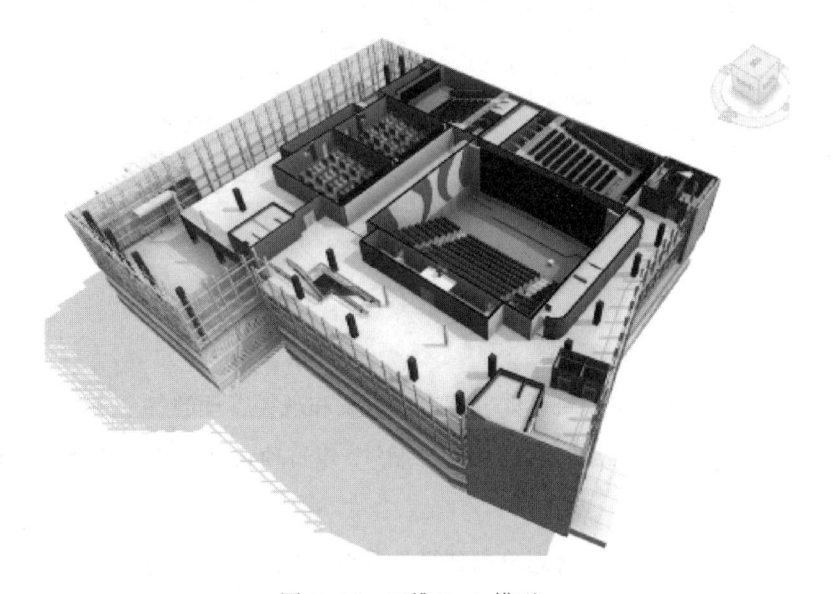

图 11-12　三维 Revit 模型

Revit 软件所采用的作图模式是基于 BIM 技术的三维模型，其模型和图样间存在高度关联性。在参数化的设计模式下，多专业设计人员在同一 BIM 模型中进行协同设计，节省时间与成本，实现基于同一模型的多专业协同设计模式，加强不同设计团队间的协同合作，并提高建筑项目的整体设计效率。

同时，Revit 软件提供建筑、结构、设备等不同专业设计所需的大量建筑图元，也称为"族"（Family），即建筑信息模型的基础构件单元，如柱、梁、板、墙体、门、窗等。设计师可通过定义不同参数创建工程所需的"族"构件（图 11-13），并在其他设计中调用或自定义修改，以满足工程设计的需求。

图 11-13 "族"的创建

(2) Tekla Structures

Tekla Structures 支持从建筑设计、建造、吊装和现场管理的各个施工环节，采用基于模型的 BIM 设计方案，以一体化方式管理整个建筑项目和过程，能够多方位支持项目的运作。

Tekla Structures 可简化从规划阶段到设计和制造的施工设计和交付流程，为现浇/预制混凝土、钢结构、木材、工程和建筑领域提供协作解决方案。该软件可继承钢筋和建筑材料等信息，是唯一可继承弯曲钢筋表的钢筋信息的软件。

Tekla BIMsight 是基于模型的 BIM 软件，并且是一款免费的 BIM 协作工具。Tekla BIMsignt 不仅是一个浏览器，还可以整合整个建筑工作流程，各专业可以共享信息进行协作。

使用 Tekla BIMsight，用户可以：

- 将不同 BIM 应用程序中的多个模型和文件格式整合、合并到同一个项目中。
- 共享建筑信息，以协调不同行业和交付成果之间的关系。
- 在模型中存储不同的视图位置和描述，并进行冲突检测。

- 在模型中直接测量距离，并验证设计需求和施工公差。
- 在模型中控制不同类型部件的可视化程度和透明度。
- 查询部件的材料、长度和重量等属性。

除 Tekla BIMsight，Trimble Solutions Corporation 开发的 Field 3D 软件是一款增强型协作工具，并能在苹果和安卓设备上运行，提供云服务等功能。

（3）Navisworks 软件

Navisworks 软件是由 Autodesk 公司收购，之后经过整合开发形成的可视化仿真分析软件。Navisworks 软件为项目各参与方提供沟通平台，可有效识别工程项目在设计、施工过程中可能出现的构件碰撞，提高工程项目管理的效率和质量。

Navisworks 软件在工程项目的不同阶段有不同的应用，并满足不同的项目需求。例如，Navisworks 软件可以整合不同软件生成的不同格式的三维模型，也可以整合某一软件生成的不同三维模型文件。此外，该软件可以对三维模型进行审查、批注与测量。同时，可以通过该软件进行仿真动画制作，进行施工模拟，并对模型进行渲染。

Navisworks 软件支持的文件格式类型分为以下两种：

- 原生态格式类型。
- 第三方格式类型。

其中，原生态格式类型主要包括 NWD 格式文件、NWF 格式文件与 NWC 格式文件。NWD 格式为主要格式类型；NWF 格式不包括模型的几何信息，但包含文字信息、标记信息等；NWC 格式为缓存文件，如当打开 Revit 导出的文件时，可以自动生成一个 NWC 文件。通过 Revit 文件将模型导入 Navisworks 软件如图 11-14 所示。

图 11-14　通过 Revit 文件将模型导入 Navisworks 软件

第三方格式类型包括其他软件生成的三维模型格式，如 Revit、CAD、3Dmax、Catia 等软件导出的各类文件。Revit 模型导出为 Navisworks 场景文件如图 11-15 所示。

除上述几种文件格式，Navisworks 可支持 60 种以上的软件创建的文件格式类型。因此，Navisworks 具备集成来源于不同软件的三维模型的能力。Navisworks 软件项目施工模拟如图 11-16 所示。

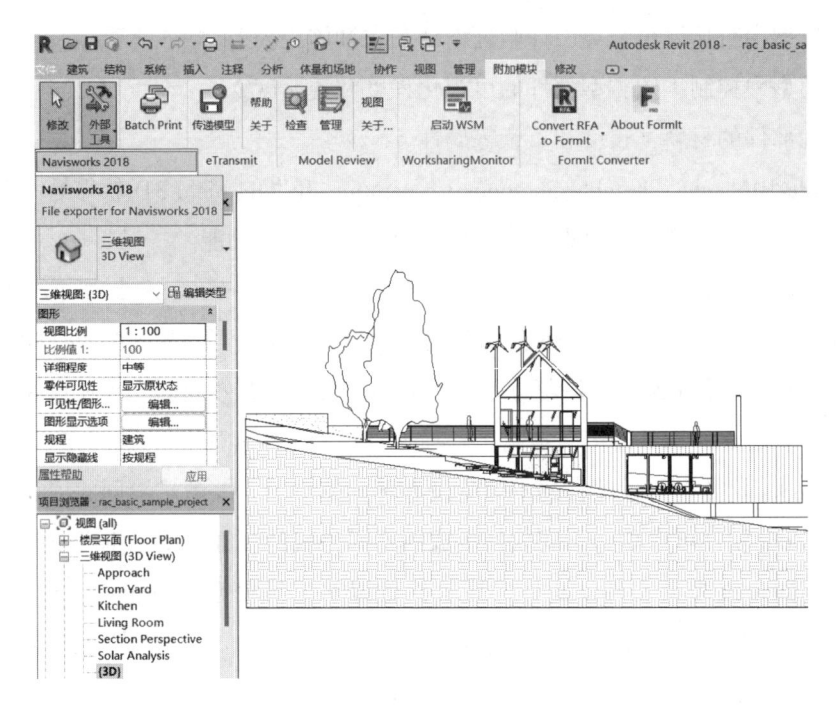

图 11-15　Revit 模型导出为 Navisworks 场景文件

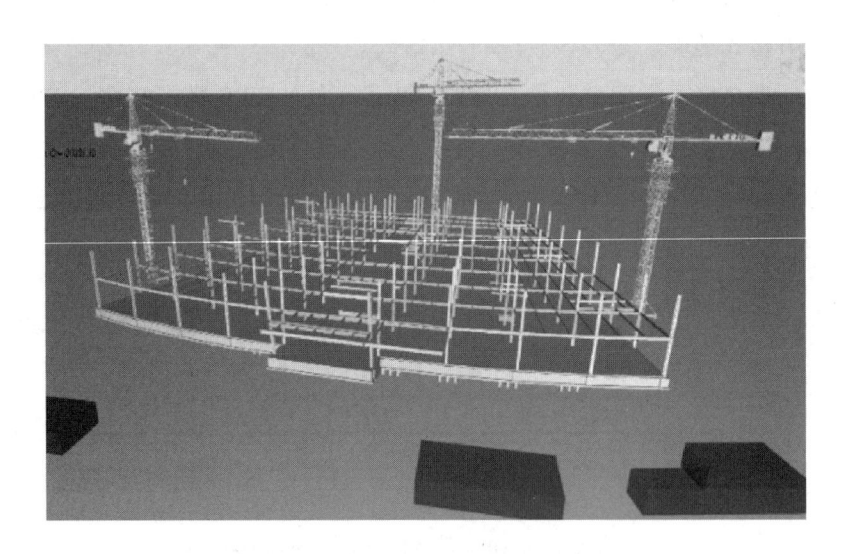

图 11-16　Navisworks 软件项目施工模拟

11.4.2　数字孪生技术

英国数字建筑中心对数字孪生的定义是：实体事物逼真的数字再现。数字孪生与其他任何数字模型的区别在于它与实体孪生的联系。

数字孪生（Digital Twin）模型是建筑资产（如桥梁或医院）的数字模型，必须包含项目的所有附加 4D、5D 和 6D 信息。数字孪生模型必须包含项目的所有附加 4D、5D 和 6D 信息，这样才能对资产的施工和运营阶段进行全面的虚拟模拟。正是 Digital Twin 中的详细信息使模拟能够在"实际时间"内运行（当然是加速运行），并具有全面的关系互动，这意味着可以将做出改变的所有连锁反应考虑在内。例如，改变双子楼的外墙可能会降低成本并加快施工进度，但同时也会影响建筑外围护结构的热性能，这可能会影响长期能耗，从而抵消施工阶段的成本节约，增加运营阶段的成本。数字孪生系统可提供支持此类设计和管理决策所需的信息。

项目移交后，数字孪生系统并没有结束使用，管理团队在整个施工后阶段还会继续使用数字孪生系统。他们可以利用项目中结构里内置传感器所产生的实时数据，确保已建资产在整个生命周期内实现高效的运营和持续的维护管理。

11.4.3 增强现实技术

增强现实（AR）技术是一种在现实空间中叠加数字图像的设计工具。增强现实技术可以向客户展示设计的原貌，还可使项目经理深入了解设计对项目施工空间和物流的影响。

另外，AR 技术还可以与数字孪生技术相结合并应用到工程项目中。通过特制的 AR 护目镜，利用施工图样中的相关数据，生成建筑内部墙壁或天花板空隙内部的可视化数字图像，从而辅助项目管理人员和承包商进行维护工作。

11.5 施工相关的现场与非现场数字化技术

在建筑行业的施工现场及非现场管理中，许多新兴技术的应用改变了工程项目的管理方式。例如，机器人技术、3D 打印技术、无人机、传感器和无线技术、可穿戴设备等。

11.5.1 机器人技术

在建筑行业中，机器人技术的应用越来越广泛。由于场外施工的工厂生产环境特征与机器人技术的应用条件契合程度高，采用机器人技术以"生产线"方式进行建筑构件的生产，可有效提升构件的生产效率。

机器人可安装在构件生产工厂中，在工厂内实现砌砖、建造（如隔热层和内外饰面等板材系统）、机械和电气组件的生产、绑扎钢筋、模板制作等工作。由于机器人可实现全天24小时不停歇工作，可以有效提高构件或产品的生产质量，提高生产效率，并减少成本和时间的浪费。在制造机械零部件时，机器人可以用作摇臂和焊接装置，如图11-17所示。

使用机器人技术时，现场环境是影响机器人施工能力的重要因素。例如，在不平整的地面或不同的天气条件下，机器人的施工能力会受到影响。目前，机器人的移动能力得到有效提升，并掌握了在凹凸不平的地面上进行操作所需的基本低级运动技能。因此，随着机器人技术的发展，机器人未来在现场工地的应用将更加广泛。

图11-17 机器人摇臂和焊接单元

11.5.2 3D打印技术

3D打印技术也称为快速成型制造技术，可有效提高施工现场和非现场的生产能力与水平。3D打印的常用材料是混凝土。利用机器人手臂根据规定模式对混凝土或其他材料进行分层，结合机器人技术可提升3D打印的应用潜力。图11-18所示为世界首座3D打印桥。

图11-18 世界首座3D打印桥

与传统的工程项目材料施工方法相比，3D打印技术在材料打印过程中只使用所需的必要材料，非常准确，因此，浪费较少、废料减少。另外，3D打印技术可生产独特造型的构件及建筑产品，为设计提供了更多可能性。

11.5.3 无人机

利用无人机技术，可为工程项目现场管理提供独特视角。在传统的工程项目管理中，只有通过塔式起重机才能获取高空视角，而通过无人机技术可以对项目进行"鸟瞰"及拍摄等，在工程项目的建设过程中以不同视角、不同模式监控工地现场及承包商的相关施工活动。

在许多国家和地区，无人机的使用都受政府监管。在使用无人机前，操作员需经过特定培训，并在飞行前通过施工现场管理人员的许可。

11.5.4 传感器与无线技术

在工程项目中，利用无线技术连接传感器可实现不同的功能，提升数字化管理水平。

例如，射频识别（RFID）技术利用双向无线电发射器及接收器，可向指定的RFID标签发射信号。该标签可存储和处理相关信息，并将信息反馈给读取器。该标签可贴在材料及施工人员身上。利用标签可实现现场每个标签元件的定位和监控，并快速确定相应材料及部件的位置。利用物联网可实现以上信息的整理，并通过RFID传感器实现JIT交货，在需要某材料时实现材料的自动调用。

此外，传感器可用于工厂内小型零件或部件的跟踪。如钻头等小部件，通过传感器能够快速确定其在工地现场的地理位置。这些部件或工具在施工现场的需求量较大，并容易出现"失踪"等问题，因此，传感器的使用可有效监控零部件的位置监控，节约时间，提升项目管理能力。

11.5.5 可穿戴设备

可穿戴设备是指施工现场中工人安全帽上或施工服装上固定的传感器，常用于施工安全管理，有效监测工人的地理位置，并在工人进入危险空间或进行危险作业时及时发出警报和提醒。另外，可穿戴设备可有效监测现场环境，测定灰尘或噪声水平是否安全、是否出现有害气体泄漏、天气是否危险或恶劣等。

11.6 数字化施工管理

通过数字化设计可提升项目施工阶段的现场管理能力。利用BIM模型，施工经理无须借助查阅大量图样，则可快速查找设计信息。

利用数字孪生和4D/5D技术构建的工程项目模型，可涵盖所有设计信息，并且可用于工程项目的规划、协调和交付。例如，利用此类技术可对施工活动进行虚拟模拟，从而在施工现场出现问题之前将其识别出来。因此，施工经理可提前形成不同的方案，在施工前进行虚拟建造和模拟优化，从而提升施工效率、节省施工成本。

虽然在目前通常只有大型工程项目才会在项目实施中使用数字模型技术，但对于项目管理人员来说，这种方式在未来将会越来越普遍。在施工阶段有效进行模型的查看和模拟，如4D规划和5D模拟，可确保工程实际开始后能够有效地开展项目管理活动。未来，人工智能（AI）和机器学习（ML）也很可能为工程项目管理提供辅助技术，帮助项目管理人员做出正确的决策，并优化施工现场，在项目真正动工前制定最优施工方案。

在工程项目中，无人机、传感器、可穿戴设备和物联网技术可以辅助和优化整个项目的施工管理过程，可以实现进度的实时监控，可视化数据的自动读取，将施工现场与数字模型进行比较，确定方案的精确位置。对于项目经理而言，利用这些技术可以在施工问题出现前对问题进行有效识别，并采取正确的干预措施，及时调整项目的计划和实施方案。

此外，其他信息化技术也逐渐应用到工程项目管理中。随着信息化技术的不断发展，可对工程项目管理产生补充和加强的作用。例如，利用区块链技术，可实现生产活动的自动监控；应用数字智能合约技术，可将条款和条件嵌入智能合约，避免信息重复处理，并确保支付过程的全透明。

案例：上海中心大厦BIM应用案例[一]

0 项目简介

上海中心大厦位于上海浦东陆家嘴金融贸易区核心区，集酒店、办公、商业、会展、观光等多功能于一体（图1）。

该大厦主体建筑总高度632m，其中地上部分127层、地下部分5层，总建筑面积为57.6万m^2，项目体量庞大，相当于1.5个环球金融中心、2个金茂大厦。建筑结构复杂性高、建设难度大，从垂直方向上可以分为9个功能区，每个功能区又由多个功能空间

图1 上海中心大厦

组成，可提供多样化的生活空间。整个项目的工程信息量庞大且复杂，仅深化设计图样数量就高达15万张，项目的设计、施工及全过程管理都面临较大的挑战。对于该类"超级工厂"，利用传统的建筑工程模式难以高效、准确地完成整个项目，容易导致较

[一] 案例源自：朱文博. BIM技术在上海中心大厦中的传承与创新 [J]. 建筑科技，2020，4（4）：71-72.

高的返工率和差错率。因此，项目采用 BIM 数字化技术完成工程建设管理过程。基于统一的数字化平台，将上海中心大厦的 10 多万张图样等信息集成并整合到 BIM 模型，有效提高项目的实施效率并保障项目整体的各项目标。

1　BIM 技术在设计过程中的应用

由于上海中心大厦从低到高分为 9 个区域，不同区域之间通过设备层和避难层进行区域分隔，而在设备层涉及多个专业，并穿插有很多杆件，设备管线和空间布局复杂，若采用传统设计方法，容易造成管线和其他专业之间的空间冲突和构件之间的空间碰撞，导致施工过程中出现返工、窝工的问题，并对后续机电设备的安装过程产生不利的影响。

因此，在该项目的设计阶段采用 BIM 技术，构建工程项目全专业 BIM 模型，实现土建模型与设备专业模型的碰撞检测，并在碰撞检测的基础上进行机电管道专业的管线综合与优化（图 2），确定管线排布，减少空间冲突，并确定管线安装步骤与计划，为后续的安装工程和深化设计做好前期准备工作。

在管线安装工程开始之前，施工人员和管理团队需要对现场的建筑结构实际数据进行扫描和复刻，通过实际数据调整 BIM 模型，再将机电管线模型与调整修改后的建筑结构 BIM 模型进行模型合并，进而进行管线综合、碰撞检测，并进行模型的优化。在 BIM 模型基础上（图 3），机电管道工程大大提升了工作效率，减少了 60% 的构件现场制作工作量，并减少了 90% 的焊接等有毒有害作业，改善了施工现场的工作环境。

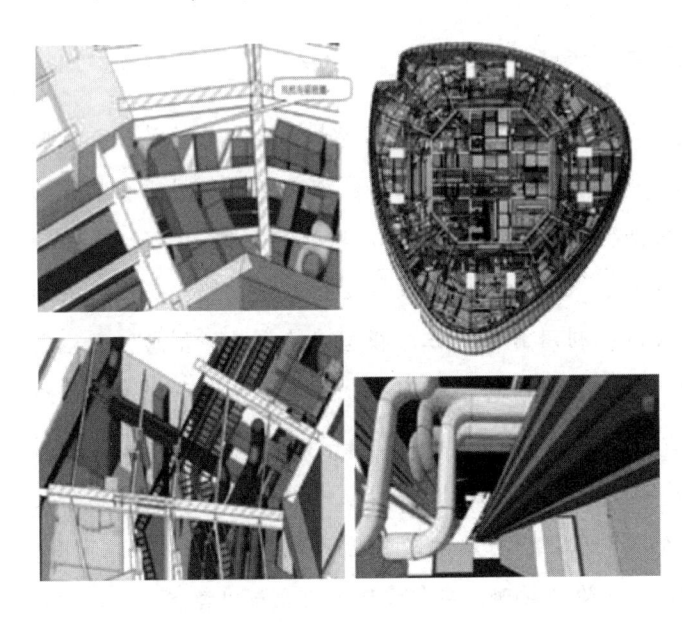

图 2　设备层管线综合　　　　图 3　上海中心大厦 BIM 模型

2　BIM 技术在施工管理过程中的应用

在上海中心大厦项目施工建造过程中，采用了基于 BIM 的数据化施工方法。通过 BIM 的钢结构设计专业软件 Tekla，构建了主体钢结构的三维数字模型（图4），并输出了所需的加工数据，采用数控机床进行切割焊接。为了使钢构件符合厂房生产规模的尺寸条件，采用三维扫描技术，在计算机内进行钢件模型的数字化预拼装。经过校验后，对产生碰撞的钢构件进行调整修型，再送到工地现场进行安装施工。完成安装后对结构进行数据实测，将结果与计算机中的数据进行比较对比，并进行数据的整合。

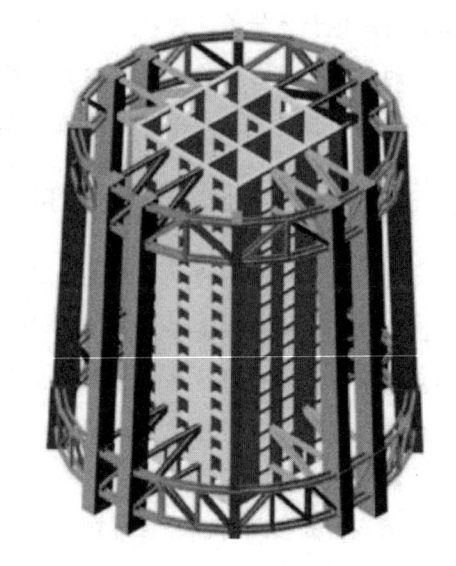

图 4　上海中心大厦局部钢结构 BIM 模型

整个项目施工建造过程采用基于数字化平台的设计、工厂生产和施工。该过程实现了信息化和数据化施工，采用 BIM 技术推进工厂信息化管理。通过建立三维数字化信息模型，在工程项目的设计、建造、施工与运营之间建立了联动，实现项目参与方之间的数据共享和信息交流，解决了由传统建造模式的纸介质方式形成的信息断层和信息孤岛等问题。

3　BIM 技术在运营管理中的应用

工程项目的运营维护阶段涉及的参与方较多，且周期较长，更加关注系统、空间及运维数据的管理。BIM 本身包含项目的丰富信息，尤其是施工建造期间所有构件的参数、空间结构等，因此，BIM 数据的提取和应用在运维阶段非常关键。

在上海中心大厦项目的运维阶段，将物业管理、设备运营维护管理、安防系统和资产管理等多个子系统的功能相集成，利用 BIM 的三维模型将静态属性信息、设施管理信息、设施实时状态信息、物业工作管理信息等相集成，构建 BIM 运维模型，最终实现绿色智慧运营的超高层建筑管理模式（图5）。在上海中心大厦的物业管理实践中，基于 3D 引擎超图实现二次开发，结合大厦 IBMS 综合集成管理系统，形成整个大厦的信息化管理系统。基于 BIM 的文档管理，可以对信息进行搜索和分类管理。同时，信息化管理系统可实现可视化监控、危险源管理、应急管理等功能与内容。

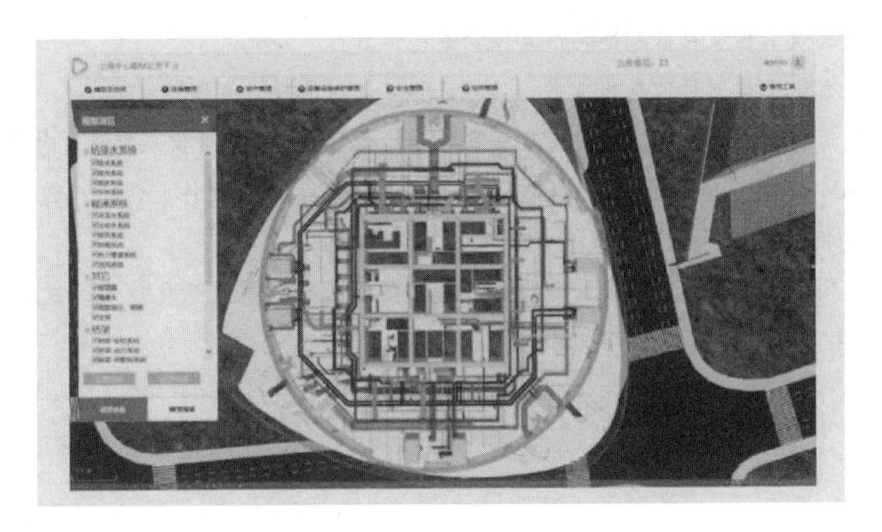

图 5　项目运维阶段的多屏联动展示

4　总结

在上海中心大厦项目中，基于 BIM 平台，建立了超高层建筑的精细化管理信息平台。在分析超高层建筑结构和施工关键要点的基础上，形成了上海中心大厦智能化系统总框架，为建筑的设计、施工和运维提供数据提取、分析和管理的平台与手段，有效提升超高层大体量建筑的项目管理效率，从而达到降低成本、提高效益的目标，为建筑项目的数字化管理、精细化管理以及智慧城市建设中应用 BIM 技术提供了重要的借鉴作用。

▶讨论题

1. 本案例中的项目实施遇到了哪些瓶颈问题？项目管理者选择采用了什么手段解决这些瓶颈问题？

2. 本案例中的项目管理者是如何应用 BIM 技术的？BIM 技术能够帮助解决哪些实际的项目管理问题？BIM 技术在项目实施过程中起到的作用有哪些？

3. 在项目执行的不同阶段，各个参与方通过 BIM 技术进行了哪些应用？项目各参与方应该如何开展信息管理？

▶思考题

1. 简述项目管理信息化的背景及发展战略。
2. 什么是工程项目信息？其分类和作用有哪些？

3. 什么是工程项目信息结构？其包含哪些信息？

4. 什么是工程项目信息化技术？其特征和具体应用技术有哪些？

5. 建筑信息模型（BIM）的定义及作用是什么？BIM 技术的发展背景是什么？

6. BIM 技术在工程项目中有哪些不同的应用？核心建模软件有哪些？这些软件分别有什么样的应用价值？

7. 在项目实施的不同阶段，如设计、施工等，都有哪些信息化技术可以辅助项目管理？项目信息化管理未来可能的发展趋势是什么？

参 考 文 献

[1] 杨青. 复杂研发项目管理——基于结构化方法的视角［M］. 北京：科学出版社，2021.

[2] Project Management Institute. 工作分解结构（WBS）实践标准［M］. 3版. 杨青，强茂山，译. 北京：电子工业出版社，2021.

[3] 杨青. 工程项目质量管理［M］. 2版. 北京：机械工业出版社，2014.

[4] 李祖洪. 卫星工程管理［M］. 北京：宇航出版社，2007.

[5] 贺东风. 中国商用飞机有限责任公司系统工程手册［M］. 上海：上海交通大学出版社，2021.

[6] 国际项目管理协会. 个人项目管理能力基准——项目管理、项目集群管理和项目组合管理 IPMA ICB® 4.0［M］. 4版. 中国（双法）项目管理研究委员会，译. 北京：中国电力出版社，2019.

[7] Project Management Institute. 项目管理知识体系指南（PMBOK®指南）［M］. 7版. 北京：电子工业出版社，2021.

[8] Project Management Institute. 项目管理知识体系指南（PMBOK®指南）［M］. 6版. 北京：电子工业出版社，2017.

[9] 劳动和社会保障部，中国就业培训技术指导中心. 国家职业资格培训教程：项目管理师［M］. 北京：机械工业出版社，2003.

[10] Project Management Institute. 挣值管理实践标准［M］. 北京：电子工业出版社，2008.

[11] 向巧. 航空发动机维修工程管理［M］. 北京：机械工业出版社，2013.

[12] 汪应洛，王能民. 我国工程管理学科现状及发展［J］. 中国工程科学，2006（3）：11-17.

[13] 何继善. 论工程管理理论核心［J］. 中国工程科学，2013，15（11）：4-11，18.

[14] 钱学森. 论系统工程［M］. 长沙：湖南人民出版社，1998.

[15] 邱菀华. 现代项目管理学［M］. 2版. 北京：科学出版社，2007.

[16] 詹伟. 项目管理发展现状与趋势［J］. 项目管理评论，2022（4）：26-31.

[17] 丁士昭. 工程项目管理［M］. 2版. 北京：中国建筑工业出版社，2014.

[18] 成虎，陈群. 工程项目管理［M］. 4版. 北京：中国建筑工业出版社，2015.

[19] 朱祥亮，漆玲玲. 建设工程项目管理［M］. 南京：东南大学出版社，2019.

[20] 刘晓丽，谷莹莹. 建筑工程项目管理［M］. 北京：北京理工大学出版社，2018.

[21] 唐艳娟，倪修泉，王晓军. 基于BIM的建筑工程项目管理分析［M］. 成都：电子科技大学出版社，2019.

[22] 朱文博. BIM技术在上海中心大厦中的传承与创新［J］. 建筑科技，2020，4（4）：71-72.

[23] 陈继良，丁洁民，任力之，等. 上海中心大厦BIM技术应用［J］. 建筑实践，2018，1（11）：110-112.

[24] 上海中心大厦智能化、BIM团队. 上海中心大厦BIM融入智慧运维顶层设计构想及实践［J］.

智能建筑, 2016 (10): 44-45.

[25] 彭武. 上海中心大厦的数字化设计与施工 [J]. 时代建筑, 2012 (5): 82-89.

[26] Project Management Institute. PMI lexicon of project management terms [EB/OL]. (2023-08-16) [2023-09-22]. http://www.pmi.org/lexiconterms.

[27] Project Management Institute. PMI code of ethics and professional conduct [EB/OL]. (2023-08-16) [2023-09-22]. http://www.pmi.org/codeofethics.

[28] Project Management Institute. The standard for risk management in portfolios, programs and projects [C]. Project Management Institute, 2019.

[29] Project Management Institute. Managing change in organizations: a practice guide [C]. Project Management Institute, 2013.

[30] Systems and software engineering-system life cycle processes: ISO/IEC/IEEE 15288 [S]. Geneva: International Organization for Standardization/International Electrotechnical Commission, 2015.

[31] Processes for engineering a system: ANSI/EIA-632-1999 [S]. Government electronics and information technology association, 2003.

[32] NASA. Systems engineering handbook (NASA/SP-2007-6105Rev1) [M]. Washington DC: NASA-Headquater, 2007.

[33] International Council on Systems Engineering (INCOSE). Systems engineering vision 2020 [R]. Seattle, WA: International Council on Systems Engineering, 2007.

[34] BACCARINI D. The concept of project complexity—a review [J]. International journal of project management, 1996, 14 (4): 201-204.

[35] TURNER J R, COCHRANE R A. Goals-and-methods matrix: coping with projects with ill defined goals and/or methods of achieving them [J]. International Journal of project management, 1993, 11 (2): 93-102.

[36] MANSON S M. Simplifying complexity: a review of complexity theory [J]. Geoforum, 2001, 32 (3): 405-414.

[37] BURNES B. Kurt Lewin and complexity theories: back to the future? [J]. Journal of change management, 2004, 4 (4): 309-325.

[38] GERALDI J, MAYLOR H, WILLIAMS T. Now, let's make it really complex (complicated) a systematic review of the complexities of projects [J]. International journal of operations & production management, 2011, 31 (9): 966-990.

[39] WYMORE A W. Model-based systems engineering [M]. Calabasas: CRC press, 2018.